형사법과
살해 의도

형사법과
살해 의도

임종식 지음

성균관대학교
출판부

머리말

2013년 10월 24일, 계모의 상습적인 폭행을 견뎌내던 이모(8) 양이 소풍을 가고 싶어 했다는 이유로 무자비한 폭행을 당해 숨을 거둔다. 사건을 담당한 울산지검은 폭행 과정에서 아이가 죽을 수도 있다는 생각을 했을 것으로 판단, 계모 박모(40) 씨에게 살인 혐의를 적용해 법정 최고형인 사형을 구형한다. 하지만 2014년 4월 11일 울산지법 형사3부는 박씨에게 "살인의 고의가 있다고 보기 어렵다"며 기소된 살인 혐의가 아닌 상해치사 혐의를 유죄로 인정해 징역 15년을 선고한다.

2013년 8월 24일, 온몸에 멍을 달고 살았던 김모(8) 양이 계모의 폭행을 더 이상 견디지 못하고 숨을 거둔다. 사건을 담당한 대구지검은 계모 임모(36) 씨에게 살인 혐의가 아닌 상해치사 혐의를 적용해 징역 20년을 구형하며, 2014년 4월 11일 대구지법 형사11부 역시 상해치사 혐의를 유죄로 인정해 양형기준(최고 13년)에 못 미치는 구형량의 절반인 징역 10년을 선고한다.

박씨와 임씨에게 살인죄를 적용할 수 없는 것인가? 적용할 수 없다면 어떤 요건이 충족되지 않았다는 것인가?

길 가던 여성들을 둔기로 살해한 연쇄살인범에게 사형선고가 내려졌다. 하지만 그는 다음과 같이 판결의 부당함을 호소한다. "판결에 승복할 수 없습니다. 살인죄가 성립해야 사형선고를 내릴 수 있는 것 아닙니까? 살인죄가 성립하기 위해서는 살해의도가 있었어야 하는데, 맹세코 그런 것은 없었습니다. 단지 두개골의 함몰과 죽음 사이에 함수관계가 성립하는지를 알고자 의도했을 뿐입니다. 저와 같은 피해자가 더 이상 생겨서는 안 됩니다. 그걸 막기 위해서라도 항소하겠습니다".

연쇄살인범의 주장대로 살인죄를 적용하기 위해서는 살해의도가 있었어야 한다. "진통제로 그녀의 통증을 제어할 수 없었습니다. … 숨을 거두기까지 그녀가 감당해야 했던 통증은 의사인 나도 본 적이 없습니다. 내 의도는 환자를 통증에서 구해야 한다는 의사의 의무를 이행하는 데 있었습니다". 환자의 혈관에 약물을 주입한 콕스Nigel Cox 박사의 변론으로 알 수 있듯이, 안락사 문제로 법정에 선 의사들이 한결같이 살해의도가 없었다고 주장한 것도 같은 이유에서다.

콕스 박사에게 살해의도가 없었는가? 계모 박씨, 임씨와 연쇄살인범의 경우는 어떠한가? 살해의도에 대한 정의 없이 위의 물음에 대한 답변이 가능하지 않으나, 그것을 정의하는 일이 쉽지 않다는 것이 문제다.

박씨를 기소한 울산지검이 그랬듯이 "살인죄의 범의는 자기의 행위로 인해 피해자가 사망할 수도 있다는 사실을 인식·예견하는 것으로 족하다"는 대법원 판시를 따른다면 어떠한가? 대법원의 판시 내용이 살해의도에 대한 가장 보편적인 해석이나 본문에서 논의될 바와 같이 예견했다는 이유만으로 살해의도가 있었다고 할 수는 없다. 바꿔 말하자면 박씨, 임씨, 연쇄살인범, 콕스 박사에게 살인죄를 적용하기 위해서는 보다 정교한 살해의도에 대한 정의를 필요로 한다.

영국과 미국의 경우도 다르지 않다. 살해의도 없이는 살인죄를 적용할 수 없다는 것이 영미 형사법의 오랜 전통이었다. 하지만 본문에서 설명되고 있듯이 살해의도가 있었는지의 물음을 놓고 사건을 담당한 재판부마다 상이한 답변을 제시해왔으며, 살해의도를 정의해야 하는 것이 공소를 제기해야 하는 검사에게뿐 아니라 배심원단에게 그 의미를 지시해야 하는 판사에게도 피해갈 수 없는 난제로 남아 있다.

이 책에서 위의 물음에 대한 답변을 제시하고자 한다. 지금까지 제시된 답변들의 문제점을 알아본 후, 철학적 논의를 통해 살해의도를 새로이 정의하고자 하며, 그럼으로써 살해의도가 있은 경우를 판별할 수 있는 기준을 제시하고자 한다.

'의도'에 관계된 법적 물음을 놓고 철학적 논의가 필요한지 의문을 가질 수 있을 것이다. 하지만 의도라는 개념의 특성상 철학적 논의를 빗겨가기 어렵다. "형법의 개념들을 철학적으로 철저히 분석하는 것을 탁상공론식 사색으로 여기거나 쓸모없는 사소한 문제에 집착하는 것으로 치부하는 경우를 종종 보게 된다. … 하지만 형법이론가들이 아무런 분석 없이 이 문제를 지나쳐서는 안 된다. 특히 포괄적인 형법전의 초안을 제안할 때는 더욱 그러하다" (Zaibert, 102−103면).

영국과 미국의 경우 의도에 관계된 법적 물음을 놓고 철학자, 법학자, 법조인이 나름의 영역을 설정하지 않고 논의에 참여해온 사실로 짐작할 수 있듯이, 굳이 자이버트의 설명에 의존하지 않더라도 이 책을 읽게 되면 철학적 논의 없이 해결점을 찾기 어려운 이유를 알게 될 것이다.

이 책의 철학적 논의 부분에 조언을 아끼지 않은, 이제는 고인이 된 위스콘신 대학교 철학과 엔취Berent Enç 교수님께 감사의 마음을 전한다.

2014년 8월 13일
결혼기념일에
麥波 임 종 식

1. 범죄심리상태와 의도

몽유병을 앓고 있던 토마스Brian Thomas는 2008년 7월 캠프용 밴을 타고 아내와 함께 웨일스로 여행을 떠난다. 행복감에 도취되어 둘만의 시간을 보냈으나, 여행 마지막 날 새벽 눈을 떠보니 아내가 싸늘한 시신으로 변해 있었다. "맙소사, 내가 아내를 죽인 것 같소. 누군가가 침입한 줄 알았는데, 꿈이었어. 내가 무슨 짓을 한 거야". 999로 사건 정황을 알려 살인 혐의로 기소된 그는 참담한 심경을 토로한다. "사건 당일 폭주족에 대한 불안감을 안고 잠들었는데 … 아내 위에 누군가가 있어 그의 목을 움켜잡고 아내로부터 떼어냈소". 정신과의사의 자문을 구해 검찰이 기소 결정을 철회했듯이, 범죄가 성립하기 위해서는 범죄심리상태mens rea 요건이 충족되어야 한다는 것이 영미 형사법의 오랜 전통이었다. 초기 입법부와 법원은 범죄심리상태를 설명하기 위해 '악의적인', '사악한', '의지의 타락'과 같은 용어를 사용했으나 나중에야 '의도적인'이라는, 보다 현대적인 용어를 사용하기에 이른다. 범죄심리상태를 '의도적인'의 의미로 파악하고자 한 것은 적절한 선택이었다. 하지만 그와 같이 방향을 선회한 것은 호랑이를 피해 어쩔 수 없이 늑대 굴로 들어간 것과 다르지 않다고 할 수 있다. 검찰에게는 피고인에게 의도가 있었음을 입증해야 하는 그리고 판사에게는 배심원단에게 의도의 의미를 지시해야 하는 난제가 기다리고 있었기 때문이다.

배우로서의 명성을 쌓아가던 스틴Sebastian Steane은 1924년 고향인 런던을 떠나 독일로 이주해 유명세를 더해간다. 하지만 제2차 세계대전이 발발하자 게슈타포의 협박을 이기지 못해 나치의 선전방송에 동참한다. 종전 후 적을 도우려는 의도를 가지고 적을 도왔다는 혐의로 영국 검찰에 기소되어 3년 징역형을 언도받았으나, 항소심 재판부는 유죄를 선고한 원심을 파기하며, 최고법원인 상원 역시 항소심 재판부의 손을 들어준다. 스틴이 적을 돕고자 의도했는지가 쟁점이 되는 가운데 상원의 데닝 대법관은 "적을 돕기를 바라지 않았다면 적을 돕고자 의도했다는 판결을 내리기 어렵다"는 견해를 보인다. '어떤 것을 의도했다면, 그것을 바랐다'는 데닝 대법관의 견해는 의도한다는 것의 외연을 지나치게 축소 해석한다는 논란의 소지를 남길 뿐 아니라 특정 사건에 대한 봉합책은 될 수 있으나 해결책은 될 수 없다는 지적도 피할 수 없다.

조부모님 결혼 40주년 파티에 참석한 22세의 현역군인 몰로니Patrick Moloney는 의붓아버지와 총 다루기 시합을 벌인다. 몰로니가 탄창을 먼저 장착하고 승리를 자축하자 아버지가 용기가 없어 쏠 수 없을 것이라며 다그친다. 용기가 없을 것이라는 말에 자극을 받은 몰로니가 2m도 안 되는 거리에서 엽총의 방아쇠를 당겨 아버지가 얼굴에 총탄을 맞고 즉사하는 사건이 발생한다. 1982년 열린 1심재판에서 아버지가 사망할 것을 예견했다는 이유로 의도적인 살인죄 판결을 받고 항소하나 기각된다. 하지만 최고법원인 상원은 1심 판사가 배심원단에게 의도의 의미를 잘못 지시했다는 이유로 원심판결을 파기한다. 법조인뿐 아니라 법이론가 그리고 철학자들 사이에서도 의도를 예견의 의미로 이해해야 한다는 것이 가장 보편적인 견해였다. '예견한다'는 것과 '의도한다'는 것의 상관관계를 부정할 수 없으나, 몰로니 사건 1심 판사와 같이 전자를 후자의 충분조건으로 제시해서는 승산이 없다고 보아야 한다.

2013년 10월 24일, 계모의 상습적인 폭행을 견뎌내던 이모(8) 양이 소풍을 가고 싶어 했다는 이유로 무자비한 폭행을 당해 숨을 거둔다. 사건을 담당한 울산지검은 계모 박씨가 폭행 과정에서 미필적으로나마 살인을 인식한 상태에서 폭행을 했다고 보아 살인 혐의를 적용한 반면, 울산지법은 미필적으로라도 살인을 인식하지 못했다고 보아 살인 혐의가 아닌 상해치사 혐의를 유죄로 인정했다. 2013년 8월 24일, 온몸에 멍을 달고 살았던 김모(8) 양이 계모의 폭행을 더 이상 견디지 못하고 숨을 거둔다. 사건을 담당한 대구지검은 계모 임씨가 폭행 과정에서 미필적으로라도 살인을 인식하지 못했다고 보아 상해치사 혐의를 적용했으며, 대구지법 역시 상해치사 혐의를 유죄로 인정했다. 1960년 3월 2일, 승용차 뒷좌석에 훔친 물건을 싣고 가던 스미스Jim Smith가 경찰관의 정지 명령을 따르다 급출발하자 경찰관이 차로 뛰어올라 보닛에 매달린다. 경찰관을 매단 채 90m 이상을 갈지자로 질주해 차에서 떨어진 경찰관이 마주 오던 차에 치어 사망한 사건이 발생한다. 사건을 담당한 도노반 판사는 경찰관이 차에 매달린 사실을 알지 못했다는 스미스의 진술을 받아들이지 않고 사형이 가능한 의도적인 살인죄를 적용한다. 계모 박씨와 임씨에게도 도노반 판사의 판결이유를 적용해야 하는 것은 아닌가?

보험금을 노리고 세 명의 아내를 살해한 핸드Gerland Hand에게 크루거 판사는 2003년 5월 사형을 선고한다. 2006년 10월 인디애나 페이서스의 주전 가드 잭슨Stephen Jackson은 싸움을 말릴 목적으로 허공에 9mm 권총을 다섯 발 이상 발사한다. 잭슨을 기소한 브리지 검사는 그가 6개월에서 최고 3년의 징역형을 언도받을 수 있다고 전한다. 헤로인 중독 치료제, 정신안정제 등을 혼합 과다 처방함으로써 환자들을 죽음에 이르게 한 헨리Jesse Henry Jr. 박사는 2004년 9월 일곱 건의 과실치사 혐의로 기소되어 5만 달러 벌금형과 5년 보호관찰을 선고받는다. 범죄가 성립하기 위해서는 범죄심리상태 요건이 충족되어야 한다는 그리고 범죄심리상태를 의도의 의미로 이해해야 한다는 영미 형사법의 전통을 놓고 볼 때, 핸드에게 잭슨보다 무거운 형벌이 내려졌다는 것이 그리고 잭슨에게 헨리 박사보다 무거운 형벌이 내려질 수 있었다는 것이 무엇을 의미하는가? 미국법률협회가 1962년에 공포한 모범형법전에 의존해 위의 물음에 대한 답변을 찾는 것을 시작으로 의도에 대한 미국 형사법의 시각을 조명하고자 한다.

1.3.2. 모범형법전과 의도 _ 96

"선택된 강자는 인류를 위해 사회의 도덕률을 넘어설 권리를 가질 수 있다. 한 마리의 이에 불과한 저 전당포 노파를 죽여도 된다". 도스토예프스키『죄와 벌』의 가난한 대학생 라스콜리니코프는 선과 악을 나름대로 규정하고 실천에 옮긴다. 하지만 영미 형사법의 근간을 이룬 도덕률은 사뭇 다른 견해를 보인다. 그것에 따르면 목적이 수단을 정당화시킬 수 없기 때문이다. 따라서 영미 형사법에 의존하면 라스콜리니코프에게 마땅히 의도적인 살인죄를 적용해야 한다. 하지만 문제는 의도를 정의하고 있는 모범형법전의 두 조항을 자구대로 해석해서는 라스콜리니코프의 심리상태를 놓고 모순된 답변을 내릴 수밖에 없다는 데 있다. 그들 두 조항을 적용하면 가장 죄가 되는 심리상태로 흉기를 휘두른 동시에 가장 죄가 되는 심리상태로 흉기를 휘두른 것은 아니라는 판결을 내려야 하기 때문이다. 따라서 그들 두 조항을 포기할 수 없다면 작성자의 취지를 우호적으로 해석하는 방법을 찾아야 한다.

2. 왜 의도인가? _ 115

출산 중인 임신부의 산도産道에 태아의 머리가 끼어 태아뿐 아니라 임신부의 생명도 위태롭다. 임신부를 살리기 위해서는 태아를 산도로부터 제거해야 한다. 하지만 태아의 머리를 부수는 것 말고는 달리 태아를 제거할 방도가 없다. 반면 임신부를 죽게 방치한 후 복부를 절개해 태아를 살릴 수 있다. 이 경우 의사가 가진 선택지는 태아의 머리를 부수고 임신부를 살리는, 임신부를 죽게 방치하고 태아를 살리는, 현 상황에서 손을 떼는 세 가지뿐이다. 하지만 이들 중 어떤 선택을 해도 살인행위처벌에 관한 법률의 근간이 되고 있는 '어떠한 경우에도 무고한 사람의 생명을 해치지 말라'는 도덕규칙을 어길 수밖에 없다. 바로 이러한 점이 위의 규칙이 가진 본래의 의미를 '의도'에서 찾지 않고는 위의 규칙에 도덕규칙으로서의 생명력을 불어넣을 수 없다는 것을, 따라서 그것에 기초한 법이 주문하는 형벌이 응보 기능을 수행할 수 없다는 것을 말해준다.

3. 의도가 아닌 것

3.1. 동기 _ 132

아내를 살해한 혐의로 연행된 용의자에게 경찰관이 살해 동기를 추궁했다. 용의자가 보험금 때문이라고 자백해도 어색하지 않으며 경찰관도 만족할 것이다. 살해의도를 물었다면 어떠한가? 이 질문에 역시 보험금 때문이라고 답변해도 어색하지 않다. 일상적으로 의도를 동기의 의미로 사용하고 있듯이, 동기와 의도를 동일시하는 것이 상식일 수 있다는 말이다. 하지만 그들을 동일시하기 위해서는 그들의 적용 범위에 차이가 없어야 한다. 동기, 의도 중 후자를 전자보다 폭 넓게 적용할 수 있다는 것을 보여줌으로써 위의 상식을 부정하고자 한다.

3.1.1. 특정 행위를 선택하게 된 이유 및 배경으로서의 동기 _ 133

2009년 5월 19일, 31세의 레지던트 응우옌Charles Nguyen은 인터넷 데이트 사이트에서 알게 된 여성을 찾아가 성폭행한다. "응우옌이 침대에서 저를 진찰하겠다고 해서 거절하자 손과 발을 묶고 협조하지 않으면 저뿐 아니라 옆방의 조카까지 살해하겠다고 협박했습니다. 조카와 저의 안전을 위해 요구를 들어줄 수밖에 없었습니다". 강간을 당했다는 피해 여성의 주장에 맞서 응우옌은 동의 하에 이루어진 일이라고 주장하나, 애선스 카운티 민소재판소는 강간, 유괴, 악질적 주거침입으로 각각 10년 그리고 증거조작으로 5년, 도합 35년의 징역형을 언도한다. 애선스 카운티 민소재판소가 응우옌을 중죄로 다스렸듯이, 응우옌이 범행을 저지른 동기와 무관하게 그가 죄의 중대요소를 의도했다고 보아야 한다는 것이 의도와 동기를 동일시할 수 없는 이유를 말해준다.

3.1.2. 특정 행위를 선택하게 된 이유 및 선택 그 자체로서의 동기 _ 137

보험금을 노리고 두 전처를 살해했다는 의심을 받았던 핸드Gerland Hand는 네 번째 부인 질Jill Hand을 살해할 계획을 세운다. 그를 도와 두 전처를 살해했던 친구 웰치Walter Welch를 재차 고용하고는 직접 질을 살해한 후 웰치의 입을 막고자 그도 함께 살해한다. 질을 살해할 계획을 세울 당시 웰치도 함께 살해해야 했기에 속사식 권총이 필요했다고 해보자. 따라서 총기점에 들러 속사식 권총을 구입했다고 해보자. 또한 그가 아내를 살해한 최종 목적이 BMW를 구입하는 데 있었다고 해보자. 이와 같은 경우 '속사식 권총을 구입한다'는 기술구와 'BMW를 구입한다'는 기술구 모두에 의도를 적용할 수 있으나 후자의 기술구에만 동기를 적용할 수 있다는 것이 의도와 동기를 동일시할 수 없음을 말해준다.

3.2. 바람 _ 140

3.2.1. 어떤 것을 바라면서 그것을 의도하지 않을 수 있다 _ 141

1962에서 1964년까지 13명의 여성을 살해한 데살보Albert DeSalvo는 10대 때 개와 고양이를 오렌지 상자에 가두고 서로 싸워 죽게 했으며, 상자 틈새로 직접 화살을 쏘기도 하는 등 동물을 학대한 경험을 가지고 있었다. 그가 동물에게 고통을 주고자 의도했다는 데 이견을 보일 수 없다. 그 이유를 설명하라면 화살이 빗겨갔다면 재차 시도했을 것이며, 화살을 맞고도 고통스러워하지 않았다면 보다 극단적인 방법을 동원했을 것이기 때문이라는 설명이 가능할 것이다. 즉, 개와 고양이가 고통스러워하길 바랐기 때문에 고통을 주고자 의도했다고 보아야 한다는 것이 가장 상식적인 설명일 수 있다. 의도를 어떻게 정의해야 하는지의 물음을 놓고 영미 법조계와 형법학자들이 보편적으로 '어떤 것을 바랐다면, 그것을 의도했다'는 답변을 제시한 이유가 여기에 있다. 하지만 의도를 그와 같이 정의해서는 규범적인 차원에서의 문제점뿐 아니라 기술적인 차원에서의 문제점에도 노출될 수밖에 없다.

3.2.2. 어떤 것을 의도하면서 그것을 바라지 않을 수 있다 _ 151

1980년 초가을 어느 날, 캠벨Steven Campbell은 아내가 친구 배스노와 잠자리를 함께 하는 장면을 목격한다. 그로부터 2주 후 캠벨과 술을 취하도록 마신 배스노가 자살 이야기를 꺼내며 총이 없다고 하자 캠벨은 부모님 집으로 가서 권총과 탄환 5개를 가져와 배스노에게 건네고 집을 나선다. 그날 아침 배스노는 권총을 손에 쥔 채 숨진 채로 발견된다. 열린 살인open murder 혐의로 기소된 캠벨은 1심재판부에 의해 살인죄 판결을 받으나, 항소심 재판부는 수단(권총)이 사용되길 의도한 채 제공한 경우와 그것이 사용되길 바란 채 제공한 경우는 차이가 있다는 이유로 캠벨에게 살인죄를 적용할 수 없다는 판결을 내린다. 항소심 판결에는 '어떤 것을 바란다는 것이 그것을 의도한다는 것의 충분조건이 아니다'는 것이 전제가 되고 있다. 위의 전제를 참으로 보아야 하지만, 항소심 재판부가 제시한 판결 이유에 의존해 의도했는지를 판별할 수 없는 이유를 알아보고자 한다.

3.3. 목적 _ 162

3.3.1. 목적을 달성하는 데 원인으로서 기여한다는 것 _ 163

살인청부업자 A와 B가 각기 다른 의뢰인으로부터 C를 제거해달라는 주문을 받았다. A와 B 그리고 그들의 의뢰인들 모두 C가 다른 살인청부업자의 표적이 되었다는 사실을 알지 못한다. A와 B 모두 C가 출근을 위해 차량에 오르는 시점을 거사시점으로 잡는다. A가 사전답사를 하던 중 C의 차량 차창이 방탄유리라는 사실과 C에게 시동을 걸고는 급출발하는 습관이 있다는 사실을 알아냈다. A는 미리 차창의 방탄유리를 일반 유리로 교체하고 시동장치를 파손한 후 C가 차량에 오르기를 기다린다. C가 차량에 오르는 것을 목격하고 다가가는 순간 갑자기 나타난 B가 C를 살해하고 도주한다. 표적이 제거되었으므로 A와 B 모두 의뢰인으로부터 잔금을 받는다. 이와 같은 예가 수단과 의도의 상관관계에 의존해서는 목적과 의도의 상관관계를 찾을 수 없다는 것을 보여줄 뿐 아니라, 목적을 달성하고자 선택한 것이 목적을 달성하는 데 원인으로 기여했을 경우 그 선택한 것을 수단으로 봄으로써 목적과 의도의 상관관계를 찾을 수 없다는 것도 보여준다.

3.3.2. 목적을 달성하기 위해 계획적으로 연루시킨다는 것 _ 171

1932년 미국 질병예방센터는 매독의 진행 과정을 규명할 목적으로 흑인 매독환자 399명을 선정해 병을 치료해준다고 속이고 병의 진행상황만을 관찰한다. 환자들은 하나 둘씩 죽어갔으며, 연구가 진행되던 중 페니실린이 발견되었음에도 불구하고 그것을 처방하지 않고 오히려 다른 질병은 적극 치료를 해주는 일까지 발생한다. 다른 질병으로 사망하면 매독의 진행과정을 밝혀낸다는 목적을 이룰 수 없었기 때문이었다. 1972년 성병조사관 벅스턴의 폭로 내용이 「뉴욕 타임스」 1면 머리기사로 실리면서 40년에 걸쳐 자행된 터스키기 매독연구는 대단원의 막을 내린다. 연구진에게 치료 기회를 놓쳐 죽어간 환자들을 살해할 의도가 있었다는 데는 이견을 보일 수 없다. 그리고 그 이유를 들라면 연구진이 목적을 달성하기 위해 수립한 계획에 환자들을 계획적으로 연루시켰기 때문이라는 답변이 가장 자연스러울 것이다. 하지만 목적을 이와 같이 이해해도 목적과 의도의 상관관계를 찾을 수는 없다고 보아야 한다.

4. 의도했는지를 판별할 묘책이 있는가?

4.1. 밀접성 논변 _ 184

4.1.1. 밀접성 논변이란 _ 184

경찰관 P가 근거리에서 무장강도의 다리를 겨냥해 방아쇠를 당겼다. 예상대로 다리를 명중시켰으나 총탄이 대퇴동맥을 관통해 과다출혈로 무장강도가 숨지고 말았다. 이와 같은 일이 발생했어도 P에게 의도적인 살인죄를 적용할 수는 없다고 보아야 한다. 경찰관 Q가 비무장의 좀도둑과 마주쳤다. 총으로 위협만 해도 제압할 수 있었으나 근거리에서 시간적 여유를 두고 심장을 정조준해 방아쇠를 당겼다. 예상대로 총탄이 심장을 명중해 도둑이 즉사했다면, Q에게는 마땅히 의도적인 살인죄를 적용해야 할 것이다. 그렇게 보아야 하는 이유를 설명하라면 의도한다는 것의 필요충분조건을 제시하는 것이 가장 안전한 방법이 될 수 있다. 하지만 그와 같은 방법을 택한다면 험난한 여정을 밟아야 하므로 '밀접성 논변closeness argument'에 의존해 다리와 심장의 차이를 부각시키는 것이 좋은 대안일 수 있다. 즉, 다리에 총탄을 맞고 사망할 가능성은 크지 않으므로 경찰관 P에게 무장강도를 살해할 의도가 있었다고 보기 어렵지만, 심장에 총탄을 맞는다면 생존할 가능성이 희박하므로 경찰관 Q에게는 좀도둑을 살해할 의도가 있었다고 보아야 한다는 것이 가장 손쉬운 설명일 것이다.

4.1.2. 밀접성 논변의 한계 _ 191

동굴탐사대가 탐사를 마치고 귀환길에 올랐으나 뚱뚱한 사람이 앞장서 난감한 일이 발생한다. 그가 동굴 입구에 끼어 나머지 대원들이 동굴에 갇히는 신세가 되고 만 것이다. 대원들은 그가 야윌 때까지 기다려야 할 것이다. 하지만 설상가상으로 동굴 안쪽으로부터 물이 차오르고 있다. 불행인지 다행인지 대원들이 다이너마이트를 소지하고 있어 뚱뚱한 사람을 폭파해 출구를 확보할 수 있다. 밀접성 논변이 설득력이 있다고 해보자. 그렇다면 의도한다는 것의 필요충분조건을 제시하는 험난한 여정을 밟지 않고도 의도했는지를 판별할 수 있다는 점에서 실로 큰 수확이 아닐 수 없다. 하지만 뚱뚱한 사람 예와 같은 경우가 밀접성 논변의 한계를 여실히 드러낸다.

4.2. 죽임/죽게 방치함 논변 _ 200

4.2.1. 죽임/죽게 방치함 논변의 전제 _ 200

2007년 3월 미군 병사 라모스는 눈이 가려진 채 손이 묶여 살해된 이라크인 4명의 죽음을 방관한 혐의로 체포된다. 법정에 출두한 그는 피해자들이 살해당할 당시 자신이 망을 보았고 원해서 한 일이라고 진술했다. 라모스는 피해자들의 죽음을 유발한 직접적인 행위를 하지 않았다. 따라서 피해자들을 죽게 방치했다고 보는 것이 상식일 것이다. 앨라배마주 헌츠빌에서 신고를 받고 출동한 911 응급요원들에 의해 세 아이가 영양실조로 숨진 채 발견됐다. 살인 혐의로 체포된 워드Natashay Ward는 두 딸과 아들을 "일부러 굶겨 죽였다"고 자백했다. 워드는 아이들을 폭행하지도, 아이들의 음식에 독극물을 넣지도 않았다. 워드 역시 아이들의 죽음을 유발한 적극적인 행위를 하지 않았음에도 불구하고 라모스와 달리 아이들을 죽였다고 보아야 할 것이다. 이들 두 예가 시사하는 바와 같이 죽임/죽게 방치함의 차이에 의존해 의도 여부를 가릴 수 있다는 입장을 취하기 위해서는 죽인 경우와 죽게 방치한 경우를 선별할 수 있는 기준을 제시할 수 있어야 한다. 뿐만 아니라 위의 입장이 설득력을 갖기 위해서는 죽인 경우가 죽게 방치한 경우보다 언제나 부도덕하다는 전제도 충족되어야 한다.

4.2.2. 어떤 경우가 죽인 그리고 죽게 방치한 경우인가? _ 206

1994년 4월 후투족 출신 르완다 대통령이 전용기 격추 사고로 숨지자 투치족의 소행이라 여긴 후투족 강경파가 100여 일 동안 투치족과 후투족 온건파 80만 명 이상을 학살한다. 일반적으로 상대의 죽음을 유발한 신체동작을 취한 경우가 죽인 경우로, 신체동작을 취하지 않은 경우가 죽게 방치한 경우로 이해되고 있다. 하지만 죽게 방치한 경우를 그와 같이 보아서는 당시 내가 80만 명 이상의 후투족을 죽게 방치했다는 비난 대상이 되어야 한다. 당시 그들의 죽음을 유발한 신체동작을 취하지 않았기 때문이다. 신체동작을 취했다면 상대의 죽음을 막을 수 있었음에도 불구하고 신체동작을 취하지 않은 경우를 죽게 방치한 경우로 보아도 크게 나아질 것이 없다. 예컨대 개를 우리에 가두고 굶겨 죽인 경우에도 개를 죽게 방치했다고 보아야 하기 때문이다. 죽임/죽게 방치함 논변이 설득력을 얻기 위해서는 죽인 경우와 죽게 방치한 경우를 선별할 수 있는 기준을 제시해야 하나 그것이 용이할지 의문이다.

4.2.3. 죽인 경우와 죽게 방치한 경우 사이에 도덕적 차이가 없을 수 있다 _ 212

1964년 3월 13일 새벽, 자신의 아파트 현관으로부터 30미터 떨어진 곳에 주차를 마친 제노비스Catherine Genovese의 눈에 한 남자가 들어온다. 위험을 직감하고 주차장을 가로질러 뛰어갔으나 괴한 모슬리가 몸을 날려 그녀를 쓰러뜨린 후 흉기로 등을 두 차례 찌른다. 비명소리로 이웃 창문들에 불이 켜지고 한 이웃이 그녀를 놓아주라고 소리치자 괴한은 황급히 자리를 피한다. 하지만 불이 다시 꺼지고 나와 보는 사람이 없자 5분 후 돌아와 현관 근처까지 기어간 그녀에게 마음놓고 흉기를 휘두르고는 차로 도주한다. 하지만 욕심을 채울 목적으로 차를 돌려 현관까지 기어간 그녀를 폭행하고 49달러를 빼앗은 후 다시 찔러 살해한다. 제노비스의 죽음을 방관한 38명에게 괴한에게 가해야 하는 비난과 동일한 수위의 비난을 가해야 한다면, 제노비스 사건이 죽임/죽게 방치함 논변에 대한 결정적인 반례가 될 수 있다. 반면, 동일한 수위의 비난을 가하는 것이 모슬리를 지나치게 관대하게 평가하는 것이라면, 오히려 제노비스 사건이 죽임/죽게 방치함 논변에 힘을 실어주는 좋은 예가 될 수 있다.

5. 의도하는 경우는 어떤 경우인가?

5.1. 토대 마련하기 (1) - 행위 개별화 _ 224

5.1.1. 합일론과 분리론 그리고 의도 _ 224

2008년 12월. 이스라엘이 팔레스타인 가자지구에 사흘간 공습을 가해 최소 307명이 숨졌으며, 한 가족 안에서만 어린이 4명이 숨진 경우도 있었다. 이스라엘 폭격기 조종사는 손가락을 움직였고, 발사 버튼을 눌렀고, 폭탄을 투하했고, 민간인을 숨지게 했다. 그가 별개의 네 행위를 했는가? 아니면 네 가지 다른 방식으로 기술할 수 있는 하나의 행위만을 했는가? 합일론unifiers' approach이 옳다면 폭격기 조종사는 하나의 원초적인 행위만을 한 반면, 분리론multipliers' approach이 옳다면 별개의 네 행위를 했다고 보아야 한다. 행위 개별화 물음을 놓고 영미 형사법과 같이 분리론의 입장을 취함으로써 '수단 = 의도된 의도적인 행위'로 그리고 '부수적인 결과 = 의도되지 않은 의도적인 행위'로 보아야 하는 기틀을 마련하고자 하며, 그럼으로써 이 책의 최종 목적인 의도를 정의하기 위한 교두보를 확보하고자 한다.

5.1.2. 합일론과 분리론에 대한 평가 _ 230

소프라노 가수가 오페라 주인공으로 발탁됐다는 소식을 듣고 환호성을 질렀다. 센 입 바람에 탁자 위의 악보가 날렸으며, 유리잔의 고유진동수와 동일한 공명주파수에 유리잔이 깨졌다. 합일론을 옹호하기 위해서는 '동일한 행위 기준'을 제시해야 하나, 소프라노 가수의 예가 합일론자들이 제시한 기준이 안고 있는 문제점을 드러낸다. 뿐만 아니라 합일론에 대한 직접적인 반론도 가능하다. "존이 조지를 겨냥해 정오에 방아쇠를 당겼으나, 자정이 되어서야 조지가 숨을 거두었다. 존이 조지를 죽였다는 진술 그리고 존이 총을 쏴 조지를 죽였다는 진술 모두 참이다. 하지만 존이 조지를 죽인 것과 존이 조지에게 총을 쏜 것이 동일한 행위인가?". 이와 같은 물음이 합일론에 대한 결정타가 될 수 있으며, A와 A'가 동일한 행위라면 그들 사이에 '대칭관계'와 '재귀관계'가 성립되어야 하지만 합일론자가 동일한 행위로 여기는 행위들은 대칭적, 재귀적 관계가 아닌 '인과관계'에 있다는 점 역시 합일론에 대한 직접적인 반론이 될 수 있다.

5.2. 어떤 것을 의도한다는 것의 필요조건 – 예견한다는 것과 의도적으로 한다는 것의 상관관계를 중심으로 (1) _ 241

5.2.1. 어떤 것을 예견했다면, 그것을 의도했는가? _ 241

술을 마신 다음날이면 어김없이 숙취로 두통에 시달려야 했다. 자고 나면 두통에 시달릴 것이라 예견한 채로 술을 마시나 두통에 시달리고자 의도하며 술을 마시지는 않는다. '어떤 것을 예견했다면, 그것을 의도했다'는 입장은 숙취 예와 같은 반례에 참패당했다는 것이 지배적인 견해이다. 하지만 다음의 예에서 해리슨Gerard Harrison이 '살해구획kill zone'을 설정해 그 구획 내의 모든 사람을 살해할 의도가 있었다고 보아야 한다는 것으로부터 숙취 예 등이 위의 입장에 대한 반례가 될 수 없다는 것을 유추해낼 수 있다. "2001년 7월 27일 저녁, 해리슨은 볼티모어 시티 자신의 구역에서 마약을 팔지 말라는 경고를 무시한 발렌타인이라 알려진 마약상을 살해하고자 38구경 권총 6발을 마구 쏘아댄다. 하지만 총탄이 발렌타인을 빗겨가 거리에서 친구와 이야기를 나누던 쿡의 목을 관통해 쿡이 중상을 입는다". 숙취 예에 의존해서 '어떤 것을 예견했다면, 그것을 의도했다'는 입장을 부정할 수 없으므로, 다른 방법을 통해 위의 입장을 부정하고자 한다.

5.2.2. 어떤 것을 의도했다면, 그것을 예견했는가? _ 265

1575년 어느 날 사운더즈John Saunders는 아내를 살해하기로 작심하고 친구 아처의 지시대로 구운 사과에 비소를 넣고 아내에게 권한다. 하지만 아내는 사과를 한 입 베어물고는 세 살배기 딸에게 건네 죽음을 면할 수 있었다. 범행이 발각될 것이 두려워 딸이 사과를 먹는 모습을 지켜보고만 있던 사운더즈는 교수형에 처해진 반면, 아처는 징역형을 선고받고 복역 중 사면된다. 별거 중인 남편 제임스James Poe와 언쟁을 벌이던 카렌Karen Poe이 경찰에 신고하겠다며 집 안으로 들어가자 제임스가 차 트렁크에서 12번 산탄총을 꺼내 현관을 향해 발사한다. 방충문을 뚫고 날아든 50구경 납 탄환에 카렌은 팔을 맞아 죽음을 면했으나 카렌 남자친구의 여섯 살 난 딸 킴벌리Kimberly가 머리를 맞고 즉사한다. 외견상으로는 이와 같은 예가 '어떤 것을 의도했다면, 그것을 예견했다'는 명제에 대한 전형적인 반례가 될 수 있다. 하지만 그와 같은 예에 "의도는 총탄을 따라 옮겨간다"는 '전이된 의도 독트린doctrine of transferred intent'을 적용해야 한다는 것이 실제로는 반례가 될 수 없다는 것을 말해준다.

5.3. 토대 마련하기 (2) - 어떤 것을 의도하지 않은 채 그것을 의도적으로 할 수 있다 _ 282

2007년 12월부터 8개월 동안 멜라민 단백질 첨가제 200여 톤을 생산, 이 가운데 110여 톤을 유통시켜 6명의 희생자와 30만 명에 달하는 피해자를 낸 가오쥔제 등은 단백질 첨가제를 의도적으로 유통시켰다. 따라서 가오쥔제 등이 단백질 첨가제를 유통시키고자 의도했다고 보는 것이 상식일 것이다. 어떤 것을 의도적으로 한다면 그것을 하고자 의도한다는 것이, 즉 '단순견해 simple view'가 상식일 것이다. 하지만 흥미롭게도 일부 철학자들은 그 상식을 거부한다. 단순견해가 옳다면 이 책의 관심사인 의도한다는 것의 필요충분조건을 제시하는 일은 한층 용이해지는 반면, 단순견해가 그르다면 그것을 제시하는 과정은 복잡한 양상을 띨 수밖에 없다. 필자의 논의를 놓고 단순견해가 갖는 의의는 한층 더해진다. 단순견해를 부정하지 않고는 수단을 '의도된 의도적인 행위'로 그리고 부수적인 결과를 '의도되지 않은 의도적인 행위'로 해석하는 것이 가능하지 않기 때문이다. 단순견해를 부정함으로써 수단과 부수적인 결과를 그와 같이 해석할 수 있는 그리고 이 책의 최종 목적인 의도를 정의하기 위한 토대를 마련하고자 한다.

5.4. 어떤 것을 의도한다는 것의 필요조건 - 예견한다는 것과 의도적으로 한다는 것의 상관관계를 중심으로 (2) _ 304

온도와 함께 압력도 상승한다는 사실을 잘 알고 있는 물리학자가 실험 목적으로 압력솥에 물을 붓고 스팀 분출구를 땜질한 후 불을 붙였다. 기체물리학에 무지한 철학자가 밥을 빨리 지을 욕심으로 압력솥에 물을 붓고 스팀 분출구를 땜질한 후 불을 붙였다. 이와 같은 예들로부터 '어떤 것을 예견한 채 한다는 것이 그것을 우연히 하지 않는다는 것의 필요충분조건이다'는 명제가 참임을 유추할 수 있다. 또한 소금을 설탕으로 착각하고 커피에 소금을 넣은 경우와 설탕을 소금으로 착각하고 국에 설탕을 넣은 경우로부터 '어떤 것을 우연히 하지 않았다는 것이 그것을 의도적으로 했다는 것의 필요충분조건이다'는 명제가 참임을 유추할 수 있다. 그리고 위의 두 명제로부터 '어떤 것을 예견한 채로 한다는 것이 그것을 의도적으로 한다는 것의 필요충분조건이다'는 명제가 참임을 유추해낼 수 있으며, 이를 시작으로 예견한다는 것과 의도한다는 것의 상관관계를 규명하고자 한다.

5.5. 어떤 것을 의도한다는 것의 필요조건 - 자발적으로 한다는 것과 의도한다는 것의 상관관계를 중심으로 _ 314

5.5.1. 자발적으로 한다는 것 _ 314

1934년, 프란츠 발터라는 최면술사가 기차 안에서 한 여인을 만나 손을 만져 최면 상태에 빠뜨린 후 자신을 위해 매춘부로 일할 것을 명령한다. 이어 그녀에게 남편을 죽이도록 명령했으나 매번 실패로 끝나자 자살하라고 명령했고, 자살을 기도한 그녀는 두 번이나 행인에게 구조된다. 1993년 11월 22일, 유방 절제술 후유증으로 통증에 시달리던 포템파Susan Potempa가 집 차고에서 심하게 구타당한 시신으로 발견된다. 우발적인 살인으로 간주하고 수사를 벌이던 경찰이 인근에 살고 있던 18세의 윌리엄스를 범인으로 지목하며 포템파 사건은 큰 사회적 반향을 일으킨다. 포템파가 현금 2,100불을 건네고 윌리엄스에게 동의를 구해 살해당했기 때문이다. 이와 같은 예들로부터 어떤 것을 자발적으로 한다는 것의 필요조건을 유추하고자 하며, 그럼으로써 어떤 것을 의도한다는 것의 필요충분조건을 규명하기 위한 단초를 마련하고자 한다.

5.5.2. 자발적으로 한다는 것과 의도한다는 것 _ 326

방파제 양편에 각기 존과 메리가 익사 직전에 있으나, 구조장비가 하나밖에 구비되어 있지 않다. 스미스가 구조장비를 메리에게 던져 존이 익사했다고 해도 그에게 존을 살해할 의도가 있었다고 할 수 없다. 새로이 출현한 질병으로 무수한 사람들이 죽어가고 있으나, 치료제가 부족해 의사들은 치료가 용이한 환자들만을 선별적으로 치료하기로 결정한다. 치료를 받지 못해 많은 환자들이 사망했다고 해도 의사들에게 그들을 살해할 의도가 있었다고 할 수 없다. 이와 같은 예를 시작으로 'A를 하면 E가 초래된다는 것을 예견한 채로 A를 하며, A를 하지 않을 수 있는데도 불구하고 A를 한다'는 것을 'A를 함으로써 E를 초래하고자 의도한다'는 것의 충분조건이 아닌 필요조건으로 보아야 하는 이유를 알아보고자 한다.

5.6. 어떤 것을 의도한다는 것의 필요충분조건 _ 334

5.6.1. 계획의 일환으로 초래한다는 것 _ 334

제2차 세계대전이 발발한 1939년, 장애인과 병자를 청소하라는 히틀러의 명령으로 시작된 코드명 'T 4 작전' 안락사 프로그램으로 1945년 종전 시까지 27만 5천여 명이 희생된다. 프로그램 운영자들은 장애가 있거나 장애로 의심되는 신생아와 영아를 첫 제거 대상으로 삼았으나, 제거 대상은 곧바로 장애를 가진 유아와 성인 그리고 만성질환자로 확대되며, 유대인, 흑인, 집시 등 독일계 혈통이 아닌 사람들까지도 그 대상에 포함된다. 나치 장애인 학살 사건과 같은 예가 어떤 것을 의도한다는 것의 필요조건으로 지금까지 밝혀낸 조건들 이외에 '어떤 것을 계획의 일환으로 초래한다'는 조건이 고려 대상이 될 수 있다는 것을 말해준다. 위의 조건이 어떤 것을 의도한다는 것의 필요조건으로 제시되고 있으나, 정두영 사건과 같은 예로부터 (정두영은 1999년 6월부터 10개월 동안 9명을 살해하고 8명에게 중상을 입힌다) 필요조건이 될 수 없는 이유를 유추할 수 있다.

5.6.2. 자연적인 흐름을 차단시킨다는 것 _ 346

"브레이크가 파열된 통제불능의 화차가 선로 A를 질주하고 있다. 선로 A에는 다섯 명이 작업 중에 있으나 지형이 협소해 대피할 수 없는 상황이다. 이 광경을 목격한 스미스는 레버를 당김 으로써 화차의 방향을 선로 B로 전환시킬 수 있다. 스미스가 레버를 당긴다면 선로 B에서 작업중인 한 명이 죽게 된다". "브레이크가 파열된 통제불능의 화차가 선로 A를 질주하고 있다. 선로 A에는 한 명이 작업 중에 있으나 지형이 협소해 대피할 수 없는 상황이다. 이 광경을 목격한 존스는 레버를 당김으로써 화차의 방향을 선로 B로 전환시킬 수 있다. 레버를 당긴다면 선로 B에서 작업 중인 다섯 명이 죽게 된다". 첫째 예에서의 스미스와 둘째 예에서의 존스를 차별해야 하는 이유로부터 어떤 것을 의도한다는 것의 필요조건으로 지금까지 밝혀낸 조건들에 '자연적인 흐름을 차단시킨다'는 조건을 추가해야 하는 이유를 유추할 수 있다.

5.7. 적용 _ 362

지금까지의 논의를 통해 어떤 것을 의도한다는 것의 필요충분조건을 밝혀낼 수 있었다. 이 책의 결론인 위의 필요충분조건을 지금까지 다룬 사건들에 적용하는 것으로 논의를 마무리하고자 한다.

1

범죄심리상태와 의도

1.1. 영미 형사법과 범죄심리상태

"범죄심리 없는 행위는 죄가 되지 않는다actus non facit reum nisi mens sit rea".[1] 에드워드 코크Edward Coke, 1552-1634의 법언이 말해주듯이, 범죄가 성립하기 위해서는 범죄행위actus reus 요건뿐 아니라 범죄심리상태mens rea 요건도 충족되어야 한다는 것이 영미 형사법의 오랜 전통이었다.[2]

"나는 너희에게 이르노니 여자를 보고 음욕을 품는 자마다 마음에 이미 간음하였느니라"(마태복음 5:28). 성서는 간음이라는 행위에 이르지 않고 마음에 음욕을 품기만 해도 벌할 것이라 경고하고 있다. 하지만 성서의 가르침을 형사법에 적용할 수는 없는 일이다. 빵을 훔쳐먹을 생각을 했다는 이유로 처벌할 수 없듯이, 금지된 해악을 초래하지 않았는데도 처벌할 수는 없다고 보아야 한다.[3] 범죄행위 요건이 충족되지 않고는 범죄가 성립하지 않는다는 영미 형사법의 전통에 이의를 제기할 수 없다는 말이다.

범죄심리상태 요건은 어떠한가? P가 승용차를 구입해 시속 100km 시점에서 브레이크가 파열되도록 조작한 후 Q에게 선물했다고 해보자. Q가 선물로 받은 승용차를 운전하다 브레이크 파열로 사망했다면 P는 처벌 대상이 되어야 한다. 한편 R이 복권에 당첨되어 그동안 신세를 진 S에게 승용차를 선물했으나 운이 없게도 그 차는 브레이크에 제조상의 결함이 있는 차였다. 그렇다면 S가 선물로 받은 승용차를 운전하다 브레이크 파열로 사망했어도 R을 처벌할 수는 없다. 즉, P와 R을 동일선상에서 취급할 수는 없으며, 그 이유로 P는 R과 달리 범죄심리상태에서 승용차를 선물했다는 이유를 들 수 있다. 바로 이러한 점이 범죄심리상태 요건이 충족되지 않고는 범죄가 성립되지 않는다는 영미 형사법의 전통에도 이의를 제기하기 어렵다는 것을 시사하고 있다.

자발적인 행위의 범죄성을 생각해보면 위의 전통을 부정할 수 없는 이유가 보다 선명하게 드러난다.

토마스 사건

어려서부터 몽유병을 앓았던 토마스Brian Thomas는 결혼 후에도 증세가 호전되지 않자 아내와 각방에서 잔다. 하지만 매일 잠자리에 들기 전 포옹과 입맞춤을 했을 정도로 아내와 금슬이 좋았으며, 2008년 7월에는 암 공포에 시달리는 아내의 기분전환을 위해 캠프용 밴을 타고 웨일스로 여행을 떠난다. 항우울제가 성기능장애를 일으킨다고 믿어 평소에도 두 달에 한 번씩 항우울제를 복용하지 않고 아내와 잠자리를 가졌던 그는 여행 일주일 전부터 항우울제 복용을 중단한 상태였다. 여행 마지막 날 한적한 해안 마을에 밴을 세우고 아내와 한 침대에서 잠이 들었으나 폭주족 소음에 잠을 깬다. 다시 잠을 청하고 새벽에 눈을 떠보니 아내는 싸늘한 시신으로 변해 있었다. "맙소사, 내가 아내를 죽인 것 같소. 누군가가 침입한 줄 알았는데, 꿈이었어. 내가 무슨 짓을 한 거야". 999로 사건 정황을 알려 살인 혐의로 기소된 그는 참담한 심경을 토로한다. "약을 끊으면 부작용으로 환각에 시달려야 했소. 지금 생각하니 대부분 약을 끊은 다음에 문제가 발생했소. 사건 당일 폭주족에 대한 불안감을 안고 잠들었는데 … 아내 위에 누군가가 있어 그의 목을 움켜잡고 아내로부터 떼어냈소". 검찰은 재판의 진행 여부를 결정하기 위해 정신과의사에게 자문을 구한다. 하지만 세 명의 정신과의사가 토마스를 감금하는 것이 바람직하지 않다는 견해를 보이자 기소 결정을 철회하며, 판사 역시 몽유 상태에서 아내를 숨지게 한데 대해 책임을 물을 수 없다는 입장을 표명한다.

　토마스가 아내의 목을 조른 것이 직접 사인이었다. 따라서 '사람을 죽였다'는 살인죄의 구성요건해당성이 있다고 보아야 한다. 그런데도 검찰의 판단대로 몽유 상태에서의 행위는 범죄행위가 될 수 없다면 그 이유는 무엇인가? 앞으로 논의될 미국의 모범형법전Model Penal Code 2·01조 2항이 '반사작용 또는 경련', '무의식 또는 수면 중의 신체동작', '최면 중의 또는 최면 암시로 인한 동작', '의식적으로나 습관적으로는 하지 않았을 신체동작'은 범죄행위가 될 수 없다고 규정하고 있듯이, 금지된 해악을 자발적으로voluntarily 초래하지 않았다면 범죄행위 요건을 충족시키지 못한다고 보아야 한다. 이제 토마스가 아내의 목을 조른 것이 범죄행위가 될 수 없는 이유를 알 수 있다. 몽유 상태에서 아내의 목을 조른 것은 '무의식 또는 수면 중의 신체동작'에 해당되며, 따라서 자발적으로 아내를 숨지게 한 것이 아니기 때문이다.
　박찬욱 감독의 '쓰리 몬스터〈컷〉'을 생각해보자. 지호 부부를 납치한 괴한이 지호에게 생면부지인 아이를 죽이지 않으면 피아니스트인 아내의 손가락을 자르겠다고 협박한다. 괴한이 한 걸음 나아가 아이를 죽이지 않으면 아내와 아이 모두 죽이겠다는 협박을 가했다고 해보자. 그렇다면 지호가 아이의 목을 졸라 숨지게 했어도 (지호가 아이의 목을 조른 것이 직접 사인이라 해도) 지호가 자발적으로 아이를 숨지게 한 것이 아니므로 범죄행위 요건을 충족시키지 못한다고 보아야 한다.
　금지된 해악을 자발적으로 초래하지 않았다면 범죄행위가 될 수 없는 이유가 무엇인가? 바꿔 말하면, 토마스가 아내를 그리고 지호가 아이를 자발적으로 숨지게 하지 않았기에 범죄행위 요건을 충족시키지 못한다면, 그렇게 보아야 하는 이유를 설명할 수 있어야 한다.

P가 보험금을 노리고 아내를 목졸라 숨지게 했으며, Q가 호기심을 해소하기 위해 길 가는 아이를 목졸라 숨지게 했다고 해보자. 그렇다면 이들 경우는 범죄행위 요건이 충족된다고 보아야 하며, 그 이유로 토마스 그리고 지호와 달리 자발적으로 아내와 아이를 숨지게 했기 때문이라는 이유를 들 수 있다. 이제 범죄심리상태 요건이 충족되지 않고는 범죄가 성립되지 않는다는 전통에 이의를 제기하기 어려운 이유를 알 수 있다. 토마스와 지호의 행위를 자발적인 행위로 볼 수 없는 그리고 P와 Q의 행위를 자발적인 행위로 보아야 하는 이유를 설명할 수 있어야 하나, 그들의 심리상태에 의존하지 않고는 그를 설명하는 것이 가능하지 않기 때문이다.

자발적으로 숨지게 했는지의 여부에 의존하지 않고 범죄행위 요건의 충족 여부를 설명하려 해도 다르지 않다. 위의 네 경우에서 모두 목을 조른 것이 직접 사인이라는 점에서 행위를 놓고는 그들 사이에 유의미한 차이점을 발견할 수 없으며, 따라서 그들 행위의 범죄성 유무를 가리기 위해서는 심리상태에 의존할 수밖에 없기 때문이다. 이렇듯 〈토마스 사건〉을 놓고도 알 수 있듯이 범죄심리상태 요건이 충족되지 않고는 범죄가 성립되지 않는다는 전통에도 이의를 제기하기 어렵다고 보아야 한다. (다만 20세기 들어 급속한 산업화에 따른 폐해로 무과실책임strict liability주의가 대두되어 일부 무과실책임 범죄에 대해서는 범죄심리상태 요건이 충족되지 않아도 범죄가 성립된다고 보고 있다.)

범죄심리상태란 구체적으로 어떤 심리상태를 말하는가? 2001년 아일랜드 형사법 개정위원회 자문논문이 밝히고 있듯이 "현대 형법의 관심은 초창기만 해도… 어떤 형태, 표현, 함의, 해석으로든 악의malice였다. … 전통적으로 살인심리상태를 심의하는 데 있어 판사의 주된 관심은 … 악의의 정도를 파악하는 데 있었다".[4]

커닝햄 사건

1957년 1월 17일 저녁, 돈이 다급했던 커닝햄Cunningham이 약혼녀 모친 소유의 빈 주택 지하실에 잠입해 계량기 뒤에 감춰진 돈을 훔칠 목적으로 가스 파이프에서 계량기를 떼어낸다. 그리고는 불과 60cm 거리에 있는 밸브를 잠그지 않고 도주해 상당량의 가스가 누출된다. 그가 신혼살림을 차릴 예정이었던 그 주택은 본래 옆집과 한 채였으나 허술한 담을 경계로 두 채로 분리된 상태였다. 따라서 옆 집으로 가스가 새어 들어 그곳에서 잠을 자고 있던 웨이드Sarah Wade 여사가 질식되는 사건이 발생한다. 그는 절도죄와 함께 영국의 '1861년 대인범죄에 관한 법령 23조'[5]에 반해 '악의적으로maliciously' 유독물질에 웨이드 여사를 노출시켜 웨이드 여사의 목숨을 위태롭게 한 혐의로 기소된다.[6]

〈커닝햄 사건〉 검찰의 주장대로 '1861년 대인 범죄에 관한 법령 23조'를 따라 범죄심리상태를 '악의적인malicious'의 의미로 이해해야 한다고 해보자. 그렇다면 그 '악의적인'이 구체적으로 어떤 의미인가? 통례를 따라 그를 '사악한 wicked'의 의미로 이해한다면, 다음의 예로 알 수 있듯이 범죄심리상태의 외연을 지나치게 축소 해석한다는 논란의 소지를 남길 수밖에 없다.

콕스 사건

보이즈Lillian Boyes 여사를 13년간 돌보며 편안히 죽게 해달라는 요청을 무수히 거절해온 콕스Nigel Cox 박사는 더 이상 그녀의 통증을 관리하는 것이 가능하지 않게 되자 1992년 9월 마침내 두 앰풀의 염화칼륨을 그녀의 혈관에 주입해 고통스런 삶을 마감토록 도와준다. 사망

당시 보이즈 여사는 류머티즘성 관절염, 위궤양, 다리 궤양, 척추골절, 괴저와 뼈까지 침투한 욕창으로 누군가의 손이 닿기만 해도 극도의 비명을 지르는 상태였다. 하지만 의료기록을 본 간호사가 "콕스 박사는 통증치료가 아닌 심장을 멈추기 위해 염화칼륨을 주입했다"고 외부에 폭로해 경찰이 수사에 착수한다. 사체가 이미 화장되었기에 약물이 직접적인 사인이었음을 밝혀낼 수 없었던 검찰은 콕스 박사를 살해기도 혐의로 기소할 수밖에 없었다. 살해의도는 없었다는 콕스 박사의 주장에도 불구하고 배심원단은 8시간의 숙고 끝에 11:1로 유죄평결을 내린다. 윈체스터 형사법원의 오그놀Ognall 판사는 12개월 징역형을 선고하고 즉시 투옥하는 것이 대중의 이익에 부합되지 않는다는 이유로 형집행정지처분을 내리며, 의사징계위원회 역시 진료를 계속해도 좋다는 관대한 처분을 내린다.

범죄심리상태를 '악의적인', 즉 '사악한'의 의미로 볼 수 있는지의 물음을 놓고, 콕스 박사가 살해기도 혐의로 기소되어 유죄 판결을 받았다는 것이 갖는 함의는 무엇인가?

지방흡입술을 받아보라는 권유를 친구가 뿌리쳐도 서운해하거나 상처를 받아서는 안 된다. 친구에게 자기결정권이 있기 때문이다. 암 진단을 받은 환자가 항암치료를 거부해도 강제하지 말아야 하는 이유도 다르지 않다. 즉, 환자에게는 자기결정권이 있으며, '권리와 의무 상관관계 입론correlativity thesis of rights and duties'에 따라 의사에게는 환자의 자기결정권을 존중해야 할 의무가 있다고 보아야 한다.[7] 게다가 의사에게는 환자의 통증을 덜어주어야 할 의무까지도 있다. 예컨대 치료 효과와 비용 면에서 차이가 없는 두 치료 방법 중 큰 통증을 유발하는 방법을 택했거나 통증을 방치했다면 의사로서의 의무를 저버렸다고 보아야 한다.

이렇듯 환자의 자기결정권을 존중해야 할 그리고 통증을 덜어주어야 할 의무만을 놓고 본다면, 통증에서 벗어나게 해달라는 보이즈 여사의 요청을 들어주었다는 것은 콕스 박사가 오히려 의사로서의 의무를 이행한 것으로 보아야 한다. 그런데도 안락사가 쟁점이 되는 이유는 의사에게 위의 두 의무 이외에 또 다른 의무, 즉 환자를 살해하지 말아야 할 의무가 있기 때문이다. 바꿔 말하면, 환자의 자기결정권을 존중해야 할 그리고 환자의 통증을 덜어주어야 할 의무와 환자의 생명을 해치지 말아야 할 의무가 충돌할 경우 전자의 의무들은 구속력을 상실한다는 것이 콕스 박사를 살해기도 혐의로 기소할 수 있었던 배경이 되었다는 설명이 가능하다.

이제 범죄심리상태를 '악의적인', 그리고 '악의적인'을 '사악한'의 의미로 이해하기 어려운 이유를 알 수 있다. 콕스 박사는 환자의 자기결정권을 존중해야 할 그리고 환자의 통증을 덜어주어야 할 의무를 이행했다. 따라서 실제로 그가 살해기도 혐의로 기소된 것을 보아도 알 수 있듯이 환자의 생명을 해쳤다는 이유 이외의 다른 이유로는, 즉 살인 이외의 다른 혐의로는 그를 기소할 수 없다고 보아야 한다. 또한 범죄심리상태 요건이 충족되지 않고서는 살해 혐의로 기소하는 것이 가능하지 않으므로, 범죄심리상태를 '악의적인'의 의미로 그리고 '악의적인'을 '사악한'의 의미로 이해해야 한다면 콕스 박사를 기소할 수 있을지는 전적으로 그가 사악한 마음에서 약물을 주입했는지에 달렸다고 보아야 한다. 범죄심리상태를 그와 같이 이해한다면, 콕스 박사를 기소하는 것이 가능한가?

세 아이의 양육비와 위자료 문제로 법정에 출두한 내과의 젤리그Harry Zelig 박사는 1995년 9월 1일 법원청사 에스컬레이터에서 38구경 리볼버로 전처의 목을 쏘아 살해한다. 젤리그 박사가 총을 발사한 이유는 양육비와 위자료 때문이었다. 따라서 범죄심리상태를 '악의적인'의 의미로 그리고 '악의적인'을 '사악한'의 의미로 이해해야 한다면, 젤리그 박사의 경우가 범죄심리상태 요건이 충족되는 대표적인 사례가 될 수 있을 것이다.

반면, 콕스 박사의 경우 편안히 죽게 해달라는 요청을 더 이상 외면할 수 없어 환자의 혈관에 약물을 주입했다. 그런데도 콕스 박사의 심리상태와 젤리그 박사의 그것을 동일선상에서 이해할 수 있는가? 콕스 박사가 보이즈 여사의 혈관에 약물을 주입하던 그 시점에도 법정에 서게 될 것이 두려워 환자의 요청을 거부한 의사가 적지않았을 것이다. 그렇다면 콕스 박사가 오히려 환자를 위해 희생을 감수했다고 보아야 하는 것은 아닌가? 콕스 박사의 심리상태와 젤리그 박사의 그것을 동일선상에서 취급할 수는 없으며, 콕스 박사가 사악한 마음에서 약물을 주입했다는 입장과 환자를 위하는 마음에서 약물을 주입했다는 입장 중 택일하라면 오히려 후자의 손을 들어주어야 할 것이다.

이렇듯 범죄심리상태를 '악의적인'의 의미로 그리고 '악의적인'을 통례를 따라 '사악한'의 의미로 보아서는 콕스 박사를 기소한 것은 검찰의 실수로 보아야 하는 등 안락사를 시술한 의사를 기소하는 자체가 가능하지 않다고 보아야 한다. '악의적인'을 '사악한'의 의미로 보아서는 범죄심리상태의 외연을 지나치게 축소한다는 논란의 소지를 남긴다면, 그것을 '자각심리상태conscious mental states'의 의미로 이해하면 어떠한가?

"프랑스 혁명의 개혁 영향이 확대되며 형사제재의 범죄예방 측면이 더욱 강조되어 그 결과 범죄심리상태를 '범행을' 포기하게 할 수 있는 차원인 자각심리상태의 견지에서 정의하고자 하는 시도가 이루어진다. ··· 이와 같은 시도는 19세기 내내 탄력을 받아 ··· '자각심리상태로서의 범죄심리상태 요건이 충족된다면' 해당 범죄행위를 하고자 감수했다고 보기에 충분하다는 인식이 자리한다".[8] 범죄심리상태를 '악의적인' 그리고 '악의적인'을 자각심리상태로 이해했다는 것은 '1833년 형사법제정위원회'[9] 보고서에 설명되고 있듯이 그 의미를 '인식'의 의미로 국한시켰다는 것을 의미한다. "해당 범죄행위에 의해 위험이 야기될 것임을 인식한 상태에서knowingly 그와 같은 위험을 야기했다는 의미로 간주하며 ··· 그 이상의 어떠한 의미도 배제한다".[10] 하지만 이 역시 논란의 불씨를 *끄*기에는 역부족이라 하겠다.

아프간 미국 만행 사건

"올해 초 제2보병사단 소속 몰록 상병 등은 캘빈 R 깁스 병장의 지시에 따라 비무장한 민간인을 잔혹하게 살해하고 시신을 모욕했다. 몰록 상병은 "깁스 병장은 그 아프간인을 벽 옆에 세워두고는 나와 애덤 윈필드 상병(Spc.)을 정조준을 할 수 있는 위치로 불러 세웠다. 깁스 병장은, 그러고 나서 수류탄을 꺼내 던지고는 '좋아, 이놈의 털을 벗겨버려. 죽여, 죽여버려'라고 명령했다"고 진술했다. 피해자가 무장을 했거나 폭력적이었느냐는 조사관의 질문에 몰록 상병은 "전혀 그렇지 않았다"고 답변했다. 이번 사건의 공소장에는 마약을 투약한 채로 재미삼아 민간인을 살해한 잔혹한 병사들의 행위가 묘사돼 있다. 여기에 더해 깁스 병장은 희생자들의 손가락과 다리 뼈, 치아를 '기념품'으로 보관하고 있었으며 또 다른 병사는 두개골을 갖고 있었던 것으로 드러났다" (매일경제, 2010. 09. 28).

폭력 남편 살해 사건

"2009년 6월 제초제를 먹여 남편을 살해한 박민경(48·가명) 사건에 대한 구명운동이 대대적으로 일어나고 있다. … 박민경 씨는 2009년 6월 28일 박카스병에 제초제를 타서 남편 살해를 기도했고, 남편은 6일 후 사망했다. … 박씨는 결혼 26년 동안 남편의 극심한 폭력에 시달린 가정폭력 피해자다. 거의 매일 술을 마시고 집기를 부수며, 유리병을 던지거나 주먹과 발로 구타, 칼로 위협하는 등 남편의 폭력은 심각한 수준이었다. 갓난아이를 업고 있던 박씨에게 사냥용 총을 발사하기도 했으나, 집을 나가면 친정 부모를 죽이겠다는 협박 때문에 박씨는 남편을 떠날 수도 없었다" (여성신문, 2009. 12. 31).

범죄심리상태를 파악하는 데 있어 자각심리상태 이외의 어떤 의미도 배제해야 한다고 해보자. 따라서 범죄심리상태 요건의 충족 여부는 전적으로 위험이 야기될 것을 인식했는지에 달렸다고 해보자. 그렇다면 범죄심리상태 요건이 충족되는지의 물음을 놓고 재미삼아 민간인을 숨지게 한 〈아프간 미군 만행 사건〉의 미군 병사와 살해 위협에서 벗어나고자 남편을 숨지게 한 〈폭력 남편 살해 사건〉의 박씨를 차별할 수 없다. 그들의 심리상태를 동일선상에서 이해할 수 있는가?

반면, 앞으로 소개될 〈몰로니 사건〉 1심 판사의 주장대로 금지된 해악을 바랐는지의 여부에 의존해 범죄심리상태를 파악해야 한다고 해보자. 〈폭력 남편 살해 사건〉의 박씨는 폭력으로부터 벗어날 수만 있었다면 남편에게 제초제를 먹이지 않았을 것이다. 즉, 〈아프간 미군 만행 사건〉의 미군 병사와 달리 남편이 숨지길 바라서가 아닌 폭력에서 벗어나고자 제초제를 먹였다고 보아야 한다. 이렇듯 금지된 해악을 바랐는지에 의존해 범죄심리상태를 파악한다면, 미군 병사의 심리상태와 이씨의 심리상태를 차별하는 것이 가능하다. 뿐만 아니라 앞으로 논의될 〈스틴 사건〉의 데닝 경(대법관[1])Lord Denning과 같이 금지된 해악을 야기시키는 것이 목적이었는지의 여부에 의존해 범죄심리상태를 파악해도 그들을 차별할 수 있다. 민간인을 숨지게 함으로써 쾌감을 얻는 것이 미군 병사의 목적이었던 반면, 박씨가 쾌감을 얻을 목적으로 남편을 숨지게 한 것은 아니기 때문이다.

범죄심리상태를 자각심리상태로 이해하는 데 따르는 어려움은 여기서 그치지 않는다. '쓰리 몬스터〈컷〉'에서 아이를 죽이지 않으면 아내와 아이 모두 죽이겠다는 협박으로 지호가 아이를 숨지게 했다고 해보자. 그렇다면 지호가 자발적으로 아이를 숨지게 한 것이 아니므로, 범죄심리상태 요건을 충족시키지 못한다고 보아야 한다. 바로 이러한 점이 범죄심리상태를 '악의적인'의 의미로 그리고 '악의적인'을 '자각심리상태'로 이해하는 데 따르는 한계를 드러낸다. 범죄심리상태를 자각심리상태로 국한시킨다면 (아이가 숨질 것을 지호가 알았으므로) 자발적으로 아이를 숨지게 한 것이 아닌데도 오히려 범죄심리상태 요건이 충족된다고 보아야 하기 때문이다.

이상에서 알아본 바와 같이 범죄심리상태를 '악의적인'의 의미로 그리고 '악의적인'을 '사악함' 또는 '자각심리상태'로 이해해서는 승산이 없다고 보아야 한다. 그렇다면 그것을 어떻게 해석해야 하는가? 범죄심리상태를 '악의적인'의 의미로 해석한 전통은 서서히 퇴색해, 20세기에 들어서 '의도'의 의미로 이해해야 한다는 움직임이 가시화된다.

> 역사적으로 재판관들과 학자들은 '범죄심리상태', 즉 비난할 만한 심리상태culpable mental state를 도덕적 비난을 위한 필수 구성요소로 보았으며, 따라서 형사처벌을 위한 필요조건으로 보았다. 하지만 범죄심리상태를 정확히 설명하기란 쉽지 않은 일이다. 초기 입법부와 법원은 특정 범죄 의지의 필수사항을 설명하기 위해 '악의적인malicious', '사악한wicked', '의지의 타락depravity of the will'과 같은 용어를 사용했으나 나중에야 '의도적인intentional', '무모한 무시reckless disregard', '계획적인willful' 등의 보다 현대적인 용어를 사용하기에 이른다.[12]

〈커닝햄 사건〉의 커닝햄이 '악의적으로' 유독물질에 웨이드 여사를 노출시켜 웨이드 여사의 목숨을 위태롭게 한 혐의로 기소된 사실로도 알 수 있듯이, 20세기 중반까지만 해도 범죄심리상태를 '악의적인'의 의미로 이해한 전통은 그 명맥을 유지한다. 하지만 그와 같은 전통은 '1961년 대인범죄에 관한 법령

18조'[13] 그리고 '1964년 형사사법법령 4조'[14]에서 살인이 성립되기 위한 범죄심리상태를 의도로 규정한 이후 힘을 잃게 된다.

미국의 경우도 다르지 않다. 범죄심리상태를 '의도'의 의미로 파악하고자 한 노력은 미국법률협회American Law Institute가 1955년 시안을 마련하고 1962년 성안을 공포한 모범형법전Model Penal Code으로 그 결실을 맺어("대다수의 로스쿨 형법학강좌에서 모범형법전을 다루며 범죄심리상태 조항이 핵심 강의 도구가 되고 있다"[15]), 형사처벌을 위해서는 죄의 중대요소를 야기하거나 무릅쓸 의도가 있어야 한다는 것이 형사재판제도의 중요한 원칙으로 자리 잡는다.

> 법규상 금지된 해악을 야기하거나 무릅쓸 일정 수준의 의도intention, mens rea를 가지고 자발적으로 행위actus reus를 했어야 형사처벌이 가능하다는 것이 미국 형사재판제도의 기저를 이룬 원칙 중의 하나이다. 이와 같은 원칙을 세운 이유는 형벌의 두 전통적 목적인 응보와 범죄 예방을 위해서였다. … (반사적인 행위나 협박에 의한 행위 등과 같이) 자발적이지 않은 행위에 형사처벌을 가해서는 안 된다. 마찬가지로 (정실질환으로 인해 현실감이 결여된 등의 사람과 같이) 일정 수준의 의도를 가질 수 없는 사람은 처벌 대상이 아닌 치료 대상이다.[16]

범죄심리상태를 '의도'의 의미로 이해한다면 그것을 '악의적인' 등의 의미로 이해할 때 따르는 문제점에서 벗어날 수 있다. 예컨대 〈콕스 사건〉의 콕스 박사 등 안락사를 시술한 의사 모두 악의적으로 환자에게 약물을 주입한 것은 아니다. 따라서 범죄심리상태를 '악의적인', 즉 '사악한' 등의 의미로 해석한다면, 앞서 지적한 바와 같이 시술 방법과 무관하게 안락사는 범죄심리상태 요건을 충족시키지 못한다고 보아야 한다. 한편 그것을 자각심리상태로 이해한다면, 안락사를 시술한 의사 모두 환자가 숨질 것을 알았다는 점에서 시술 방법과 무관하게 범죄심리상태 요건이 충족된다고 보아야 한다.

하지만 그를 '의도'의 의미로 이해하면 문제는 달라진다. 환자에게 약물을 주입하는 행위가 환자를 살해하고자 의도하는 행위라면 (의도하는 행위가 아니라면) 범죄심리상태 요건이 충족된다고 (충족되지 않는다고) 보아야 하며, 인공호흡기를 제거하거나 부착하지 않는 (폐렴에 걸린 말기환자에게 항생제를 투여하지 않는…) 행위도 동일한 구조로 파악해야 하기 때문이다. 이렇듯 범죄심리상태를 '의도'의 의미로 이해한 것은 자연스런 귀결이라 하겠다. 하지만 그것이 문제가 해결되었다는 것을 의미하지는 않는다.

커보키언 사건

1990년 6월 커보키언Jack Kevorkian 박사는 초기 치매환자 앳킨스Janet Adkins에게 자신의 발명품인 일명 '자살기계'를 제공한 것을 시작으로 130명이 넘는 환자의 자살을 도와준다. 6차례 기소되어 4차례 법정에 섰으나 매번 무죄 판결을 받은 그는 1998년 11월 22일, 급기야 루게릭병 환자 유크Thomas Youk에게 직접 염화칼륨을 주입해 심장박동을 멈추게 한 장면을 녹화하고 CBS 시사프로그램 '60분Sixty Minutes'을 통해 공개한다. 1998년 11월 25일 미시간주 검찰은 그를 1급살인, 자살방조, 통제약물소지 혐의로 기소하며, 미시간주 제51지방법원의 맥밀런Phyllis McMillan 판사는 커보키언 박사가 "계획적으로 살해할 의도가 있었고 사전에 숙고된 것이었다"는 판단 하에 그를 재판에 회부토록 결정한다. 재판에 회부된 커보키언 박사는 "역사가 나를 심판할 것이다. 그 심판은 나에게 결코 혹독하지 않을 것이나 당신들에게는 그러할 것이다"는 경고와 함께 "나는 의무를 다했을 뿐 결코 살해의도가 없었다"는 주장을 되풀이한다. 2급살인죄로 8년 6개월간 복역하던 중 안락사와 관련된 자문이나 상담을 일체 하지 않는다는 조건으로 2007

년 가석방되어 2011년 6월 3일 사망한다.

무어 사건

1997년 7월, 개업의 무어David Moore 박사는 영국의 「선데이 타임스」
에 의사로서 활동한 30년 동안 약물을 사용해 100~300명 환자의 죽음
을 도왔다고 고백한다. 그 주에도 한 환자의 죽음을 도왔다는 그의 말
에 경찰은 예정된 화장을 금지시키고 즉각 수사에 착수한다. 장암으로
투병 중이던 85세의 전직 응급요원 리들George Liddell을 살해한 혐의
로 기소된 무어 박사는 디아모르핀을 사용한 의도적인 살해라는 검찰
의 주장에 맞서, 자신의 의도는 환자를 고통으로부터 벗어나게 해주는
데 있었다고 항변한다. 무어 박사에게 살인죄를 적용하기 위해서는 그
가 주사한 디아모르핀이 리들의 사망 원인이었어야 하며, 무어 박사에
게 리들을 살해할 의도가 있었어야 했다. 하지만 검찰은 리들이 사망
한 원인이 무어 박사가 주사한 디아모르핀이라는 것을 입증하는 데 실
패한다. 따라서 판사는 배심원단에게 리들이 사망한 원인이 디아모르
핀이라는 검찰 측의 주장을 고려하지 말 것을 지시하며, 여덟 명의 여
성과 네 명의 남성으로 구성된 배심원단은 고심 끝에 무어 박사의 죄
과에 대해 무죄평결을 내린다.

범죄심리상태를 '의도'의 의미로 이해해야 한다면, 〈커보키언 사건〉의 커
보키언 박사, 〈무어 사건〉의 무어 박사, 〈콕스 사건〉의 콕스 박사의 주장대로
그들에게 살해의도가 없었다고 보아야 하는가? 인공호흡기를 제거하거나 부
착하지 않음으로써 환자를 안락사시킨 의사의 경우는 어떠한가? 환자에게 단

지 자살기계만을 제공한 경우는 어떠한가? 성폭행으로 임신을 하게 된 임신부에게 또는 미성년 임신부에게 무료로 낙태시술을 해준 의사의 경우는 어떠한가?

2009년 11월 14일 부산의 한 실내사격장에서 화재가 발생해 15명이 질식사한다. 제대로 된 안전장치 없이 실내사격장을 운영했다는 것은 살해의도가 있었다는 것을 의미하는가? 2007년 생활고를 이유로 4살 난 아들을 방안에 두고 가출해 아이를 숨지게 한 김 모(37) 여인, 2008년 6명의 영아를 숨지게 하고 30만 명 이상을 병들게 한 중국의 멜라닌 분유 생산업자, 2011년 9월 24일 유사휘발유를 판매하다 4명을 숨지게 한 수원의 모 주유소 사장의 경우는 어떠한가? 그들에게 살해의도가 있(없)었다고 한다면 그것을 어떻게 입증할 수 있는가? 범죄심리상태를 '의도'의 의미로 이해해도, 의도했는지를 판단할 수 있는 준거를 마련하지 못한다면 나아진 것이 없다고 보아야 한다.

영국의 경우 '1957년 살인죄법'[17]에서 '악의적인'이라는 용어를 폐기하고, '1961년 대인범죄에 관한 법령 18조'에서 그것을 '의도적인'이라는 용어로 대체함에 따라, 의도적으로 해를 입힌 경우와 그렇지 않은 경우를 판단할 수 있는 준거를 마련하려는 노력이 본격화된다. 그 대표적인 예로 벤담Jeremy Bentham이 제시한 '직접적 의도direct(lineal) intention'와 '간접적 의도indirect(oblique) intention'의 차이, 즉 '문제의 결과를 야기시키고자 한다'는 것과 '문제의 결과를 단지 예견한다'는 것의 차이에 의존해 그것을 판단하려는 시도를 들 수 있으나, 이러한 시도는 예견했는지의 여부에 보다 큰 의미를 부여해야 한다는 입장과 대립해 영국의 형사법에 결정적인 영향을 끼치지는 못한다. (앞으로 설명될 바와 같이 '자신의 행위로 인해 어떤 결과가 야기될 것을 예견했다면, 그 결과를 의도했다'고 보아야 한다는 주장이 개진되어 직접적으로 의도한 경우와 간접적으로 의도한 경우를 양형으로는 차별할 수 있으나 의도했는지의 여부로는 차별할 수 없다는 입장이 우위를 점한다.)

한편, 미국의 경우 가장 두드러진 특징으로 '특정의도specific intent'와 '일반

의도general intent'의 차이에 의존했다는 점을 들 수 있다. 1955년 모범형법전 시안이 마련된 이후 "연방법원을 포함한 일부 지역의 재판부에서 범죄심리상 태의 의미를 파악하기 위해 범죄를 크게 '특정의도'가 있는 범주와 '일반의도' 가 있는 범주로 분류하는 시스템을 개발하였다".[18] 하지만 그 내용면에서는 직접적/간접적 의도와 크게 다르지 않았으며("일반적으로 특정의도 범죄가 성립되 기 위해서는 하나 또는 그 이상의 죄의 요소를 목적으로 삼았어야 하며, 일반의도 범 죄가 성립되기 위해서는 죄의 요소를 인식knowledge했어야 한다"[19]), 따라서 "범죄 심리상태를 둘러싼 논란을 해소하는 데는 별 도움이 되지 못한다".[20]

직접적/간접적 의도, 특정/일반 의도의 차이에 의존해서는 만족스런 결과 를 얻을 수 없다면, 범죄심리상태를 어떤 심리상태로 이해해야 하는가?[21] 범 죄심리상태를 '악의적인', '사악한', '의지의 타락' 등의 의미로 파악하고자 한 것은 승산 없는 게임을 시작한 것으로 보아야 한다. 따라서 그것을 '의도적인' 의 의미로 파악하고자 한 것이 적절한 선택이었다고 할 수 있다. 하지만 그와 같이 방향을 선회한 것은 호랑이를 피해 어쩔 수 없이 늑대굴로 들어간 것과 다르지 않다고 할 수 있다. 검찰에게는 피고인에게 의도가 있었음을 입증해야 하는 그리고 판사에게는 배심원단에게 의도의 의미를 지시해야 하는 난제가 기다리고 있었기 때문이다.

1.2. 영국의 형사법과 의도

1.2.1. 의도 그리고 바람과 목적

스틴 사건

트레버Jack Trevor란 예명으로 무성영화에 출연하며 배우로서의 명성을 쌓아가던 스틴Sebastian Steane은 1924년 고향인 런던을 떠나 독일로 이주한다. 그 후에도 히치콕 감독의 '샴페인'에 출연하는 등 유명세를 더해가나 제2차 세계대전이 발발하자 나치의 선전을 방송하는 데 동참해 적을 도우려는 의도를 가지고 적을 도왔다는 혐의로 종전 후 영국 검찰에 기소된다. "1939년 11월 나치에게 끌려가 감금된 상태에서 '하일 히틀러'라고 말해 '이 더러운 돼지야!'라고 강요받았습니다. 그것을 거부하자 구타를 당해 이가 몇 개나 부러졌습니다. 어쩔 수 없이 1940년 1월부터 하루 세 차례 나치의 선전 뉴스를 읽었습니다. 하지만 그 해 4월 더 이상의 협조를 거부하자 두 명의 게슈타포가 아내와 두 아들을 강제수용소에 보내겠다는 협박을 해왔습니다. 5월에는 세 명의 게슈타포에게 심하게 구타당해 한쪽 귀가 찢어지는 중상까지 입었습니다. 몸담고 있던 영화사의 선전영화 제작에도 동참할 수밖에 없었습니다". 스틴의 의도가 적을 도우려는 데 있지 않고 가족을 보호하려는 데 있었다는 변호인의 주장에도 불구하고 그는 3년 징역형을 언도받는다. 의도하지 않았음에도 불구하고 유죄 판결을 내릴 수 있는지 그리고 목적으로 삼지 않았음에도 불구하고 의도했다고 볼 수 있는지가 쟁점이 되어 항소심 재판부는 유죄를 선고한 원심을 파기했으며, 최고법원인 상원, 즉 귀족원House of Lords 역시 항소심 재판부의 손을 들어준다.

〈스틴 사건〉을 두고 상원의 고다드 대법관Lord Goddard CJ이 지적한 바와 같이 의도에 대한 정의를 내려야 하는 것이 판사에게는 피해갈 수 없는 난제였다.

> 항소인의 방송을 녹음한 테이프가 증거물로 제출되지 않았다. … 실제 음색을 접하면 항소인의 동기나 의도를 파악하는 데 도움이 될 것이나 … 항소인의 행위가 적에게 도움이 될 만한 것이었다고 배심원단이 추정할 수 있는 증거는 있다. 하지만 항소인의 행위가 적을 도우려는 의도로 행해진 것인지를 배심원단에게 지시하는 데 관련해 훨씬 어려운 문제가 발생한다.[22]

범죄심리상태 요건이 충족되어야 형사처벌이 가능하며 범죄심리상태를 의도의 의미로 이해해야 한다면, 의도를 어떻게 정의해야 하는가? 스틴의 유죄 여부를 가리는 데 있어 결정적인 위의 물음을 놓고 데닝 대법관Lord Denning 은 다음과 같이 판시한다.

> 스틴에게 적을 돕고자 하는 의욕 또는 목적desire or purpose이 없었다. 거부하면 처와 두 아들을 강제수용소로 보내겠다는 게슈타포의 협박을 이기지 못한 것이다. 적을 돕기를 바라지 않았다면 적을 돕고자 의도했다는 판결을 내리기 어렵다.[23]

스틴에게 유죄판결을 내린 1심재판부의 판단이 옳았는가? 아니면 1심의 판결을 뒤집은 항소심 재판부 그리고 상원의 판단이 옳았는가? 스틴이 처와 두 아들을 희생시키면서까지 게슈타포의 협박에 굴하지 않았다면 종전 후 마땅히 영웅 대접을 받았을 것이다. 바로 이러한 점이, 즉 게슈타포의 협박에 굴하지 않았다면 영웅 대접을 받아 마땅하다는 것이 위의 의문을 해결할 단초를 제공한다.

을사조약이 체결되자 우당 이회영 선생과 그 형제들은 현재 가치로 600억 원에 달하는 전 재산을 독립운동자금으로 희사한다. 독특한 국가관을 갖지 않은 이상 이회영 선생을 칭송하고 그 정신을 기려야 한다는 데 이견을 보이지 않을 것이다. 이회영 선생을 칭송해야 한다는 말은 나라가 위험에 처했더라도 전 재산을 희사하는 것이 의무는 아니라는 말과 다르지 않다. 그것이 의무라면 이회영 선생을 칭송할 것이 아니라 당시 전 재산을 희사하지 않은 사람들을 비난하는 것이 옳기 때문이다.

다시 말해, 옷을 입고 다닌다고 해서 (또는 동급생을 구타하지 않는다고 해서) 칭찬을 하지 않듯이, X를 해야 하는 것이 (X를 하지 말아야 하는 것이) 의무라면, X를 한다고 해서 (X를 하지 않는다고 해서) 칭찬의 대상이 될 수 없다. 따라서 X를 하는 것이 (X를 하지 않는 것이) 칭찬의 대상이 된다면, X를 해야 하는 것이 (X를 하지 말아야 하는 것이) 의무는 아니라고 보아야 한다. 예컨대 격투 끝에 흉기를 소지한 소매치기를 붙잡은 일반 시민은 칭찬의 대상이 되어야 한다. 따라서 목숨을 걸고서라도 흉기를 소지한 소매치기를 붙잡아야 하는 것이 일반 시민의 의무는 아니라고 보아야 한다. 마찬가지로 이회영 선생을 칭송해야 한다는 말은 나라가 위험에 처했다고 해도 전 재산을 희사하는 것이 의무는 아니라는 말과 다르지 않으며, 스틴이 게슈타포의 협박에 굴하지 않았다면 그를 칭송해야 한다는 말 역시 가족을 희생하면서까지 적을 돕지 말아야 하는 것이 의무는 아니라는 말과 다르지 않다.[24]

이제 스틴에게 유죄판결을 내린 1심재판부의 판단과 1심 판결을 뒤집은 항소심 재판부와 상원의 판단 중 후자의 손을 들어주어야 하는 이유가 드러난 셈이다. 가족을 희생시키면서까지 적을 돕지 말아야 하는 것이 의무는 아니라는 점에서, 스틴이 가족을 희생하지 않았다고 해도 그를 처벌할 수 없다고 보아야 하기 때문이다.

스틴을 처벌할 수 없다는 항소심 재판부와 상원의 판단이 옳았다면, 스틴에게 적을 도울 의도가 없었다는 데닝 대법관의 견해는 어떠한가? 스틴이 적을 돕고자 의도했다면, 그를 처벌해야 할 것이다. 하지만 그를 처벌할 수 없으므로, 스틴에게 적을 도울 의도가 없었다는 데닝 대법관의 입장에 만족할 수 있다. 하지만 문제는 데닝 대법관이 제시한 판결 이유ratio decidendi에도 만족할 수 있는가 하는 것이다.

먼저 데닝 대법관이 '의욕한다desire'는 것, '목적으로 삼는다'는 것, '의도한다'는 것의 관계를 어떻게 파악하고 있는지를 짚어보기로 하자. ('desire'를 '의욕한다'로 표현하는 것이 일반적이나 그것을 '의도'와 연계해 논의를 하고 있으므로 오해의 소지를 줄이기 위해 '바란다'는 표현을 사용하고자 한다.) 그는 '바람(의욕)', '목적' 두 조건을 제시하고 단지 '바람' 조건만을 구체적으로 언급한다. 즉, 적을 돕는 것이 목적이 아니었다면 적을 돕고자 의도했다는 판결을 내리기 어렵다는 언급은 생략하고 있다. 하지만 'desire, or purpose 바람, 곧 목적'이라고 표현하지 않고 'desire or purpose 바람 또는 목적'이라고 표현했듯이, 그는 '바란다'는 것과 '목적으로 삼는다'는 것을 별개의 개념으로 파악하고 있다.

데닝 대법관이 파악한 대로 그것들을 별개의 개념으로 보아야 하며, 그렇게 보아야 하는 이유는 어렵지 않게 설명될 수 있다. 목적이라는 용어는 행위의 결과를 지칭하는 의미로 다양하게 쓰이고 있으나, '수단means'과 대비되는 개념으로서의 '목적end'을 생각해보자. 평생 절약해 집을 마련한 사람이 빚 보증을 잘못 서 거액의 빚과 이자를 고스란히 떠안게 되었다고 해보자. 빚을 변제할 길이 없어 집을 매도하기 위해 매매계약서에 서명을 했다고 했을 때, 집을 매도할 목적으로 서명을 했으나 집을 매도하고 싶은 마음에서 서명을 하지는 않았을 것이다. (아마도 가장 바라지 않았던 일 중의 하나가 집을 매도하는 일이었을 것이다.) 오 헨리O. Henry 소설 「동방박사의 선물The Gift of the Magi」에서 머리카락을 잘라 남편의 선물을 마련한 델라Della가 머리카락을 자를 목적으로 미용실로 향했으나 머리카락이 잘리길 바라서 향했다고는 할 수 없다. (수중에 남편의 선물을 사기에 충분한 돈이 있었다면 머리카락을 자르지 않았을 것이다.) 이렇듯 수단과 대비되는 개념으로서의 '목적'('목적으로 삼는다'는 것)과 '바람'('바란다'는 것)은 별개의 개념으로 보아야 한다.

목적을 '동기motive'의 의미로 이해해도 다르지 않다. 2003년 9월부터 2004년 7월까지 20명을 살해한 유영철은 경찰 조사에서 부자에 대한 적개심과 여자에 대한 복수심 때문에 범행을 저질렀다고 진술한 바 있다. 적개심과 복수심을 해소하기 위해 살인 행각을 벌였으므로 범행 동기는 적개심과 복수심을 해소하는 데 있었다고 보아야 한다. 또한 피해자들을 살해하지 않으면 적개심과 복수심을 해소할 수 없었다는 점에서, 그가 살인극을 자행한 궁극적인 목적 역시 적개심과 복수심을 해소하는 데 있었다고 할 수 있다. 이와 같은 이유에서 목적(궁극적인 목적ultimate purpose)은 동기의 의미로도 이해되고 있다. 하지만 목적을 동기의 의미로 이해해도 '목적'('목적으로 삼는다'는 것)과 '바람'('바란다'는 것)을 별개의 개념으로 보아야 한다. 바란다는 개념은 수단means과 목적end 모두에 적용될 수 있으나, 3.1.2.에서 설명될 바와 같이 동기라는 개념은 수단에는 적용될 수 없기 때문이다.

'바란다'는 것과 '목적으로 삼는다'는 것을 동일한 개념으로 볼 수 없다면, 데닝 대법관은 그것들과 '의도한다'는 것의 관계를 어떻게 진단하고 있는가? "적을 돕기를 바라지 않았다면 적을 돕고자 의도했다는 판결을 내리기 어렵다"는 입장을 취했다는 것은 '바란다'는 것을 '의도한다'는 것의 충분조건으로 제시하지 않았다는 말과 다르지 않으며, '목적으로 삼는다'는 것을 '의도한다'는 것의 충분조건으로 제시하지 않았다는 말과도 다르지 않다.[25]

어떤 것을 바란다는 것이 그것을 의도한다는 것의 충분조건이라고 해보자. 즉, '어떤 것을 바랐다면, 그것을 의도했다'는 명제가 참이라고 해보자. 그렇다면 스틴이 적을 돕기를 바라지 않았더라도, 그로부터 스틴이 적을 돕고자 의도하지 않았다는 결론을 얻을 수 없다. 다시 말해 '어떤 것을 바랐다면, 그것을 의도했다'는 전제와 '스틴이 적을 돕기를 바라지 않았다'는 전제로부터 '스틴이 적을 돕고자 의도하지 않았다'는 결론이 도출되지 않는다. 이렇듯 데닝 대법관이 '바란다'는 것을 '의도한다'는 것의 충분조건으로 제시하지 않았다고 보아야 한다.

'목적으로 삼는다'는 조건에 대해서도 동일한 진단을 내릴 수 있다. 목적으로 삼는다는 것이 의도한다는 것의 충분조건이라면, 적을 돕는 것이 스틴의 목적이 아니었다는 데 의존해 그가 적을 돕고자 의도하지 않았다는 결론을 내릴 수 없다. 다시 말해, '어떤 것을 목적으로 삼았다면, 그것을 의도했다'는 전제와 '적을 돕는 것이 스틴의 목적이 아니었다'는 전제로부터 '스틴이 적을 돕고자 의도하지 않았다'는 결론이 도출되지 않는다. 따라서 데닝 대법관이 '목적으로 삼는다'는 것을 '의도한다'는 것의 충분조건으로 제시하지 않았다고 보아야 한다.

그렇다면 데닝 대법관이 '바란다는 것과 의도한다는 것' 그리고 '목적으로 삼는다는 것과 의도한다는 것'의 관계를 어떻게 설정했다고 보아야 하는가? "적을 돕기를 바라지 않았다면 적을 돕고자 의도했다는 판결을 내리기 어렵다"는 입장을 취했다는 것은 '바란다'는 것과 '의도한다'는 것의 관계를 느슨하게 설정해 전자를 후자의 필요조건으로 보았다는 말과 다르지 않다. 즉, '어떤 것을 의도했다면, 그것을 바랐다'는 명제에 의존해 다음과 같이 스틴이 적을 돕고자 의도했다는 판결을 내릴 수 없다는 결론을 내렸다고 보아야 한다.

(P1) 어떤 것을 의도했다면, 그것을 바랐다.
(P2) 스틴은 적을 돕기를 바라지 않았다.
　　그러므로
(C) 스틴은 적을 돕고자 의도하지 않았다.

데닝 대법관이 '바람', '목적' 두 조건을 제시하고 적을 돕는 것이 목적이 아니었다면 적을 돕고자 의도했다는 판결을 내리기 어렵다는 언급은 생략하고 있으나, 그가 '목적으로 삼는다'는 것 역시 '의도한다'는 것의 필요조건으로 제시했다고 보아야 한다. 전자가 후자의 필요조건이라는 데 의존해 다음과 같이 스틴에게 적을 도울 의도가 없었다는 일관된 입장을 취할 수 있기 때문이다.

(P1) 어떤 것을 의도했다면, 그것을 목적으로 삼았다.
(P2) 적을 돕는 것이 스틴의 목적이 아니었다.
   그러므로
(C) 스틴은 적을 돕고자 의도하지 않았다.

이렇듯 데닝 대법관이 '바란다'는 조건과 '목적으로 삼는다'는 두 조건을 제시하고 스틴에게 적을 도울 의도가 없었다는 입장을 취했다는 점에서 그것들을 각기 '의도한다'는 것의 필요조건으로 제시했다고 보아야 한다.

– 어떤 것을 의도했다면, 그것을 바랐다.
– 어떤 것을 의도했다면, 그것을 목적으로 삼았다.

데닝 대법관이 스틴의 손을 들어주었다는 것은 (스틴에게 적을 도울 의도가 없었다고 보았다는 것은) 스틴이 적을 돕고자 의도했는지를 비교적 손쉽게 판단했다는 것을 의미한다. 의도한다는 것의 필요조건만을 제시하고 그것을 충족시키지 못하므로 스틴에게 적을 도울 의도가 없었다는 입장을 취하면 되었기 때문이다. 바꿔 말하면, 만일 데닝 대법관이 검찰의 손을 들어주고자 했다면 스틴이 적을 돕고자 의도했는지를 판단하는 데 있어 한층 큰 부담을 안았어야 했다. 어떤 것을 의도한다는 것의 충분조건을 제시하고 그것을 충족시키므로 ('바란다'는 것, '목적으로 삼는다'는 것 이외의 모든 필요조건들을 제시하고 그것 모두를 충족시키므로) 스틴에게 적을 도울 의도가 있었다는 입장을 취해야 했기 때문이다. 이것을 염두에 두고 데닝 대법관의 견해를 생각해보기로 하자.
스틴은 게슈타포의 협박을 이기지 못해 나치의 선전방송에 동참했다. 적을 돕고자 바라는 마음에서 또는 적을 도울 목적으로 동참한 것은 아니므로, 두 논변의 (P2)를 참으로 보아야 한다. 또한 앞서 설명된 바와 같이 스틴에게 적을 도울 의도가 없었다고 보는 것이 상식일 것이다. 즉, 결론인 (C) 역시 참으로 보아야 할 것이다. 이렇듯 〈스틴 사건〉을 놓고 본다면 (P1)이 참이라는 데 의존해 (어떤 것을 바란다는 것이 그것을 의도한다는 것의 필요조건이며, 어떤 것을 목적으로 삼는다는 것이 그것을 의도한다는 것의 필요조건이라는 데 의존해) 스틴에게 적을 도울 의도가 없었다는 결론을 내리고자 한 데닝 대법관의 전략에 만족할 수 있다.

하지만 〈커보키언 사건〉을 생각해보자. 유크가 앓았던 루게릭병이 치유 가능한 질병이었다면 또는 유크의 고통을 덜어줄 수 있는 방법이 있었다면 커보키언 박사는 유크에게 약물을 주입하지 않았을 것이다. 이렇듯 유크가 숨지길 바라서 약물을 주입한 것은 아니며, 따라서 데닝 대법관의 견해대로라면 커보키언 박사에게 유크를 살해할 의도가 없었다고 보아야 한다. 커보키언 박사를 살인 혐의로 기소한 검찰, 재판에 회부한 맥밀런 판사, 살인죄를 적용한 재판부 모두 잘못된 결정을 내린 것인가? 물론, 약물을 주입하는 방법을 택했다고 하더라도 안락사를 시술한 의사에게 환자를 살해할 의도가 있었다고 하는 것은 과하다고 생각할 수 있다. 그렇다면 다음의 경우는 어떠한가?

동반자살 사건

"생활고를 비관하며 장애를 앓는 아들과 동반자살을 기도했다가 아들만 죽인 50대 아버지가 구속됐다. 서울 서대문경찰서는 20대 아들을 음독 살인한 혐의로 A씨(53)를 구속했다. A씨는 지난 1일 새벽 서대문구 홍제동 자신의 빌라에서 발달장애 2급인 아들(21)을 잠에서 깨운 뒤 농약을 먹여 숨지게 한 혐의를 받고 있다. 아들에게 농약을 먹인 직후 A씨도 남은 농약을 먹고 자살을 시도했으나 신음 소리를 듣고 잠에서 깬 부인이 발견해 병원으로 옮겨져 목숨을 건졌다. A씨는 5년 전 사업이 부도가 난 뒤 직장을 구하지 못해 생활비를 벌지 못한데다 아들이 4년 전부터 간질증세를 보이자 처지를 비관해온 것으로 경찰 조사결과 드러났다. 경찰에서 A씨는 "다 큰 장애아들을 남기고 가면 다른 가족들에게 짐이 될 것 같아 함께 죽으려 했다"고 진술했다" (노컷뉴스, 2009. 03. 18).

A씨가 생활고에 시달리지 않았거나 아들에게 장애가 없었다고 해보자. 그렇다면 그는 동반자살을 기도하지 않았을 것이다. 즉, A씨가 아들이 숨지길 바라서 동반자살을 기도한 것은 아니다. 따라서 '어떤 것을 의도했다면, 그것을 바랐다'는 데닝 대법관의 견해를 적용하면 A씨에게 아들을 살해할 의도가 없었다고 보아야 하며, 따라서 아들을 살해한 혐의로 A씨를 구속한 경찰의 결정은 잘못된 것으로 보아야 한다. 경찰이 A씨를 살인 혐의로 구속하지 말아야 했으며, 그에게 살인죄를 적용하지 말아야 하는가?

성병 생체실험 사건

"미국이 1940년대 과테말라에서 페니실린의 효용성을 검증하기 위해 교도소, 정신병원 등에 수감된 1,600여 명에게 고의로 매독균 등을 감염시키는 실험을 실시한 사실이 뒤늦게 밝혀졌다. 1일(현지시간) 미국 언론에 따르면 당시 실험은 1946년부터 1948년까지 과테말라에서 실시됐다. 실험 대상은 과테말라 교도소에 수감된 남성과 정신병원에 수용된 남·녀 환자 1,600여 명으로, 696명에게 매독균, 772명에게 임질균, 142명에게 초기 매독균을 주사하거나 성병에 감염된 매춘부를 교도소

수감자들과 접촉시키는 방법으로 성병을 전염시켰다" (문화일보, 2010. 10. 02). "미국이 1940년대 과테말라에서 성병 감염과 관련된 생체실험을 하는 과정에서 최소 83명이 숨졌다고 당시 생체실험 프로그램을 조사한 위원회가 밝혔습니다. 위원회는 5,500명가량이 실험을 받았고, 1,300명 이상이 접촉이나 주사 접종을 통해 성병에 노출된 사실을 확인했습니다. 위원회의 스티븐 하우저는 당시 실험으로 83명의 사망자가 있었던 것으로 생각한다면서 성병에 감염된 1,300명 중 치료를 받은 사람은 700명 이하라고 밝혔습니다" (YTN, 2011. 08. 30).

매독균을 주사한 연구진의 입장에서 매독균에 감염된 환자들이 숨지길 바랄 이유가 없었다. 오히려 환자들이 생존해 페니실린의 효용성이 입증되길 바랐다고 보아야 할 것이다. 따라서 '어떤 것을 의도했다면, 그것을 바랐다'는 데닝 대법관의 견해가 옳다면, 매독균을 주사해 환자들을 숨지게 한 연구진에게 조차도 살해의도가 없었다고 보아야 한다.

이렇듯 '바란다'는 것을 '의도한다'는 것의 필요조건으로 제시해서는 ('어떤 것을 의도했다면, 그것을 바랐다'는 명제에 의존해 문제를 해결하고자 한다면) 의도한다는 것의 외연을 지나치게 축소 해석한다는 지적을 피할 수 없다. ('바란다'는 것을 '의도한다'는 것의 필요조건으로 제시한 데닝 대법관의 견해를 수용할 수 없는 구체적인 이유는 3.2.에서 설명될 것이다.)

〈성병 생체실험 사건〉과 〈동반자살 사건〉을 생각해보면 '어떤 것을 목적으로 삼았다면, 그것을 의도했다'는 데닝 대법관의 견해에 대해서도 동일한 의문을 가질 수 있다. 〈성병 생체실험 사건〉에서 매독균을 감염시킨 목적은 페니실린의 효용성을 검증하는 데 있었다. 감염자들을 숨지게 할 목적으로 매독균을 감염시킨 것은 아니므로, '어떤 것을 목적으로 삼았다면, 그것을 의도했다'는 데닝 대법관의 견해가 옳다면 연구진에게 환자들을 살해할 의도가 없었다고 보아야 한다. 〈동반자살 사건〉에서 역시 남은 가족들을 편하게 해줄 목적으로 동반자살을 기도한 것이지 아들을 숨지게 하는 것이 궁극적인 목적은 아니었다. 따라서 데닝 대법관과 같이 '어떤 것을 목적으로 삼았다면, 그것을 의도했다'고 보아서는 A씨를 살인 혐의로 구속하는 것은 가능하지 않다고 보아야 한다.

이렇듯 '목적으로 삼는다'는 것을 '의도한다'는 것의 필요조건으로 제시해도 ('어떤 것을 의도했다면, 그것을 목적으로 삼았다'는 명제에 의존해 문제를 해결하고자 해도) 의도한다는 것의 외연을 지나치게 축소 해석한다는 지적을 피할 수 없다. ('목적으로 삼는다'는 것을 '의도한다'는 것의 필요조건으로 제시한 데닝 대법관의 견해를 수용할 수 없는 구체적인 이유는 3.3.에서 설명될 것이다.)

데닝 대법관과 같이 의도한다는 것의 필요조건을 제시해서는 문제의 결과를 의도하지 않았다는 판결을 내릴 수는 있으나 의도했다는 판결을 내릴 수 없다는 점도 지적할 수 있다. 도스토예프스키의 『죄와 벌』에서 전당포 노파를 살해한 라스콜리니코프는 사회를 좀먹는 한 마리의 이에 불과한 노파가 존재해야 할 아무런 이유가 없다고 확신했다. 따라서 노파가 숨지길 바라는 마음에서 그리고 노파를 숨지게 할 목적으로 도끼를 휘둘렀다고 보아야 한다. 하지만 '바란다'는 것 또는 '목적으로 삼는다'는 것을 '의도한다'는 것의 필요조건으로 제시해서는 라스콜리니코프에게 노파를 살해할 의도가 있었다는 판결을 내릴 수 없다. 즉, '어떤 것을 의도했다면, 그것을 바랐다(그것을 목적으로 삼았다)'는 전제와 '라스콜리니코프가 노파가 숨지길 바랐다(노파를 숨지게 할 목적으로 도끼를 휘둘렀다)'는 전제로부터 '라스콜리니코프가 노파를 살해하고자 의도했다'는 결론이 도출되지 않기 때문이다.

의도한다는 것의 필요조건을 제시해서는 특정 사건에 대한 봉합책에 그칠 뿐 해결책이 될 수 없다면, 데닝 대법관의 견해와는 별도로 '바란다'는 조건과 '목적으로 삼는다'는 조건을 함께 의도한다는 것의 충분조건으로 제시하면 어떠한가?

– 어떤 것을 바랐고 목적으로 삼았다면, 그것을 의도했다.

위의 두 조건을 의도한다는 것의 충분조건으로 제시한다면, 데닝 대법관의 견해에 의존할 때와는 달리 라스콜리니코프에게 살해의도가 있었다는 상식적인 답변을 얻을 수 있다.

(P1) 어떤 것을 바랐고 목적으로 삼았다면, 그것을 의도했다.
(P2) 라스콜리니코프는 노파가 숨지길 바라는 마음에서 그리고 노파를 숨지게 할 목적으로 흉기를 휘둘렀다.
그러므로
(C) 라스콜리코프는 노파를 살해하고자 의도했다.

하지만 (P1)에 의존해도, 즉 '바란다'는 조건과 '목적으로 삼는다'는 조건을 함께 의도한다는 것의 충분조건으로 제시해도 문제를 해결하기에는 역부족으로 보아야 한다. 〈동반자살 사건〉에서 A씨가 아들이 숨지길 바라서 또는 아들을 숨지게 할 목적으로 동반자살을 기도한 것은 아니다. 따라서 (P1)에 의존해서는 A씨에게 살해의도가 있었다는 답변을 얻을 수 없다. 또한 〈성병 생체실험 사건〉에서 역시 숨지게 할 목적이나 매독균에 감염된 환자들이 숨지길 바라서 매독균에 감염시킨 것은 아니다. 따라서 (P1)에 의존해서는 연구진에게 살해의도가 있었다는 결론을 내릴 수 없다. '바란다'는 조건과 '목적으로 삼는다'는 조건을 함께 의도한다는 것의 필요충분조건으로 제시하면 어떠한가?

– 어떤 것을 바랐고 목적으로 삼았다면 그것을 의도했으며, 어떤 것을 의도했다면 그것을 바랐고 목적으로 삼았다.

위의 정의에 따르면, '어떤 것을 바랐고 목적으로 삼았다'는 조건을 충족시키지 못하면 그것을 의도하지 않았다고 보아야 한다. 따라서 〈콕스 사건〉의 콕스 박사, 〈무어 사건〉의 무어 박사, 〈커보키언 사건〉의 커보키언 박사에게 의도적인 살인죄를 적용할 수 없다는 입장의 사람은 위의 정의에 만족할 것이다. 하지만 그들을 기소한 검찰은 그것을 거부할 것이며, 〈스틴 사건〉에서 스틴을 기소한 검찰, 〈커닝햄 사건〉에서 커닝햄을 기소한 검찰의 입장에서 보아도 다르지 않다. 스틴이 적을 돕기를 바라서 또는 적을 도울 목적으로 나치의 선전방송에 동참한 것은 아니며, 커닝햄이 웨이드 여사가 질식되길 바라는 마음에서 또는 그녀를 질식시킬 목적으로 밸브를 잠그지 않은 것은 아니기 때문이다.

이들 사건들을 놓고 본다면 위의 정의가 논의의 대상이 될 수 있을 것이다. 하지만 그것을 〈동반자살 사건〉과 〈성병 생체실험 사건〉에 적용해보면 문제점이 확연히 드러난다. 〈동반자살 사건〉에서의 A씨 그리고 〈성병 생체실험 사건〉에서의 연구진 모두 '어떤 것을 바랐고 목적으로 삼았다'는 조건을 충족시키지 못한다. 따라서 그들에게 살해의도가 없었다는 결론을 내려야 하기 때문이다. 이렇듯 위의 정의에 의존한다면, 데닝 대법관과 같이 '바란다'는 것과 '목적으로 삼는다'는 것을 각기 '의도한다'는 것의 필요조건으로 제시할 때보다도 오히려 의도한다는 것의 외연을 축소 해석한다는 반론에 노출될 수밖에 없다.

이상에서 알아본 바와 같이 '바란다'는 것 그리고 '목적으로 삼는다'는 것과 '의도한다'는 것의 상관관계에 의존해서 문제를 해결하기에는 역부족이라고 보아야 할 것이다. (그렇게 보아야 하는 보다 구체적인 이유는 3.2.와 3.3.에서 설명될 것이다.) 그렇다면 어떤 조건(들)이 충족되어야 의도한다고 볼 수 있는가? 이 물음에 대해 영국의 법조계에서 제시된 또 다른 답변을 생각해보기로 하자.

1.2.2. 의도 그리고 예견

몰로니 사건

1981년 11월 22일 조부모님 결혼 40주년 파티에 참석한 22세의 현역군인 몰로니Patrick Moloney는 손님들이 돌아가고 가족들만 남은 자리에서 전역 의사를 밝힌다. 하지만 평소 사이가 좋았던 의붓아버지가 부정적인 견해를 보이자 대화가 길어져 가족들은 먼저 잠자리에 든다. 둘만 남아 술을 마시던 중 화제가 서로의 무용담으로 넘어가자 아버지는 자신이 총을 더 빨리 쏠 수 있다고 호언하며 시합을 제안한다. 도전에 응한 몰로니가 탄창을 먼저 장착하고 승리를 자축하자 아버지는 용기가 없어 쏠 수 없을 것이라며 다그친다. 용기가 없을 것이라는 말에 자극을 받은 몰로니가 2m도 안 되는 거리에서 엽총의 방아쇠를 당겨 아버지가 얼굴에 총탄을 맞고 즉사하는 사건이 발생한다. 그는 곧바로 경찰에 "아버지를 살해했다murdered"고 알리나, 조사과정에서는 단지 방아쇠를 당겼을 뿐 아버지에게 총구를 겨누지 않았다고 진술하며, 1982년 '비의도적인 살인manslaughter' 판결을 받고자 "아버지를 해치거나 놀라게 할 의도로 방아쇠를 당기지 않았다"고 주장한다. 하지만 그는 '의도적인 살인murder'죄로 유죄 판결을 받으며, 판결에 불복해 항소하지만 기각된다. 그러나 1985년 열린 상원 판결에서 해일샴Lord Hailsham LD, 프레이저Lord Fraser, 에드먼드 데이비스Lord Edmund – Davies, 키스Lord Keith 대법관이 '예견'과 '의도'를 동일시할 수 없다는 브리지 대법관Lord Bridge의 견해에 만장일치로 동의해 그 결과 상원은 1심 판사가 배심원단에게 의도의 의미를 잘못 지시했다는 이유로 원심 판결을 파기한다.[26]

몰로니가 아버지를 숨지게 할 목적으로 또는 아버지가 숨지길 바라는 마음에서 방아쇠를 당긴 것은 아니다. 따라서 〈몰로니 사건〉에 〈스틴 사건〉에서의 데닝 대법관의 견해를 적용하면 몰로니에게 살해의도가 없었다고 보아야 한다.

(P1) 어떤 것을 의도했다면, 그것을 바랐다.
(P2) 몰로니는 아버지가 사망하길 바라지 않았다.
　　그러므로
(C) 몰로니는 아버지를 살해하고자 의도하지 않았다.

데닝 대법관의 견해를 적용했을 때와 달리 〈몰로니 사건〉 1심재판부가 어떤 이유에서 의도적인 살인죄를 적용했는지 궁금하지 않을 수 없다. 1심 판사는 '바란다'는 것과 '의도한다'는 것의 상관관계를 부정하지 않는다. 하지만 의도적인 살인 판결을 내려야 했으므로 데닝 대법관의 견해는 고려 대상이 될 수 없었을 것이다. 데닝 대법관과 같이 '바란다'는 것을 '의도한다'는 것의 필요조건으로 제시해서는 오히려 살해의도가 없었다는 판결을 내려야 했기 때문이다. 즉, '바란다'는 것과 '의도한다'는 것의 상관관계를 부정하고 싶지 않았다는 점에서, 전자를 후자의 충분조건으로 제시하는 것이 그에게 남아 있는 유일한 선택이었다고 보아야 한다.

하지만 전자를 후자의 충분조건으로 제시해서는 (몰로니에게 살해의도가 없었다는 판결은 내리지 않을 수 있으나) 살해의도가 있었다는 판결을 내릴 수 없다는 것이 문제다. 즉, '어떤 것을 바랐다면, 그것을 의도했다'는 전제와 '아버지가 숨지길 바라지 않았다'는 전제로부터 '아버지를 살해하고자 의도했다'는 결론이 도출되지 않는다. 이렇듯 1심 판사로서는 '바란다'는 것과 '의도한다'는 것의 상관관계에만 매달릴 수는 없었을 것이다. 따라서 '바란다'는 것이 '의도한다'는 것의 충분조건이라는 입장은 유지한 채, 논란의 대상이 되어온 '예견한다'는 것과 '의도한다'는 것의 상관관계에 의존해 몰로니에게 의도적인 살인죄를 적용했다는 해석이 가능하다.

> 자발적인 행위의 결과를 의도할 때는 (a) 동 결과가 필시 발생될 것이라 예견했는지와 무관하게 동 결과가 발생되길 바랄 때, 그리고 (b) 동 결과가 발생되길 바랐는지와 무관하게 동 결과가 필시 발생될 것이라 예견할 때이다.[27]

위의 정의에 따르면, 즉 〈몰로니 사건〉 1심 판사가 배심원단에게 이해시킨 정의에 따르면, 어떤 결과가 발생될 것을 예견하지 못했다 하더라도 그 결과가 발생되길 바랐다면 그 결과를 의도했으며, 어떤 결과가 발생되길 바라지 않았더라도 그 결과가 발생될 것을 예견했다면 그 결과를 의도했다. 이렇듯 〈몰로니 사건〉 1심 판사가 파악한 '바란다는 것과 의도한다는 것' 그리고 '예견한다는 것과 의도한다는 것'의 상관관계는 다음과 같이 정리될 수 있다.

– 어떤 것을 바랐다면, 그것을 의도했다(어떤 것을 바란다는 것이 그것을 의도한다는 것의 충분조건이다).
– 어떤 것을 예견했다면, 그것을 의도했다(어떤 것을 예견한다는 것이 그것을 의도한다는 것의 충분조건이다).

아버지가 숨지길 몰로니가 바란 것은 아니다. 따라서 '어떤 것을 바랐다면, 그것을 의도했다'는 데 의존해 몰로니에게 의도적인 살인죄를 적용할 수 없다. 즉, 앞서 지적한 바와 같이 '어떤 것을 바랐다면, 그것을 의도했다'는 전제와 '어떤 것을 바라지 않았다'는 전제로부터 '그것을 의도했다'는 결론이 도출되지 않는다. 하지만 위의 두 전제로부터 '그것을 의도하지 않았다'는 결론도 도출되지 않으므로, '어떤 것을 바랐다면, 그것을 의도했다'는 〈몰로니 사건〉

1심 판사의 견해가 옳다면 〈스틴 사건〉의 데닝 대법관의 견해를 적용시켜 얻을 수 있는 '몰로니에게 살해의도가 없었다'는 답변은 부정된 셈이다.

'어떤 것을 예견했다면, 그것을 의도했다'는 명제는 어떠한가? 아버지가 사망할 것을 몰로니가 예견했다고 해보자. 그렇다면 위의 명제에 의존해 다음과 같이 몰로니에게 살해의도가 있었다는 판결을 내릴 수 있다.

(P1) 어떤 것을 예견했다면, 그것을 의도했다.
(P2) 몰로니는 아버지가 사망할 것을 예견했다.
　　그러므로
(C) 몰로니에게 아버지를 살해할 의도가 있었다.

〈몰로니 사건〉 1심 판사가 어떤 것을 의도한다는 것의 충분조건으로 두 조건을 제시했다는 것은 이중장벽론double-barrier theory of intention을 채택해 허술한 법망으로 살인죄를 모면하는 경우를 차단하겠다는 의지를 보인 것으로 이해할 수 있다. 폭탄 제조에 문외한인 P가 인터넷에 올라온 제조 방법대로 폭탄을 제조해 원수의 차량에 부착했다. 폭탄이 제 성능을 발휘할 것을 기대하지는 않았으나 그래주길 바라는 마음으로 부착했다. 뜻밖에 폭탄이 제 성능을 발휘해 원수가 사망했다고 해보자. 그렇다면 원수가 사망할 것을 예견했다는 이유로 P에게 살인죄를 적용할 수는 없으나 원수가 사망하길 바랐다는 이유로 살인죄를 적용할 수 있다. Q가 원수의 차량에 원격조정 폭탄을 설치했다. 하지만 뜻하지 않게 원수가 그의 가족과 함께 차에 오르는 것을 목격한다. 고심 끝에 원격조정기의 버튼을 눌러 원수와 함께 그의 가족도 사망했다고 했을 때, 원수 가족이 숨지길 바랐다는 이유로 살인죄를 적용할 수는 없으나 예견했다는 이유로 살인죄를 적용할 수 있다.

이렇듯 〈몰로니 사건〉 1심 판사와 같이 이중장벽론을 채택한다면 P와 Q를 안전하게 이중장벽에 가두어 그들 모두에게 살인죄를 적용할 수 있다. 마찬가지로 〈몰로니 사건〉 1심 판사로서는 '어떤 것을 바랐다면, 그것을 의도했다'는 데 의존해 몰로니에게 살해의도가 있었다는 판결을 내릴 수는 없었으나, '어떤 것을 예견했다면, 그것을 의도했다'는 데 의존해 위의 판결을 내릴 수 있었다.

〈스틴 사건〉의 데닝 대법관의 경우 어떤 것을 의도한다는 것의 필요조건을 제시한 반면, 〈몰로니 사건〉 1심 판사는 충분조건을 제시했다. 따라서 Q의 경우와 같이 (또는 묻지마 연쇄살인범의 경우와 같이) 명백히 살해의도가 있었다고 보아야 하는 경우를 놓고 그들 두 입장을 비교 평가하라면 후자에 후한 점수를 주어야 할 것이다. 필요조건을 제시해서는 문제의 결과를 의도하지 않았다는 판결을 내릴 수는 있으나 의도했다는 판결을 내릴 수 없기 때문이다. '잉글랜드와 웨일스 형사법개정위원회'가 곧 소개될 〈하이엄 사건〉을 계기로 '1980년 대인범죄에 관한 보고서'를 제출하고 〈몰로니 사건〉 1심 판사와 동일한 입장을 취한 것도 같은 맥락으로 이해할 수 있다.

– 자신의 행위가 야기할 특정 결과를 의도할 때는 "(i) 자신의 행위로부터 동 결과가 초래되길 바라거나, (ii) 자신의 행위로부터 동 결과가 초래되길 바라지 않았다 하더라도 통례적으로 동 결과가 초래될 것을 알고 있을 때이다".[28]

의도적인 살인죄를 적용하지 않을 수 없는 경우를 놓고 볼 때, 〈몰로니 사건〉 1심 판사의 견해가 〈스틴 사건〉 데닝 대법관의 견해에 비해 구조적인 강점을 가졌다고 보아야 한다. 그렇다면 의도적인 살인 판결을 내리고자 할 경우 〈몰로니 사건〉 1심 판사의 견해에 의존하는 것이 해법이 될 수 있는가?

'어떤 것을 바랐다면, 그것을 의도했다'고 해보자. 그렇다면 어떤 결과가 발생될 가능성이 희박하다고 생각한 경우에도 그 결과를 의도했다고 보아야 하며, 심지어 가능성이 전무하다고 생각한 경우까지도 의도했다고 보아야 한다. 마음에 들지 않는 친구와 눈싸움을 하고 있다. 눈뭉치에 맞아 전치 5주 상해를 입을 수 없다는 것을 잘 알고 있으나 친구가 전치 5주의 상해를 입길 바라는 마음으로 눈을 뭉쳐 던졌다. 하지만 눈을 뭉치며 나도 모르게 돌도 함께 뭉쳐져 친구가 실제로 전치 5주의 상해를 입었다고 해보자. '어떤 것을 바랐다면, 그것을 의도했다'는 명제가 참이라면, 이와 같은 경우에도 친구에게 전치 5주의 상해를 입힐 의도가 있었다고 보아야 한다. 다시 말해 〈몰로니 사건〉 1심 판사와 같이 '바란다'는 것을 '의도한다'는 것의 충분조건으로 제시하고자 한다면 의도한다는 것의 외연을 지나치게 확대 해석한다는 반론을 감당할 수 있어야 한다.

물론 〈스틴 사건〉의 데닝 대법관과 같이 전자를 후자의 필요조건으로 제시해도 1.2.1.에서 설명된 바와 같이 의도한다는 것의 외연을 지나치게 축소 해석한다는 반론의 여지를 남긴다. ('바란다'는 것과 '의도한다'는 것의 관계를 놓고 〈스틴 사건〉의 데닝 대법관의 견해를 수용할 수 없는 이유는 3.2.2.에서 논의될 것이며, 〈몰로니 사건〉 1심 판사의 견해를 수용할 수 없는 이유는 3.2.1.에서 논의될 것이다.)

〈몰로니 사건〉 1심 판사가 제시한 두 조건 중 '어떤 것을 예견했다면, 그것을 의도했다'는 조건은 어떠한가?

하이엄 사건

하이엄Hyam은 오랫동안 연인관계를 유지하던 존스와 부인과적인 문제로 결별하는 아픔을 겪는다. 존스의 마음을 돌이키고자 1968년 수술을 감행했으나 뜻을 이루지 못하자 모든 것이 부스Booth 때문이라고 생각해 질투심에 불타는 하이엄의 귀에 그들이 곧 결혼한다는 소식이 들려온다. 1972년 7월 15일 새벽 2시, 밴을 몰고 부스의 집에 도착한 그녀가 현관문 우체통에 휘발유를 붓고 신문지와 성냥으로 불을 붙여 부스의 두 딸이 질식사한 사건이 발생한다. 살인 혐의로 재판에 회부된 그녀는 부스에게 겁을 주어 사랑하는 남자로부터 떠나게 하고자 의도했을 뿐 어느 누구도 살해할 의도가 없었다고 주장한다. 하지만 담당 판사는 자신의 행위로 인해 누군가의 죽음이 유발될 또는 누군가가 신체에 심각한 상해를 입게 될 가능성이 크다는 것을 알았다면 의도 요건이 충족된다고 보아 하이엄에게 의도적인 살인죄를 적용한다. 판결에 불복해 항소하지만 항소심 재반부는 의도적인 살인죄를 유죄로 인정하며, 최고 법원인 상원에서 역시 헤일샴 대법관Lord Hailsham을 제외한 나머지 패널들이 동의해 항소심 판결을 확정한다.

〈하이엄 사건〉을 놓고 상원의 딜혼 대법관Lord Dilhorne은 〈몰로니 사건〉 1심 판사와 같이 '어떤 결과가 발생될 가능성이 매우 클 것이라 예견한 경우는 그 결과를 초래하고자 의도한 경우로 보아야 한다'는 견해를 보이며, 크로스 대법관Lord Cross of Chelsea 역시 '어떤 결과가 발생될 가능성이 크지 않을 것이라 예견한 경우는 그 결과를 의도한 경우로 볼 수 없으나, 발생될 가능성이 클 것이라 예견한 경우는 의도한 경우로 보아야 한다'는 입장을 취한다. 디플록 대법관Lord Diplock 또한 '어떤 결과를 바라고 행위를 한 자의 심리상태와 어떤 결과가 발생될 것을 알고 행위를 한 자의 심리상태 사이에 차이가 없다'는 이유로 하이엄에게 살해의도가 있었다는 견해를 밝힌다.[29] (디플록 대법관은 의도한다는 것과 바란다는 것을 동일시하고 다시 바란다는 것과 예견한다는 것 사이에 차이가 없다고 봄으로써 예견과 의도를 동일시한다.)

5.2.에서 소개될 바와 같이 윌리엄스Glanville Williams 등의 법이론가 그리고 시지윅Henry Sidgwick, 치솜Roderick Chisholm 등의 철학자 역시 예견과 의도를 동일시했으며, 범의와 예견을 동일시한 사례는 우리의 대법원 판시에서도 찾을 수 있다. "살인죄의 범의는 자기의 행위로 인해 피해자가 사망할 수

도 있다는 사실을 인식 · 예견하는 것으로 족하지 피해자의 사망을 희망하거나 목적으로 할 필요는 없고, 또 확정적인 고의가 아닌 미필적 고의로도 족하다"(대법원 1994.3.22. 선고 93도3612 판결).

법조인뿐 아니라 법이론가 그리고 철학자까지도 예견과 의도를 동일시한 사실로 알 수 있듯이 의도를 예견의 의미로 보아야 한다는 것이 가장 보편적인 견해였으며, 실제로 그와 같이 이해하는 것이 가장 자연스러울 수 있다. 어린이 보호구역에서 시속 100km로 질주하다 어린이를 치어 숨지게 했다면 살해의도가 있었다고 보아야 하며, 그 이유는 어린이가 차에 치어 숨질 수 있다는 것을 예견했기 때문이라는 것이 가장 자연스러울 수 있다. 2008년 중국의 멜라민 분유 제조업자의 경우도 다르지 않다. 그에게 살해의도가 있었다고 보아야 하는 이유로도 유아들이 사망할 것을 알았기 때문이라는 것이 가장 자연스러울 것이다. 하지만 그 자연스러움이 '어떤 것을 예견했다면, 그것을 의도했다'는 명제가 참임을 담보할 수 있을지는 의문이다.

술을 마신 다음날이면 어김없이 숙취로 두통에 시달려야 했다. 자고 나면 두통에 시달릴 것을 예견한 채 술을 마시나 두통에 시달리고자 의도하며 술을 마시지는 않는다. 〈하이엄 사건〉의 딜혼과 크로스 대법관, 〈몰로니 사건〉 1심 판사 등의 견해가 옳다면, 즉 '어떤 것을 예견했다면, 그것을 의도했다'는 명제가 참이라면, 예견은 했으나 의도하지 않은 경우는 없어야 한다. 따라서 숙취 예가 그와 같은 경우가 될 수 있다면 숙취 예 하나로 그들의 견해는 부정되었다고 보아야 한다. 두통에 시달릴 것을 예견한 채 술을 마시나 두통에 시달리고자 의도하며 술을 마시지는 않는다고 할 수 있는가?

'예견한다'는 것과 '의도한다'는 것의 상관관계에 대한 논의 시 단골로 등장하는 메뉴가 바로 숙취 예다. (자주 거론되는 만큼 출처를 생략하고 있으나 숙취 예는 케니Anthony Kenny에 의해 제시되었음을 밝혀둔다.[30]) 숙취 예가 (또는 그와 동일한 구조의 예가) '어떤 것을 예견했다면, 그것을 의도했다'는 명제에 대한 반례가 될 수 없다는 견해를 접해보지 못했다. 케니의 주장대로, 그리고 누구도 그에 대해 이견을 보이지 않듯이, 두통에 시달리고자 의도하며 술을 마시지는 않는다는 것이 상식일 것이다. 하지만 이 경우 그 상식을 신뢰해야 할지 의문이다.

앞서 제시한 예를 다시 생각해보자. Q가 원수의 차량에 원격조정 폭탄을 설치했다. 하지만 뜻하지 않게 원수가 그의 가족과 함께 차에 오르는 것을 목격한다. 고심 끝에 원격조정기의 버튼을 눌러 원수와 함께 그의 가족도 사망했다면, Q에게 원수 가족을 살해할 의도가 있었다고 보아야 한다. (원수 가족의 죽음을 놓고 의도적인 살인죄를 적용해야 한다는 데 이견을 보일 수 없다.) 그렇다면 숙취 예에서도 술을 마시며 두통에 시달리고자 의도한다고 보아야 하는 것은 아닌가?[31]

Q에게는 의도적인 살인죄를 적용해야 하는 반면 숙취 예에서는 두통에 시달리고자 의도하지 않았다고 보기 위해서는 그들 두 경우가 구조적인 면에서 차이가 있어야 한다. 즉, 그들 사이에 구조적인 차이점이 존재하지 않는다면 숙취 예에서도 두통에 시달리고자 의도한다고 보아야 하며, 따라서 케니의 생각과 달리 숙취 예가 '어떤 것을 예견했다면, 그것을 의도했다'는 명제에 대한 반례가 될 수 없다. 그들 사이에 구조적인 차이점이 존재하는가? 필자 역시 위의 명제가 참이라는 데 동의하지 않는다. 하지만 5.2.1.에서 설명될 바와 같이 Q의 예와 숙취 예 사이에 구조적인 차이점이 존재하지 않으며, 따라서 숙취 예로 (또는 그와 동일한 구조의 예로) 위의 명제를 부정할 수는 없다고 보아야 한다. 그렇다면 어떤 방법으로 그를 부정할 수 있는가?

'어떤 것을 예견했다면, 그것을 의도했다'는 명제가 참이라면, 안락사를 시술한 의사는 시술 방법과 무관하게 환자를 살해할 의도가 있었다고 보아야 한다. 예컨대 콕스 박사, 무어 박사, 커보키언 박사 모두 환자가 숨질 것을 예견한 채 약물을 주입했다. 따라서 그들 모두에게 살해의도가 있었다고 보아야 하며, 소생 가능성이 없는 환자로부터 인공장치를 제거했거나 그와 같은 환자에게 인공장치를 동원하지 않은 의사 역시 살해의도가 있었다고 보아야 한다.

또한 성폭행을 당해 임신을 하게 된 여성에게 또는 미성년자 임신부에게 낙태 시술을 해준 의사에게도 살해의도가 있었다고 보아야 할 뿐 아니라, 〈스틴 사건〉에서 스틴 역시 적을 도우려는 의도로 적의 선전방송에 동참했다고 보아야 한다. 이렇듯 위의 명제가 참이라는 입장을 취한다면, 즉 〈하이엄 사건〉의 딜혼과 크로스 대법관, 〈몰로니 사건〉 1심 판사 등과 같이 '예견한다'는 것을 '의도한다'는 것의 충분조건으로 제시하고자 한다면, 의도한다는 것의 외연을 지나치게 확대 해석한다는 반론을 감당할 수 있어야 한다.

물론, 반론의 여지를 남긴다는 것이 치명적인 흠결을 안고 있다는 것을 의미하지는 않는다. 하지만 위의 명제를 참으로 보는 것은 과하다는 생각을 지울 수 없다면, 따라서 위의 명제를 보다 구체적으로 부정하고자 한다면 어떤 방법을 택해야 하는가? 그것을 참으로 보는 것이 상식인 만큼 그것을 부정하기 어려운 것이 사실이나, 5.4.에서의 다소 긴 논의를 거치면 위의 명제를 참으로 볼 수 없는 이유가 드러날 것이다. 즉, 5.4.에서의 논의를 통하여 '예견한 채로 한다는 것과 우연히 한다는 것'의 상관관계, '우연히 한다는 것과 의도적으로 한다는 것'의 상관관계, '예견한 채로 한다는 것과 의도적으로 한다'는 것의 상관관계 그리고 '의도적으로 한다는 것과 의도한다는 것'의 상관관계가 규명되면 그로부터 어렵지 않게 위의 명제가 거짓이라는 결론을 내릴 수 있다.

〈몰로니 사건〉 1심 판사의 견해에 만족할 수 없다면, '잉글랜드와 웨일스 법위원회Law Commission of England and Wales'가 1989년 형법안에서 그랬듯이 〈몰로니 사건〉 1심 판사가 제시한 두 조건 중 '바란다'는 조건을 '목적으로 삼는다'는 조건으로 대체하는 식으로 이중장벽론을 채택하면 어떠한가?

– 〈자신의 행위로 야기될 결과를 의도할 때는〉 "동 결과를 초래할 목적으로 행위를 할 때나 통례적으로 동 결과가 야기될 것을 알고 있을 때 둘 중의 한 때이다". [32]

'살인과 종신형에 관한 상원 특별위원회' 역시 1989년 보고서에서 위의 정의를 수용할 것을 권고하며,[33] '잉글랜드와 웨일스 법위원회'는 살해의도를 재차 연구해 1993년도 보고서 '형법 제정: 대인 범죄 및 일반 원칙들의 위반'을 제출하나 내용면에서는 1989년도의 형법안에서 나아가지 못한다. 뿐만 아니라 '아일랜드 법개정 위원회'의 2001년 자문논문 역시 동일한 입장을 취한다.[34]

– 어떤 것을 목적으로 삼았다면, 그것을 의도했다.
– 어떤 것을 예견했다면, 그것을 의도했다.

도스토예프스키의 『죄와벌』에서 라스콜리니코프는 전당포 노파가 사망할 것을 예견했을 뿐 아니라 노파를 살해할 목적으로 흉기를 휘둘렀다. 따라서 위의 두 조건 중 어느 조건을 적용해도 그에게 의도적인 살인죄를 적용할 수 있다. 또한 〈동반자살 사건〉에서 아들을 숨지게 하는 것이 A씨의 목적은 아니었다. 하지만 농약을 먹이면 아들이 숨질 것을 알았으므로, 위의 두 조건 중 '어떤 것을 예견했다면, 그것을 의도했다'는 조건을 적용해 A씨에게 의도적인 살인죄를 적용할 수 있다. 동일한 이유로 묻지마 연쇄살인범에게도 의도적인 살인죄를 적용할 수 있는 등 위의 정의에 의존한다면 많은 경우 상식적인 답변을 얻을 수 있다.

하지만 위의 정의 역시 문제를 해결하기에는 역부족으로 보아야 한다. 설명된 바와 같이 '어떤 것을 예견했다면, 그것을 의도했다'는 명제를 참으로 볼수 있을지 의문이며, '목적으로 삼는다'는 것과 '의도한다'는 것 사이에 상관관계가 성립되는지에 대해서도 의문을 가질 수 있기 때문이다.

1.2.1.에서 설명된 바와 같이 목적(궁극적인 목적)은 동기의 의미로도 이해되고 있다. 목적을 동기의 의미로 이해하는 것이 '어떤 것을 목적으로 삼았다면, 그것을 의도했다'는 명제를 옹호하는 데 도움이 되는가? 유영철이 살인극을 자행한 동기는 적개심과 복수심을 해소하는 데 있었다. 따라서 목적을 동

기의 의미로 이해해야 한다면, 위의 명제에 의존해서는 유영철의 의도가 적개심과 복수심을 해소하는 데 있었다는 답변만을 얻을 수 있을 뿐, 살해의도가 있었다는 답변은 얻을 수 없다. 911 테러를 자행한 알카에다의 동기도 다르지 않다. 테러를 자행한 동기는 민간인들을 살해하려는 데 있었던 것이 아닌, 예 컨대 중동에서 미국의 영향력을 차단하려는 데 있었다고 보아야 할 것이다. 따라서 이 경우 역시 미국인들을 살해하려는 의도가 아닌 중동에서 미국의 영 향력을 차단시키려는 의도로 테러를 자행했다는 답변만을 얻을 수 있을 뿐이다. 이렇듯 목적을 동기의 의미로 이해해서는 '어떤 것을 목적으로 삼았다면, 그것을 의도했다'는 명제를 옹호하는 데 도움이 되지 못한다.

목적을 동기의 의미로 이해하는 데 따르는 보다 근본적인 문제는 동기와 의도의 연관성을 찾기 어렵다는 데 있다. 다시 말해 3.1.에서 논의될 바와 같 이 동기와 의도 사이에 상관관계가 성립된다고 보기 어려우며, 따라서 위의 명제를 옹호하기 위해 목적을 동기의 의미로 파악하는 것은 의미가 없다고 보 아야 한다.

상식을 따라 목적을 수단means과 대비되는 개념으로서의 목적end으로 이 해하면 어떠한가? 목적의 의미를 이와 같이 이해함으로써 위의 명제를 옹호 하기 위해서는 어떤 경우가 목적으로 삼는 경우인지 그에 대한 구체적인 설명 이 따라야 한다. 그리고 (수단과 대비되는 개념으로서의 목적을 염두에 두고 있으 므로) 그 설명으로 '목적을 달성하는 데 원인으로서 기여하는 경우'라는 답변 을 가장 먼저 고려해야 할 것이다. 하지만 그와 같이 답변해서는 승산이 없다 고 보아야 한다. 3.2.1.에서 설명될 바와 같이 순환논리에 빠지지 않고는 의도 했는지를 파악할 수 없는 경우가 있을 수 있기 때문이다. 따라서 '목적을 달성 하기 위해 계획적으로 연루시키는 경우'라는 답변을 고려할 수 있으나 이 역 시 여의치 않다고 보아야 한다. 3.3.2.에서 설명될 바와 같이 그와 같이 보아 서는 규범적인normative 차원에서의 반론뿐 아니라 기술적인descriptive 차원 에서의 반론에도 노출될 수밖에 없기 때문이다.

'잉글랜드와 웨일스 법위원회의 1989년 형법안' 등이 제시한 정의에도 만족할 수 없다면 의도한다는 것을 어떻게 정의해야 하는가? '바란다는 것과 의도한다는 것' 사이에, '목적으로 삼는다는 것과 의도한다는 것' 사이에 상관관계가 성립되지 않는다는 그리고 '예견한다는 것과 의도한다는 것'의 상관관계를 부정할 수는 없으나 전자를 후자의 충분조건으로 제시하는 것은 과하다는 입장의 사람에게는 (예컨대 안락사를 시술한, 말기환자의 요청을 들어주어 약물을 주입한, 인공호흡기를 제거한, 인공호흡기를 부착하지 않은, 항생제를 투여하지 않은, 강제 급식을 하지 않은 의사 모두에게 의도적인 살인죄를 적용하는 것은 과하다는 입장의 사람에게는) 〈하이엄 사건〉의 헤일샴 대법관Lord Hailsham of St. Marylebone의 견해가 매력적인 대안일 수 있다.

헤일샴 대법관은 동료 패널들의 입장에 반대해 예견과 의도를 동일시할 수 없다는 견해를 보이며, 그의 견해는 1975년 〈모한 사건〉(Regina v. Mohan)과 1976년 〈벨폰 사건〉(Regina v. Belfon)의 항소심 재판부에 의해 수용되는 등 (〈모한 사건〉과 〈벨폰 사건〉의 항소심 재판부는 예견했는지의 여부는 의도했는지를 판단하는 데 있어 고려해야 할 하나의 증거에 불과하다는 견해를 보인다.) 영국의 형사법에 적지않은 영향을 끼친다.

> 인식knowledge 또는 어떤 수준의 예견foresight도 충분하지 않다고 생각한다.[35] 의도는 바람desire 또는 예견과 확연히 구분되는 개념이다. … 자신의 행위로부터 어떤 사태가 발생될 가능성이 매우 크다고 예견했다는 것과 그 사태를 의도했다는 것을 동일시할 수 없다.[36] 살인을 구성하는 심리요건은 예견이 아닌 의도이다.[37]

헤일샴 대법관은 '예견한다는 것과 의도한다는 것' 그리고 '바란다는 것과 의도한다는 것'을 동일시할 수 없다는 입장과 함께 살인을 구성하는 심리 요건은 '의도'라는 입장을 취한다. 하지만 그와 같은 입장을 취했다는 것이 그들을 별개의 개념으로 보았다는 것을 의미하지는 않는다. 즉, "인식 또는 어떤 수준의 예견도 충분하지 않다고 생각한다"는 대목으로 알 수 있듯이, 〈하이엄 사건〉의 딜혼, 크로스 대법관 그리고 〈몰로니 사건〉 1심 판사에 비해 예견한 다는 것과 의도한다는 것의 관계를 느슨하게 보아 전자를 후자의 필요조건으로 제시하고 있으며(예견한다는 것을 의도한다는 것의 필요조건으로 제시한 예는 '국제형사재판소 로마 규정 30조'[38]에서도 찾을 수 있다), 〈몰로니 사건〉의 1심 판사보다 바란다는 것과 의도한다는 것의 관계도 느슨하게 보아 전자 역시 후자의 필요조건으로 제시하고 있다.

– 어떤 것을 의도했다면, 그것을 예견했다.
– 어떤 것을 의도했다면, 그것을 바랐다.

　바란다는 것과 의도한다는 것의 상관관계만을 놓고 본다면 헤일샴 대법관의 견해는 〈스틴 사건〉의 데닝 대법관의 견해에 머물고 있다. 하지만 예견한다는 것과 의도한다는 것의 상관관계에 대해서는 적어도 〈하이엄 사건〉의 딜혼과 크로스 대법관 그리고 〈몰로니 사건〉의 1심 판사보다 안전한 입장을 취하고 있다고 보아야 한다. 〈몰로니 사건〉 1심 판사 등과 같이 '예견한다'는 것을 '의도한다'는 것의 충분조건으로 제시한다면 의도한다는 것의 외연을 지나치게 확대 해석한다는 반론을 감수해야 하는 반면, 헤일샴 대법관과 같이 '예견한다'는 것을 '의도한다'는 것의 필요조건으로 제시한다면 그것들의 관계를 느슨하게 파악한 만큼 반례로부터 자유로울 수 있기 때문이다.

　헤일샴 대법관의 견해를 부정하기 위해서는, 즉 '어떤 것을 의도했다면, 그것을 예견했다'는 명제를 부정하기 위해서는 의도는 했으나 예견을 하지 못한 경우를 제시해야 한다. 지금까지 생각해본 경우들 중 적어도 폭탄을 제조해 원수의 차량에 부착한 P, 원수와 함께 원수의 가족이 차에 오르는 것을 목격하고도 원격조정기의 버튼을 누른 Q, 『죄와 벌』에서의 라스콜리니코프, 문지마 연쇄살인범의 경우는 피해자를 살해하고자 의도한 경우로 보아야 한다. 따라서 이들 중 피해자가 사망할 것을 예견하지 못한 경우가 한 경우라도 있다면 바로 그 경우가 위의 명제에 대한 반례가 될 수 있다. 하지만 그들 중 예견하지 못한 경우는 없다는 사실이 시사하는 바와 같이 의도는 했으나 예견하지 못한 경우를 상상하기 어렵다고 보아야 한다.

물론 의도는 했으나 예견하지 못한 경우를 생각하기 어렵다는 것이 위의 명제가 참임을 보장하지는 못한다. 따라서 5.5.2.에서 책임 문제와 결부시켜 위의 명제를 옹호하고자 하며, 아울러 5.4.에서 '예견한 채로 한다는 것과 우연히 한다는 것'의 상관관계, '우연히 한다는 것과 의도적으로 한다는 것'의 상관관계, '예견한 채로 한다는 것과 의도적으로 한다'는 것의 상관관계 그리고 '의도적으로 한다는 것과 의도한다는 것'의 상관관계에 의존해 보다 체계적으로 위의 명제를 옹호하고자 한다.

'예견한다'는 것과 '의도한다'는 것의 상관관계를 놓고 볼 때 헤일샴 대법관의 견해가 딜혼과 크로스 대법관 그리고 〈몰로니 사건〉의 1심 판사의 그것보다 설득력이 있다고 보아야 할 것이나, 여전히 한계는 안고 있다. 어떤 것을 의도한다는 것의 필요조건을 제시했다는 점에서, 문제의 결과를 의도하지 않았다는 판결을 내릴 수는 있으나 의도했다는 판결을 내릴 수 없기 때문이다.

'어떤 것을 예견한다는 것이 그것을 의도한다는 것의 필요조건이다'는 입장을 포기할 수 없으므로, 위의 한계를 극복하기 위해서는 다른 필요조건(들)을 보충해 충분조건으로 제시해야 한다. 어떤 다른 필요조건(들)이 충족되면 의도한다고 볼 수 있는가? 영국의 법조계에서 회자된 조건들을 고려하고자 한다면, 가장 먼저 '바란다'는 조건을 고려할 수 있다. 즉, '예견한다'는 조건과 '바란다'는 조건을 묶어 충분조건으로 제시하는 방안을 고려할 수 있다. 다시 말해 법학자 밴 더 비버 Johan D. van der Vyver가 설명하는 '직접적 고의dolus directus'를 의도한다는 것의 정의로 고려하는 방안을 생각해볼 수 있다.

– "가해자에게 직접적인 고의가 있는 경우는 자신의 행위로 인해 나쁜 결과가 발생될 것을 예견하고 그와 같은 결과가 발생되길 바라는 경우이다".[39]

이렇듯 밴 더 비버는 "A가 자신의 행위로 인해 B가 숨지게 될 것을 예견했고 B가 숨지길 바랐다고 했을 때, A가 위의 행위를 했고 그로 인해 B가 숨졌다면 A에게 B를 살해할 직접적인 고의가 있었다"고 봄으로써 다음의 정의를 옹호한다.[40]

– 어떤 것을 바랐고 예견했다면, 그것을 의도했다.

위의 명제에 의존한다면, 라스콜리니코프에게 그리고 묻지마 연쇄살인범에게 살해의도가 있었다는 판결을 내릴 수 있는 등 많은 경우 상식에 부합되는 답변을 얻을 수 있다. 뿐만 아니라 '바란다'는 것과 '예견한다'는 것을 각기 충분조건으로 제시할 때 감수해야 하는 반례로부터도 자유로울 수 있다. 예컨대 눈뭉치를 친구에게 던진 예에서 '어떤 것을 바랐다면, 그것을 의도했다'는 명제가 참이라는 입장을 취할 때와 달리 친구에게 상해를 입힐 의도가 있었다는 답변을 내리지 않을 수 있으며, '어떤 것을 예견했다면, 그것을 의도했다'는 명제가 참이라는 입장을 취할 때와 달리 안락사를 시술한 의사 모두에게 의도적인 살인죄를 적용해야 한다는 극단적인 입장도 피할 수 있다.

하지만 〈동반자살 사건〉을 다시 생각해보자. A씨가 아들이 숨질 것을 예견은 했으나 숨지길 바라서 농약을 먹인 것은 아니다. (생활고에 시달리지 않았거나 아들에게 장애가 없었다면 농약을 먹이지 않았을 것이다.) 따라서 위의 명제에 의존해서는 A씨에게 의도적인 살인죄를 적용할 수 없다.

정두영 사건

1999년 6월부터 10개월 동안 9명을 살해하고 8명에게 중상을 입힌 정두영은 2000년 4월 8일 오전 부산 동래구의 한 저택에 잠입한다. 쪽문으로 집 안에 들어가 부엌에서 칼을 챙겼으나 거실에서 인기척이 나자 2층으로 피신해 동향을 살핀다. 한참을 기다린 후 사람들이 외출했다고 생각해 1층으로 내려왔으나 70대 가정부와 마주치자 목을 찔러 살해하고, 부엌에서 현관을 향해 도망치던 50대 가정부도 살해한다. 비명 소리를 듣고 마당에서 현관으로 들어온 철강회사 회장인 70대 집주인 마저도 살해하고는, 두려움에 떠는 집주인의 친척 할머니를 주먹과 발로 마구 때려 실신시킨다. 사망한 것으로 착각하고 현금과 수표 2,430만 원을 훔쳐 달아난다.

피해자들이 사망할 것을 예견한 채 흉기를 휘둘렀다는 데는 이견을 보일 수 없다. 하지만 2층에서 피해자들이 외출하길 기다려 거실로 내려온 점으로 미루어 피해자들이 숨지길 바라서 칼을 휘두른 것은 아니라는 주장이 가능하다. (피해자들을 살해하지 않고도 검거될 가능성이 전무하다는 확신이 섰다면 피해자들을 살해하지 않았을 것이라는 주장도 가능할 것이다.) 이렇듯 위의 정의에 의존해서는 〈동반자살 사건〉에서의 A씨에게 의도적인 살인죄를 적용할 수 없을 뿐 아니라, 의도적인 살인죄를 적용해야 하는 가장 명백한 대상인 정두영을 놓고도 명백한 답변을 얻을 수 없다. (3.2.에서 논의될 바와 같이 '어떤 것을 바란다'는 것이 '그것을 의도한다'는 것의 필요조건이 될 수 없다. 따라서 '어떤 것을 바랐고 예견했다면, 그것을 의도했다'는 명제는 거짓으로 보아야 한다. 즉, 밴 더 비버가 말하는 '직접적 고의'가 의도했는지를 판별한 준거가 될 수 없다.)

'바란다'는 그리고 '예견한다'는 두 조건을 다음과 같이 필요충분조건으로 제시하면 어떠한가? '어떤 것을 바랐고 예견했다면 그것을 의도했으며, 어떤 것을 의도했다면 그것을 바랐고 예견했다'. 위의 정의에 따르면 '어떤 것을 예견하지 못했거나 바라지 않았다면, 그것을 의도하지 않았다'. 〈동반자살 사건〉의 A씨가 아들이 숨지길 바란 것은 아니며, 정두영 역시 피해자들이 숨지길 바란 것은 아니라는 주장이 가능하다. 따라서 위의 정의를 적용하면 오히려 A씨에게 그리고 정두영에게 살해의도가 없었다는 판결을 내릴 수밖에 없다. 뿐만 아니라 〈커닝햄 사건〉의 커닝햄, 〈몰로니 사건〉의 몰로니, 〈하이엄 사건〉의 하이엄 그리고 곧 소개될 〈스미스 사건〉의 스미스 역시 피해자들이 숨지길 바라지는 않았다. 따라서 위의 정의를 적용하면, 그들 누구에게도 의도적인 살인죄를 적용할 수 없다고 보아야 한다.

밴 더 비버와 같이 '바란다'는 그리고 '예견한다'는 두 조건을 묶어 충분조건으로 제시하거나 그들을 필요충분조건으로 제시해도 여의치 않다면, 그리고 '어떤 것을 예견한다'는 것이 '그것을 의도한다'는 것의 필요조건이라는 입장을 포기할 수 없다면, '바란다'는 조건 대신 어떤 조건(들)을 필요조건으로 보충해야 하는가? 〈스틴 사건〉의 데닝 대법관이 제시한 두 조건 중 '목적으로 삼는다'는 조건을 보충하면 어떠한가?

– 어떤 것을 목적으로 삼았고 예견했다면, 그것을 의도했다.

위의 정의에 따르면 '목적으로 삼는다'는 그리고 '예견한다'는 두 조건 모두를 충족시킨 경우가 의도한 경우이다. 하지만 위의 정의 역시 별반 나아진 것이 없다고 보아야 한다. 예컨대 〈동반자살 사건〉에서 A씨가 아들이 숨질 것을 예견은 했으나 아들을 숨지게 하는 것이 동반자살을 기도한 목적은 아니었다. 즉, 남은 가족의 짐을 덜어주는 것이 목적이었으므로, 위의 정의를 적용해서는 A씨에게 의도적인 살인죄를 적용할 수 없다. 동일한 이유에서 〈정두영 사건〉의 정두영에게도 의도적인 살인죄를 적용할 수 없다. 정두영이 살인 행각을 벌인 목적은 돈을 훔치는 데 있었으며, 따라서 위의 두 조건 중 '목적으로 삼는다'는 조건을 충족시키지 못하기 때문이다.

물론 〈동반자살 사건〉의 A씨를 놓고 볼 때 '목적으로 삼는다'는 것을 '목적을 달성하는 데 원인으로 기여한다'는 또는 '목적을 달성하기 위해 계획적으로 연루시킨다'는 의미로 이해한다면, 그에게 아들을 살해할 의도가 있었다는 답변을 얻을 수 있다. 하지만 3.3.1.과 3.3.2.에서 논의될 바와 같이 이 역시 여의치 않다고 보아야 한다. '목적을 달성하는 데 원인으로 기여한다'는 의미로 보아서는 의도했는지를 파악하기 위해 순환논리에 빠지는 대가를 치러야만 하는 경우가 있을 수 있으며, '목적을 달성하기 위해 계획적으로 연루시킨다'는 의미로 보아서는 규범적인 그리고 기술적인 차원에서의 반론을 감당할 수 없기 때문이다.

지금까지 알아본 바와 같이 영국의 경우 법조계를 중심으로 '목적으로 삼는다'는, '바란다'는, '예견한다'는 세 조건을 중심으로 살해의도를 파악하려는 노력이 있어왔다. 하지만 제3장에서 논의될 바와 같이 '목적으로 삼는다는 것과 의도한다는 것' 그리고 '바란다는 것과 의도한다는 것' 사이에는 상관관계가 성립되지 않는다고 보아야 한다. 반면 '예견한다는 것과 의도한다는 것'의 상관관계를 부정할 수는 없으나, 5.4.에서 논의될 바와 같이 전자를 후자의 충분조건으로 제시할 수 없다. 즉, 5.4.와 5.5.2.에서 논의될 바와 같이 전자를 후자의 필요조건으로 보아야 한다.

이렇듯 위의 세 조건 중 '예견한다'는 조건만을 필요조건으로 보아야 하므로, 의도한다는 것의 정의를 내리기 위해서는 그 이외의 다른 필요조건(들)을 규명해야 한다. 미국의 형사법에서 해답의 단초를 찾을 수 있는지를 알아보기에 앞서, '의도한다'는 것과 '예견한다'는 것의 상관관계에 관련된 또 하나의 중요한 물음에 대해 생각해보기로 하자.

1.2.3. 예견했는지를 판단하기 위한 테스트

스미스 사건

1960년 3월 2일, 승용차 뒷좌석에 훔친 물건을 싣고 가던 스미스Jim Smith가 경찰관의 정지 명령을 따르다 갑자기 급출발하자 경찰관이 차로 뛰어올라 보닛에 매달린다. 하지만 경찰관을 매단 채 90m 이상을 감지자로 질주해 차에서 떨어진 경찰관이 마주 오던 차에 치어 사망한 사건이 발생한다. "경찰관이 차에서 떨어지고 나서야 차에 매달린 사실을 알았습니다. … 뒷좌석에 실은 금속의 무게로 똑바로 운전을 할 수 없었습니다". 경찰관에게 해를 입힐 의도가 없었다는 스미스의 주장에도 불구하고 사건을 담당한 도노반Donovan J. 판사는 배심원단에게 객관적인 테스트를 적용할 것을 지시한다. 그 결과 유죄평결이 내려져 재판부는 '1957년 살인죄법 제5조'[41]에 근거해 '사형이 가능한 의도적인 살인죄capital murder'를 적용, 사형을 선고한다. 하지만 항소심 재판부는 1심 판사가 변호인단에게 잘못 객관적 테스트를 지시했다는 이유로 '비의도적인 살인죄manslaughter'를 적용해 징역 10년을 선고한다. 결국 사건은 최고법원인 상원으로 올라가 컬뮤어 대법관Lord Kilmuir, 데닝 대법관Lord Denning 등 패널 모두 재판장 파커 대법관Lord Parker of Waddington이 항소심 재판부가 적용한 '주관적 테스트'를 부정한 데 동의해 상원은 1심재판부의 손을 들어준다.

〈몰로니 사건〉 1심 판사의 견해대로 '어떤 것을 예견했다면, 그것을 의도했다'고 해보자. 그렇다고 해도 〈스미스 사건〉의 스미스에게 의도적인 살인죄를 적용하기 위해서는 경찰관이 중대한 신체 상해를 입게 될 것을 예견했어야 한다. 다시 말해 경찰관이 차에 매달린 사실을 알지 못했다면, 따라서 경찰관이

사망할 것을 예견하지 못했다면, 그에게 의도적인 살인죄를 적용할 수 없다. '어떤 것을 의도했다면, 그것을 예견했다'는 〈하이엄 사건〉의 헤일샴 대법관의 견해가 옳다면, 〈스미스 사건〉 1심 판사와 상원의 패널들로서는 문제가 보다 심각해진다. 오히려 다음과 같이 스미스에게 살해의도가 없었다는 판결을 내렸어야 했기 때문이다.

(P1) 어떤 것을 의도했다면, 그것을 예견했다.
(P2) 스미스는 경찰관이 사망할 것을 예견하지 못했다.
    그러므로
(C) 스미스에게 경찰관을 살해할 의도가 없었다.

경찰관이 차에 매달린 사실을 알지 못했다는 스미스의 주장을 어떻게 받아들여야 하는가? 경찰관을 차에서 떨어뜨릴 목적이 아니었다면 네 대의 차와 추돌하고 충돌하면서까지 90m 이상을 질주할 것이 아니라 적어도 가속 페달은 밟지 말았어야 했던 것은 아닌가? 객관적인 정황상 스미스의 진술에 신빙성이 없다는 쪽에 무게를 두어야 할 것이다. 하지만 문제는 그것을 입증할 방도가 없다는 데 있다. 경찰관을 차에서 떼어낼 목적으로 차를 갈지자로 몰았다고 해도 여전히 문제는 남는다. 단지 경찰관을 차에서 떼어내려 했던 것이 아닌, 차에서 떨어지면 중대한 신체 상해를 입게 될 것을 그가 알고 있었음을 입증해야 하기 때문이다.

스미스의 주장이 거짓임을 입증할 방도는 없으나 의도적인 살인죄를 포기할 수 없다면 어떤 전략을 세워야 하는가? 1심의 도노반 판사와 상원 패널들이 '객관적인 테스트objective test'를 적용한 것은 그 전략적인 이유에서였다.

경찰관이 중대한 신체 상해를 입게 될 것이라 합리적인 사람이 생각했을 것이라면… 그리고 경찰관이 중대한 신체 상해를 입어 사망했다면, 피고인에게 사형이 가능한 의도적인 살인죄capital murder를 적용해야 한다. … 반면, … 경찰관이 중대한 신체 상해를 입게 될 것이라 합리적인 사람이 생각하지 않았을 것이라면, 비의도적인 살인죄manslaughter를 적용할 수 있다.[42]

피고인이 맥노튼 룰M'Naghten Rule에 따른 정신이상자나 한정책임능력자가 아닌 책임능력자인 이상, 즉 의도를 가질 수 있는 자인 이상 어떤 결과가 발생될 것이라 실제로 생각했는지는 문제가 되지 않는다. 피고가 자신의 행위에 대한 책임능력자라는 가정 하에 유일하게 문제가 되는 것은 중대한 신체 상해가 불법적이고 자발적인 행위의 당연한 결과인지의 여부이다. 이를 판단할 수 있는 유일한 테스트는 보통의 책임능력자가 동 상황에서 언제든 그와 같은 결과를 당연한 결과라고 생각할 것인지의 물음이다.[43]

〈스미스 사건〉 1심의 도노반 판사와 상원 패널들의 입장과 같이 객관적인 테스트 통과 여부가 관건이라면, 맥노튼 룰에 따른 정신이상자나 한정책임능력자가 아닌 책임능력자라는 전제 하에 다음의 조건을 충족시키면 피고인이 문제의 결과를 예견했다고 보아야 한다.[44]

– 문제의 결과가 피고인이 행한 자발적인 행위의 사실상 확실한 결과이며 보통의 합리적인 사람이라면 그와 같이 생각할 것이다.

질주하는 차에서 떨어지면 목숨을 잃거나 중대한 신체 상해를 입는다는 것은 사실상 확실한 결과일 뿐 아니라 보통의 합리적인 사람이라면 그와 같이 생각할 것이다. 이렇듯 〈스미스 사건〉의 1심재판부와 상원이 그랬듯이, 객관적인 테스트에 의존하면 스미스의 실제 심리상태와 무관하게 의도적인 살인죄를 적용할 수 있다.

사건의 정황상 스미스에게 의도적인 살인죄를 적용한 데 대해 나름 만족할 수 있다. 예컨대 스미스의 실제 심리상태를 밝혀내지 못했다는 등의 이유로 재판부가 스미스에게 비의도적인 살인 판결을 내렸다면, 스미스가 허술한 법망을 피해갔다는 생각을 지울 수 없었을 것이다. 하지만 '혐의만으로는 처벌할 수 없다(피고인이 진범이라도 증거가 없는 한 무죄를 선고해야 한다)'는 원칙과 법언 '의심스러운 것은 피고인에게 유리하게in dubio pro reo'를 아우르는 무죄추정주의presumption of innocence에 비추어볼 때, 스미스의 주장이 사실일 가능성이 열려 있는 상태에서 객관적인 테스트를 적용한다는 것이 부담스러운 것 또한 사실이다.

대법원 판결이 내려지자 영국과 아일랜드 학계는 '추정적 악의 독트린 doctrine of constructive malice'을 폐지할 취지로 마련된 '1957년 살인죄법'을 무색하게 했다는 이유로 거세게 반발한다.[45] 아일랜드의 경우 '1964년 형사사법법령 4조 2항'으로 그 결과가 나타나 의도했는지는 피고인의 실제 심리상태에 달렸다는 방향으로 입장이 정리되며,[46] '1967년 형사사법법령 8조'에서 다음과 같이 객관적인 테스트를 부정하는 방향으로의 자리매김을 보다 공고히 한다.

"범죄를 행했는지를 판단하는 데 있어 재판부와 배심원단은
(a) 피고인의 행위가 초래한 결과가 단지 그 행위의 자연스럽고 당연한 결과라는 이유로 피고인이 그 결과를 의도했거나 예견했다고 미루어 판단하지 말아야 한다.
(b) 모든 증거에 근거해 주어진 상황에 적절한 증거로부터 그 결과를 의도했거나 예견했는지를 판단해야 한다".[47]

위의 법령은 피고인의 실제 심리상태에 초점을 맞춰 (a)에서 객관적인 테스

트를 정면 부정하고 (b)에서 주관적인 테스트를 적용할 것을 주문하고 있다. 그리고 (b)에서의 모든 증거에 근거해 판단해야 한다는 것은 '합리적인 의심이 없는 정도의 증명proof beyond a reasonable doubt'이 있어야 가능하다는 의미이며, 우리의 형사법 역시 동일한 입장을 취한다. "형사소송법(일부개정 2009. 6. 9 법률 제9765호) 제307조(증거재판주의) ① 사실의 인정은 증거에 의하여야 한다. ② 범죄사실의 인정은 합리적인 의심이 없는 정도의 증명에 이르러야 한다".

물론 피고인이 문제의 결과를 예견하지 못했는데도 의도적인 살인죄를 적용할 수는 없다. 문제의 결과가 피고인이 행한 자발적인 행위의 자연스럽고 당연한 결과라고 해도 예외가 될 수 없다. 즉, 주관적인 테스트를 포기할 수는 없으며, 피고인이 자백한 경우와 같이 실제적인 증거가 있는데도 객관적인 테스트를 고려할 이유는 없다. 뿐만 아니라 피고인이 부인하는 경우 그의 주장이 사실일 가능성이 열려 있는 상태에서 전적으로 객관적인 테스트에 의존하기 어려운 것 또한 사실이다. 하지만 '1967년 형사사법법령 8조'가 주문하는 바와 같이 객관적인 테스트를 전적으로 부정하고(피고인의 행위가 초래한 결과가 단지 그 행위의 자연스럽고 가능한 결과라는 이유로 예견했는지를 미루어 판단하지 않고) 주관적인 테스트에 의존하는 것이(모든 증거에 근거해 주어진 상황에 적절한 증거를 근거로 판단하는 것이) 해결책이 될 수 있을지 의문이다.

〈몰로니 사건〉 1심 판사의 견해대로 그리고 우리의 대법원 판시대로 '어떤 것을 예견했다면, 그것을 의도했다'는 명제가 참이라고 하고(제5장에서 위의 명제를 참으로 볼 수 없는 이유가 설명될 것이나 여기서는 참이라고 해보자), 우리 사회를 충격과 분노로 몰아넣은 울산과 칠곡 계모 사건을 생각해보자.

울산계모 사건

2013년 10월 24일, 박모(40) 씨가 의붓딸 이모(8) 양의 머리와 가슴을 1

시간 동안 무차별적으로 폭행해 갈비뼈가 16개나 부러진 이양이 폐파열로 숨을 거둔다. 친구들과 소풍을 가고 싶어 했다는 것이 폭행 이유였다. 울산지검은 폭행 과정에서 아이가 죽을 수도 있다는 생각을 했을 것으로 판단, 계모 박씨에게 살인 혐의를 적용해 법정 최고형인 사형을 구형한다. 하지만 2014년 4월 11일 울산지법 형사3부는 박씨에게 "살인의 고의가 있다고 보기 어렵다"며 기소된 살인 혐의가 아닌 상해치사 혐의를 유죄로 인정해 징역 15년을 선고한다. 검찰은 죄질에 비해 형량이 적고, 1심 판결에는 살인의 미필적 고의를 인정하지 않은 법리오인과 사실오인이 있다는 이유로 항소한다.

칠곡계모 사건

2013년 8월 24일, 임모(36) 씨가 의붓딸 김모(8) 양에게 무자비한 폭행을 가한 후 방치해 복통을 호소하던 김양이 장간막 파열에 따른 외상성 복막염으로 숨을 거둔다. 대구지검은 계모 임씨에게 살인 혐의가 아닌 상해치사 혐의를 적용해 징역 20년을, 친부(38)에게는 아동복지법 위반 혐의를 적용해 7년을 구형한다. 한편 2014년 4월 11일 대구지법 형사11부는 임씨에게 상해치사의 양형기준(징역 4~13년)에 못 미치는 구형량의 절반인 징역 10년을 그리고 친부에게는 3년을 선고한다. 검찰은 "사건의 중대성과 죄질에 상응하는 충분한 형이 선고되지 않았다고 판단된다"며 14일 항소했고, 친부와 계모도 각각 16일과 18일에 항소장을 제출했다.

〈울산계모 사건〉을 담당한 울산지검은 계모 박씨가 폭행 과정에서 이양이 죽을 수도 있다는 생각을 했을 것으로 판단했다. 즉, 미필적으로나마 살인을 인식한 상태에서 폭행을 했다고 보아 살인 혐의를 적용한 반면, 울산지법은 미필적으로라도 살인을 인식하지 못했다고 보아 살인 혐의가 아닌 상해치사 혐의를 유죄로 인정했다.

이양이 죽을 줄 몰랐다는 계모 박씨의 주장에도 불구하고 울산지검이 미필적 고의가 있었다고 본 이유는 키 167cm에 몸무게 57kg인 박씨가 키 130cm에 불과한 이양을 1시간 동안 머리, 가슴, 배 등 급소를 포함한 신체 주요 부위를 집중적으로 구타했고, 이양이 비명을 지르며 주저앉고 얼굴이 창백해진 상황에서도 폭력을 중단하지 않았다는 그리고 어린아이의 갈비뼈는 유연성이 있어 잘 부러지지 않는 점을 감안할 때 강력한 폭력이 이어졌을 것이라는 이유에서였다. 반면 재판부는 이양이 감당할 수 없을 정도로 비정상적이고 잔인하게 학대한 점은 인정되나, 흉기를 사용하지 않았고 이양이 의식이 없자 119구급대에 전화해 지시에 따라 심폐소생술을 실시하는 등 사건의 정황상 박씨가 폭행 과정에서 미필적으로라도 이양이 죽을 수도 있다는 생각을 하지 못했을 것으로 판단했다.

한편 〈칠곡계모 사건〉 계모 임씨의 경우 김양의 배를 10차례 밟고, 몇 시간 후 다시 10여 차례 배를 때려 숨지게 했는데도 사건을 담당한 대구지검은 폭행 과정에서 미필적으로라도 김양이 죽을 수도 있다는 생각을 하지 못했을 것으로 판단해 살인 혐의가 아닌 상해치사 혐의를 적용했으며, 대구지법 역시 사망 원인이 1차례의 강한 충격에 있었다는 부검결과로 미루어 무차별적인 폭행이 있었던 것으로 보기 어렵다는 이유로 상해치사 혐의를 유죄로 인정했다.

위의 두 사건을 담당한 검찰과 재판부 모두 '1967년 형사사법법령 8조'와 동일한 입장을 취해 객관적인 테스트를 배제했다는 해석이 가능하다. 하지만 적어도 울산계모 박씨에게는 〈스미스 사건〉 1심 판사와 상원 패널들과 같이 객관적인 테스트를 적용했어야 하는 것은 아닌가? 객관적인 테스트를 적용하면 실제 심리상태와 무관하게 박씨가 미필적으로나마 죽음을 인식한 상태에서 폭행을 했다고 보아야 하며, 따라서 울산지검의 판단이 옳았다는 결론을 내릴 수 있다. 키 167cm에 몸무게 57kg의 성인이 키 130cm에 불과한 8세 아이의 유연성이 있는 갈비뼈가 16개나 부러질 정도로 구타한 결과, 그리고 아이가 비명을 지르며 주저앉고 얼굴이 창백해진 상황에서도 폭행을 멈추지 않아 아이가 숨진 것은 보통의 합리적인 사람이라면 자연스럽고 당연한 결과라고 생각할 것이기 때문이다. 〈스미스 사건〉 1심 판사와 상원 패널들과 같이 객관적인 테스트를 우선적으로 적용해야 하는가? 아니면 '1967년 형사사법법령 8조'를 따라 객관적인 테스트를 배제해야 하는가?

동료 지뢰병 A에게 원한을 품은 B는 매일 같은 시간에 A가 대로와 맞닿은 자전거길을 지난다는 것을 알고 A가 지나기 1분 전에 그 자전거길에 침을 뱉었다. A가 침을 지뢰의 압력판으로 착각해 급히 핸들을 꺾다 넘어져 마주 오던 차에 치어 사망했다. B는 침으로 A가 목숨을 잃을 수 있다는 생각을 하지 못했다고 주장한다. 사건의 정황이 이렇다면 B에게 살인죄를 적용할 수는 없다고 보아야 한다. 즉, B가 미필적으로라도 살인을 인식한 상태에서 침을 뱉었을 가능성을 배제해야 하며, 그래야 하는 이유를 설명하라면 지뢰병일지라도 침을 지뢰의 압력판으로 착각하는 것은 극히 이례적이라는(A가 사망한 것은 B가 행한 자발적인 행위의 극히 이례적인 결과라는) 설명 이외에는 마땅히 설명할 방도가 없다고 보아야 한다.

객관적인 테스트에 전적으로 의존하지 않고는 B가 미필적으로라도 살인을 인식하지 못했다고 보아야 하는 이유를 설명할 수 없다면, A가 사망한 것이 B가 행한 행위의 극히 이례적인 결과인지, 아니면 자연스럽고 당연한 결과인지를 어떻게 판단할 수 있는가? 어떤 유기화학자와 평범한 회사원이 서로 다른 두 성분의 합성세제 제품을 혼합해 집 담장을 청소했다고 해보자. 하지만 두 세제 성분이 화학반응을 일으켜 치명적인 가스가 발생해 행인들이 사망했으며, 두 성분을 혼합하면 치명적인 가스가 발생한다는 것은 유기화학자들 사이에서는 널리 알려진 사실이나 제품설명서에는 그 내용이 명시되어 있지 않다고 해보자. 그렇다면 유기화학자를 대상으로는 미필적으로나마 살인을 인식하고 청소를 했다는 의심이 가능하나, 회사원을 대상으로는 (평범한 회사원이더라도 유기화학자인 지인으로부터 정보를 얻었을 가능성을 배제할 수 없지만) 그것이 가능하지 않다고 보아야 한다. 그리고 그렇게 보아야 하는 이유로 유기화학자들은 위의 두 성분이 혼합된 세제에 노출되면 사망할 것이라 생각할 것이기 때문이라는 그리고 유기화학자가 아닌 보통의 사람들은 그와 같이 생각하지 않을 것이기 때문이라는 것 이외의 다른 설명은 가능하지 않다고 보아야 한다.

마찬가지로 A가 사망한 것을 B가 행한 행위의 극히 이례적인 결과로 보아야 하는 이유를 들라면 보통의 지뢰병들은 지뢰병일지라도 침을 지뢰의 압력판으로 착각하는 것은 극히 이례적이라고 생각할 것이기 때문이라는 것 이외의 다른 설명은 가능하지 않다고 보아야 한다. (주변에 침보다 지뢰의 압력판으로 착각할 수 있는 물건들이 널려 있으므로 보통의 지뢰병은 침을 지뢰의 압력판으로 착각하는 것은 극히 이례적이라고 생각할 것이다.) 이렇듯 문제의 결과가 피고인이 행한 행위의 자연스럽고 당연한 결과인지 아니면 극히 이례적인 결과인지의 여부는 맥노튼 룰에 따른 정신이상자나 한정책임능력자가 아닌 보통의 책임능력자가 어떻게 생각할 것인지를 기준으로 판단할 수밖에 없다.

B의 행위를 놓고 객관적인 테스트에 의존해야 한다는 데 대해, 따라서 B가 미필적으로라도 살인을 인식한 상태에서 침을 뱉었을 가능성을 배제해야 한다는 데 대해 의문을 가질 수 있을 것이다. 즉, A에게 원한을 품었다는 것이 B가 살인을 인식한 상태에서 침을 뱉었다고 보아야 하는 결정적인 증거라는 견해를 보일 수 있다. 하지만 다음의 경우를 상상해보자. 동료 지뢰병들을 포함한 세상 모든 사람들을 증오해 묻지마 집단살인 계획을 공공연히 드러냈던 지뢰병 D는 동료 지뢰병 C가 매일 같은 시간에 대로와 맞닿은 자전거길을 지난다는 것을 알고 C가 지나기 1분 전에 그 자전거길에 침을 뱉었다. C가 침을 지

뢰의 압력판으로 착각해 급히 핸들을 꺾다 넘어졌으며, 마주 오던 버스가 C를 피해 급히 핸들을 꺾어 트럭과 충돌해 버스 승객들이 사망했다. D는 침으로 버스 승객들이 목숨을 잃을 수 있다는 생각을 하지 못했다고 주장한다. 사건의 정황이 이렇다면 C의 주장을 의심할 수 없다는 데 이견을 보일 수 없다. 하지만 B가 A에게 원한을 품고 침을 뱉었으므로 A의 죽음을 인식했다고 보아야 한다면, D 역시 (세상 모든 사람들을 증오해 묻지마 집단살인 계획을 공공연히 드러냈으므로) 버스 승객들의 죽음을 인식하고 침을 뱉었다고 보아야 한다. A에게 원한을 품었다는 것이 B가 살인을 인식한 상태에서 침을 뱉었다고 보아야 하는 결정적인 증거가 될 수 없다는 말이다.

이상에서 알아본 바와 같이 객관적인 테스트를 통과한다면 문제의 결과를 예견하지 못했다는 피고인의 주장을 의심하지 말아야 하며, 따라서 살인혐의에 대해서는 불기소 처분을 내려야 한다. 즉, 피고인의 주장을 신뢰해야 하는지를 판단하기 위해서는 우선적으로 객관적인 테스트를 적용하고 그것을 통과하면(보통의 합리적인 사람이라며 문제의 결과가 피고인이 행한 자발적인 행위의 자연스럽고 당연한 결과라고 생각하지 않을 것이라면) 피고인의 주장을 의심하지 말아야 한다.

― 객관적인 테스트를 통과하면 피고인이 문제의 결과를 예견하지 못했다고 보아야 한다.

이제 문제는 객관적인 테스트를 통과하지 못하는 경우이다. 보통의 합리적인 사람이라면 문제의 결과가 피고인이 행한 자발적인 행위의 자연스럽고 당연한 결과라고 생각한다면, 따라서 피고인이 문제의 결과를 인식한 상태에서 행위를 했을 가능성을 열어놓아야 하는 경우 어떤 증거에 의존해 예견했는지를 판단해야 하는가?

북한동포 살해 사건

"뉴몰든에서 북한동포를 살해한 혐의로 구속된 홍성 씨가 유죄 평결을 받아 최소 13년 복역 후 강제 추방 선고를 받았다. 18일 올드 베일리에서 열린 재판에서 12명의 배심원은 사망한 장명철 씨 살인 사건에 대해 10대 2로 유죄를 평결했고 재판부는 살인죄를 적용, 최소 13년 이상 복역 후 즉시 추방한다고 선고했다. 홍씨는 중국 출신 북한 이민자로 되어 있다. 홍씨는 사건 당일 술에 취해 있었고 평소 당뇨병을 앓아 저혈당으로 발작을 일으켜 무의식 중에 일어난 일이라며 무죄를 주장했었다. 그러나 검찰은 홍씨가 사망한 장씨를 20cm의 칼로 살해한 것은 '명백한 사실'이며, 밀린 급료 얘기를 하는 장씨에게 '계속 불평하면 죽이겠다'고 위협했으며, 장씨가 계속 불평하자 칼을 가져와 복부를 찔러 살해했다고 설명했다. 또한, 그날 현장에 있었던 증인은 사건 당일 일을 마치고 홍씨가 직원 4명을 뉴몰든 자신의 집으로 초대해 삼겹살과 소주 파티를 열었는데 밀린 급료로 직원들이 불평하자 '불평하는 사람은 가만두지 않겠다'라고 협박했다고 증언했다"(한인헤럴드, 2010. 07. 17).

장씨가 사망한 것이 홍씨의 저혈당 상태의 발작으로 인한 것이라고 해보자. 그렇다면 모범형법전 '2·01조 2항'이 규정하고 있는 바와 같이 무의식 중의 신체동작은 자발적인 행위가 아니므로 살인죄를 적용할 수 없다. 하지만 발작으로 인한 사고가 아니었다면 배심원단의 판단이 옳았다고 보아야 한다. 20cm 칼로 복부를 찔러 숨지게 했는데도 살인죄를 적용하지 말아야 한다면 살인죄를 적용할 수 있는 경우는 없다고 해도 무방할 것이기 때문이다. 20cm 길이의 칼에 복부를 찔렸다고 해서 사망할 줄은 몰랐다고 홍씨가 진술했다면 어떠한가? 그렇다고 해도 그의 진술을 액면 그대로 수용할 수는 없다. 그와 같은 진술을 수용해 살인죄를 적용하지 말아야 한다면 살인죄 처벌 조항을 둔 취지가 무색해질 수밖에 없기 때문이다. 20cm 길이의 칼에 복부를 찔려 사망할 줄 몰랐다는 진술을 수용할 수 없는 이유는 무엇인가?

위의 경우와 같이 명백히 객관적인 테스트를 통과하지 못하는 경우에는 (보통의 합리적인 사람이라면 20cm의 칼에 복부를 찔려 사망하는 것은 자연스럽고 당연한 결과라고 생각할 것이다) "불평하는 사람은 가만두지 않겠다", "계속 불평하면 죽이겠다"고 위협을 가했기 때문이라는 등의 이유를 드는 것은 적절치 않다고 보아야 한다. 위협을 가했다는 것이 홍씨가 살인을 인식한 상태에서 칼로 찔렀다고 보아야 하는 이유가 될 수 있다면, 급료를 제때 주지 못한 데 대해 사과를 하고는 20cm의 칼을 가져와 웃으며 복부를 찔렀을 경우에는 오히려 살인을 인식하지 못했다고 보아야 하기 때문이다. 다시 말해 명백히 객관적인 테스트를 통과하지 못하는 경우에는 다른 증거와 무관하게 살인을 인식한 상태에서 문제의 행위를 했다고 보는 것이 가장 합리적일 수 있다.

〈울산계모 사건〉을 생각해보자. 아이가 비명을 지르며 주저앉고 얼굴이 창백해진 상황에서도 폭행을 멈추지 않아 갈비뼈를 16개나 부러뜨렸는데도 살인을 인식하지 못했다는 박씨의 진술을 수용해야 한다면, 20cm 길이의 칼에 복부를 찔려 사망할 줄 몰랐다는 홍성 씨의 진술 역시 수용해야 할 것이다. 1시간에 걸쳐 유연성이 있는 갈비뼈가 16개나 부러질 정도의 강력한 폭행을 당해 숨질 개연성이 20cm의 칼에 복부를 찔려 사망할 개연성에 떨어질 수 있다고 해도 그 차이가 유의미한 차이일 수 없기 때문이다. 다시 말해 계모 박씨에 대한 판결이 여론의 공분을 자아낸 것을 보아도 알 수 있듯이, 보통의 합리적인 사람이라면 8세 아이가 1시간 동안 갈비뼈가 16개나 부러질 정도의 무자비한 폭행을 당해 숨진 것은 자연스럽고 당연한 결과라고 생각할 것이다. 박씨가 살인을 인식했는지의 물음을 놓고 객관적인 테스트를 통과하지 못하므로 살인을 미필적으로나마 인식한 상태에서 폭행을 했다고 보아야 하는가? 아니면 박씨가 119구급대에 전화하고 지시에 따라 심폐소생술을 실시했다는, 흉기를 사용하지 않았다는 등의 정황에 의존해 미필적으로라도 살인을 인식하지 못했다고 보아야 하는가? 후자가 재판부의 입장이나 그것이 설득력을 가질 수 있을지 의문이다. (박씨가 미필적으로나마 살인을 인식한 상태에서 폭행을 했다고 판단했다면 "살인죄의 범의는 자기의 행위로 인해 피해자가 사망할 수도 있다는 사실을 인식·예견하는 것으로 족하다"는 그리고 "확정적 고의가 아닌 미필적 고의로도 족하다"는 대법원 판시를 따라 미필적으로나마 살인의 고의가 있었다는 판결을 내렸을 것이다.)

119구급대에 전화를 하고 지시에 따라 심폐소생술을 실시했다는 데 의미를 부여할 수 있는가? 박씨가 놀이터에서 혼자 놀고 있는 아이를 대상으로 이양에게 가했던 폭행과 동일한 폭행을 가해 아이가 의식을 잃었다고 해보자. 이와 같이 목격자가 없는 상황에서 119구급대에 전화를 걸고 심폐소생술을 실시했다면 미필적으로라도 살인을 인식하지 못했다는 판단이 가능할 것이다. 하지만 신분이 노출된 상태에서 119구급대에 전화를 걸고 긴급 구호조치를 취한 데 대해 동일한 판단을 내릴 수 없는 것이 살인죄를 모면하기 위한 어쩔 수 없는 선택이었을 가능성을 배제할 수 없기 때문이다. 바꿔 말하자면 119구급대에 전화를 하고 이양에게 심폐소생술을 실시한 것이 유의미한 증거는 될 수 없다고 보아야 한다. 뿐만 아니라 미필적으로나마 살인을 인식하고 폭행을 했으나 막상 이양이 의식을 잃은 것을 보고 겁이 나서 응급 구호조치를 취했을 가능성도 배제할 수 없다. 다시 말해 긴급 구호조치를 취한 것은 박씨가 이양이 숨지길 바란 것이 아니라는 증거가 될 수는 있으나, 숨질 것을 인식하지 못했다는 증거는 될 수 없다고 보아야 한다. (어떤 것을 예견한다는 것이 그것을 바란다는 것의 필요조건이 아니다. 즉, 어떤 것을 예견했으나 그것을 바라지 않은 경우가 있을 수 있다.)

흉기를 사용하지 않았다는 것도 살인을 인식하지 못했다고 보아야 하는 결정적인 증거는 될 수 없다. 미필적으로나마 살인을 인식한 상태에서 폭력을 행사했는지의 물음을 놓고 각목으로 1시간 동안 구타해서 갈비뼈를 16개 부러뜨려 숨지게 한 것과 주먹과 발로 1시간 동안 구타해서 갈비뼈를 16개 부러뜨려 숨지게 한 것 사이에 유의미한 차이가 있는가? 따라서 왜소한 사람이 각목으로 UFC 챔피언을 1시간 동안 폭행해 갈비뼈를 16개 부러뜨려 숨지게 한 경우는 살인을 인식한 상태에서 폭행을 한 경우로 보아야 하는 반면, UFC 챔피언이 주먹과 발로 1시간 동안 왜소한 사람의 갈비뼈를 16개 부러뜨려 숨지게 한 경우는 살인을 인식한 상태에서 폭행을 한 경우가 아니라고 보아야 하는가?

박씨가 미필적으로나마 죽음을 인식한 상태에서 폭행을 가했는지의 문제는 박씨의 심리상태를 파악해야 하는 문제라는 점에서, 설명된 바와 같이 그녀에게 유리한 어떤 증거를 수집해도 달리 해석할 여지를 남길 수밖에 없다. 따라서 박씨의 경우와 같이 명백히 객관적인 테스트를 통과하지 못하는 경우에는 다른 증거와 무관하게 살인을 인식한 상태에서 문제의 행위를 했다고 보는 것이 법집행의 중립성과 공정성을 유지하는 가장 합리적인 방법일 것이다.

— 객관적인 테스트를 명백히 통과하지 못한다면 다른 증거들과 무관하게 피고인이 문제의 결과를 예견했다고 보아야 한다.

객관적인 테스트는 통과하지 못하지만 부주의나 태만으로 문제의 결과를 미리 내다보지 못한 경우가 있을 수 있다. 그와 같은 경우는 어떻게 처리해야 하는가?

과실치사involuntary manslaughter 혐의로 머리 박사를 기소한 월그렌David Walgren 검사는 병원에서 사용하는 의약품을 적절한 모니터 감시와 소생장비 없이 집에서 사용한 것은 태만에 의한 과실criminal negligence에 해당하며, 20분이 지나서야 911에 알린 것, 심폐소생술을 불완전하게 실시한 것, 응급요원에게 프로포폴을 투약했다는 사실을 알리지 않은 것 역시 과실에 해당한다는 견해를 보인다.

강력한 마취제인 프로포폴을 적절한 모니터 감시와 소생장비 없이 과다 투여받아 마이클 잭슨이 숨진 것은 자연스럽고 당연한 결과이다. 하지만 머리 박사로서는 자신이 주사한 프로포폴로 마이클 잭슨이 사망해서 취할 수 있는 이익이 전무할 뿐 아니라, 오히려 숨진다면 의사로서의 커리어에 치명타가 될 것을 알고 있었다. 따라서 적절한 모니터 감시와 소생장비 없이 프로포폴을 지속적으로 사용하며, 프로포폴을 과다 투여하며, 911에 알리기 전에 20분 동안 심폐소생술을 실시하며 마이클 잭슨이 숨질 것을 예견하지 못한 것은 부주의나 태만 때문이었다고 보아야 한다. 이와 같이 객관적인 테스트를 통과하지 못하지만(마이클 잭슨이 숨진 것은 머리 박사가 행한 행위의 자연스럽고 당연한 결과이지만) 부주의나 태만으로 문제의 결과를 미리 내다보지 못한 경우에는 월그렌 검사가 그랬던 것처럼 과실치사 혐의로 기소해야 한다.

– 객관적인 테스트는 통과하지 못하지만 부주의나 태만으로 문제의 결과를 미리 내다보지 못한 경우에는 과실치사죄 또는 과실치상죄를 적용한다.

객관적인 테스트의 통과 여부가 불분명한 경우는 어떠한가? 부하 지뢰병인 E에게 구타를 일삼던 F는 매일 같은 시간에 E가 대로와 맞닿은 자전거길을 지난다는 것을 알고 E가 지나기 1분 전에 지뢰의 쇠붙이를 그 자전거길에 올려놓았다. E가 그 쇠붙이를 피하려 급히 핸들을 꺾다 넘어져 마주 오던 차에 치어 치명상을 입었다. H는 슬며시 자리를 뜰 수 있었음에도 119구급대에 신고하고 E에게 심폐소생술을 실시했으나 병원에 도착하기 전에 E가 사망했다. F는 쇠붙이로 E가 목숨을 잃을 수 있다는 생각을 하지 못했다고 주장한다.

이 경우는 객관적인 테스트를 통과하는지가 불분명한 경우이다. 즉, 지뢰병이 자전거를 탄 상태에서 쇠붙이를 지뢰의 압력판으로 착각하는 것이 당연한지가(E가 사망한 것은 F의 행위의 자연스럽고 당연한 결과인지가) 불분명하므로, 객관적인 테스트를 비롯해 쇠붙이의 모양이 지뢰의 압력판과 흡사하다는, 평소 구타를 일삼았다는, 슬며시 자리를 뜰 수 있었음에도 119구급대에 신고하고 심폐소생술을 실시했다는 등의 모든 증거들을 종합해 합리적으로 판단해야 한다. 즉, 객관적인 테스트를 통과하는지가 불분명하다면(문제의 결과가 피고인이 행한 자발적인 행위의 자연스럽고 당연한 결과인지를 놓고 보통의 합리적인 사람들 사이에 의견이 사뭇 다를 수 있다면) 모든 증거에 근거해 주어진 상황에 적절한 증거로 판단해야 한다.

– 객관적인 테스트를 통과하는지가 명백하지 않은 경우에는 모든 증거를 종합해 판단한다.

〈칠곡계모 사건〉 계모 임씨의 경우를 생각해보자. 울산계모 박씨가 행사한 폭력의 강도보다 임씨가 행사한 폭력의 강도가 낮은 것이 사실이다. 김양의 배를 10여 차례 밟고 몇 시간 후 다시 10여 차례 배를 때려 숨지게 했는데도 재판부가 임씨에게 살인죄를 적용하지 않은 것도 사망 원인이 1차례의 강한 충격에 있었다는, 따라서 무차별적인 폭행이 있었던 것으로 보기 어렵다는 이유에서였다. 이는 1차례의 강한 충격이 사망 원인이었으므로 임씨가 미필적으로라도 살인을 인식한 상태에서 폭력을 행사한 경우는 아니라고 보았다는 말과 다르지 않다.

1차례의 강한 충격이 사망 원인이었다는 점에서 임씨의 경우를 놓고 객관적인 테스트를 통과하지 못한다고 하는 것은 무리이다. 즉, 객관적인 테스트를 통과하는지의 여부가 불분명하므로 모든 증거를 종합해 예견했는지의 여부를 판단해야 한다. 임씨가 김양과 거주하던 2년여 동안 10여 차례 학대를 자행한 끝에 발생한 사건이라는 점에서 폭력에 대한 감각이 무뎌졌을 가능성을, 그래서 김양의 배를 밟고 때리던 중 살인을 인식하지 못한 상태에서 세게 발로 찼을 가능성을 배제할 수 없다. 하지만 재혼하며 데려온 친딸(10)에게는 폭력을 행사하지 않았을 뿐 아니라, 계부가 친딸에게 동일한 빈도와 강도로 폭력을 행사해왔다면 친딸이 죽을 수 있다고 생각했을 가능성도 배제할 수 없다. 어떤 증거를 결정적인 증거로 채택해야 할지 어려운 일이나, 적어도 임씨

사건을 놓고는 위의 증거들에 의존하지 않고도 미필적 고의에 의한 살인죄를 적용하는 것이 옳다는 판단을 내릴 수 있다.

보험금을 노리고 자신의 집에 불을 질렀으나 불길이 옆집으로 번져 이웃이 숨졌을 경우 미필적 고의에 의한 살인죄를 적용하고 있다. 미필적으로나마 이웃이 숨질 것을 인식한 상태에서 자신의 집에 불을 질렀다고 보고 있다는 말이다. 따라서 임씨의 경우를 살인을 인식한 상태에서 폭력을 행사한 경우가 아니라고 보기 위해서는 8세 아이가 어른에게 배를 밟히고 걷어차여 숨질 개연성이 자신의 집에 불을 질러 이웃이 숨질 개연성보다 떨어져야 한다. 하지만 그와 같이 볼 수 없을 뿐 아니라 오히려 후자의 개연성이 전자의 개연성보다 떨어진다고 할 수 있으므로, 보험금을 노리고 자신의 집에 불을 질러 이웃을 숨지게 한 경우 미필적 고의에 의한 살인죄를 적용해야 한다면 임씨에게 역시 미필적 고의에 의한 살인죄를 적용해야 한다.

이상에서 알아본 바와 같이 〈몰로니 사건〉 1심 판사의 견해대로 '어떤 것을 예견했다면, 그것을 의도했다'는 명제가 참이라고 해보자. 또는 〈하이엄 사건〉의 헤일샴 대법관의 견해대로 '어떤 것을 의도했다면, 그것을 예견했다'는 명제가 참이라고 해보자. 그렇다고 하더라도 그들의 견해를 판결에 적용하기 위해서는 피고인이 자신의 행위가 초래할 결과를 예견했어야 한다. 그리고 그를 판단하는 데 있어 구체적으로 다음의 결론들을 얻을 수 있었다.

(ㄱ) 객관적인 테스트를 통과하면 피고인이 문제의 결과를 예견하지 못했다고 보아야 한다.

(ㄴ) 객관적인 테스트를 명백히 통과하지 못한다면 다른 증거들에 무관하게 피고인이 문제의 결과를 예견했다고 보아야 한다.

(ㄷ) 객관적인 테스트는 통과하지 못하지만 부주의나 태만으로 문제의 결과를 미리 내다보지 못한 경우에는 과실치사죄 또는 과실치상죄를 적용한다.

(ㄹ) 객관적인 테스트를 통과하는지가 명백하지 않은 경우에는 모든 증거에

근거해 주어진 상황에 적절한 증거로 판단한다.

위의 네 기준을 염두에 두고 다시 본론으로 돌아가보자. 1.2.2.에서 지적한 바와 같이 그리고 5.2.에서 설명될 바와 같이 '어떤 것을 의도했다면, 그것을 예견했다'는 명제를 참으로 보아야 한다. 이는 어떤 것을 예견한다는 것이 그 것을 의도한다는 것의 필요조건이라는 의미이며, 따라서 의도했는지를 판별하기 위해서는 '예견한다'는 것 이외의 다른 필요조건(들)을 규명해야 한다. 이제 모범형법전을 중심으로 미국의 형사법에서 해답의 실마리를 찾을 수 있을지 생각해보기로 하자.

1.3. 미국의 형사법과 의도 – 모범형법전을 중심으로

1.3.1. 모범형법전과 범죄심리상태

핸드 사건
보험금을 노리고 오하이오주 콜롬버스 자택에서 두 전처를 살해했다는 의심을 받았던 핸드Gerland Hand는 동일한 자택에서 네 번째 부인 질Jill Hand을 살해할 계획을 세운다. 그를 도와 두 전처를 살해했던 친구 웰치Walter Welch를 재차 고용하고는 직접 질을 살해한 후 웰치의 입을 막고자 그도 함께 살해한다. 무기형을 받을 수만 있다면 모범수가 되겠다는 간청과 유일한 혈육인 아버지의 목숨만은 살려달라는 아들의 눈물 어린 호소에도 크루거Everett Krueger 판사는 2003년 5월 사

형을 선고한다.

잭슨 사건

2006년 10월 인디애나 페이서스의 주전 가드 잭슨Stephen Jackson은 미국에서 12번째로 인구가 많은 인디애나폴리스의 한 클럽 밖에서 싸움을 말릴 목적으로 허공에 9mm 권총을 다섯 발 이상 발사한다. 이 사건으로 잭슨은 싸움 도중 그를 차로 치려 했던 윌포드Deon Willford 그리고 싸움의 발단인 매톡스Raymel Mattox와 함께 경찰에 체포된다. 잭슨을 기소한 브리지Carl Brizzi 검사는 "허공에 총을 발사하는 것은 형사상의 무모한 행위criminal recklessness로서 적어도 시속 90마일로 떨어지는 총탄은 누군가의 생명을 앗아갈 위력을 가지고 있다"고 말하고, 잭슨이 6개월에서 최고 3년의 징역형을 언도받을 수 있다고 전한다. 하지만 2007년 6월 재판부는 싸움 도중 그가 위협을 당했던 점과 지역주민의 롤모델이었고 청소년들의 우상이라는 점을 참작해 5만 달러 벌금형과 1년 보호관찰 및 사회봉사 100시간을 선고한다.

헨리 사건

뉴멕시코주 앨버커키에서 개업의로 활동하던 헨리Jesse Henry, Jr. 박사는 2004년 9월 일곱 건의 과실치사involuntary manslaughter 혐의로 기소되어 5만 달러 벌금형과 5년 보호관찰을 선고받는다. 그는 헤로인 중독 치료제 메타돈, 진통제 히드로코돈과 옥시콘틴, 정신안정제 알프라졸람, 진정제 다이아제팜을 혼합 과다 처방함으로써 3명의 환자를 죽음에 이르게 했으며, 250정의 진통제를 한 번에 처방하기도 했다. 처방 전 없이 구입할 수 있는 다른 진통제와 함께 복용하면 목숨을 잃을 수 있다는 사실을 고지해야 할 의무를 잊기도 했고, 지나치게 많은 환자를 받은 탓에 정확한 진단을 내리지 못한 경우도 있었다.

핸드는 아내가 숨질 것을 예견한 채 방아쇠를 당겼을 뿐 아니라, 아내가 숨져야 보험금을 타낼 수 있었다. 따라서 아내가 숨지길 바란 채 방아쇠를 당겼다고 보아야 한다. 반면, 잭슨은 떨어지는 총탄에 누군가가 맞을 수 있다는 것을 인식했으나 의식적으로 무시했다고 할 수 있다. 이렇듯 핸드에게 잭슨에게 보다 무거운 형벌이 내려졌다는 사실로부터 미국의 형사법이 (죄의 중대요소를 인식했으나 그것을 의식적으로 무시한) 형사상의 무모한 행위에 대한 책임보다 죄의 중대요소를 인식하고 그것이 발생되길 바란 채 한 행위에 대한 책임을 중하게 묻고 있다는 것을 유추할 수 있다.

한편 헨리 박사의 경우는 그가 처방한 약물들을 혼합 과다 복용하면 사망할 수 있다는 사실을 마땅히 인식해야 했으나 그를 인식하지 못한 데 대한 책임을 물었다고 보아야 한다. 따라서 핸드에게 헨리 박사보다 무거운 형벌이 내려졌다는 사실로부터 미국의 형사법이 (죄의 중대요소를 마땅히 인식해야 했으나 그것을 인식하지 못한) 형사상의 태만한 행위에 대한 책임보다 죄의 중대요소를 인식하고 그것이 발생되길 바란 채 한 행위에 대한 책임을 중하게 묻고 있다는 것을 유추할 수 있다.

핸드에게 잭슨과 헨리 박사보다 무거운 형벌이 내려진 것은 당연하다 하겠다. 하지만 형사상의 무모한 행위를 형사상의 태만한 행위보다 중벌로 다스려야 한다는 것은 일부 형법학자들이 지적하고 있는 바와 같이 상식만으로는 이해하기 어려운 것이 사실이다. 다시 말해 허공에 총을 발사한 잭슨의 행위로 인해 희생자가 발생하지 않았다. 그런데도 그가 6개월에서 최고 3년의 징역형을 언도받을 수 있었던 반면 7명의 환자를 죽음에 이르게 한 헨리 박사는 보호관찰형과 벌금형에 그쳤다는 것을 어떻게 설명할 수 있는가? 형사상의 무모한 행위보다 형사상의 태만한 행위를 중벌로 다스리고 있다는 사실로부터도 미국의 형사법 역시 예견했는지의 여부에 큰 의미를 부여하고 있다는 것을 알 수 있다.

물론 미국의 형사법은 50개 주의 형법전과 컬럼비아특별지구형법전에 연방형법전이 덧씌워져 52개의 형법전으로 성문화되어 있다. "군사기지와 같은 연방독점관할구의 재산을 상대로 한 범죄, 연방공무원을 대상으로 한 범죄, 마약이나 조직범죄 등과 같이 한 개 주에서 효과적으로 기소하기 어려운 범죄, 특히 연방의 이익에 관계된 범죄는 연방당국에서 형사책임을 물으나, 미헌법 하에 형사책임을 물을 수 있는 권한은 우선적으로 주 당국이 갖고 있다. 거의 대다수의 범죄 그리고 살인, 강간, 강도, 폭행, 절도와 같이 공공장소에서 행해지는 모든 범죄는 기본적으로 주 형법전 또는 컬럼비아특별지구형법전의 관할 아래 있어".[48] 게다가 그들 사이에 유사성마저 적어 미국 형사법을 대표하는 특성을 찾는 것은 사실상 가능한 일이 아니었다.

하지만 〈핸드 사건〉, 〈잭슨 사건〉, 〈헨리 사건〉으로부터 미국 형사법의 전반적인 입장을 유추할 수 있었던 것은 미국법률협회가 1962년에 공포한 모범형법전의 영향으로 일리노이주를 필두로 1983년까지 30개가 넘는 주가 형사법을 개정했으며, 2002년까지 그 수가 대략 40개 주로 늘어나 미국의 형사법은 나름의 공통 분모를 갖게 되었기 때문이다. (〈헨리 사건〉의 헨리 박사가 개업을 했던 뉴멕시코주는 1963년에, 그리고 〈잭슨 사건〉이 발생한 인디애나주는 1977년에 모범형법전의 영향으로 형사법을 개정한다.[49])

일반적인 평가와 같이 모범형법전을 미국의 형사법이 올린 개가라고 한다면, 그 일등공신으로 범죄심리상태 조항을 들 수 있다.[50] 고의와 과실에 관한 규정만을 두고 있는 우리 형법전과는 달리 (우리의 경우 고의와 과실에 대한 구체적인 내용도 판례와 학설에 맡기고 있다.[51] 모범형법전은 요소분석법element analysis을 채택해 행위와 결과 및 부대상황을 포함한 불법행위의 다양한 요소를 분류하고 있으며, 범죄심리상태를 네 가지 심리상태로 집약하고 그에 대한 구체적인 정의를 내리고 있다. 즉, 모범형법전은 특정의도specific intent, 일반의도general intent, 사악한 마음depraved heart,[52] 계획적 범행의사malice aforethought[53] 등 혼란을 야기했던 통상적으로 쓰이던 죄와 관계된 80여 개의 용어들을 폐기하고 범죄심리상태를 다음의 네 심리상태로 집약한다.

- 목적 purpose
- 인식 knowledge
- 무모 recklessness
- 과실 negligence

　모범형법전은 위의 네 범죄심리상태 중 가장 죄가 되는 심리상태로 행위를 하는 경우인 '목적하고 행위를 하는 경우'와 두 번째로 죄가 되는 심리상태로 행위를 하는 경우인 '인식하고 행위를 하는 경우'가 처벌 대상이 되는 이유는 죄의 중대요소를 의도하기 때문이라고 규정하고 있다. "개도 걸려 넘어지는 것과 걷어차이는 것을 구분할 줄 안다"는 홈즈O. W. Holmes, Jr.1841−1935 판사의 말에서 엿볼 수 있듯이,[54] 의도했는지의 여부가 책임 여부를 판단할 준거가 되어야 한다는 믿음이 미국의 재판관들 사이에 널리 자리해왔으며, 위의 믿음이 모범형법전에 반영되었다고 할 수 있다.

　반면 세 번째로 죄가 되는 심리상태로 행위를 하는 경우인 '무모하게 행위를 하는 경우'와 네 번째로 죄가 되는 심리상태로 행위를 하는 경우인 '과실로 행위를 하는 경우'가 처벌 대상이 되는 이유는 죄의 중대요소를 발생시키기 때문이라고 설명한다. (모범형법전 주석서는 '2·02조 2항 c'의 무모하게 행위를 한 자는 목적하고 행위를 한 자나 인식하고 행위를 한 자와 달리 죄의 중대요소를 의도한

데 대한 처벌이 아닌 죄의 중대요소를 발생시킨 데 대한 처벌을 받는다고 설명하고 있다.[55]

−목적하고 행위를 하는 경우: 죄의 중대요소를 의도하는 데 대한 처벌
−인식하고 행위를 하는 경우: 죄의 중대요소를 의도하는 데 대한 처벌
−무모하게 행위를 하는 경우: 죄의 중대요소를 발생시키는 데 대한 처벌
−과실로 행위를 하는 경우: 죄의 중대요소를 발생시키는 데 대한 처벌

위의 네 경우 중 '무모하게 행위를 하는 경우'와 '과실로 행위를 하는 경우'는 처벌 대상이기는 하나 그 이유가 죄의 중대요소를 의도해서가 아니다. 따라서 그들 두 경우가 구체적으로 어떤 경우인지를 알아봄으로써 모범형법전의 의도에 대한 시각을 간접적으로 유추할 수 있다.

무모: "행위자가 죄의 중대요소가 존재한다거나 그의 행위로부터 초래될 중대하고 정당화될 수 없는 위험을 의식적으로 무시할 때는 당해 중대요소에 관하여 무모하게 행위를 하는 경우이다. 당해 위험은 행위자의 행위의 본질 및 목적과 그에게 인식된 상황을 고려할 때, 그 위험을 무시한다면 행위자의 입장에 처한 법률을 잘 준수하는 사람의 행위기준을 현저히 일탈하게 되는 정도의 본질을 갖추고 있어야 한다"(모범형법전 2·02조 2항 c).[56]

과실: "행위자가 죄의 중대요소가 존재한다거나 그의 행위로부터 초래될 중대하고 정당화될 수 없는 위험을 인식했어야 했을 때는 당해 중대요소에 관하여 과실로 행위를 하는 경우이다. 당해 위험은 행위자의 행위의 본질 및 목적과 그에게 인식된 상황을 고려할 때, 그 위험을 감지하지 못한다면 행위자의 입장에 처한 합리적인 사람의 주의기준을 현저히 일탈하게 되는 정도의 본질을 갖추고 있어야 한다"(모범형법전 2·02조 2항 d).[57]

"영미 법률 시스템은 통상적으로 무모하게 행위를 하는 경우를 미필적 고의가 있는 경우로 보고 있다".[58] 영미 형사법상의 미필적 고의dolus eventualis는 밴 더 비버의 설명대로 다음과 같이 이해되고 있으며, 따라서 모범형법전 '2·02조 2항 c'가 통상적으로 무모하게 행위를 하는 경우와 미필적 고의가 있는 경우를 동일시하는 이유에 대한 설명이 될 수 있다.

미필적 고의: "가해자에게 미필적 고의가 있는 경우는 자신의 행위로 인해 바랐던 결과 이외에 다른 결과가 (반드시 초래될 것이라 예견하지는 않았으나) 초래될 가능성을 예견했음에도 불구하고 행위를 하는 경우이다. (A는 B가 사망하길 바란다. 운전 중인 B에게 총격을 가한다면 동승자 C가 부상을 당하거나 사망할 수도 있다고 예견했음에도 불구하고 운전 중인 B에게 총격을 가해 C가 부상을 당했거나 사망했다면, C가 부상을 당하거나 숨지길 바라지 않았더라도 미필적 고의가 있었으므로 C가 부상을 당하거나 사망한 데 대한 책임이 A에게 있다.)"[59]

모범형법전의 과실에 대한 정의 역시 형사상의 과실에 대한 통상적인 이해와 다르지 않다. 벤 더 비버가 설명하고 있듯이 형사상의 과실은 다음과 같이 이해되고 있기 때문이다. "미필적 고의는 과실과 차이가 있다. 미필적 고의의 경우 범죄자가 불법적인 행위로 인해 제2의 결과가 발생될 것을 예견한 경우이다. 과실의 경우는 사리분별이 가능한 사람은 마땅히 예견해야 했을 범죄행위의 결과를 범죄자가 예견하지 못한 경우이다".[60]

페놀 박피 사건

"페놀 성분을 이용한 박피술인 '심부피부재생술'로 30~50대 여성 10명에게 부작용을 일으킨 유명 피부과 의사 2명이 기소됐다. 서울중앙지방검찰청 형사2부(이건태 부장검사)는 3일 업무상 과실치상 혐의로 서울 강남의 모 피부과 전문의 안모(39) 씨와 노모(40) 씨 등 2명을 불구속 기소했다. 이 병원은 작년 4월 원장 P씨가 심장마비로 사망함에 따라 폐업했다. 검찰에 따르면 안씨는 2004년 4월 1일부터 2008년 3월 31일까지 병원장 P씨가 제조한 박피약물을 A(40, 여)씨에게 사용해 기미를 제거하려다 안면부 4급 장애를 초래하는 등 9명에게 상해를 가한 혐의를 받고 있다. 노씨는 작년 3월 1일부터 같은 병원에 근무하면서 박피술을 받으러 온 환자 B(50, 여)씨에게 안면부 3급 장애를 입힌 혐의를 받고 있다. 피해자 A씨는 얼굴 60%에 화상을 입어 피부이식수술을 받아야 하고, B씨는 얼굴 80%에 화상을 입는 바람에 눈이 감기지 않아 피부이식수술을 받은 상태이다. … 검찰은 P씨가 박피약물의 성분을 비밀로 했기 때문에 의사 두 명은 정확한 성분도 모른 채 시술했으며, 환자들에게 시술 전 약물에 페놀이 들어 있는 점, 부작용 등을 충분히 설명하지 않아 의사로서 주의의무를 다하지 않았다고 봤다"(연합뉴스, 2009. 08. 03).

파인골드 사건

52세의 뉴욕시 행정법 판사 파인골드Larry Feingold는 오랜 연인 애벗 Roy Abbott에게 실연당한 아픔을 이기지 못해 2003년 2월 포장용 테이프로 자신의 아파트 문을 두르고 가스 밸브를 열어놓는다. 그러고는 신경안정제를 한 움큼 집어 삼키고 오븐 앞 바닥에 누워 질식되길 기다린다. 하지만 5시간 후 뜻하지 않게 냉장고 컴프레서의 불꽃에 가스가 폭발해 그가 살던 건물 세 개 층이 파손되고 소방관 3명을 포함한 8명이 부상하는 사건이 발생한다. 기적적으로 생존한 파인골드는

1급 중과실치상죄first-degree reckless endangerment[61] 혐의로 기소된다. 하지만 "휘발유가 폭발하는 줄은 알았지만 가스에 대해서는 아는 바가 없었다"고 진술하며, '터미네이터' 영화도 보지 못했냐는 검사의 질문에 맹세코 가스가 폭발을 야기할 줄 몰랐다고 답변한다. 가스 폭발을 인식하지 못했다는 주장에도 불구하고 1심에서 중죄felony로 유죄 판결을 받아 변호사업을 할 수 있는 자격이 자동 박탈되고 법조계에서 제명당하나, 2006년 7월 뉴욕주 최고법원은 경범죄misdemeanor 죄목을 적용해 법조인으로의 회생의 길을 열어준다. 맨해튼 대리연방법원의 다이아몬드Marylin Diamond 판사도 무모recklessness가 아닌 과실 negligence 판결을 내린다.

〈페놀 박피 사건〉에서 피부과 전문의 안 모씨와 노 모씨가 페놀 성분 약물로 박피술을 시술할 당시 페놀 성분을 이용한 박피술은 부작용으로 더 이상 시술되지 않고 있는 상황이었다. 그런데도 원장 P씨는 박피약물의 성분이 페놀이라는 사실을 숨겼다. 따라서 원장 P씨는 페놀 박피술이 초래할 중대하고 정당화될 수 없는 위험을 의식적으로 무시했다고 볼 수 있다. 따라서 모범형법전의 범죄심리상태 조항을 적용하면 P씨의 경우는 무모하게 행위를 한 경우로 보아야 할 것이다. 한편 P씨가 제공한 약물로 박피술을 시술한 안 모씨와 노 모씨는 시술 전 마땅히 약물 성분을 확인했어야 했으므로, 그들의 경우는 (검찰이 그들을 업무상 과실치상 혐의로 기소했듯이) 모범형법전 범죄심리상태 조항을 적용하면 과실로 행위를 한 경우로 볼 수 있다.

〈파인골드 사건〉에 대해서도 동일한 해석이 가능하다. 무모가 아닌 과실 판결을 내렸다는 것은 파인골드가 그의 행위로부터 초래될 중대하고 정당화될 수 없는 위험을 의식적으로 무시한 것이 아닌, 위의 위험을 마땅히 인식했어야 했으나 그것을 인식하지 못한 데 대한 형사책임을 물어야 한다는 말과 다르지 않다. 이는 미필적 고의가 아닌 밴 더 비버가 설명하는 과실 판결을 내렸다는 말과도 다르지 않다. 가스 밸브를 열어놓는 행위로 인해 실연의 고통 으로부터 벗어나는 결과 이외에 가스가 폭발할 가능성을 어느 정도 예견(인식) 했음에도 불구하고 가스 밸브를 열어놓은 데 대한 책임이 아닌, 사리분별이 가능한 사람이라면 가스가 폭발할 가능성을 마땅히 예견했어야 했으나 그것 을 예견하지 못한 데 대한 형사책임을 물어야 한다는 말과 다르지 않기 때문 이다.

이렇듯 '2·02조 2항 c'와 '2·02조 2항 d'를 이해하는 데 어려움이 따르지 않 는다. 하지만 그 두 조항이 예견한다는 것 이외의 필요조건을 찾고자 한 현재 의 논의에는 도움이 되지 않는다는 것을 알 수 있었다. '2·02조 2항 b'의 인식 (예견)하고 행위를 한 경우와 달리 '2·02조 2항 c'의 무모하게 행위를 한 경우를 죄의 중대요소를 의도한 경우로 분류하지 않았다는 것은 예견한다는 것과 의 도한다는 것의 상관관계에 대한 모범형법전의 견해가 〈하이엄 사건〉의 크로 스 대법관의 견해와 다르지 않기 때문이다. (1.2.에서 설명된 바와 같이 〈하이엄 사건〉의 크로스 대법관에 따르면 어떤 결과가 발생될 가능성이 크지 않다고 예견한 경우는 그 결과가 발생되길 의도한 경우로 볼 수 없으나 그 가능성이 크다고 예견한 경우는 의도한 경우로 보아야 한다.)

또한 '2·02조 2항 b'의 예견하고 행위를 한 경우와 달리 '2·02조 2 d'의 과실로 행위를 한 경우를 죄의 중대요소를 의도한 경우로 분류하지 않았다는 것은 예 견한다는 것과 의도한다는 것의 상관관계에 대한 모범형법전의 견해가 〈하이 엄 사건〉의 딜혼과 크로스 대법관, 〈몰로니 사건〉의 1심 판사, 〈스미스 사건〉 의 도노반 1심 판사와 컬뮤어, 데닝, 파커 대법관 등의 견해에 머물고 있다는 것을 의미한다. 〈하이엄 사건〉의 딜혼과 크로스 대법관 등을 따라 '어떤 것을 예견했다면, 그것을 의도했다'고 해보자. 그렇다면 적어도 '2·02조 2항 d'의 과 실로 행위를 한 경우는 의도한 경우가 아니라는 결론에 이르기 때문이다.

이상에서 알아본 바와 같이 '2·02조 2항 c'와 '2·02조 2항 d'는 1.2.에는 설명된 그리고 5.2.에서 밝혀질 '어떤 것을 의도했다면, 그것을 예견했다'는 (어떤 것을 예견한다는 것이 그것을 의도한다는 것의 필요조건이라는) 정보만이 제공되고 있으므로, 그 두 조항으로부터 예견한다는 것 이외의 다른 필요조건에 대한 단서를 찾을 수는 없었다. 이제 의도한 경우를 정의하고 있는 '2·02조 2항 a'와 '2·02조 2항 b'로부터 위의 단서를 찾을 수 있는지에 대해 생각해보기로 하자.

1.3.2. 모범형법전과 의도

모범형법전은 가장 죄가 되는 심리상태로 행위를 하는 경우인 목적하고 행위를 하는 경우를 다음과 같이 정의한다.

목적 : "행위자가 죄의 중대요소에 관하여 목적하고 행위를 할 때는 다음과 같다. ⑴ 당해 요소가 그의 행위의 본질 또는 행위의 결과를 포함할 때 동 본질적 행위에 종사하거나 그러한 결과를 초래하는 것이 의식적인 목표일 경우, 그리고 ⑵ 당해 요소가 부대상황을 포함할 때 동 상황의 존재를 알고 있거나 존재한다고 믿거나 존재하기를 희망하는 경우"(모범형법전 2·02조 2항 a).[62]

모범형법전의 영향으로 40여 개 주가 형사법을 개정했다는 점에서, 모범형법전 '2·02조 2항'에 대한 이해 없이 의도에 대한 미국 형사법의 시각을 이해하는 것은 가능하지 않다고 보아야 한다. 하지만 문제는 플레처Fletcher George P.가 지적하는 바와 같이 위의 조항을 정확히 이해하는 것이 쉽지 않다는 데 있다.

모범형법전이 이룬 잘 알려진 성과 중의 하나는 목적, 인식, 무모, 과실이라는 네 심리상태를 정의하고 있는 2·02조 2항이다. 이들 정의는 하도 복잡해 여기서 다시 소개할 가치가 없을 정도이다. 과연 그것을 완벽하게 이해한 판사가 있을지 의문이 들 정도라고만 짚고 넘어가는 것으로 족하다.[63]

플레처의 지적대로 그리고 앞으로의 논의가 보여줄 바와 같이 '2·02조 2항 a'와 '2·02조 2항 b'를 자구대로 해석해서 그 의미와 맥락을 정확히 이해하는 것이 가능할지 의문이다. 특히 '2·02조 2항 a'의 경우는 더욱 그러하다. 위의 조항에 따르면, A는 (i)일 때 그리고 (ii)일 때 죄의 중대요소에 관하여 목적하고 행위를 한다A acts purposely with respect to a material element of an offense when: (i); and (ii). '2·02조 2항 a'의 구조가 이와 같다는 것은 다음과 같이 (i)과 (ii)가 각기 목적하고 행위를 한다는 것의 충분조건으로 제시되고 있다는 말과 다르지 않다.

− (i) 죄의 중대요소를 포함한 행위에 종사하거나 죄의 중대요소를 포함한 결과를 초래하는 것이 의식적인 목표였다면, 죄의 중대요소에 관하여 목적하고 행위를 했다.
− (ii) 죄의 중대요소를 포함한 부대상황의 존재를 알고 있거나 존재한다고 믿거나 존재하기를 희망했다면, 죄의 중대요소에 관하여 목적하고 행위를 했다.

범죄를 구성하는 세 요소 중 (i)은 행위와 결과에 대해 그리고 (ii)는 부대상황에 대해 언급하고 있다. (모범형법전 '1·13조 9항'은 부대상황도 범죄의 구성 요소로 규정하고 있다.) 먼저 (i)을 생각해보기로 하자. (i)에 따르면 죄의 중대요소를 포함한 행위에 종사하거나 죄의 중대요소를 포함한 결과를 초래하는 것이 의식적인 목표인 경우가 죄의 중대요소에 관하여 목적하고 행위를 하는 경우이다. 이렇듯 (i)에 아래의 두 조건이 등위접속사 '또는or'으로 이어져 있으므로, 어떤 조건(들)이 충족되어야 이들 두 조건이 충족되는지를 파악하지 않고는 (i)에 대한 이해는 가능하지 않다고 보아야 한다.

(i-1) 죄의 중대요소를 포함한 행위에 종사하는 것이 의식적인 목표이다.
(i-2) 죄의 중대요소를 포함한 결과를 초래하는 것이 의식적인 목표이다.

　어떤 조건(들)이 충족되어야 (i-1)이 충족되는가? 〈토마스 사건〉에서 토마스가 아내의 목을 졸라 아내가 사망했다. 즉, 토마스는 죄의 중대요소를 포함한 행위에 종사했다고 보아야 한다. 하지만 토마스가 가장 죄가 되는 심리상태로 아내의 목을 조른 것은 아니라고 보아야 한다. 따라서 〈토마스 사건〉에 (i-1)을 적용하고자 한다면 아내를 숨지게 한 행위에 종사하는 것이 (아내의 목을 조르는 것이) 의식적인 목표는 아니었다고 보아야 하는 이유를 설명할 수 있어야 한다. 반면, 묻지마 연쇄살인범의 경우는 가장 죄가 되는 심리상태로 흉기를 휘둘렀다고 보아야 한다. 따라서 (i-1)을 적용하고자 한다면 피해자들을 숨지게 하는 행위에 종사하는 것이 (흉기를 휘두르는 것이) 의식적인 목표였다고 보아야 하는 이유를 설명할 수 있어야 한다. (i-2)의 경우도 다르지 않다. 토마스와 달리 묻지마 연쇄살인범은 가장 죄가 되는 심리상태에서 행위를 했다는 답변을 내리기 위해서는, 아내를 숨지게 하는 것이 토마스의 의식적인 목표가 아니었던 반면 피해자들을 숨지게 하는 것이 묻지마 연쇄살인범의 목표였다고 보아야 하는 이유를 설명할 수 있어야 한다.
　그에 대해 어떤 설명이 가능한가? 즉, 어떤 조건(들)이 충족되어야 (i-1)과 (i-2)가 충족되는가? 위의 물음에 대한 답변은 마땅히 '2·02조 2항 a' 내에서 찾아야 한다. 다시 말해 시걸Michael L. Seigel이 설명하는 바와 같이 (ii)에서 그 답변을 찾을 수밖에 없는 구조이다.

가장 비난할 만한 심리상태인 목적하고 행위를 하는 경우를 피고인이 법규상 금지된 행위에 종사하는 것이 또는 법규상 금지된 결과를 초래하는 것이 의식적인 목표인 경우라고 정의하고 있다. 어떤 결과가 법규상 금지된 해악일 경우, 피고인이 그와 같은 결과가 초래되길 의식적으로 바랐다면desire 큰 비난의 대상이 된다.[64]

시걸은 위의 두 조건이 충족되는 경우로 (ii)에서의 '바란다(희망한다)'는 조건이 충족되는 경우를 들고 있다. (모범형법전은 〈스틴 사건〉의 데닝 대법관 등과 달리 '바란다desire'는 표현 대신 '희망한다hope'는 표현을 사용하고 있다. 하지만 시걸이 그랬듯이 모범형법전에 대한 논의 시 일반적으로 두 표현을 혼용하고 있다. 둘 사이에 유의미한 차이가 없으므로 앞으로도 '바란다'는 표현을 사용하고자 한다.) 이는 죄의 중대요소를 포함한 행위에 종사하길 바라거나 죄의 중대요소를 포함한 결과가 초래되길 바란 경우가 죄의 중대요소를 포함한 행위에 종사하거나 죄의 중대요소를 포함한 결과를 초래하는 것이 의식적인 목표인 경우라는 말과 다르지 않다. 또한 '죄의 중대요소를 포함한 행위에 종사하길 바랐다'는 조건과 '죄의 중대요소를 포함한 결과가 초래되길 바랐다'는 조건이 등위접속사 '또는or'으로 이어져 있으므로, (ii)에서의 '바란다'는 조건이 충족되는 경우를 (i)에서의 '의식적인 목표이다'는 조건이 충족되는 경우로 보아야 한다면 (i)에 다음의 두 명제가 제시되고 있다고 보아야 한다.

(a) 죄의 중대요소를 포함한 행위에 종사하길 바랐다면, 죄의 중대요소에 관하여 목적하고 행위를 했다.
(b) 죄의 중대요소를 포함한 결과가 초래되길 바랐다면, 죄의 중대요소에 관하여 목적하고 행위를 했다.

시걸의 경우 (ii)에서 제시된 '알았다'는, '믿었다'는, '바랐다'는 세 조건 중

'바랐다'는 조건만을 언급하고 있다. 하지만 이들 세 조건 역시 등위접속사 '또는or'으로 이어져 있으므로 그들 세 조건이 충족되는 경우 모두를 (i)에서의 '의식적인 목표이다'는 조건이 충족되는 경우로 제시하고 있다고 보아야 한다. 다시 말해 (i)에 (a), (b)와 함께 다음의 네 명제가 제시되고 있다고 보아야 한다.

(c) 죄의 중대요소를 포함한 행위에 종사하게 될 것을 알았다면(예견했다면), 죄의 중대요소에 관하여 목적하고 행위를 했다.
(d) 죄의 중대요소를 포함한 결과가 초래될 것을 알았다면(예견했다면), 죄의 중대요소에 관하여 목적하고 행위를 했다
(e) 죄의 중대요소를 포함한 행위에 종사할 것이라 믿었다면, 죄의 중대요소에 관하여 목적하고 행위를 했다.
(f) 죄의 중대요소를 포함한 결과가 초래될 것이라 믿었다면, 죄의 중대요소에 관하여 목적하고 행위를 했다.

(ii)에 '믿는다'는 조건과 '바란다'는 조건이 별개의 조건으로 제시되고 있다. 하지만 전통적인 견해를 따라 어떤 것을 믿는다는 것이 그것을 안다는 것의 필요조건이라고 해보자. 따라서 '어떤 것을 알았다면, 그것을 믿었다'는 명제가 참이라고 한다면, 다음의 두 명제가 참이므로 실제로는 (c)~(f) 네 명제가 아닌 (c)와 (d) 두 명제가 제시되고 있다고 보아야 한다.

– 죄의 중대요소를 포함한 행위에 종사하게 될 것을 알았다면, 죄의 중대요소를 포함한 행위에 종사할 것이라 믿었다.
– 죄의 중대요소를 포함한 결과가 초래될 것을 알았다면, 죄의 중대요소를 포함한 결과가 초래될 것이라 믿었다.

믿음 없는 앎이 가능한가? 그와 같은 앎은 가능하지 않다는 전통은, 즉 어떤 것을 믿는다는 것이 그것을 안다는 것의 필요조건이라는 전통은 플라톤(『테아이테토스*Theaetetus*』, 201c-210b)으로 거슬러 올라가며, 구체적으로 참, 믿음, 정당성 세 조건으로 삼중 성벽을 둘러 앎knowledge을 정의한 플라톤의 요새는 1963년 무명의 철학자 게티어Edmund L. Gettier III가 함락을 시도하기 이전까지 난공불락의 입지를 향유한다.

S가 P를 알 때는 다음의 세 조건이 충족되는 경우 그리고 오직 그 경우뿐이다.[65]

첫째, P가 참이다.

둘째, S가 P를 믿는다.

셋째, S가 P를 믿는다는 것이 정당성을 가진다.

안다는 것의 필요충분조건으로 참, 믿음, 정당성 세 조건을 제시함으로써 앎을 '정당화된 참 믿음justified true belief'으로 정의한 위의 전통을 수용할 수 있는가? 우리의 관심사인 둘째 조건을 생각해보자.[66] 둘째 조건이 설득력이 있다면, P에 대한 믿음 없이 P를 아는 것은 가능하지 않다고 보아야 한다. (따라서 (c)~(f)는 (c)와 (d) 두 명제로 표현하는 것으로 족하다고 보아야 한다.) 기말시험 공부를 하며 전과목 A⁺ 학점을 받을 것을 알았으나 전과목 A⁺ 학점을 받을 것이라는 믿음은 없었다고 한다면 납득할 수 있는가? 911 테러 사건이 알카에다의 소행이라는 믿음은 없으나 알카에다의 소행임을 안다고 해도 납득할 수 없듯이 둘째 조건을 부정할 수 없다는 것이 상식일 것이다.

물론 대다수 인식론자의 생각과 달리 일각에서는 그에 대한 반론이 가능하다는 견해를 보이며,[67] 그 대표적인 예로 래드포드Colin Radford를 들 수 있다. 역사 시험에 엘리자베스 여왕의 사망연도를 묻는 문제가 나왔다. 진Jean이 어림짐작으로 1603년을 기입했으나 답을 확인한 결과 정답이었다. 뿐만 아니라

답을 모른다고 생각해 어림짐작으로 기입한 나머지 답안 대부분이 정답이었다. 래드포드에 따르면 진이 답을 모른다고 생각해 어림짐작으로 답안을 기입했으므로 정답을 기입했다는 믿음은 없었다고 보아야 한다. 하지만 문제 대다수를 맞췄다는 사실이 순전히 운으로 정답을 맞춘 것이 아닌 배운 내용을 잊지 않고 기입했다는 것을 말해주며, 따라서 진이 정답을 알았다고 보아야 한다는 진단을 내린다. 이렇듯 래드포드에 따르면 P에 대한 믿음 없이 P를 아는 것이 가능하다.[68]

진이 엘리자베스 여왕의 사망연도를 어림짐작으로 기입했으므로, 자신의 답안을 신뢰하지 않았다. 이렇듯 엘리자베스 여왕이 1603년에 사망했다는 믿음이 진에게 없었다고 보아야 할 것이다. 1603년에 사망했음을 알았다고 보아야 한다는 주장은 어떠한가?[69] 진의 예가 "철학적 분석을 위한 테스트로 사용할 수 있을 만큼 명확한 예가 될 수 있다고 생각하지 않는다".[70] 암스트롱Armstrong, D. M.이 지적한 바와 같이 그리고 대다수 인식론자의 생각과 같이 1603년이 정답임을 진이 알았다는 데 선뜻 동의하기 어려운 것이 사실이다. 래드포드는 암스트롱의 직관을 문제 삼아 진의 예가 믿음 없는 앎을 보여주는 명확한 예가 될 수 있다고 반박하나,[71] 여전히 래드포드의 손을 들어주기에는 개운치 않다면 마이어스 슐츠Blake Myers-Schulz와 슈비츠게벨Eric Schwitzgebel과 같이 진의 예에 다음의 시나리오를 추가하면 어떠한가?

역사 시험 마지막 문제로 엘리자베스 여왕의 사망연도를 묻는 문제가 나왔다. 수차례 외우고 확인했던 문제였기에 케이트kate가 안도하며 외웠던 것을 기억해내려 한다. 하지만 그 순간 시험종료 1분 전임을 상기시키는 선생님의 음성이 귓전을 때린다. "이런 다그치는 분위기에서는 아무 생각도 나지 않아!" 케이트가 중압감으로 정확한 연도를 기억해낼 수 없어 어림짐작으로 1603년을 기입한다. 답을 확인한 결과 정답이었다.[72] 케이트는 진과 달리 중압감으로 수차례 외우고 확인했던 것을 잠시 기억해내지 못했으므로, 정답을 알았다고 보아야 하는가? 하지만 여전히 케이트 예가 둘째 조건에 대한 반례가 될 수 있을지 의문이며, 설령 반례가 될 수 있다고 해도 둘째 조건을 대체할 내용을 찾는 것이 가능할지도 의문이다.

믿는다는 것과 안다는 것의 상관관계를 여기서 다루기에는 부담스러운 것이 사실이나, 다행스러운 점은 그에 대한 직접적인 논의 없이도 소기의 목적을 달성할 수 있다는 점이다. 모범형법전 주석서는 '2·02조 2항 b'의 인식하고 행위를 하는 경우와 "2·02조 2항 a'의 목적하고 행위를 하는 경우의 차이는 동기 요소의 유무에 있다고 설명한다. 즉, 주석서에 따르면 인식하고 행위를 하는 경우는 동기의 요소를 포함하고 있지 않다는 점에서 그를 포함하고 있는 목적하고 행위를 하는 경우와는 차이가 있다.[73] 따라서 '2·02조 2항 a'와 '2·02조 2항 b'에 제시된 조건들과 동기의 상관관계를 통해 (i)에 둘째 조건이 전제가 되고 있는지를 파악할 수 있다. ('2·02조 2항 b'의 '안다know'를 '인식한다'고 번역했음을 상기하기 바란다.)

'2·02조 2항 a'와 '2·02조 2항 b'에 제시된 조건들을 놓고 볼 때, 후자에는 전자에서의 바란다는 조건과 믿는다는 조건이 결여되어 있다는 차이를 보이고 있다. ('2·02조 2항 b' 전문은 곧 소개될 것이다.) 따라서 바란다는 것과 동기의 상관관계뿐 아니라 믿는다는 것과 동기의 상관관계도 부정할 수 없다면 (동기의 요소라는 것이 바란다는 조건과 믿는다는 조건 모두를 지칭한다면) (i)에 믿는다는 것이 안다는 것의 필요조건으로 전제되고 있지 않다고 보아야 한다. 반면, 바란다는 것과 동기의 상관관계만을 부정할 수 없다면 (동기의 요소라는 것이 단지 바란다는 조건만을 지칭한다면) (i)에 어떤 것을 믿는다는 것이 그것을 안다는 것의 필요조건으로 전제되고 있다고 보아야 한다.

동기라는 용어는 특정 행위나 사태state of affairs를 선택하게 된 이유를 나타내는 용법으로 사용되고 있다.[74] 이는 바란다는 것과 동기의 상관관계를 부정할 수 없다는 말과 다르지 않다. 〈정두영 사건〉의 정두영이 피해자들을 살해한 동기는 10억을 모아 결혼도 하고 PC방과 아파트를 마련하기 위해서였다. 그렇다면 마땅히 그가 10억을 모아 결혼도 하고 PC방과 아파트를 마련하길 바랐다고 보아야 한다.

바란다는 것과 동기의 상관관계를 부정할 수 없다면, 믿는다는 것과 동기의 상관관계는 어떠한가? 정두영이 위의 동기에서 강도 행각을 벌였다는 것이 그에게 10억을 모아 결혼도 하고 PC방과 아파트를 마련할 수 있다는 확고한 믿음이 있었다는 것을 말해주지는 않는다. 뿐만 아니라 흉기를 휘두르면 피해자가 틀림없이 사망할 것이라는 믿음이 정두영에게 있었으나 피해자를 살해하고자 하는 동기에서 범행을 저지른 것은 아니다. 즉, A를 하면 C가 반드시 초래될 것이라는 믿음 없이도 C를 초래할 동기에서 A를 할 수 있을 뿐아니라, A를 하면 반드시 C가 초래될 것이라 믿었음에도 불구하고 C를 초래할 동기가 아닌 다른 동기에서 A를 할 수 있다.

이렇듯 믿는다는 것과 동기의 상관관계를 찾기 어렵다고 보아야 한다. 다시 말해 주석서에서 말하는 동기의 요소라는 것이 바란다는 조건과 믿는다는 조건 중 전자를 지칭한다고 보아야 하며, 따라서 (i)에 믿는다는 것이 안다는 것의 필요조건으로 전제되어 있다는 해석이 가능하다. 이렇듯 믿는다는 조건은 '2·02조 2항 b'에도 해당된다고 보아야 하므로, (i)에 (a), (b), (c), (d), 네 명제가 제시되고 있다고 보아야 한다. 또한 주석서에 '2·02조 2항 a'의 죄의 중대요소를 목적하고 행위를 한 자는 죄의 중대요소를 의도한 데 대한 처벌을 받는다고 설명되어 있으므로, 위의 네 명제는 다음과 같이 정리될 수 있다.

(a)' 죄의 중대요소를 포함한 행위에 종사하길 바랐다면, 죄의 중대요소를 의도했다.
(b)' 죄의 중대요소를 포함한 결과가 초래되길 바랐다면, 죄의 중대요소를 의도했다.
(c)' 죄의 중대요소를 포함한 행위에 종사하게 될 것을 알았다면(예견했다면), 죄의 중대요소를 의도했다.
(d)' 죄의 중대요소를 포함한 결과가 초래될 것을 알았다면(예견했다면), 죄의

중대요소를 의도했다.

묻지마 연쇄살인범, 『죄와벌』의 라스콜리니코프, 〈핸드 사건〉의 핸드를 생각해보자. 이들 경우는 의도적인 살인죄를 적용해야 하는 가장 대표적인 경우로 보아야 한다. 따라서 모범형법전의 범죄심리상태 조항을 적용해도 동일한 답변을 얻을 수 있어야 한다. 묻지마 연쇄살인범과 라스콜리니코프는 피해자가 사망할 것을 예견한 채 흉기를 휘둘렀다. 따라서 (c)'와 (d)'를 적용해 그들에게 의도적인 살인죄를 적용할 수 있다. 뿐만 아니라 그들 모두 피해자가 사망하기 바랐으므로 (a)'와 (b)'를 적용해도 의도적인 살인죄를 적용할 수 있다.

〈핸드 사건〉에서 질과 웰치가 사망하길 바라서 핸드가 방아쇠를 당긴 것은 아니라는 해석이 가능하다. 즉, 질을 살해하지 않고도 보험금을 타낼 수 있었다면 그리고 웰치를 살해하지 않고도 범행이 발각될 위험이 없었다면 그를 살해하지 않았을 것이다. 이렇듯 오히려 질과 웰치에게 미안한 마음으로 범행을 저질렀다는 해석이 가능하나, 그들이 사망하게 될 것을 예견한 채 방아쇠를 당겼으므로 (a)'와 (b)'를 적용해서는 핸드에게 의도적인 살인죄를 적용할 수 없다. 하지만 (c)'와 (d)'를 적용한다면 핸드에게도 의도적인 살인죄를 물을 수 있다.

(ii)의 경우는 보다 명확하다. 설명된 바와 같이 '1·13조 9항'은 부대상황을 범죄의 구성 요소로 규정하고 있으나, 그에 대한 구체적인 정의는 내리지 않고 있다. 따라서 일반적인 정의를 따라 '사건을 둘러싼 사실들facts surrounding an event'로서,[75] (행위, 심리상태 이외의) 범죄를 구성하는 추가적인 사실로 이해해보자. 〈잭슨 사건〉에서 잭슨이 아무도 없는 사막 복판에서 허공에 총을 발사했다고 해보자. 그렇다면 그의 행위를 형사상의 무모한 행위criminal recklessness로 볼 수 없으며, 따라서 그에게 형사상의 무모한 행위에 대한 책임을 물을 수는 없다. 바꿔 말하면 잭슨에게 형사상의 무모한 행위에 대한 책임을 물었다는 것은 밀집지역에서 허공에 총을 발사한 것이 부대상황이라는

말과 다르지 않다. (인구밀집지역에서 허공에 총을 발사한 상황은 가중처벌할 수 있는 부대상황인 가중상황aggravating circumstance이 될 수 있으며, 인구희박지역에서 허공에 총을 발사한 상황은 처벌의 강도를 경감할 수 있는 부대상황인 경감상황 mitigating circumstance이 될 수 있다.)

저스틴 비버 사건

"외신은 4일(한국 시간) "저스틴 비버와 무대 뒤 성관계로 아이를 가졌다고 주장한 머라이어 이터(20)와 관련, 그녀의 주장이 사실로 밝혀질 경우 '법정 강간'으로 분류될 가능성이 있다"고 보도했다. 앞서 비버의 팬인 머라이어 이터는 "작년인 2010년 10월 비버와 LA 콘서트 무대 뒤에서 성관계를 맺었으며 그 결과 임신을 했고 현재 3개월 된 내 아이의 아빠가 비버다"라고 주장, 친자 확인 검사 및 양육 지원을 요구한 바 있다. 보도에 따르면 이터의 주장이 사실일 경우 성관계를 가질 당시 비버의 나이가 16살이라는 점을 감안할 때 캘리포니아주 법상 '법정 강간(강제적인 행위가 없었다 하더라도 법적 미성년자와 성행위를 했을 경우 적용되는 강간 법률)'의 범주 안에 포함될 가능성이 있다는 것. 캘리포니아에서는 미성년자와 성행위를 했을 경우 1년의 징역형에 처해질 수 있는 것으로 알려졌다"(야후 코리아 셀렙, 2011. 11. 04).

성관계를 가졌다고 해도 동의가 있었다면 강간죄가 성립하지 않는다. 비버의 경우 이터와 동의 하에 관계를 가졌는데도 법정 강간죄statutory rape가 성립하는 이유는 관계를 가졌을 당시 이터가 미성년의 나이였기 때문이다. 이때 이터의 나이가 부대상황이 될 수 있다. 부대상황에 대해 알았으므로 이제 (ii)의 내용을 파악할 수 있다. 설명된 바와 같이 어떤 것을 믿는다는 것이 그것을 안다는 것의 필요조건으로 전제되어 있다고 보아야 하므로, (ii)에 다음의 두 명제가 제시되어 있다고 보아야 한다.

(g) 죄의 중대요소를 포함한 부대상황의 존재를 알았다면(예견했다면), 죄의 중대요소에 관하여 목적하고 행위를 했다.
(h) 죄의 중대요소를 포함한 부대상황이 존재하길 바랐다면, 죄의 중대요소에 관하여 목적하고 행위를 했다.

또한 죄의 중대요소에 관하여 목적하고 행위를 하는 경우를 죄의 중대요소를 초래하고자 의도한 경우로 규정하고 있으므로, (e)와 (f)는 다음과 같이 표현될 수 있다.

(g)' 죄의 중대요소를 포함한 부대상황의 존재를 알았다면(예견했다면), 죄의 중대요소를 의도했다.
(h)' 죄의 중대요소를 포함한 부대상황이 존재하길 바랐다면, 죄의 중대요소를 의도했다.

〈저스틴 비버 사건〉에서 미성년자라는 사실을 알고도 비버가 이터와 관계를 가졌다고 해보자. 그렇다면 (〈몰로니 사건〉 1심 판사가 '어떤 것을 예견한다는 것이 그것을 바란다는 것의 충분조건이다'는 데 의존해 몰로니에게 의도적인 살인죄를 적용하고자 했던 것과 같이) (e)를 적용해 비버에게 죄의 중대요소를 의도했다는 결론을 내릴 수 있다. 미성년자와 관계를 갖길 바랐다고 해도 다르지 않다. 즉, (f)를 적용해 동일한 결론을 내릴 수 있다.

'2·02조 2항 a'의 전반적인 내용을 파악하는 데는 어려움이 따르지 않았다. 하지만 지금까지의 논의는 일차관문을 통과한 것에 불과하다고 보아야 한다. 위의 조항이 〈몰로니 사건〉 1심 판사의 견해와 다르지 않다는 것을 알 수 있었으나, 그것을 '2·02조 2항 b'와 연계해 보면 구조적인 문제점이 드러나기 때문이다.

'2·02조 2항 b'는 두번째로 죄가 되는 심리상태로 행위를 하는 경우인 죄의
중대요소를 인식하고 행위를 하는 경우를 다음과 같이 정의한다.

인식: "행위자가 죄의 중대요소를 인식하고 행위를 할 때는 다음과 같다. (i)
당해 요소가 그의 행위의 본질 또는 부대상황을 포함할 때 그의 행위가 동 본
질적 행위임을 또는 동 부대상황이 존재함을 그가 인식하는 경우이며, (ii) 당
해 요소가 그의 행위의 결과를 포함할 때 그의 행위가 동 결과를 초래할 것이
사실상 확실함을 그가 인식하고 있는 경우이다"(모범형법전 2·02조 2항 b).[76]

위의 조항은 '2·02조 2항 a'와 동일한 구조를 갖고 있다. 즉, 위의 조항에
따르면, A는 (i)일 때 그리고 (ii)일 때 죄의 중대요소를 인식하고 행위를 한다A
acts knowingly with respect to a material element of an offense when: (i); and (ii).
'2·02조 2항 b'의 구조가 이와 같다는 것은 다음의 (i)과 (ii)가 각기 목적하고
행위를 한다는 것의 충분조건으로 제시되어 있다는 말과 다르지 않다.[77]

– (i) 죄의 중대요소를 포함한 행위에 종사한다는 것을 인식했거나 죄의 중대
요소를 포함한 부대상황의 존재를 인식했다면, 죄의 중대요소를 인식하고 행
위를 했다.
– (ii) 죄의 중대요소를 포함한 결과를 초래할 것이 사실상 확실하다고 인식했
다면, 죄의 중대요소를 인식하고 행위를 했다.

범죄를 구성하는 세 요소 중 (i)에서는 행위와 부대상황에 대해 그리고 (ii)
에서는 결과에 대해 언급하고 있다. 그리고 (i)에 '죄의 중대요소를 포함한 행
위에 종사한다는 것을 인식한 경우'와 '죄의 중대요소를 포함한 부대상황이 존
재한다는 것을 인식한 경우'가 등위접속사 '또는or'으로 이어져 있다. 따라서

두 경우 모두를 죄의 중대요소를 인식하고 행위를 한 경우로 규정하고 있다고 보아야 하며, (ii)에서는 '죄의 중대요소를 포함한 결과를 초래할 것이 확실하다고 인식한 경우'를 죄의 중대요소를 인식하고 행위를 한 경우로 규정하고 있다. 따라서 '2·02조 2항 b'에 다음의 세 명제가 제시되어 있다고 보아야 한다.

(i) 죄의중대요소를 포함한 행위에 종사한다는 것을 인식했다면, 죄의 중대요소에 관하여 인식하고 행위를 했다.
(j) 죄의 중대요소를 포함한 부대상황이 존재한다는 것을 인식했다면, 죄의 중대요소에 관하여 인식하고 행위를 했다.
(k) 죄의 중대요소를 포함한 결과를 초래케 할 것이 확실하다고 인식했다면, 죄의 중대요소에 관하여 인식하고 행위를 했다.

주석서에 따르면 '2·02조 2항 b'에서 말하는 죄의 중대요소를 인식하고 행위를 하는 자는 ('2·02조 2항 a'에서 말하는 죄의 중대요소를 목적하고 행위를 하는 자와 같이) 죄의 중대요소를 의도한 데 대한 처벌을 받는다. 따라서 (i), (j), (k)는 다음과 같이 정리될 수 있다.

(i)' 중대요소를 포함한 행위에 종사한다는 것을 인식했다면, 죄의 중대요소를 의도했다.
(j)' 죄의 중대요소를 포함한 부대상황이 존재한다는 것을 인식했다면, 죄의 중대요소를 의도했다.
(k)' 죄의 중대요소를 포함한 결과를 초래할 것이 확실하다고 인식했다면, 죄의 중대요소를 의도했다.

죄의 중대요소를 의도한 경우를 이와 같이 정의하고 있다는 것은 '2·02조

2항 b'가 〈몰로니 사건〉의 1심 판사, 〈스미스 사건〉의 도노반 1심 판사와 컬뮤어, 데닝, 파커 대법관, 〈하이엄 사건〉 상원 패널들의 입장에서 벗어나지 못하고 있다는 의미이며, 밴 더 비버가 말하는 간접적 고의dolus indirectus와 그 내용이 다르지 않다는 의미이기도 하다.

간접적 고의: "가해자에게 간접적인 고의가 있은 경우는 자신의 행위로 인해 어떤 결과가 발생될 것을 예견했고 발생되길 바랐을 뿐 아니라, 제2의 결과가 발생되길 바라지는 않았으나 그 제2의 결과도 발생될 것이라 예견하고도 행위를 함으로써 제2의 결과가 발생된 경우이다. (B가 사망하길 A가 바란다. B의 음식에 독물을 넣으면 B와 한 테이블에서 식사를 하게 될 C도 사망할 것이 확실하다고 예견했는데도 B의 음식에 독물을 넣어 B와 C 모두가 사망한 경우, A에게 C를 살해할 간접적인 고의가 있었다.)"[78]

A에게 B뿐 아니라 C도 살해할 의도가 있었다고 보아야 할 것이다. C가 사망한 결과를 놓고도 A에게 의도적인 살인죄를 물어야 할 것이며, B를 살해하고자 의도한 정도가 C를 살해하고자 의도한 정도보다 강했다고 보아야 할 것이다. '2·02조 2항 b'를 적용해도 동일한 결론을 얻을 수 있다. A가 제2의 결과를, 즉 C가 숨지길 바라지는 않았다. 하지만 자신의 행위로 인해 C가 숨질 것이라 예견(인식)했으므로, '2·02조 2항 b'를 적용해 ((k)를 적용해) A에게 C를 살해할 의도가 있었다는 결론을 내릴 수 있다. 또한 C가 사망한 결과를 놓고 A에게 '2·02조 2항 b'를 적용할 수 있다는 것은 C에 대한 살해의도가 B에 대한 살해의도보다 강하지 않다는 말과 다르지 않다. (모범형법전은 '2·02조 2항 b'의 인식하고 행위를 하는 경우를 두 번째로 죄가 되는 심리상태에서 행위를 하는 경우로 규정하고 있다.) 이렇듯 위의 경우에 '2·02조 2항 b'를 적용하는 데는 문제가 따르지 않는다.

하지만 문제는 '2·02조 2항 b'보다 의도한 정도가 강한 경우를 정의하고 있는 '2·02조 2항 a' 역시 어떤 것을 예견한다는 것을 그것을 의도한다는 것의 충분조건으로 제시하고 있다는 데 있다. (설명된 바와 같이 '2·02조 2항 a'는 바란다는 것과 예견한다는 것을 각기 의도한다는 것의 충분조건으로 제시하고 있다.) 다시 말해 '2·02조 2항 a' 역시 '어떤 것을 예견했다면, 그것을 의도했다'고 정의하고 있으므로, '2·02조 2항 a'를 적용하면 B에 대한 살해의도보다 C에 대한 살해의도가 약했다는 답변을 얻을 수 없다. 즉, C를 살해할 의도 역시 가장 강했다는 답변을 내릴 수밖에 없다. 이렇듯 C가 사망했다는 동일한 결과를 놓고 '2·02조 2항 a'를 적용하면 그를 강하게 의도했다는 답변을 내려야 하는 반면, '2·02조 2항 b'를 적용하면 그를 약하게 의도했다는 답변을 내려야 한다. 하지만 이는 '2·02조 2항 a'와 '2·02조 2항 b'를 자구대로 해석해서는 모범형법전의 범죄심리상태 조항에 형법전으로서의 생명력을 부여할 수 없다는 말과 다르지 않다. 그것들을 자구대로 해석하면, C를 살해할 의도가 강한 동시에 약했다는 모순된 입장을 취할 수밖에 없기 때문이다.[79] (목적하고 행위를 한 경우인 동시에 목적하고 행위를 한 경우가 아니라는, 또는 인식하고 행위를 한 경우인 동시에 인식하고 행위를 한 경우가 아니라는 모순된 입장을 취할 수밖에 없다.)

'2·02조 2항 a'와 '2·02조 2항 b'를 연계해 해석하지 않을 수 없다는 점에서, 두 조항을 자구대로 해석해서는 해결점을 찾을 수 없다고 보아야 한다. 그렇다면 해결의 실마리를 어디서 찾아야 하는가? '2·02조 2항 b'에는 '예견한다'는 조건 하나만이 제시되고 있으므로 그것을 달리 해석할 여지는 없다고 보아야 한다. 따라서 '바란다'는 '예견한다'는 두 조건이 제시되고 있는 '2·02조 2항 a'에서 해결점을 찾을 수밖에 없는 구조이다. 그리고 '2·02조 2항 a'를 자구대로 이해할 수 없으므로, 작성자의 취지를 우호적으로 해석하는 것이 해결점을 찾는 최선책이 될 수 있을 것이다. (예컨대 작성자가 위의 조항을 작성할 당시 문단을 지나치게 축약한 결과 본래의 취지가 제대로 반영되지 않았다는 추측이 가능할 것이다.) 작성자의 취지를 우호적으로 해석해야 한다면 어떤 여지가 있는가?

A가 C도 사망하게 될 것을 예견하고도 B의 음식에 독물을 넣었으나, C가 사망하길 바라서 그런 것은 아니다. 반면, B가 사망하길 바랐으므로, C를 살해하고자 의도한 정도보다 B를 살해하고자 의도한 정도가 강했다고 보아야 할 것이다.[80] '바란다'는 조건과 '예견한다'는 조건에 의존해 이와 같은 답변을 얻고자 한다면, '예견한다'는 그리고 '바란다'는 두 조건 모두를 충족시키는 경우가 '바란다'는 조건만을 충족시키는 경우보다 의도한 정도가 강한 경우라는 입장을 취해야 한다. 이제 '2·02조 2항 a' 작성자의 취지를 우호적으로 해석할 수 있는 방법을 알 수 있다.

'2·02조 2항 a'에는 '바란다'는 조건과 '예견한다'는 조건이 등위접속사 '또는 or'으로 이어져 있다. 하지만 '2·02조 2항 a'가 '2·02조 2항 b'보다 의도한 정도가 큰 경우를 규정하고 있으므로, 그리고 '2·02조 2항 b'에는 '예견한다'는 하나의 조건만이 제시되고 있으므로, '2·02조 2항 a'에 '바란다'는 조건과 '예견한다'는 조건을 이어주는 등위접속사가 '또는or'이 아닌 '그리고and'라야 문맥에 맞는다고 보아야 한다. 다시 말해 '2·02조 2항 a'를 작성할 당시 작성자가 '바란다'는 조건과 '예견한다'는 두 조건을 각기 의도한다는 것의 필요조건으로 제시하고 그들 두 조건 모두를 충족시키는 경우를 의도한 정도가 가장 강한 경우로 제시하고자 했으나 그 취지가 제대로 반영되지 않았다고 하는 것이 '2·02조 2항 a'의 작성자의 취지를 우호적으로 해석하기 위한 최선책이 될 수 있을 것이다. ('2·02조 2항 a'를 이와 같이 해석한다면, 묻지마 연쇄살인범, 라스콜리니코프 등에 대해서도 의도한 정도가 가장 큰 경우라는 상식적인 답변을 얻을 수 있다.)

1.2.에서 알아본 바와 같이 그리고 5.2.에서 밝혀질 바와 같이 '어떤 것을 의도했다면, 그것을 예견했다'는 명제를 참으로 보아야 한다. 즉, 어떤 것을 예견한다는 것이 그것을 의도한다는 것의 필요조건으로 보아야 하며, 3.2.에서 논의될 바와 같이 바란다는 것과 의도한다는 것은 별개의 개념으로 보아야 한다. 따라서 '예견한다'는 것 이외의 다른 필요조건(들)을 규명해야 하나, 모범

형법전의 범죄심리조항에서 그 단서를 찾을 수는 없었다. 죄의 중대요소를 의도한 경우를 정의하고 있는 '2·02조 2항 a'와 '2·02조 2항 b'를 자구대로 해석하면 전자는 바란다는 것과 예견한다는 것을 각기 의도한다는 것의 충분조건으로 제시하는 데 그치고 있으며 후자는 예견한다는 것을 의도한다는 것의 충분조건으로 제시하는 데 그치고 있기 때문이다. ('2·02조 2항 a'와 '2·02조 2항 b'를 자구대로 해석하면 전자는 〈몰로니 사건〉 1심 판사의 견해에 머물고 있으며, 후자의 경우도 〈몰로니 사건〉의 1심 판사, 〈스미스 사건〉의 도노반 1심 판사와 컬뮤어, 데닝, 파커 대법관 등의 견해에 머물고 있다.) '2·02조 2항 a'에 대해 작성자의 취지를 우호적으로 해석해도 다르지 않다. 그것을 우호적으로 해석해도 의도한다는 것의 필요조건으로 예견한다는 조건과 바란다 조건 이외에 다른 조건은 제시되고 있지 않기 때문이다. (그것을 우호적으로 해석해도 밴 더 비버가 말하는 직접적 고의와 다르지 않다.)

지금까지 의도에 대한 영미 형사법의 시각을 알아보았다. 그리고 의도를 어떻게 정의해야 하는지의 물음을 놓고 다음과 같이 합의를 이끌어내지 못하고 있다는 사실을 알 수 있었다.

ⓐ 어떤 것을 바랐다면, 그것을 의도했다(어떤 것을 바란다는 것이 그것을 의도한다는 것의 충분조건이다). (〈몰로니 사건〉의 1심 판사, 잉글랜드와 웨일스 형사법개정위원회 1980년 대인범죄에 관한 보고서)

ⓑ 어떤 것을 의도했다면, 그것을 바랐다(어떤 것을 바란다는 것이 그것을 의도한다는 것의 필요조건이다). (〈스틴 사건〉의 데닝 대법관, 〈하이엄 사건〉의 헤일샴 대법관, 모범형법전 '2·02조 2항 a')

ⓒ 어떤 것을 바랐고 예견했다면, 그것을 의도했다(어떤 것을 바라고 예견한다는 것이 그것을 의도한다는 것의 충분조건이다). (모범형법전 '2·02조 2항 a', 직접적 고의, 그리고 앞으로 논의될 앤스콤G.E.M. Anscombe, 케니, 보일Joseph Boyle)

ⓓ 어떤 것을 목적으로 삼았다면, 그것을 의도했다(어떤 것을 목적으로 삼는다

는 것이 그것을 의도한다는 것의 충분조건이다). (잉글랜드와 웨일스 법위원회 1989

년 형법안과 1993년 보고서, 살인과 종신형에 관한 상원 특별위원회 1989년 보고서,

아일랜드 법개정위원회 2001년 자문논문)

ⓔ 어떤 것을 의도했다면, 그것을 목적으로 삼았다(어떤 것을 목적으로 삼는다

는 것이 그것을 의도한다는 것의 필요조건이다). (〈스틴 사건〉의 데닝 대법관)

ⓕ 어떤 것을 예견했다면, 그것을 의도했다(어떤 것을 예견한다는 것이 그것을 의

도한다는 것의 충분조건이다). (〈몰로니 사건〉의 1심 판사, 〈스미스 사건〉의 도노반

1심 판사와 컬뮤어, 데닝, 파커 대법관, 〈하이엄 사건〉의 딜혼 대법관과 크로스 대법

관, 잉글랜드와 웨일스 법위원회 1989년 형법안과 1993년 보고서, 살인과 종신형에

관한 상원 특별위원회 1989년 보고서, 아일랜드 법개정위원회 2001년 자문논문, 잉글

랜드와 웨일스 형사법개정위원회 1980년 대인범죄에 관한 보고서, 지정고의, 대법원

판례(대법원 1994.3.22. 선고 93도3612 판결). 간접적 고의)

ⓖ 어떤 것을 의도했다면, 그것을 예견했다(어떤 것을 예견한다는 것이 그것을 의

도한다는 것의 필요조건이다). (〈하이엄 사건〉의 헤일샴 대법관, 〈모한 사건〉과 〈벨

폰 사건〉의 항소심 판사, 국제형사재판소 로마 규정 30조, 모범형법전 '2·02조 2항 a',

모범형법전 '2·02조 2항 b')

앞으로의 논의를 통해 ⓖ를 제외한 나머지 여섯 명제를 참으로 볼 수 없는

이유를 밝히고자 하며, 제5장에서 ⓖ를 참으로 보아야 하는 이유 및 '예견한

다'는 것 이외의 필요조건들을 알아보고자 한다. 위의 논의에 앞서 현행 살인

죄를 적용하기 위해 의도라는 개념이 필요한 이유에 대해 생각해보기로 하자.

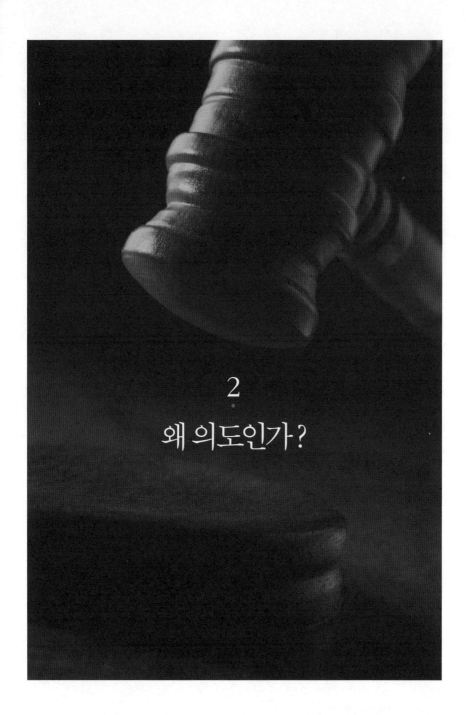

2

왜 의도인가?

연쇄살인범 존 도우가 밀즈 형사의 아내를 살해한 후 시신 일부를 밀즈에게 배달시킨 영화 '세븐Seven'의 장면을 생각해보자. 도우를 구금하고 있던 밀즈가 분노를 이기지 못해 도우에게 총을 겨누자 동료 형사 서머셋이 만류한다. 그 이유는 도우를 살리기 위해서가 아닌 직접 처단한다면 (정상이 참작되어 무거운 형벌은 면할 수 있을 것이나) 살인죄로 유죄 판결을 받을 것이 명백했기 때문이다. 하지만 아내와 뱃속의 아이를 무참히 살해한 자를 처단했다는 이유로 살인죄를 적용한다는 것이 쉽게 납득이 가지 않는 것이 사실이다. 함무라비 법전의 동해보복법lex talionis 원리를 피해당사자가 따를 수 있도록 허용해야 하는 것은 아닌가? 도우와 같은 자를 직접 처단해도 살인죄를 적용하는 이유가 궁금하지 않을 수 없으나, 그 근본적인 이유는 살인행위처벌에 관한 법률의 기저에 다음의 도덕규칙이 자리하고 있기 때문이다.

규칙 A
어떠한 경우에도 무고한 사람의 생명을 해치지 말라.[1]

규칙 A는 타인의 생명을 해치지 말아야 할 의무를 상황과 결과에 무관하게 모든 사람에게 부과하고 있다. 그렇다면 규칙 A가 생명권과 관련하여 갖는 함의는 무엇인가? 피해당사자인 밀즈에게 도우의 생명권을 박탈하지 말아야 할 의무가 있다는 것은 따라서 밀즈에게 도우의 생명권을 박탈할 권리가 없다는 것은 도우의 생명권을 박탈하는 행위와 여타 선량한 사람의 생명권을 박탈하는 행위 사이에 차별을 둘 수 없다는 말과 다르지 않다. 다시 말해 아내와 뱃속의 아이를 살해한 자를 처단해도 살인죄로 처벌한다는 것은 현행법이 생명권을 절대권absolute right으로 해석하고 있다는 것을 의미한다.

절대권

– "절대권이란 (그러한 권리가 실제로 있다면) 어떠한 상황에서도 타인에게 그에 대한 의무를 지운 채 소유자에게 전적으로 남아 있는 권리를 말한다. X에 대한 내 권리가 절대권이라면, 합리적으로 X에 제한을 가할 수 있는 상황 또는 X에 대한 타인의 의무를 면제할 수 있는 상황은 있을 수 없다".[2]

– "X에 대한 내 권리가 절대권의 성격을 띠고 있다면, X에 제한을 가할 수 있는 또는 X에 상응하는 타인의 나에 대한 의무가 면제되는 경우는 없다".[3]

어떤 권리가 절대권이라면 맥코넬Terrence McConnell과 파인버그Joel Feinberg가 설명하는 바와 같이 합리적으로 그 권리에 제한을 가할 수 있는 상황이나 그 권리에 대한 타인의 의무가 면제될 수 있는 상황은 있을 수 없다. 규칙 A가 살인행위처벌에 관한 법률의 근간이 되고 있다는 것이, 즉 위의 법률이 생명권을 절대권으로 해석해 다음의 두 명제를 참으로 보고 있다는 사실이 규칙 A의 본래의 의미를 이해하는 중요한 단초를 제공한다.

(a) 타인의 생명권에 합리적으로 제한을 가할 수 있는 상황은 있을 수 없다.
(b) 타인의 생명권에 대한 의무가 면제될 수 있는 상황은 있을 수 없다.

생명권을 절대권으로 본다는 것이 (a)의 의미라는 것은 선행원칙principle of beneficence을 생각해보면 어렵지 않게 이해할 수 있다. 선행원칙을 구성하는 네 규칙 중 '타인에게 발생될 피해를 예방하라', '타인에게 발생된 피해를 제거하라', '타인의 이익을 증진시켜라'는 규칙을 따라야 할 의무를 생각해보자.[4] 적극적인 의무positive duty를 말하는 이들 세 규칙을 따라야 할 의무를 부정하기 어렵다. 철로 위에서 잠이 든 취객을 방치한 채 지나쳤다면 철로변에서 잠이 든 취객을 철로 위로 올려놓고 간 것과 다르지 않다는 비난을 받아 마땅하며, 정신을 잃은 뺑소니 피해자를 발견하고도 신고를 하지 않았거나 성폭행 장면을 목격하고도 지나쳤다면 뺑소니 가해자나 성폭행 가해자와 다를 바 없다는 비난을 감수해야 할 것이다. 이렇듯 '타인에게 발생될 피해를 예방하라'는 규칙과 '타인에게 발생된 피해를 제거하라'는 규칙을 따르는 것이 의무의 범주 내에 있다는 것을 부정할 수 없으며, 타인의 권리를 부정할 수 없다는 점에서 '타인의 이익을 증진시켜라'는 규칙을 따라야 할 의무 역시 부정할 수 없다.[5]

하지만 철로 위에서 잠이 든 취객을 방치하지 말아야 할 의무가 있다는 것이 열차가 목전까지 다가왔는데도 취객을 구해야 한다는 말은 아니다. 성폭행범을 저지해야 할 의무가 있다는 것 역시 성폭행범이 격투기 선수임에도 불구하고 저지해야 한다는 말은 아니며, 타인의 이익을 증진시켜야 할 의무가 있다는 것도 예컨대 생업을 포기하고서라도 장애인 권익보호에 앞장서야 한다는 말은 아니다. 다시 말해 위의 세 규칙을 따라야 할 의무는 무조건적인 의무가 아닌 다른 의무와 충돌할 경우 구속력을 상실할 수 있는 조건부 의무prima facie로 보아야 한다.

선행원칙의 네 규칙 중 '타인에게 피해를 입히지 말라'는 규칙을 따라야 할 의무는 어떠한가? 생명권을 절대권으로 본다는 것이 (a)의 의미라는 것은 소극적인 의무negative duty를 말하는 위의 규칙을 따라야 할 의무 중 적어도 규칙 A를 따라야 할 의무는 어떤 적극적인 의무와 충돌해도 실제적인 의무actual duty가 된다는 의미로 이해할 수 있다. 예컨대 손가락 골절 환자를 치료하던 중 심장마비 환자가 실려왔다면 골절 치료를 멈추고 심장마비 환자를 치료해야 하지만 역으로 손가락이 골절된 환자를 돌보기 위해 심장마비 환자를 치료하던 손길을 멈출 수는 없으며, 이식받을 장기가 없어 죽어가는 동료 의사를 위해 외래환자의 장기를 적출할 수 없다.

또한 생명권을 절대권으로 본다는 것이 ⓐ의 의미라는 것은 타인에게 상해나 재산상의 손괴를 입히지 않기 위해 타인의 생명권을 박탈할 수 없는 등 타인의 생명권을 박탈하지 말아야 할 의무는 여타 소극적인 의무와 충돌할 경우에도 그 구속력이 상실되지 않고 실제적인 의무가 된다는 말과 다르지 않다. 안락사, 낙태 등이 쟁점이 되는 이유 역시 규칙 A를 따라야 할 의무는 소극적인 의무와 충돌할 경우 그리고 여타 적극적인 의무와 충돌할 경우에도 실제적인 의무가 된다는 공감대가 논의 이면에 자리하고 있기 때문이다.

부비아 사건

"나는 쓸모없는 육신에 갇혀 있습니다". 1983년 캘리포니아 리버사이드 종합병원에 한 달간 입원한 26세의 부비아Elizabeth Bouvia는 자신을 도와줄 변호인을 찾기 위해 가진 기자회견에서 참담한 심경을 토로한다. 심한 뇌성마비로 사지가 마비된 상태에서 관절염과 구축으로 인한 통증에 시달리던 그녀는 강제 급식을 중단할 것을 요구하나 병원 당국은 그녀의 요구를 묵살한다. 비인간적으로 비쳐지는 병원 측의 강제 의료행위 그리고 그녀의 필사적인 저항은 사회적인 논란을 야기해 병원을 옮겨가며 저항하던 그녀에게 마침내 환자의 감성적인 면도 존중해야 할 뿐 아니라 비인간적인 치료를 거부할 수 있는 환자의 권리를 인정해야 한다는 판결이 내려진다.

기존의 어떤 통증치료로도 효과를 볼 수 없는 말기환자, 극심한 통증과 진통제로 유발된 반 혼수 상태를 반복적으로 오가는 환자, 지적 활동은 물론 의

사소통도 가능하지 않으며 치유될 희망도 삶을 영위하는 최소한의 만족도 느낄 수 없는 말기환자를 생각해보자. 질적 차원에서 그와 같은 삶에 의미를 부여하기 어렵다고 보아야 할 것이다. 더욱이 갖가지 인공적인 기구에 둘러싸인 채 식물 차원의 삶으로 전락한 모습으로 임종을 맞는다면 어떠하겠는가? 부비아에게는 재판부의 강제 급식 명령이 생형선고生刑宣告와 다를 바 없었을 것이다.

종교계 일각에서는 안락사는 생사를 주관하는 신 고유의 영역에 대한 도전이라는 비난을 가한다. 하지만 연명치료가 인위적인 방법으로 죽음을 연기시키는 것이 아닌지, 따라서 오히려 안락사 요청을 거부하는 것이 신노릇playing God이 아닌지 의구심을 떨칠 수 없다. 더욱이 스스로 인생을 설계할 수 있도록 하는 것이 타인의 존엄성을 존중하는 하나의 방법이 될 수 있다. 즉, 타인을 인간으로서 존중해야 한다면, 그의 자율성을 존중하는 것을 근본적인 가치로 보아야 한다. 또한 자기결정권을 존중함으로써 자율성을 존중할 수 있으므로, 항암치료를 거부해도 강제할 수 없듯이 의사에게는 환자의 자기결정권을 존중해야 할 의무가 있다고 보아야 한다. 뿐만 아니라 의사에게는 환자의 통증을 덜어주어야 할 의무까지도 있다.

환자의 자기결정권을 존중해야 할 의무와 환자의 통증을 덜어주어야 할 의무를 놓고 본다면 부비아에게 급식을 강행한 것은 의사로서의 의무를 저버린 것으로 보아야 한다. 그럼에도 불구하고 안락사가 쟁점이 되는 이유는 의사에게 위의 두 의무 이외에 또 다른 의무, 즉 규칙 A를 따라야 할 의무가 (여기서는 환자를 살해하지 말아야 할 의무가) 있기 때문이다. 바꿔 말하면 환자의 자기결정권을 존중해야 할 의무 그리고 환자의 통증을 덜어주어야 할 의무가 규칙 A를 따라야 할 의무와 충돌하는 상황에서 조건부 의무인 전자의 두 의무는 구속력이 상실되고 후자의 의무가 실제적인 의무가 된다는 공감대 위에서 안락사 논의가 진행되고 있다.

생명권을 절대권으로 본다는 것이 (b)의 의미라는 것 역시 어렵지 않게 이해할 수 있다. 〈커보키언 사건〉의 커보키언 박사는 유크의 요청을 받아들여 안락사를 시술했는데도 살인죄 판결을 받았다. 또한 5.1.1.에서 소개될 〈포템파 사건〉의 윌리엄스 역시 포템파가 요청해 그녀를 숨지게 했는데도 재판부는 그에게 살인죄를 적용했다. 그 이유는 현행법이 생명권을 '포기나 양도 가능하지 않은 권리inalienable right'로 해석해 유크(포템파)가 자신의 생명권을 포기하겠다는 의사를 밝혔다는 사실이 유크(포템파)의 생명권을 박탈하지 말아야 할 커보키언(윌리엄스)의 의무를 면제시키지 못한다고 보았기 때문이다. 다시 말해 생명권이 '포기나 양도 가능한 권리alienable right'라고 해보자. 그렇다면 P가 Q에게 자신의 생명권을 포기 또는 양도하겠다는 의사를 밝혔을 경우 P의 생명권을 박탈하지 말아야 할 Q의 의무가 면제된다. 따라서 타인의 생명권에 대한 의무가 면제될 수 있는 상황이 있을 수 없다면, 즉 (b)가 참이라면, 생명권은 포기나 양도 가능한 권리일 수 없다. 이렇듯 (b)는 생명권이 포기나 양도 가능하지 않은 권리라는 말과 다르지 않으며, 동일한 이유에서 생명권이 '몰수될 수 있는 권리forfeitable rights' 그리고 '파기(해약)될 수 있는 권리 defeasible rights'가 아니라는 말과도 다르지 않다.

생명권을 절대권으로 본다는 것이 (a)의 의미라는 것을 규칙 A를 따라야 할 의무는 적극적인 의무와 충돌할 경우뿐 아니라 여타 소극적인 의무와 충돌할 경우에도 실제적인 의무가 된다는 의미로 이해하는 데 문제가 따르지 않는다. 또한 생명권을 절대권으로 본다는 것이 (b)의 의미라는 것을 규칙 A를 이행해야 할 의무는 포기나 양도, 몰수, 파기에 의해 면제될 수 있는 권리가 아니라는 의미로 이해하는 데 역시 문제가 따르지 않는다. 그렇다면 규칙 A에 의존해 안전하게 살인 판결을 내릴 수 있는가?

쇄두술 예
출산 중인 임신부의 산도産道에 태아의 머리가 끼어 태아뿐 아니라 임

신부의 생명도 위태롭다. 임신부를 살리기 위해서는 태아를 산도로부터 제거해야 한다. 하지만 태아의 머리를 부수는 것 말고는 달리 태아를 제거할 방도가 없다. 반면 임신부를 죽게 방치한 후 복부를 절개해 태아를 살릴 수 있다.

자궁절제술 예

임신 초기 임신부에게 자궁암 진단이 내려졌다. 자궁을 절제하는 것 말고는 달리 임신부를 살릴 방도가 없다.

〈쇄두술 예〉에서 의사가 가진 선택지는 태아의 머리를 부수고 임신부를 살리는, 임신부를 죽게 방치하고 태아를 살리는, 현 상황에서 손을 떼는 세 가지 뿐이다. 하지만 태아의 머리를 부수고 임신부를 살린다는 것은 태아를 살릴 수 있는데도 불구하고 숨지게 하겠다는 말과 다르지 않다. 즉, '타인에게 발생된 피해를 제거하라'는 선행원칙의 적극적인 의무와 규칙 A가 충돌하는 상황에서 규칙 A를 따르지 않고 위의 적극적인 의무를 이행하겠다는 말과 다르지 않다. 임신부를 죽게 방치하고 태아를 살리는 선택지를 택한다는 것도 동일한 상황에서 규칙 A를 따르지 않고 적극적인 의무를 이행하겠다는 말과 다르지 않으며, 현 상황에서 손을 뗀다는 것 역시 임신부와 태아 중 한 명은 살릴 수 있는데도 살리지 않겠다는 의미이다. 이렇듯 〈쇄두술 예〉에서의 의사는 어떤 선택을 해도 규칙 A를 어길 수밖에 없다.

아이를 살리라는 임신부의 요청을 받아들여 임신부를 죽게 방치하고 아이를 살렸다면 어떠한가? 위의 경우가 규칙 A를 따라야 할 의무를 저버리지 않은 경우가 되기 위해서는 생명권이 포기나 양도 가능한 권리라야 한다. 하지만 생명권이 절대권이라는 것이 (b)의 의미이므로, 즉 생명권이 절대권이라는 것은 생명권이 포기나 양도 가능하지 않은 권리라는 의미이므로, 위의 경우 역시 규칙 A를 따라야 할 의무를 저버린 경우로 보아야 한다.

〈자궁절제술 예〉에서의 의사도 다르지 않다. 의사는 자궁을 절제하고 임신부를 살리거나 상황을 방치해야 한다. 하지만 전자를 택한다는 것은 '타인에게 발생된 피해를 제거하라'는 선행원칙의 적극적인 의무와 규칙 A가 충돌하는 상황에서 규칙 A를 따르지 않고 적극적인 의무를 이행하겠다는 말과 다르지 않으며,[6] 후자를 택한다는 것은 임신부를 살릴 수 있는데도 불구하고 살리지 않겠다는 말과 다르지 않다. 이렇듯 〈자궁절제술 예〉에서의 의사 역시 어떤 선택을 해도 규칙 A를 어길 수밖에 없다고 보아야 한다. 바로 이러한 점이 규칙 A가 도덕규칙으로서의 생명력을 가질 수 없다는 것을 말해준다.

소방대원 A 예

화재가 발생한 아파트 11층 난간에 주민이 매달려 있다. 소방대원 A가 고가사다리를 타고 구조에 나섰으나 고가사다리가 9층에서 고장으로 멈춰 주민이 추락해 숨졌다.

소방대원 B 예

화재가 발생한 아파트 11층 난간에 주민이 매달려 있다. 소방대원 B가 고가사다리를 타고 11층 난간까지 올라갔으나 약혼녀에게 걸려온 전화를 받고 데이트 장소를 정하는 사이에 주민이 추락해 숨졌다.

소방대원 A에게는 소방대원 B와 달리 주민을 살릴 수 있는 선택의 여지가 없었다. 따라서 소방대원 B에게 주민이 숨진 데 대한 책임이 있는지는 논의의 대상이 될 수 있으나, 대안 가능성의 원칙principle of alternative possibilities 에 따라 소방대원 A에게는 책임이 없다고 보아야 한다. (프랑크푸르트Harry Frankfurt가 그와 같이 칭한 대안 가능성의 원칙에 따르면 'A 이외의 다른 행위를 할 수 있었는데도 불구하고 A를 한 경우가 아니라면 A를 한 데 대한 도덕적 책임이 없 다'.[7]) 설명된 바와 같이 〈쇄두술 예〉와 〈자궁절제술 예〉에서의 의사 역시 어 떤 선택을 해도 규칙 A를 어길 수밖에 없는 상황에 놓여 있다. 따라서 소방대 원 A에게 주민이 숨진 데 대한 책임을 물을 수 없듯이 위의 두 의사에게도 규 칙 A를 어긴 데 대한 책임을 물을 수 없다고 보아야 한다. 이제 규칙 A의 문제 점이 드러난 셈이다. 규칙 A를 액면 그대로 이해해서는 의사가 어떤 선택을 해도 살인죄를 적용할 수밖에 없기 때문이다. 이렇듯 규칙 A가 액면 그대로의 의미라면 도덕규칙으로서의 기능을 수행할 수 없다고 보아야 하며, 절대권으 로서의 생명권에 기초한 살인행위처벌에 관한 법률의 근간이 될 수 없다고 보 아야 한다. 절대권으로서의 생명권에 기초한 살인행위처벌에 관한 법률이 주 문하는 형벌이 응보, 예방이라는 전통적인 두 기능 중 적어도 응보의 기능을 수행하기 위해서는 위의 문제점을 해결해야 한다면, 그 해결 방안이 무엇인 가?

이 시점에서 범죄심리상태 없이는 죄가 성립하지 않는다는 그리고 범죄 심리상태를 의도의 의미로 이해해야 한다는 영미 형사법의 전통에 주목하 지 않을 수 없으며, 그 주목해야 하는 이유가 도덕철학자들이 이중결과원 리principle(rule) of double effect에 관심을 갖는 이유이기도 하다. 아퀴나스 Thomas Aquinas에서 연원한 이중결과원리는 가톨릭 도덕신학자들 사이에 회 자되어 19세기 중엽 규리Jean P. Gury에 의해 체계화되며, 이후 맹건Joseph T. Mangan에 의해 재구성된 다음의 버전이 정론으로 인정되고 있다.[8] (아퀴나스 에 따르면 공격자를 살해할 의도가 없다면 정당방위로서의 살인도 허용될 수 있다.[9])

좋고 나쁜 두 결과를 초래하는 행위는 다음의 네 조건 모두를 충족시킬 경 우에만 허용될 수 있다.

첫째, 행위 자체가 선하거나 적어도 도덕적으로 중립적이어야 한다.

둘째, 행위자의 의도가 좋은 결과에 있어야 한다.

셋째, 나쁜 결과를 수단으로 좋은 결과를 얻지 말아야 한다.

넷째, 나쁜 결과를 허용할 만큼의 비례적으로 중대한 이유가 있어야 한다.[10]

인공호흡기를 제거하는 행위를 생각해보자. 첫째 조건에 따르면 인공호흡기를 제거하는 그 자체가 악한 행위라면 허용될 수 없다. 따라서 이중결과원리에 의존해 인공호흡기 제거 여부를 판단하기 위해서는 먼저 그 자체가 악한 행위인지를 파악할 수 있어야 한다. 하지만 첫째 조건에 악한 행위인지를 파악할 수 있는 어떤 정보도 없으므로, 둘째 조건에 의존할 수밖에 없는 구조이다. (곧 설명될 바와 같이 셋째 조건은 둘째 조건과 내용상의 차이가 없다고 보아야 한다. 또한 결과주의consequentialism 이념을 반영하고 있는 넷째 조건이 가톨릭 절대주의에 기반을 둔 그리고 의무론deontology으로 범주화할 수 있는 이중결과원리의 나머지 조건들을 해석할 수 있는 근거가 될 수 없다). 즉, 인공호흡기를 제거하는 행위가 환자를 숨지게 하고자 의도하는 행위라면 악한 행위로서 첫째 조건을 충족시키지 못하는 반면, 환자를 고통으로부터 벗어나게 하고자 의도하는 행위라면 첫째 조건을 충족시킨다고 보아야 한다.[11]

이렇듯 첫째 조건과 둘째 조건 사이에 실제적인 차이가 없다고 보아야 하며, 둘째 조건과 셋째 조건 사이에도 내용상의 차이가 없다고 보아야 한다. 「로마서」 3:8에 기초한 셋째 조건에 따르면 좋고 나쁜 두 결과 모두가 첫째 조건에서의 행위에 의해 직접적으로 초래되어야 한다. 다시 말해 좋고 나쁜 두 결과를 초래하는 행위가 허용되기 위해서는 'A → B'가 'A에 의해 B가 초래된다'는 의미라고 할 때, 〈도표 1〉이 아닌 〈도표 2〉의 형식을 취해야 한다.

| 도표 1 | 도덕적으로 선하거나 중립적인 행위 → 나쁜 결과 → 좋은 결과 |

〈도표 1〉의 구조로 좋은 결과를 초래하지 말아야 한다면 그 이유는 무엇인가? 이중결과원리 옹호론자들은 그 이유를 벤담Jeremy Bentham에서 찾는다. 벤담에 따르면 목적 또는 목적을 달성하기 위해 수단으로 선택된 결과는 직접적으로 의도된 결과인 반면 단지 예견된 결과는 간접적으로 의도된 (즉, 의도되지 않은) 결과이다.[12] 벤담의 견해는 이후 보편적으로 수용되어 앤스콤은 "어떤 것을 목적으로 삼았을 경우 그 목적한 것의 수단을 의도하지 않았다고 하는 것은 넌센스다. 넌센스가 아니라면 선을 이루기 위해 악을 행할 수 없다는 사도 바울의 가르침이 무의미하게 된다"고 지적하며,[13] 도나간Alan Donagan 역시 어떤 것을 하고자 의도한다는 것은 그것을 하는 것이 목적이나 수단으로 채택한 계획의 일부라는 것을 그리고 어떤 것을 하고자 의도하지 않는다는 것은 그것을 하는 것이 목적이나 수단으로 채택한 계획의 일부가 아니라는 것을 의미한다고 지적한다.[14] 프라이드Charles Fried도 동일한 입장을 취해 "어떤 결과를 궁극적인 목적이나 그 목적의 수단으로 선택했을 경우 그것을 의도한다고 보아야 한다. '왜 그랬는가?' 또는 '왜 그러지 않았는가?' 등의 물음에 대한 답변으로 사용될 수 있는 결과를 의도할 뿐 아니라 그와 같은 결과를 야기하기 위해 행했던 (또는 행하지 않았던) 수단도 의도한다"고 말하며,[15] 보일Joseph Boyle 역시 "어떤 행위를 함으로써 달성하고자 하는 특정 사태인 목적을 의도할 뿐 아니라 그 목적을 달성하는 구체적인 단계인 수단도 의도한다'는 견해를 보인다.[16]

〈쇄두술 예〉에서 임신부를 살리기로 결정했다고 해보자. 그렇다면 아이의 머리를 부수는 것을 수단으로 선택해야 한다. 따라서 태아의 머리를 부수고 태아를 산도로부터 제거하려 했으나 머리가 충분히 부서지지 않아 태아를 제거할 수 없다면, 아이를 제거하기에 충분할 만큼 재차 부수려 할 것이다. 다시 말해 목적뿐 아니라 수단도 의도한다는 데 이견을 보일 수 없다. 즉, 〈도표 1〉에서의 나쁜 결과는 (의도된) 수단으로 보아야 한다. 반면 일반적으로 이중 결과원리가 '의도하는 것'과 '부수적인 결과side effect, concomitant로서 초래하는 것'을 차별하는 입론으로 이해되고 있는 바와 같이 〈도표 2〉에서의 나쁜 결과는 (의도되지 않고 단지 예견된) 부수적인 결과로 보아야 한다. 그렇다면 어떤 이유로 수단은 부수적인 결과와 달리 의도된 결과로 보아야 하는가? 그렇게 보아야 하는 이유는 여러 방식으로 설명될 수 있을 것이다. 예컨대 프라이드를 따라 "수단은 계획한 것의 일부이므로 부수적인 결과와 달리 거기에는 행위자의 인격이 배어 있기 때문이다"고 설명할 수 있으며,[17] 보일과 같이 수단은 부수적인 결과와 달리 "달성하려는 것의 일부가 되기 때문이다"는 설명도 가능할 것이다.[18]

이렇듯 나쁜 결과를 수단으로 좋은 결과를 얻지 말아야 한다는 것은 나쁜 결과를 의도하지 않고 부수적인 결과로 초래해야 한다는 말과 다르지 않으므로, 셋째 조건 역시 둘째 조건과 차이가 없다고 보아야 한다. 즉, 첫째, 둘째, 셋째 조건은 '나쁜 결과를 의도하지 않고 부수적인 결과로서 초래해야 한다'는 조건으로 정리될 수 있으므로, 맹건이 제시한 버전은 다음과 같이 재구성될 수 있다.

좋고 나쁜 두 결과를 초래하는 행위는 다음의 두 조건을 충족시킬 경우에만 허용될 수 있다.
첫째, 나쁜 결과를 의도하지 않고 부수적인 결과로서 초래해야 한다.
둘째, 나쁜 결과를 허용할 만큼의 비례적으로 중대한 이유가 있어야 한다.[19]

첫째 조건(맹건이 제시한 버전의 둘째 조건)을 통해 자연법 전통 내에서의 이중결과원리의 위상을 엿볼 수 있다. 자연법 사상가들은 인간의 생명을 존중해야 한다는 원칙을 최우선으로 여겨 예외를 인정하지 않는 원칙으로서의 '가해 금지 원칙principle of do no harm'을 내세운다. 하지만 설명된 바와 같이 어떤 선택을 해도 타인을 숨지게 할 수밖에 없는 상황이 있을 수 있으므로, '의도'라는 개념에 의존하지 않고는 위의 원칙에 윤리원칙으로서의 생명력을 불어 넣을 수 없다.[20] 이제 규칙 A가 안고 있는 문제를 해결할 단초가 마련된 셈이다. 첫째 조건에 의존해 규칙 A의 본래의 의미를 다음과 같이 이해해야 한다는 답변을 얻을 수 있기 때문이다.

규칙 A'
어떠한 경우에도 무고한 사람의 생명을 의도적으로 해치지 말라.

규칙 A의 본래의 의미가 A'에 있으므로 문제는 해결되었다고 보아야 한다. 〈쇄두술 예〉에서 태아의 머리를 부수고 임신부를 살리는 행위가 또는 임신부를 죽게 방치하고 태아를 살리는 행위가 의도적으로 태아를 숨지게 하는 행위가 아니라고 해보자. 그렇다면 규칙 A'에 위배되지 않는다는 결론을 내릴 수 있으며, 〈자궁절제술 예〉에서 역시 자궁을 절제하는 행위가 의도적으로 태아를 숨지게 하는 행위가 아니라면 규칙 A'에 위배되지 않는다는 결론을 내릴 수 있기 때문이다. 바로 이러한 점이 범죄심리상태를 놓고 영미 형사법이 갖는 의의를 말해준다. 범죄심리상태를 의도의 의미로 이해해야 한다는 말은 규칙 A의 본래의 의미를 규칙 A'의 의미로 이해해야 한다는 말과 다르지 않기 때문이다. 안락사 논의가 다음의 구조를 띠고 있는 것도 같은 이유에서이다.

(P) 무고한 사람의 생명을 의도적으로 해치는 행위는 언제나 금지해야 한다.
 그러므로
(C) 무고한 사람의 생명을 의도적으로 해치는 경우에 해당되는 안락사, 즉 적극적인active(직접적인direct) 안락사는 금지해야 한다.

규칙 A'가, 즉 (P)가 살인죄에 관한 법의 근간이 되고 있으므로, 그로부터 마땅히 결론인 (C)가 도출된다고 보아야 한다. 즉, 살인죄에 관한 법의 당위성을 부정하지 않는 한 규칙 A'에 위배되는 안락사를 금지해야 한다는 데 이견을 보일 수 없다. 반면, 의사에게는 환자의 자기결정권을 존중해야 할 그리고 환자의 통증을 덜어주어야 할 의무가 있다. 따라서 규칙 A'에 위배되는 경우에 해당되지 않는 안락사를 금지할 수는 없다고 보아야 한다. 따라서 안락사 논쟁은 다음과 같이 정리될 수도 있다.

(P1) 무고한 사람의 생명을 의도적으로 해치는 행위는 언제나 금지해야 한다.
(P2) 의사에게는 환자의 자기결정권을 존중해야 할 그리고 환자의 통증을 덜어주어야 할 의무가 있다.
　　그러므로
(C) 무고한 사람의 생명을 의도적으로 해치는 경우에 해당되지 않는 안락사, 즉 소극적인passive(간접적인indirect) 안락사는 허용해야 한다.

특정 안락사 행위가, 예컨대 인공호흡기를 제거하는 것이 규칙 A'에 위배된다면, 환자의 자기결정권을 존중해야 할 그리고 환자의 통증을 덜어주어야 할 의무는 구속력을 상실한다. 하지만 위의 행위가 규칙 A'에 위배되지 않는다면 위의 두 의무는 구속력을 유지하므로, 규칙 A'에 위배되지 않는 안락사인 소극적인 안락사를 금지할 수 없다. 낙태 반대론자의 주장과 그에 대한 낙태 찬성론자의 반론으로부터 낙태 논쟁에 역시 규칙 A'가 전제가 되고 있다는 것을 알 수 있다.

(P1) 무고한 사람의 생명을 의도적으로 해치는 행위는 언제나 금지해야 한다.
(P2) 낙태는 무고한 사람의 생명을 의도적으로 해치는 행위이다.
　　그러므로

(C) 낙태는 금지해야 한다.

낙태 반대론자의 주장인 위의 논변을 부정하기 위해서는 (P1)과 (P2) 중 하나를 부정하면 된다. 하지만 공리주의자utilitarian 등 절대적인 성격의 도덕규칙을 부정하는 진영에서도 (P2)에 논의의 초점을 맞추는 이유는 (P1)이 참임을 부정하지 않고도 태아가 사람이 아님을 보여줌으로써 (P2)를 부정할 수 있을 뿐 아니라, (P1)을 부정하는 것은 현행 살인행위처벌에 관한 법률을 부정하는 것과 다를 바 없으므로 낙태 합법화라는 소기의 목적을 놓고 볼 때 비현실적일 수 있기 때문이다.

이상에서 알아본 바와 같이 예외를 인정하지 않는, 상황과 결과에 무관하게 구속력을 지닌 도덕규칙인 규칙 A가 존재한다는 입장을 취하기 위해서는 규칙 A의 본래의 의미를 규칙 A'에서 찾아야 한다.[21] 그리고 규칙 A'가 살인행위처벌에 관한 법률의 근간이 되어야 살인행위처벌에 관한 법률이 주문하는 형벌이 비로서 응보 기능을 수행할 수 있다고 보아야 한다. 바로 이러한 점이 범죄심리상태 없이는 죄가 성립하지 않는다는 그리고 범죄심리상태를 의도의 의미로 이해해야 한다는 영미 형사법의 전통이 갖는 의의이기도 하다.

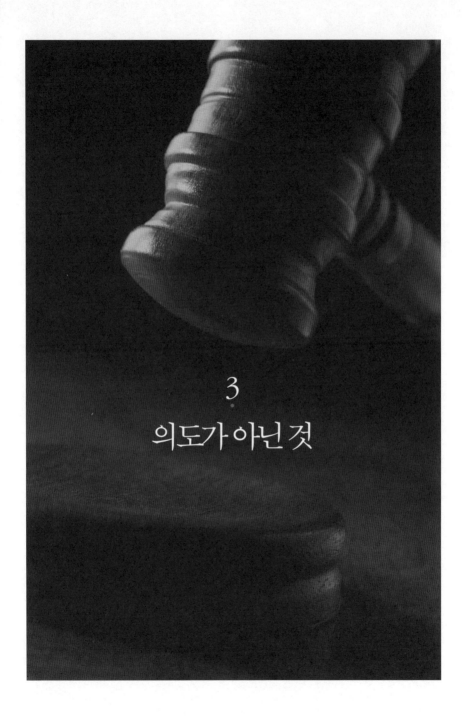

3
의도가 아닌 것

3.1. 동기

아내를 살해한 혐의로 연행된 〈핸드 사건〉의 핸드에게 경찰관이 살해 동기를 추궁했다고 해보자. 핸드가 보험금 때문이라고 답변했어도 어색하지 않으며, 경찰관도 자백을 받아냈다고 생각할 것이다. 살해의도를 물었다면 어떠한가? 이 질문에 역시 보험금 때문이라고 답변했어도 어색하지 않다. 일상적으로 의도라는 용어를 동기의 의미로 사용하고 있듯이, 동기와 의도를 동일시하는 것이 상식일 수 있다는 말이다. 하지만 〈스틴 사건〉의 고다드 대법관은 위의 상식적인 견해를 거부하고 "어떤 행위를 하게 된 동기와 의도는 법적으로 볼 때 별개의 개념이다"는 견해를 보인다.[1] 의도를 동기와 동일시할 수 있는가? 아니면 고다드 대법관을 따라 그들을 동일시할 수 없다고 보아야 하는가? 그들을 동일시할 수 있다는 말은 그들의 적용 범위에 차이가 나지 않는다는 말과 다르지 않다. 따라서 그들의 적용 범위를 비교하는 것이 위의 의문을 해소할 수 있는 좋은 방법이 될 수 있다.

동기의 적용 범위에 대한 물음을 놓고 윌킨스Burleigh T. Wilkins가 제시하는 다음의 세 경우 이외의 다른 경우를 생각하기 어렵다.[2]

(1) 살해당한 사람의 상속자 명단에 존스가 포함된 것을 본 경찰이 "존스에게 살해동기가 있었다"고 상부에 보고할 때와 같이, 어떤 행위를 할 이유가 있다는 것을 나타낼 때

(2) '발생적 의미의 동기occurrent sense of motive'라고 불리기도 하는, 어떤 행위를 할 이유가 있으며 그것이 실제로 그 행위를 한 이유가 되었다는 것을 나타낼 때

(3) 라일Gilbert Ryle이 말하는 '성향적 의미의 동기dispositional sense of motive'[3]에 해당되는 특정 상황에서 특정 방식으로 행위를 할 행위자의 성향을 나타낼 때[4]

(1)의 의미로서의 동기는 특정 행위나 사태를 선택하게 된 이유에만 적용될 수 있다. 한편 (3)의 의미로서의 동기는 선택을 하게 된 배경의 의미로서의 (심적인과mental causation에 관계된 의미로서의) 동기이다. 따라서 의도가 특정 행위, 사태를 선택하게 된 이유나 배경뿐 아니라 행위, 사태 그 자체에도 적용될 수 있다면 (1)과 (3)의 의미로서의 동기와 의도를 동일시할 수는 없다. 한편 특정 행위를 선택하게 된 이유 및 선택 그 자체의 의미로서의 동기인 (2)는 목적을 나타낼 경우에 한해 사용할 수 있다. 따라서 의도는 목적뿐 아니라 수단을 나타낼 때도 사용 가능하다면, (2)의 의미로서의 동기와 의도를 동일시할 수 없다.

3.1.1. 특정 행위를 선택하게 된 이유 및 배경으로서의 동기

〈핸드 사건〉을 담당한 경찰관이 핸드의 아내가 고액의 생명보험에 가입되어 있다는 사실을 알아냈다고 해보자. 그렇다면 핸드에게 아내를 살해할 충분한 동기가 있었다고 판단할 것이다. (핸드에게 (1)의 의미로서의 동기가 있었다고

판단할 것이다.) 하지만 그 이유만으로 구속영장을 신청할 수는 없다. 핸드에게 (3)의 의미로서의 동기가 있었다고 해도 다르지 않다. 주변 인물들을 탐문 수사하던 중 핸드가 탐욕스러울 뿐 아니라 포악한 성품의 소유자라는 사실을 알았다고 해보자. 그렇다면 경찰관은 핸드가 탐욕으로 아내를 살해했다고 생각할 것이다. 즉, 핸드에게 (3)의 의미로서의 동기가 있었다고 판단할 것이다. 그렇다고 해도 구속영장을 신청할 수 없으나, 핸드가 아내를 살해하고자 의도했다는 판단이 섰다면 상황은 달라진다. 즉, 윌킨스가 지적하는 바와 같이 피의자에게 살해의도가 있었다고 한다면 (1)과 (3)의 의미로서의 살해동기가 있은 경우와는 견줄 수 없을 정도의 심각한 상황으로 보아야 한다.[5]

핸드에게 (1)과 (3)의 의미로서의 살해동기가 있었다고 해도 구속영장을 신청할 수 없는 이유는 무엇인가? 반면, 살해의도가 있었다면 그것이 가능한 이유는 무엇인가? 그 이유에 대한 단서는 제1장에서 소개된 "범죄심리 없는 행위는 죄가 되지 않는다"는 에드워드 코크의 법언이 제공하고 있다. 범죄행위를 하지 않았음에도 불구하고 형사처벌을 가할 수는 없다고 보아야 하며, (1)과 (3)의 의미로서의 동기는 (앞으로 동기라고 칭하기로 하자) 의도와 달리 행위를 특징 지우지 못한다는 의문을 제기할 수 있기 때문이다. 다시 말해 동기와 의도를 동일시할 수 있다면, 라이프니츠의 법칙Leibniz's Law에 따라 동기에 내포된 모든 속성이 의도에도 내포되어 있어야 하며 의도에 내포된 모든 속성이 동기에도 내포되어 있어야 한다. 따라서 동기는 심리만을 특징 지울 수 있는 반면 의도는 심리뿐 아니라 행위(또는 사태)까지도 특징 지울 수 있다면, 다음과 같이 동기와 의도를 동일시할 수 없다는 결론을 내릴 수 있다.

(P1) 동기와 의도가 동일한 개념이라면, 동기에 내포된 모든 속성이 의도에 내포되어 있어야 하며 의도에 내포된 모든 속성이 동기에 내포되어 있어야 한다.

(P2) 동기는 심리만을 특징 지우나 의도는 심리뿐 아니라 행위도 특징 지운다.

그러므로

(C) 동기와 의도를 동일할 개념으로 볼 수 없다.

위의 논변은 타당하며, (P1)을 부정할 수 없다. 따라서 (P2)가 참이라면 결론인 (C) 역시 참이다. (P2)가 참인가? 동기와 의도 모두 심리를 특징 지운다는 데는 설명이 필요치 않다. 따라서 동기가 행위를 특징 지울 수 없는지 그리고 의도가 행위를 특정 지울 수 있는지가 문제 해결의 관건이 될 수 있다. 의도가 행위를 특징 지운다는 것 역시 설명을 필요로 하지 않으나 그에 대한 브랫먼Michael Bratman의 설명을 들어보기로 하자.

의도라는 개념은 행위, 심리 두 특성 모두를 나타내는 데 사용되고 있다. 이렇듯 나는 의도적으로 어떤 집에 〈독극물을 탄〉 물을 펌프질할 수 있으며, 그 집에 거주하는 사람들을 독살할 의도로 펌프질을 할 수 있다. 여기서는 의도가 내 행위를 특징 지운다. 하지만 나는 오늘 아침에도 오후에 펌프로 갔을 때 〈독극물을 탄〉 물을 펌프질 하려 (그리고 그 집에 거주하는 사람들을 독살하려) 의도했을 수 있다. 여기서의 의도는 내 심리를 특징 지운다.[6]

어떤 집에 거주하는 사람들을 독살하려는 의도로 독극물을 탄 물을 펌프질 할 수 있다는 말은 펌프질을 하는 행위가 그 집에 사는 사람들을 의도적으로 살해하는 행위라는 또는 그들을 살해하고자 의도하는 행위라는 말과 다르지 않다. 이렇듯 의도가 행위를 특징 지운다는 데는 이견을 보일 수 없다. 또한 오후가 되면 독극물을 탄 물을 펌프질하고자 의도할 수 있는 것과 같이 (내일 아침에 미역국을 먹고자 의도할 수 있는 것과 같이 …) 의도가 심리를 특징 지운다는 데 역시 이견을 보일 수 없다. 동기는 어떠한가?

응우옌 사건

뉴욕 브롱스의 한 병원에서 레지던트로 근무하던 31세의 응우옌harles Nguyen은 인터넷 데이트 사이트에서 알게 된 여성을 만나기 위해 2009년 5월 초 오하이오주 애선스로 향한다. 그녀가 교제를 원치 않자 뉴욕으로 돌아왔으나, 5월 19일 그녀를 다시 찾아가 세 살 난 조카를 돌보던 그녀를 성폭행한다. "응우옌이 침대에서 저를 진찰하겠다고 해서 거절하자 손과 발을 묶고 협조하지 않으면 저뿐 아니라 옆방의 조카까지 살해하겠다고 협박했습니다. 조카와 저의 안전을 위해 요구를 들어줄 수밖에 없었습니다". 그녀의 진술에 맞서 응우옌은 동의 하에 이루어진 일이라고 주장하나, 애선스 카운티 민소재판소Court of Common Pleas에 의해 강간, 유괴, 악질적 주거침입aggravated burglary으로 각각 10년 그리고 증거조작으로 5년 징역의 선고를 받아 도합 35년의 징역형을 언도받는다.

모범형법전의 범죄심리조항을 〈응우옌 사건〉에 적용해보자. 응우옌에게 적용된 네 가지 죄목에 '2·02조 2항 c'나 '2·02조 2항 d'를 적용할 수는 없다. 다시 말해 강간, 유괴, 악질적 주거침입, 증거조작 행위를 무모한 행위 또는 과실로 한 행위로 볼 수는 없다. 모범형법전의 심리조항을 적용해야 한다면, 애선스 카운티 민소재판소가 네 가지 죄목마다 중형을 선고한 것과 같이 의도된 행위에 대한 처벌 조항인 '2·02조 2항 a', '2·02조 2항 b' 둘 중 하나를 적용해야 한다. 즉 응우옌의 네 행위는 죄의 중대요소를 (법규상 금지된 해악을) 의도한 행위로 보아야 하며, 이러한 점이 동기가 행위를 특징 지우지 못할 수 있다는 것을 말해준다.

응우옌이 그동안 인터넷 채팅에 빠져 수면부족으로 환자들을 소홀히 대했으며, 그에 대한 죄책감에 시달렸다고 해보자. 그래서 심기일전해 환자를 돌보는 일에 매진하기로 작심하고 그것을 행동으로 옮길 수 있는 계기를 결혼 상대를 만나는 데서 찾고자 했다고 해보자. 또한 강제로라도 성관계를 가지면 그녀의 마음이 돌아서 결혼에 성공할 수 있을 것이라 생각했다고 해보자. 즉, 상대 여성의 주거지를 침입한 그리고 강제로 성관계를 가진 동기가 의사 본연의 모습을 찾는 데 있었다고 해보자. 그렇다고 해도 모범형법전의 범죄심리상태 조항을 적용한다면 의도된 행위에 대한 처벌 조항인 '2·02조 2항 a', '2·02조 2항 b' 둘 중 하나를 적용해야 할 것이다. 다시 말해 주거지를 침입한 그리고 강제로 성관계를 가진 동기가 의사 본연의 모습으로 돌아가는 데 있었다고 해도 여전히 그들 행위는 죄의 중대요소를 의도한 행위로 보아야 한다. 이렇듯 응우옌의 예가 동기는 의도와 달리 행위를 특징 지우지 못할 수 있다는 것을 보여준다. 이렇듯 위의 예가 (P2)가 참임을 보여주며, 따라서 (C) 역시 참으로 보아야 한다. 의도를 (1)과 (3)의 의미로서의 동기와 동일시할 수 없다면, (2)의 의미로서의 동기는 어떠한가?

3.1.2. 특정 행위를 선택하게 된 이유 및 선택 그 자체로서의 동기

아내를 살해한 혐의로 연행된 〈핸드 사건〉의 핸드에게 경찰관이 살해 목적을 추궁했다고 해보자. 핸드가 보험금 때문이라고 자백했어도 어색하지 않으며 경찰관도 살해 목적을 파악했다고 생각했을 것이다. 보험금을 타내려는 동기에서 그랬다고 대답해도 다르지 않다. 경찰관은 여전히 살해 목적을 알아냈다고 생각할 것이다. 경찰관이 두 답변 모두에 만족할 수 있는 이유는 의도의 대상이 되는 기술구description가 '~을(하기) 위해'와 같은 목적을 나타내는 부사를 취할 수 있는 것과 같이, 동기의 대상이 되는 기술구 역시 위의 부사를 취할 수 있기 때문이다. 예컨대 '보험금을 타내려는 의도에서 아내를 살해했다'는 기술구와 '보험금을 타내려는 동기에서 아내를 살해했다'는 기술구 모두 '보험금을 타내기 위해 아내를 살해했다'는 기술구로 표현될 수 있다.

이렇듯 목적이라는 개념에 의도와 (2)의 의미로서의 동기 (앞으로 동기라고 칭하기로 하자) 두 용어 모두를 적용해도 어색하지 않으며, 따라서 그것들을 동일시하는 것이 자연스러울 수 있다. 하지만 목적을 이루고자 선택한 '수단'에 그것들을 적용해보면 그것들을 동일시할 수 없는 이유가 드러난다. 아내를 살해한 이유를 묻는 경찰관에게 핸드가 대답한다. "아내를 살해하고자 의도했습니다. 그리고 그 동기는 보험금을 타는 데 있었습니다". 이 경우 경찰관은 핸드가 보험금을 타내려는 목적을 이루기 위해 아내를 살해하는 수단을 선택했다고 판단할 것이다. "아내를 살해하고자 의도했을 뿐 아니라 보험금을 타고자 의도했습니다". 이와 같이 대답해도 동일한 이유에서 경찰관은 만족할 것이다. 하지만 핸드가 다음과 같이 대답한다면 사정은 달라진다. "아내를 살해하려는 동기에서 그랬습니다. 그리고 보험금을 타고자 의도했기 때문입니다". 핸드가 이와 같이 대답한다면 경찰관은 그의 말을 이해하지 못할 것이며 심지어 그가 심신미약 상태에 있다고까지 생각할 것이다. 그 이유는 무엇인가?

아내를 살해한 것은 보험금을 타낸다는 목적을 이루기 위해 채택한 수단이다. 수단과 목적 모두에 의도라는 용어를 사용해도 자연스러우며, 목적에 동기라는 용어를 사용해도 자연스럽다. 동기를 목적을 나타내는 데 사용할 수 있다는 데는 설명이 필요치 않으며, 제2장에서 설명된 바와 같이 목적뿐 아니라 수단도 의도한다고 보아야 한다. 하지만 "아내를 살해하려는 동기에서 범행을 저질렀다. 그리고 보험금을 타고자 의도했다"는 답변이 당혹스러운 이유는 동기를 수단에 적용했기 때문이다. 수단으로 선택한 것을 이루기 위해 선택한 하위 수단을 생각해보면 동기를 수단에 적용할 수 없다는 것이 보다 선명히 드러난다. 핸드가 네 번째 부인 질을 살해했을 때는 웰치도 함께 살해할 계획을 세웠다. 따라서 두 전처를 살해했을 때와는 달리 속사식 권총이 필요했다고 해보자. 따라서 총기점에 들러 500달러를 지불하고 속사식 권총을 구입했다고 해보자. 또한 그가 아내를 살해한 최종 목적이 BMW를 구입하는 데 있었다고 해보자. 그렇다면 그의 최종 목적 그리고 그 최종 목적을 이루기 위해 채택한 수단을 대략 다음과 같이 나열할 수 있다.

A: 500달러를 통장에서 인출한다.
B: 속사식 권총을 구입한다.
C: 아내를 살해한다.
D: 보험금을 타낸다.
E: BMW를 구입한다.

'속사식 권총을 구입하기 위해 통장에서 500달러를 인출한다'는 기술구에서 속사식 권총을 구입하는 것이 목적이며 500달러를 통장에서 인출하는 것이 수단이다. 즉, A와 B를 놓고 보면 A는 수단이며 B는 목적이다. 위의 기술구에서 속사식 권총을 구입하려는 동기에서 500달러를 통장에서 인출한다고 할 수는 있으나, 500달러를 통장에서 인출하려는 동기에서 속사식 권총을 구입한다고 할 수는 없다. 하지만 속사식 권총을 구입하고자 의도한다고 할 수 있을 뿐 아니라, 500달러를 통장에서 인출하고자 의도한다고도 할 수 있다.

B, C, D, E에 대해서도 동일한 진단이 가능하다. B와 C를 놓고 본다면 B가 수단인 반면 C가 목적이며, 아내를 살해하려는 동기에서 속사식 권총을 구입한다고 할 수 있으나 속사식 권총을 구입하려는 동기에서 아내를 살해한다고 할 수는 없다. 즉, 동기는 C에만 적용할 수 있으나, 의도는 B와 C 모두에 적용할 수 있다. 마찬가지로 C와 D에서 C는 수단 그리고 D는 목적이며, 동기는 D에만 적용할 수 있는 반면 의도는 C와 D 모두에 적용할 수 있다. 최종 목적인 E와 그 수단인 D를 놓고 보아도 다르지 않다. 즉, 동기는 E에만 적용할 수 있는 것과는 달리 의도는 D와 E 모두에 적용할 수 있다. 이렇듯 동기는 수

단을 나타내는 데 사용할 수 없는 반면 의도는 수단을 나타내는 데 사용할 수 있으므로, 동기와 ((2)의 의미로서의 동기와) 의도를 동일한 개념으로 볼 수 없다.

3.2. 바람

제1장에서 설명된 바와 같이 모범형법전에 따르면 피해자를 살해할 의도가 있는 경우를 가장 중죄로 다스려야 하며, 피해자를 살해할 의도가 없은 경우 역시 죄의 중대요소를 발생시킨 데 대한 책임을 물어야 한다. 의도적인 살인murder죄를 적용해야 하는 경우에 있어서의 피해자가 사망한 것이 의도된 결과라면, 피니스John Finnis가 설명하는 바와 같이 비의도적인 살인 manslaughter죄를 적용해야 하는 경우에 있어서의 피해자가 사망한 것은 부수적인 결과side effect라는 것이 영미 법조계와 형법학자 그리고 철학자들 사이의 공통된 견해였다.[7] 부수적인 결과인 피해자가 사망한 것을 두고 의도적인 살인죄를 적용할 수 없다는 것은 예견했음에도 불구하고 의도하지 않을 수 있다는 말과 다르지 않다. 즉, 어떤 것을 예견한다는 것이 그것을 의도한다는 것의 충분조건이 될 수 없다는 말과 다르지 않다. 예견은 했으나 의도하지는 않은 경우는 어떤 경우인가? 이 물음에 대한 영미 법조계의 대표적인 답변을 들라면 제1장에서 설명되었듯이 바라지 않은 경우가 그 일순위가 될 수 있다.

피해자가 사망할 것을 예견은 했으나 바라지 않은 경우에 의도적인 살인죄를 적용할 수 없다는 것은 예견한다는 것과 바란다는 것이 각각 의도한다는 것의 필요조건이라는 – '어떤 것을 의도했다면, 그것을 예견했다'는 명제와 '어떤 것을 의도했다면, 그것을 바랐다'는 명제 모두가 참이라는 것을 의미한다 – 말과 다르지 않다. 물론 바란다는 것과 의도한다는 것 사이에 상관관계가 성립한다는 생각의 사람은 전자가 후자의 필요조건이라는 데서 ('어떤 것을 의도했다면, 그것을 바랐다'는 명제가 참이라는 데서) 만족하지 않을 수 있다. 즉, 〈몰로니 사건〉의 1심 판사와 같이 죄의 중대요소를 바랐다는 사실에 보다 큰 의미를 부여해 전자가 후자의 충분조건이라는 견해를 ('어떤 것을 바랐다면, 그것을 의도했다'는 견해를) 보일 수 있다.

하지만 위의 두 입장 모두에 대해 심각한 의문을 제기할 수 있다. 모범형법전 '2·02조 2항 a'와 〈스틴 사건〉의 데닝 대법관 그리고 〈하이엄 사건〉의 헤일샴 대법관의 견해와 달리 어떤 것을 바란다는 것이 그것을 의도한다는 것의 필요조건이 될 수 없는 이유를 3.2.2.에서 알아보기에 앞서, 〈몰로니 사건〉 1심 판사의 견해와 달리 어떤 것을 바란다는 것이 그것을 의도한다는 것의 충분조건이 될 수 없는 이유를 생각해보기로 하자.

3.2.1. 어떤 것을 바라면서 그것을 의도하지 않을 수 있다

1962년에서 1964년까지 13명의 여성을 살해한 데살보Albert DeSalvo는 10대 때 개와 고양이를 오렌지 상자에 가두고 서로 싸워 죽게 했으며, 상자 틈새로 직접 화살을 쏘기도 하는 등 동물을 학대한 경험을 가지고 있었다. 그가 동물에게 고통을 주고자 의도했다는 데 이견을 보일 수 없다. 그 이유를 설명하라면 화살이 빗겨갔다면 재차 시도했을 것이며, 화살을 맞고도 고통스러워하지 않았다면 보다 극단적인 방법을 동원했을 것이기 때문이라는 설명이 가능할 것이다. 즉, 개와 고양이가 고통스러워하길 바랐기 때문에 고통을 주고자 의도했다고 보아야 한다는 설명이 가장 손쉬운 설명일 수 있다. 『죄와 벌』의 라스콜리니코프에게 노파를 살해할 의도가 있었다고 보아야 하는 이유는 어떠한가? 노파를 찾아갔으나 전당포가 손님들로 북적였다면 손님들이 나가길 기다려 노파를 살해했을 것이며, 운 좋게도 자신과 같은 생각의 누군가가 노파를 살해하는 장면을 목격했더라도 만족했을 것이다. 이렇듯 노파를 살해할 의도가 있었다고 보아야 하는 이유에 대해서도 노파가 숨지길 바랐기 때문이라는 답변이 가장 손쉬운 답변일 것이다.

이렇듯 〈몰로니 사건〉 1심 판사와 같이 '어떤 것을 바란다는 것이 그것을 의도한다는 것의 충분조건이다'는 입장을 취한다면 데살보에게 그리고 라스콜리니코프에게 살해의도가 있었다는 결론을 손쉽게 내릴 수 있을 뿐 아니라, 묻지마 연쇄살인범에게도 피해자들을 살해할 의도가 있었다는 결론을 내릴 수 있는 등 많은 경우 상식에 부합되는 답변을 내릴 수 있다.

(P1) 어떤 것을 바랐다면, 그것을 의도했다.

(P2) 데살보는 (라스콜리니코프는, 묻지마 연쇄살인범은) 동물이 고통받길 (노파가 숨지길, 피해자들이 숨지길) 바랐다.

그러므로

(C) 데살보는 (라스콜리니코프는, 묻지마 연쇄살인범은) 동물에게 고통을 주고자 (노파를 살해하고자, 피해자들을 살해하고자) 의도했다.

(P1)이 참이라면 의도를 정의하는 일이 의외로 싱거울 수 있다. 하지만 애석하게도 〈몰로니 사건〉 1심 판사와 같이 (P1)에 의존해서는 기술적인 차원의 문제뿐 아니라 규범적인 차원의 문제에도 노출될 수밖에 없다. 케니가 제시한 다음의 예를 생각해보는 것으로 먼저 (P1)이 안고 있는 규범적인 문제점을 알아보기로 하자.

간호사 예 1

"육안으로는 구별할 수 없는 독극물과 진통제가 약장 안에 섞여 있다.

> 간호사 A와 B는 어떤 것이 진통제인지를 알지 못한다. A는 자신이 돌보는 환자가 사망하면 그 환자의 유산을 상속받을 수 있다. A는 손에 집히는 약을 꺼내 그것이 독극물이기를 바라며 통증에 시달리는 자신의 환자에게 주었다. B는 손에 집히는 약을 꺼내 그것이 진통제이길 바라며 통증에 시달리는 자신의 환자에게 주었다".[8]

케니에 따르면, "두 간호사 모두 비난으로부터 자유로울 수 없다. 하지만 그들이 건네준 약을 복용하고 두 환자 모두 사망했더라도 대다수는 그들이 도덕적으로 차이가 있다고 생각할 것이다".[9] A는 환자가 사망하길 바란 채 약을 건넨 반면 B는 환자가 사망할 수 있다는 것을 예견만 한 채 약을 건넸다는 점 이외에는 그들 사이에 차이점을 발견할 수 없다. 따라서 A의 행위가 B의 행위보다 도덕적으로 나쁘다면, 어떤 것을 바란 채 한 행위가 그것을 예견만 한 채 한 행위보다 도덕적으로 나쁘다는 결론을 얻을 수 있다. 즉, 전자가 후자보다 나쁘다면, 케니가 주장하는 바와 같이 위의 두 행위에 대해 도덕적으로 동등한 평가를 내릴 수 없다고 보아야 한다.

케니의 직관과 같이 우리의 직관도 A의 행위가 B의 행위에 비해 나쁘다는 쪽으로 기우는 것이 사실이다. 하지만 케니의 주장이 설득력을 얻기 위해서는 유일한 차이가 한쪽은 바란 채 행해진 반면 다른 한쪽은 예견만 한 채 행해진 두 행위는 모든 경우에 전자가 후자보다 나빠야 한다. 즉, 그들 두 행위 사이에 도덕적 차이가 없는 경우나 후자가 전자보다 나쁜 경우가 있을 수 있다면 케니의 주장은 설득력을 잃게 된다. 이렇듯 케니로서는 모든 경우에 전자가 후자보다 나쁘다는 것을 보여주어야 하며, 따라서 다음의 예로 자신의 입장을 공고히 하고자 한다. "적임자인 응시자를 임명하면 경쟁관계의 다른 응시자가 고통받을 것을 안 채로 적임자를 임명하는 것과 경쟁관계의 다른 응시자에게 고통을 주기 위해 적임자를 임명하는 것은 도덕적으로 차이가 있다".[10] 케니가 지적하는 바와 같이 경쟁관계의 응시자에게 고통을 주기 위해 적임자를 임명하는 것이 상대적으로 나쁘다고 보아야 할 것이다. 이렇듯 〈간호사 예 1〉뿐 아니라 위의 예 역시 케니의 결론을 뒷받침해주는 좋은 예가 될 수 있다.

하지만 오베르디에크Hans Oberdiek가 제시하는 다음의 예를 생각해보자.

간호사 예 2

(육안으로는 구별할 수 없는 독극물과 진통제가 약장 안에 섞여 있다. 따라서 간호사 A와 B는 어떤 것이 진통제인지를 알지 못한다.) "A가 돌보는 환자는 법망을 지능적으로 피해 다니는 악명 높은 마피아 두목이다. A는 손에 집히는 약을 꺼내 그것이 독극물이기를 바라며 환자에게 주었다. B의 환자도 A의 환자와 마찬가지로 치명적인 병에 걸리지는 않았으나 통증에 시달리고 있다. B는 손에 집히는 약을 꺼내 그것이 진통제이길 바라며 환자에게 주었다. 두 간호사 모두 비난으로부터 자유로울 수 없다. 하지만 A는 B와 달리 환자가 죽길 바랐음에도 불구하고 대다수는 B의 행위가 A의 행위보다 도덕적으로 나쁘다고 생각할 것이다".[11]

〈간호사 예 1〉에서와 같이 〈간호사 예 2〉에서도 A는 환자가 사망하길 바란 채 약을 건넨 반면, B는 단지 환자가 사망할 수 있다는 것을 예견만 한 채 약을 건넸다는 것 이외에 그들 사이에 차이점을 발견할 수 없다. 하지만 오베르디에크에 따르면, 〈간호사 예 2〉와 같이 유일한 차이가 한쪽은 바란 채 행해진 반면 다른 한쪽은 예견만 한 채 행해진 두 행위 중 전자보다 후자가 도덕적으로 나쁜 경우가 있을 수 있으므로, 케니의 주장은 설득력을 가지지 못한다.

하지만 라이언스Raymond Lyons는 〈간호사 예 1〉과 〈간호사 예 2〉에서 A와 B에 대해 상반된 평가를 내려야 한다는 오베르디에크의 주장 이면에는 결과주의consequentialism가 자리하고 있다고 진단하고,[12] 결과주의 해법에 이의를 제기해 〈간호사 예 1〉과 〈간호사 예 2〉에서 A는 환자를 죽이고자 한 반면 B는 환자의 고통을 덜어주고자 했으므로, 환자가 사망했다면 A에게는 살인죄 그리고 사망하지 않았다면 살인미수죄를 적용해야 하지만 B에게는 환자가 사망한 경우와 사망하지 않은 경우 모두 무모하게 행위를 한 데 대한 책임을 물어야 한다고 결론 짓는다.[13] 〈간호사 예 2〉에서 B의 행위가 A의 행위보다 나쁘다는 오베르디에크의 주장은 설득력을 갖지 못한다는 것이다.

라이언스가 진단하는 바와 같이 위의 두 예에 대한 오베르디에크의 해석은 결과주의를 기저로 하고 있다고 보아야 한다. 따라서 오베르디에크에 대한 라이언스의 반론에 힘을 실어주고자 한다면 결과주의에 대한 윌리엄스 Bernard Williams의 반론에 의존하는 것이 좋은 방편이 될 수 있다. 〈간호사 예 2〉에서 A는 환자가 사망하길 바랐음에도 불구하고 B의 행위가 A의 행위보다 도덕적으로 나쁘다는 것은, A와 B 자신들에 관계된 요소보다 환자에 관계된 요소를 중시해야 한다는 말과 다르지 않다. 그리고 이는 다시 행위자에 관계된 요소와 행위의 결과라는 두 요소 중 후자에 가치를 부여해야 한다는 말과도 다르지 않다. 따라서 윌리엄스가 지적하고 있는 바와 같이 결과주의는 소극적 책임 원칙doctrine of negative responsibility을 수용함으로써 − 소극적 책임 원칙에 따르면 "X를 하면 O_1이 그리고 X를 하지 않으면 O_2가 초래되며 O_2가 O_1보다 나쁘다는 것을 알면서 X를 하지 않는다면, O_2에 대한 책임이 있다". 행위자에게 지나치게 희생을 강요한다는 반론의 대상이 될 수 있다.[14]

윌리엄스가 제시하는 다음의 경우를 생각해보자. 식물채집을 위해 남아메리카를 여행 중이던 짐Jim은 어느 원주민 마을을 방문하고 당혹감을 감추지 못한다. 얼마 전 발생했던 소요에 대한 보복으로 군장교 페드로가 무고한 20명의 원주민을 총살하려는 광경을 목격한 것이다. 페드로는 낯선 방문자에 대한 예우 차원에서 짐에게 20명 중 한 명을 대신 사살하면 나머지 19명을 풀어주겠다고 약속한다. 하지만 짐의 경우 어떤 상황에서도 무고한 사람의 생명을 해치지 않겠다는 것이 자신에 대한 약속이었으며, 그 약속을 지키는 데서 삶의 의미를 찾았고 정체성도 유지해왔다. 하지만 페드로의 제안을 거절한다는 것은 곧 19명의 무고한 사람을 살릴 수 있는 기회를 포기한다는 것을 의미한다. 따라서 결과주의는 소극적 책임 원칙에 따라 짐에게 그들 19명의 죽음에 대한 책임을 물을 수밖에 없다. 바꿔 말하면, 결과주의에 따르면 짐은 페드로의 제안을 수용해야 하지만, 그럴 경우 짐은 삶의 의미뿐 아니라 정체성까지도 잃을 수밖에 없다. 이렇듯 윌리엄스는 결과주의는 소극적 책임 원칙을 수용함으로써 '행위자에 무관한 결과impartial consequence'를 위해 행위자에게 지나친 희생을 강요할 수밖에 없다.

짐과 마찬가지로 〈간호사 예 2〉에서 A 역시 어떤 상황에서도 무고한 사람의 생명을 해치지 않겠다는 것이 자신에 대한 약속이었으며, 그 약속을 지키는 데서 삶의 의미를 찾았고 정체성도 유지해왔다고 해보자. 따라서 환자가 비록 마피아 두목일지라도 그를 살해할 가능성을 차단하기 위해, 즉 자신의 정체성을 유지하기 위해 환자에게 약을 건네지 않았다고 해보자. 하지만 이는 마피아 두목을 제거할 기회가 있었음에도 불구하고 그 기회를 활용하지 않았다는 의미이므로, 결과주의는 소극적 책임 원칙에 따라 향후 마피아 두목이 초래할 사악한 결과들에 대한 책임이 A에게 있다고밖에 볼 수 없다. 이렇듯 오베르디에크와 같이 결과주의에 의존해 〈간호사 예 2〉에 대한 해법을 제시하기 위해서는 A에게 삶의 의미뿐 아니라 정체성까지도 포기할 것을 강요할 수밖에 없는 등 행위자에게 지나친 희생을 강요할 수밖에 없다는 반론을 감당할 수 있어야 한다.

〈간호사 예 2〉에 대한 라이언스의 평가가 옳다면 〈간호사 예 1〉에서 볼 수 있듯이 유일한 차이가 한쪽은 바란 채 행해진 반면 다른 한쪽은 예견만 한 채 행해진 두 행위는 전자가 후자보다 나쁘다는 케니의 주장에 힘을 실어줄 수 있다. 라이언스와 오베르디에크 중 누구의 손을 들어주어야 하는가? 관전 포인트를 이 물음에 둔다면 결과주의 해법의 설득력 여부를 논의해야 하는 부담스런 과정을 거쳐야 한다. 하지만 다행스러운 점은 어떤 것을 바라지만 그것을 의도하지 않을 수 있는지의 (어떤 것을 바란다는 것이 의도한다는 것의 충분조건인지의) 물음만을 놓고 본다면 위의 논의를 거치지 않아도 소기의 목적을 달성할 수 있다는 점이다. 즉, 〈간호사 예 1〉과 〈간호사 예 2〉에 대해 어떤 결론을 내리든지 그들 두 예와 다음의 예가 어떤 것을 바라지만 그것을 의도하지 않을 수 있다는 것을 보여준다.

사악한 의사 예

경영난을 겪고 있는 의사 A는 자신의 환자가 사망하면 소액이나마 그 환자의 유산을 상속받을 수 있다. A는 그 환자가 복용하는 약에 서서히 병세를 악화시켜 사망에 이르게 하는 저가의 판매 금지된 약을 섞어 그 환자에게 건넨다. 경영난을 겪고 있는 의사 B는 자신의 환자에게 고가의 약 대신 일정 기간은 그 고가의 약과 동일한 효과를 내나 결국 서서히 병세를 악화시켜 사망에 이르게 하는 저가의 판매 금지된 약을 건넨다.

의사 B의 입장에서 볼 때 환자가 사망하는 것이 자신의 목적을 이루는 데 도움이 되지 않는다. 즉, 환자가 기적적으로 생명을 유지하는 것이 그에게 가장 바람직한 시나리오일 것이다. 이렇듯 의사 A의 행위와 B의 행위의 유일한 차이는 〈간호사 예 1〉과 〈간호사 예 2〉에서와 같이 전자의 경우 그 결과를 바란 채 행해진 반면 후자의 경우는 그 결과를 예견만 한 채 행해졌다는 점뿐이다. 그들이 건네준 약을 복용하고 두 환자 모두 사망했다고 했을 때 A와 B 중 누가 더 나쁜가? 우리의 직관이 〈간호사 예 1〉에서 A와 B의 행위가 도덕적으로 차이가 있다는 쪽으로 기우는 것보다 오히려 〈사악한 의사 예〉에서 A와 B의 행위가 도덕적으로 차이가 없다는 쪽으로 더 강하게 기우

는 것이 사실이다. 다시 말해 유일한 차이가 한쪽은 바란 채 행해진 반면 다른 한쪽은 예견만 한 채 행해진 두 행위가 도덕적으로 차이가 없는 경우가 있을 수 있다고 보아야 한다. 따라서 〈간호사 예 2〉에 대한 오베르디에크의 평가가 설득력이 있는지와 무관하게, 케니의 주장과 달리 〈간호사 예 1〉에 의존해 어떤 것을 바란 채 한 행위가 그것을 예견만 한 채 한 행위보다 도덕적으로 나쁘다는 결론을, 즉 두 행위를 동일시할 수 없다는 결론을 내릴 수는 없다. (〈간호사 예 1〉은 어떤 것을 바란 경우가 그것을 예견만 한 경우보다 도덕적으로 나쁜 경우이지만, 〈사악한 의사 예〉는 전자와 후자가 도덕적으로 차이가 없는 경우이다.) 〈간호사 예 1〉과 〈사악한 의사 예〉가 어떤 것을 바란 채 한 행위와 그것을 예견만 한 채 한 행위 사이에 도덕적 차이가 없을 수 있다는 것을 보여준다는 사실이 바란다는 것과 의도한다는 것의 상관관계를 파악할 수 있는 결정적인 단서를 제공한다. 그것들로부터 그리고 '어떤 것을 의도한다면, 그것을 예견한다'는 명제에 의존해 다음과 같이 '어떤 것을 바란다면, 그것을 의도한다'는 명제가 거짓이라는 결론을 얻을 수 있기 때문이다.

(P1) 어떤 것을 의도했다면, 그것을 예견했다.

(P2) '어떤 것을 바랐다면, 그것을 의도했다'는 명제가 참이라면, '어떤 것을 바랐다면, 그것을 예견했다'는 명제가 참이다. (P1로부터)

(P3) '어떤 것을 바랐다면, 그것을 예견했다'는 명제가 참이라면, '어떤 것을 바란 경우가 그것을 예견만 한 경우보다 도덕적으로 나쁘거나 그것들 사이에 차이가 없을 수 있다'는 명제는 거짓이다.

(P4) '어떤 것을 바란 경우가 그것을 예견만 한 경우보다 도덕적으로 나쁘거나 그것들 사이에 차이가 없을 수 있다'는 명제는 참이다.

(P5) '어떤 것을 바랐다면, 그것을 예견했다'는 명제는 거짓이다. ((P3)과 (P4)로부터)

그러므로

(C) '어떤 것을 바랐다면, 그것을 의도했다'는 명제는 거짓이다. ((P2)와 (P5)로부터)

    제5장에서 논의될 바와 같이 어떤 것을 예견한다는 것이 그것을 의도한다는 것의 필요조건이다. 즉, (P1)은 참이다. '어떤 것을 바랐다면, 그것을 의도했다'고 해보자. 그렇다면 (P1)이 참이므로 '어떤 것을 바랐다면, 그것을 예견했다'고 보아야 한다. 즉, (P2) 역시 참으로 보아야 한다. (P3)은 어떠한가? 조직폭력배들을 폐탄광에 격리시킨다면 대다수가 만족할 것이라 해보자. 대다수에게 만족감을 주는 것이 옳다면, 조직폭력배들을 폐탄광에 격리시키는 것역시 옳다고 보아야 한다. 신발을 신은 채 수영장에 들어가면 수영장이 오염된다고 했을 때, 수영장을 오염시키는 것이 옳지 않음에도 불구하고 신발을신은 채 수영장에 들어가는 것이 옳다거나 도덕적으로 중립적이라는 평가를내릴 수 없다. 이렇듯 (P3)도 참으로 보아야 한다. 즉, '어떤 것을 바랐다면, 그것을 예견했다'는 명제가 참이라면, 어떤 것을 바란 경우와 그것을 예견만 한경우에 대하여 동일한 도덕적 평가를 내려야 한다.

    하지만 〈간호사 예 1〉과 〈사악한 의사 예〉로 알 수 있듯이 어떤 것을 바란경우와 그것을 예견만 한 경우에 대해 동일한 도덕적 평가를 내릴 수 없다. 즉, 〈간호사 예 1〉은 어떤 것을 바란 경우가 그것을 예견만 한 경우보다 도덕적으로 나쁠 수 있다는 것을 보여주는 반면, 〈사악한 의사 예〉는 전자와 후자가 도덕적으로 차이가 없을 수 있다는 것을 보여준다. 이렇듯 (P4)가 참이다. 〈간호사 예 2〉에 대한 오베르디에크의 평가가 옳다고 해도 (P4)의 진릿값이변하지 않는다. 즉, 〈간호사 예 2〉는 위의 두 경우 중 후자가 전자보다 나쁠수 있다는 것을 보여주는 반면, 〈사악한 의사 예〉는 그것들 사이에 차이가 없을 수 있다는 것을 보여주므로, 오베르디에크의 진단이 옳다고 해도 (P4)가 참이라는 결론을 얻을 수 있다. 이렇듯 (P3)와 (P4) 모두 참이므로, 그것들로부터(P5)가 참이라는 결론을 얻을 수 있다. (P2)가 참이므로, 이제 (P2)와 (P5)로부터 (C)가 참이라는 최종 결론에 이를 수 있다.

이렇듯 〈몰로니 사건〉 1심 판사와 같이 '어떤 것을 바랐다면, 그것을 의도했다'는 명제를 참으로 보아서는 규범적인 차원에서의 문제점을 노출시킨다고 보아야 한다. 뿐만 아니라 그와 같이 보아서는 기술적인 차원에서의 문제점에도 노출될 수밖에 없다. '어떤 것을 바랐다면, 그것을 의도했다'고 해보자. 그렇다면 어떤 것을 의도하지 않은 채 그것을 바랄 수는 없다고 보아야 한다. 인터뷰 장소로 급히 향하던 중 소나기를 만났다. 어쩔 수 없이 소나기 속을 전속력으로 뛰어간다. 이 경우 비를 한 방울도 맞지 않길 바라며 뛰어갈 수는 있으나, 비를 한 방울도 맞지 않고자 의도하며 뛰어가지는 않는다. 그 이유로 비를 한 방울도 맞지 않고 소나기 속을 헤쳐나가는 것이 가능하지 않다는 것을 알고 있기 때문이라는 설명이 가능하다. 다시 말해 바란다는 데는 비이성적인 요소가 개입될 수 있는 반면 의도한다는 데는 그것이 가능하지 않다고 보아야 하기 때문이다. 여닫이 문을 동시에 열고 닫길 바라며 문을 밀 수 있으나 그것을 의도한 채 문을 밀지 않는 것도 같은 이유에서이다. 이렇듯 〈몰로니 사건〉 1심 판사와 같이 어떤 것을 바란다는 것이 그것을 의도한다는 것의 충분조건으로 보아서는 기술적인 차원에서의 문제점도 노출될 수밖에 없다.

이상에서 알아본 바와 같이 바란다는 것과 의도한다는 것의 상관관계를 전자를 후자의 충분조건으로 파악할 수는 없다. 또한 전자를 후자의 충분조건으로 제시해서는 죄의 중대요소를 바란 경우에만 그것을 의도했다는 답변을 제시할 수 있다는 한계를 안을 수밖에 없다. 다시 말해 〈스미스 사건〉의 스미스, 〈하이엄 사건〉의 하이엄, 〈몰로니 사건〉의 몰로니가 피해자들이 사망하길 바라지는 않았다. 따라서 '어떤 것을 바랐다면, 그것을 의도했다'는 데 의존해서는 그들에게 살해의도가 있었는지를 파악할 수 없으며, 심지어 〈핸드 사건〉의 핸드에게 살해의도가 있었다는 답변을 내리는 것도 가능하지 않다.

따라서 바란다는 것과 의도한다는 것 사이의 상관관계를 부정하고 싶지 않다면, 전자가 후자의 필요조건이라는 〈스틴 사건〉의 데닝 대법관과 〈하이엄 사건〉의 헤일샴 대법관의 견해 그리고 모범형법전 '2·02조 2항 a'의 내용을 고려할 수 있다. (모범형법전 '2·02조 2항 a'는 어떤 것을 바라고 예견한다는 것을 그것을 의도한다는 것의 충분조건으로 제시하고 있다. 따라서 모범형법전 '2·02조 2항 a' 역시 어떤 것을 바란다는 것을 그것을 의도한다는 것의 필요조건으로 제시하고 있다고 보아야 한다.)

3.2.2. 어떤 것을 의도하면서 그것을 바라지 않을 수 있다

어떤 것을 바란다는 것이 그것을 의도한다는 것의 필요조건이라고 해보자. 즉, '어떤 것을 의도했다면, 그것을 바랐다'는 명제가 참이라고 해보자. 그렇다면 〈콕스 사건〉의 콕스 박사와 같이 안락사를 시술한 의사 그리고 〈커보키언 사건〉의 커보키언 박사와 같이 자살기계를 제공함으로써 환자의 자살을 도운 의사에게 환자를 살해할 의도가 없었다는 결론을 내릴 수 있다.

(P1) 어떤 것을 의도했다면, 그것을 바랐다.
(P2) 콕스 박사가 (커보키언 박사가) 환자가 사망하길 바란 것은 아니다.
　　　그러므로
(C) 콕스 박사는 (커보키언 박사는) 환자를 살해하고자 의도하지 않았다.

콕스 박사는 보이즈 여사를 통증에서 벗어나게 할 수 있는 방도가 달리 없었기에 그녀의 혈관에 약물을 주입했으며, 커보키언 박사 역시 환자를 고통에서 벗어나게 할 다른 방도가 있었다면 자살기계를 제공하지 않았을 것이다. 즉, (P2)는 참이다. 따라서 〈스틴 사건〉의 데닝 대법관과 〈하이엄 사건〉의 헤일샴 대법관이 주장한 바와 같이 그리고 모범형법전 '2·02조 2항 a'의 내용과 같이 (P1)이 참이라면, 안락사를 시술한 의사 모두에게 그리고 의자조력자살에 연루된 의사 모두에게 환자를 살해할 의도가 없었다고 보아야 한다. 이렇듯 안락사를 시술한 의사에게 그리고 환자의 자살을 도운 의사에게 의도적인 살인murder죄를 적용하는 것은 과하다는 생각의 사람들에게는 데닝, 헤일샵 대법관 등의 견해가 매력적일 수 있다.

하지만 〈스미스 사건〉의 스미스, 〈몰로니 사건〉의 몰로니, 〈핸드 사건〉의 핸드 등을 생각해보면 (P1)이 의도한다는 것의 외연을 지나치게 축소하고 있다는 의문을 갖지 않을 수 없다. (P1)이 참이라면, 그들 모두 피해자가 사망하길 바라지 않았기에 그들 모두에게 살해의도가 없었다는 답변을 내려야 하기 때문이다. 적어도 〈핸드 사건〉의 핸드에게는 의도적인 살인죄를 적용해야 하는 것은 아닌가?

의도는 목적뿐 아니라 수단에도 적용될 수 있는 반면 동기는 수단에는 적용될 수 없다는 데서 의도와 동기의 차이점을 읽을 수 있었다. 하지만 복권에 당첨되길 바랄 수 있는 등 바란다는 개념은 목적뿐 아니라 수단에도 적용될 수 있다. 따라서 동기와 의도가 동일한 개념이라는 입장을 취하는 것에 비해 '어떤 것을 의도했다면, 그것을 바랐다'는 명제가 참이라는 입장을 취하는 것이 상대적으로 수월하다고 보아야 한다. 하지만 위의 명제가 참이기 위해서는 모든 경우에 수단을 바라야 한다. 바꿔 말하면 수단을 언제나 의도하므로, 수단을 바라지 않는 경우가 있을 수 있다면 위의 명제는 참이 될 수 없다. 모든 경우에 수단을 바라는가?

〈쇄두술 예〉를 다시 생각해보자. 출산 중인 임신부의 산도에 태아의 머리가 끼어 임신부와 태아의 생명 모두가 위태롭다. 임신부를 살리기 위해서는 태아를 산도로부터 제거해야 하나 머리를 부수지 않고는 태아를 제거할 수 없다. 의사가 태아의 머리를 부수고 임신부를 살리겠다는 결정을 내렸을 경우, 마키스Donald Marquis가 지적하는 바와 같이 태아의 머리가 부서지는 사태를 의사가 바라지는 않으나 그것을 의도한다고 보아야 한다. "태아의 머리가 부서지는 것은 의사가 바라는 사태의 일부가 아니다. 그것이 태아의 죽음으로

이어지기 때문이다. 하지만 ⋯ 태아의 머리가 부서지는 것은 의사가 의도하는 사태이다".[15]

물론 의사의 입장에서 태아를 산도로부터 제거하지 않으면 임신부를 살릴수 없다. 따라서 태아의 머리가 부서지는 사태를 바라지 않는다는 마키스의 주장에 의문을 제기할 수 있을 것이다. 하지만 태아의 머리를 부수려는 순간 기적적으로 태아의 머리가 산도로부터 미끄러져 나왔다면 태아의 머리를 부수지 않을 것이다. 이렇듯 태아의 머리가 부서지는 사태를 의사가 바라는 것의 일부라고 할 수 없다. 반면 태아의 머리를 부순 후 태아를 산도로부터 제거하려 했으나 태아의 머리가 산도로부터 제거하기에 충분할 만큼 부서지지 않았다고 해보자. 그렇다면 의사는 태아의 머리를 부수려 재차 시도할 것이며, 필요하다면 수술도구까지 바꿔가며 부수려 할 것이다. 즉, 태아의 머리가 부서지는 사태를 의사가 의도한다고 보아야 한다. 이렇듯 〈쇄두술 예〉가 '어떤 것을 의도했다면, 그것을 바랐다'는 명제가 참이라는 데 대한 반례가 될 수 있다.

오 헨리O. Henry의 단편소설 「동방박사의 선물The Gift of the Magi」에서 델라Della는 수개월 동안 모은 1달러 87센트로는 남편 짐Jim의 크리스마스 선물을 마련할 수가 없었다. 머리카락을 잘라 짐의 선물을 마련한 델라가 머리카락이 잘리길 의도했다고 보아야 한다. (델라의 사정을 안 미용사가 차마 자를 수 없다고 거절했다면 다른 미용실로 찾아갔을 것이다.) 하지만 머리카락을 자르지 않고도 선물을 마련할 수 있었다면 머리카락을 자르지 않았을 것이므로, 머리카락이 잘리길 델라가 바랐다고는 할 수 없다.

연쇄살인범 예

길 가던 여성들을 둔기로 살해한 연쇄살인범에게 사형선고가 내려졌다. 하지만 그는 다음과 같이 판결의 부당함을 호소한다. "판결에 승복

할 수 없습니다. 살인죄가 성립되어야 사형선고를 내릴 수 있는 것 아닙니까? 저에게 살인죄를 적용했다는 것은 제가 그분들을 살해하고자 의도했다는 말인데, 맹세코 의도하지 않았습니다. 단지 두개골의 함몰과 죽음 사이에 함수관계가 성립하는지를 알고자 의도했을 뿐입니다. 저와 같은 피해자가 더 이상 생겨서는 안 됩니다. 그걸 막기 위해서라도 항소하겠습니다. 항소심에서는 제대로 된 판결이 내려질 것입니다".

연쇄살인범은 두개골의 함몰과 죽음 사이에 함수관계가 성립하는지를 알고자 길 가던 여성들을 둔기로 살해했다. 따라서 피해여성들이 둔기에 맞았음에도 불구하고 생존했더라도 둘 사이에 함수관계가 성립하는지를 알 수 있기에 나름 만족했을 것이다. 즉, 연쇄살인범이 피해여성들이 사망하길 바랐다고 할 수 없다. 하지만 그가 피해여성들을 살해하고자 의도했다는 데는 (그에게 살인죄를 적용해야 한다는 데는) 이견을 보일 수 없다. 이렇듯 위의 예들이 수단을 의도는 했으나 바라지 않을 수 있다는 것을 보여주며, 따라서 '어떤 것을 의도했다면, 그것을 바랐다'는 명제는 거짓으로 보아야 한다.

브레이크가 파열된 통제불능의 화차가 작업 중인 다섯 명을 향해 질주하고 있다. 하지만 지형이 협소해 그들은 화차를 피할 수 없는 상황이다. 이 광경을 목격한 스모 선수가 바퀴에 사람이 끼면 화차가 멈추게 되리라는 것을 알고 구경꾼 중 한 사람을 들어 바퀴를 향해 던졌다. 화차를 멈추게 할 다른 방법이 있었다면 구경꾼을 희생시키지 않았을 것이며, 구경꾼이 기적적으로 생존했다면 오히려 기뻐했을 것이다. 이렇듯 스모 선수가 구경꾼이 사망하길 바랐다고 할 수 없다. 하지만 의도했다고는 보아야 한다. 구경꾼이 체구가 작아 화차가 멈추지 않았다면 적당한 사람을 골라 재차 시도했을 것이기 때문이다.

이 이외에도 수단을 의도했으나 바라지는 않은 경우를 무수히 생각할 수 있다. 테러 폭격가는 민간인 중 어떤 대상을 표적으로 삼는 것이 적에게 가장 큰 공포심을 유발할 것인지 그리고 어떤 방법으로 폭격을 가하는 것이 가장 효율적인지의 문제를 해결해야 한다. 금융가의 한 건물을 표적으로 삼고 출격했으나 기밀이 누설되어 그 건물에 있던 사람들이 다른 건물로 이동했다는 정보를 입수했다고 해보자. 그렇다면 계획을 수정해 그 새로운 건물을 표적으로 삼을 것이며, 건물이 견고해 뜻을 이루지 못했다면 보다 고성능의 폭탄으로 재차 폭격을 가할 것이다. 이렇듯 테러 폭격가는 민간인을 살해하고자 의도한다고 보아야 한다. 하지만 목표물로 향하던 중 적이 항복했다는 소식을 접한다면 계획을 철회할 것이므로, 그가 민간인이 사망하길 바란다고 할 수는 없다. 뿐만 아니라 생계형 살인강도 역시 피해자가 사망하길 바란 것은 아니므로, '어떤 것을 의도했다면, 그것을 바랐다'는 명제가 참이라면 그에게 의도적인 살인죄를 적용할 수 없다.

3.2.1.에서 논의 되었듯이 어떤 것을 바란다는 것이 그것을 의도한다는 것의 충분조건이 될 수 없으며, 위의 예들이 보여주듯이 전자가 후자의 필요조건도 될 수 없다. 즉, 제1장 말미에 나열한 ⓐ~ⓖ 중 ⓐ와 ⓑ를 거짓으로 보아야 한다. 그리고 ⓑ가 거짓이라는 말은 바란다는 것을 의도한다는 것의 필요조건으로 제시하고 있는 ⓒ 역시 거짓이라는 말과 다르지 않다.

ⓐ 어떤 것을 바랐다면, 그것을 의도했다(어떤 것을 바란다는 것이 그것을 의도한다는 것의 충분조건이다). (〈몰로니 사건〉의 1심 판사)

ⓑ 어떤 것을 의도했다면, 그것을 바랐다(어떤 것을 바란다는 것이 그것을 의도한다는 것의 필요조건이다). (〈스틴 사건〉의 데닝 대법관, 〈아이엄 사건〉의 헤일샴 대법관, 모범형법전 '2·02조 2항 a')

ⓒ 어떤 것을 바랐고 예견했다면, 그것을 의도했다(어떤 것을 바라고 예견한다는 것이 그것을 의도한다는 것의 충분조건이다). (모범형법전 '2·02조 2항 a', 직접적 고의, 그

리고 앞으로 논의될 앤스콤G.E.M. Anscombe, 케니, 보일Joseph Boyle)

흥미로운 점은 캠벨Steve Campbell 사건의 항소심 재판부가 3.2.1.과 3.2.2.에서의 논의 결과인 의도한다는 것과 바란다는 것이 별개의 개념이라는 필자의 입장과 동일한 입장을 취함으로써 ⓐ, ⓑ 두 명제가 참이 아니라는 말은 의도한다는 것과 바란다는 것이 별개의 개념이라는 말과 다르지 않다) 의도했는지의 여부를 판별하고자 했다는 사실이다.

캠벨 사건

1980년 초가을 어느 날, 캠벨은 아내가 친구 배스노Patrick Basnaw와 잠자리를 함께하는 장면을 목격한다. 그로부터 2주 후인 10월 4일 그는 배스노의 집으로 찾아가 배스노 그리고 배스노의 여자친구인 클리랜드Kimberly Cleland와 함께 취하도록 술을 마신다. 술에 취한 배스노가 자살 이야기를 꺼내며 총이 없다고 말하자 캠벨은 총을 빌리거나 살 수 없을 것이라고 말하고는, 곧 마음을 바꿔 지금 수중에 있는 돈을 모두 주면 액수에 관계없이 자신의 총을 팔겠다고 제안한다. 하지만 배스노가 거절하나 계속 부추겨 결국 배스노와 함께 자신의 부모님 집으로 가서 권총과 탄환 5개를 가져온다. 15분 만에 집으로 돌아온 배스노는 클리랜드에게 자살할 테니 캠벨과 함께 집에서 나가라고 말하고 유서를 쓰기 시작한다. 캠벨은 클리랜드에게 식탁 위에 있는 탄환은 공포탄이라고 작은 소리로 말하고 설마 자신이 진짜 탄환을 줬겠냐고 안심시킨다. 클리랜드는 캠벨과 함께 03:30분경 집을 나서며, 그날 아침 배스노는 권총을 손에 쥔 채 숨진 채로 발견된다. 열린 살인open murder 혐의로 기소된 캠벨은 1심재판부에 의해 살인죄 판결을 받으나, 항소심 재판부는 수단(권총)이 사용되길 의도한 채 제공하는 경우와 그것이 사용되길 바란 채 제공하는 경우 사이에는 차이가 있으며,

캠벨의 경우와 같이 후자에 해당되는 경우를 살해의도가 있는 경우로
보기에는 충분하지 않다는 견해를 보인다.[16]

검찰이 캠벨을 열린 살인 혐의로 기소했듯이 그를 일급살인 혐의로 기소하
기에는 다소 부담스러운 것이 사실이다. (미시간주법에 따르면 살인은 일급살인
first-degree murder, 이급살인second-degree murder 둘 중 하나라야 한다. 하지만
검찰에게 둘 중 한쪽을 선택해서 기소할 것을 강요하지는 않는다. 그들의 복합적 의미
인 열린 살인 혐의로 기소해도 제시된 증거를 기초로 배심원단이 어느 쪽에 해당하는
지를 판단할 수 있도록 하고 있다.) 하지만 문제는 다음 두 경우의 차이점을 들어
살해의도의 유·무를 판별하고자 한 항소심 재판부의 판결 이유에 동의할 수
있는가 하는 것이다.

㉠ 수단이 쓰여지길 의도한 채 제공하는 경우
㉡ 수단이 쓰여지길 단지 바란 채 제공하는 경우

'어떤 것을 의도했다면, 그것을 바랐다'고 해보자. 그렇다면 ㉠이 곧 ㉡이
며, 따라서 ㉠과 ㉡을 차별하는 것이 가능하지 않다. '어떤 것을 바랐다면, 그
것을 의도했다'고 해도 다르지 않다. 그렇다면 ㉡이 곧 ㉠이므로, ㉠과 ㉡을
차별하는 것이 가능하지 않다고 보아야 한다. 이렇듯 〈캠벨 사건〉 항소심 재
판부가 ㉠과 ㉡의 차이를 들어 의도했는지를 판별하고자 했다는 것은, '어떤
것을 의도했다면, 그것을 바랐다'는 명제와 '어떤 것을 바랐다면, 그것을 의도
했다'는 명제를 부정했다는 말과 다르지 않다. 설명된 바와 같이 위의 두 명제
모두 거짓이므로, ㉠과 ㉡의 차이를 들어 문제를 해결하고자 한 시도 그 자체
에는 만족할 수 있다.

〈캠벨 사건〉 항소심 재판부의 견해대로 ㉠과 ㉡의 차이를 들어 의도했는지의 여부를 판별할 수 있다면, 〈캠벨 사건〉과 그 구조가 동일한 의사조력자살 문제도 해결할 수 있다고 보아야 한다. 〈커보키언 사건〉의 커보키언 박사는 루게릭병 말기환자 하이드Thomas Hyde에게 이산화탄소 마스크를 부착했음을 인지시킨 후 이산화탄소 배출구에 연결된 줄을 그의 손에 쥐어줬다고 밝히는 등 자살기계를 제공한 사실 자체를 부인하지는 않았다. 그가 부정한 것은 환자를 살해할 의도가 있었다는 검찰 측의 주장이었다.

'어떤 것을 의도했다면, 그것을 바랐다'는 명제가 참이라면, 커보키언 박사가 환자가 사망하길 바란 것은 아니므로 환자를 살해하고자 의도하지 않았다는 결론을 내릴 수 있다. 하지만 설명된 바와 같이 위의 명제가 참이 아니므로, 위의 명제에 의존해서는 커보키언 박사에게 환자를 살해할 의도가 없었다는 입장을 취할 수 없다. 따라서 의사조력자살 옹호론자에게는 〈캠벨 사건〉 항소심 재판부의 견해가 매력적인 대안이 될 수 있다. 하이드가 목숨을 끊고 싶다는 의사를 표명했기에 자살기계를 제공했으며, 이산화탄소 마스크를 부착했으나 하이드가 마음을 바꿔 마스크를 제거해달라고 요구했다면 들어주었을 것이다. 즉, 자살기계가 (수단이) 쓰여지길 의도한 채 제공한 것이 아닌, 단지 그것이 쓰여지길 바란 채 제공했다는 해석이 가능하다. 따라서 〈캠벨 사건〉 항소심 재판부의 견해에 의존한다면, 커보키언 박사가 환자를 살해하고자 의도한 것은 아니라는 결론을 내릴 수 있다.

〈캠벨 사건〉 항소심 재판부의 견해대로 ㉡의 경우에는 살해의도가 없었다고 보아야 한다면 적어도 의사조력자살 문제는 해결되었다고 보아야 하지만 다음의 경우를 생각해보자.

㉢ 수단이 사용되길 바라지도 않은 채 제공하는 경우

살해의도가 있었는지의 물음을 놓고 ㉠과 ㉡을 차별할 수 있다면(㉠의 경우는 살해의도가 있는 경우로 보아야 하는 반면 ⓛ의 경우는 그렇게 볼 수 없다면), 위의 물음을 놓고 ㉠과 ㉢을 차별할 수 있어야 한다. 즉, ⓛ의 경우와 비교할 때 ㉢의 경우는 더욱이 살해의도가 없는 경우라야 한다. 따라서 ㉠과 ㉢을 차별할 수 없다면, ㉠과 ⓛ을 차별함으로써 캠벨에게 살해의도가 없었다고 판시한 〈캠벨 사건〉 항소심 재판부의 해법은 성공적일 수 없다.

(P1) ㉠과 ⓛ을 차별함으로써 살해의도의 유·무를 판별할 수 있다면, ㉠과 ㉢을 차별함으로써 살해의도의 유·무를 판별할 수 있다.

(P2) ㉠과 ㉢을 차별함으로써 살해의도의 유·무를 판별할 수 없다.

(P3) ㉠과 ⓛ을 차별함으로써 살해의도의 유·무를 판별할 수 없다. ((P1)과 (P2)로부터)

　　그러므로

(P4) ㉠과 ⓛ을 차별함으로써 살해의도의 유·무를 판별하고자 한 〈캠벨 사건〉 항소심 재판부의 해법은 성공적일 수 없다. ((P3)로부터)

위의 논변은 타당하며, (P1)은 참이다. 따라서 (P2)가 참이라면, (P3) 역시 참이다. 즉, (P2)가 참이라면 〈캠벨 사건〉 항소심 재판부의 입장은 설득력이 없다고 보아야 한다.

콩나물공장 사장 예

금융위기가 소비를 위축시켜 어떤 콩나물공장이 파산위기에 몰렸다. 사장은 고민 끝에 성장 속도를 세 배 이상 촉진시키는, 하지만 치명적인 성분의 비료로 콩나물을 재배해 유통시킨다. 그 결과 많은 사람이 사망한다.[17]

공원묘지 관리인 예

묘지의 기수가 늘어나지 않자 어떤 공원묘지에서 불가피하게 관리인을 감축할 계획을 세웠다. 이 소식을 접한 그 공원묘지의 관리인이 고민 끝에 콩나물공장에 잠입해 수조에 치명적인 독극물을 넣는다. 그 결과 많은 사람이 사망한다.[18]

공원묘지 관리인으로서는 오염된 콩나물을 소비한 소비자들이 사망하지 않으면 목적을 달성할 수 없다. 따라서 독극물에 오염된 콩나물을 소비하고도 소비자들이 숨지지 않는다면 보다 치명적인 성분의 독극물로 재차 시도할 것이다. 다시 말해 공원묘지 관리인의 경우가 수단이 쓰여지길 (오염된 콩나물이 소비되길) 의도한 채 제공한 대표적인 경우가 될 수 있을 것이다. 반면, 콩나물공장 사장에게는 소비자들이 사망하는 것이 목적을 달성하는 데 도움이 되지 않는다. 즉, 소비자들이 건망증으로 콩나물을 구입했다는 사실을 잊고 썩혀버리는 일을 반복하는 것이 그에게는 가장 바람직한 시나리오일 것이다. 이렇듯 콩나물공장 사장의 경우는 수단이 쓰여지길 바라지 않은 채 제공한 대표적인 경우가 될 수 있다.[19] 소비자들을 살해할 의도가 있었는지의 물음을 놓고 콩나물공장 사장과 공원묘지 관리인을 차별할 수 있는가?

〈캠벨 사건〉 항소심 재판부의 입장대로 ㉠의 경우는 피해자들을 살해하고자 의도한 경우로 보아야 하는 반면 ㉡의 경우는 의도하지 않은 경우로 보아야 한다면, 공원묘지 관리인과 달리 콩나물공장 사장에게는 피해자들을 살해할 의도가 없었다고 보아야 한다. 하지만 〈캠벨 사건〉 항소심 재판부가 위의 두 사건을 담당한다고 해도 공원묘지 관리인에게만 살인죄를 적용하지는 않을 것이다. 이렇듯 ㉠과 ㉡을 차별할 수 없는 경우가 있을 수 있으며, 따라서 (P2)를 참으로 보아야 한다. 즉, 〈캠벨 사건〉 항소심 재판부가 제시한 판결 이유는 설득력이 없다고 보아야 하며, 그것에 의존해 의사조력자살에 연루된 의사에게 환자를 살해할 의도가 없었다는 결론을 내릴 수 없다.

〈콩나물공장 사장 예〉, 〈공원묘지 관리인 예〉, 〈캠벨 사건〉, 〈커보키언 사건〉 사이에 차이점이 존재하지 않는 것은 아니다. 커보키언 박사의 환자와 〈캠벨 사건〉의 배스노는 수단이 (자살기계와 총이) 제공되길 바란 반면, 콩나물을 소비한 소비자들은 수단이 제공되길 (오염된 콩나물이 제공되길) 바라지 않았다. 하지만 이와 같은 차이가 위의 논의에 영향을 끼치지는 못한다고 보아야 한다. 예컨대 마약 공급책으로서는 수단이 (마약이) 쓰여지길 의도한 채 공급할 필요는 없으며, 단지 쓰여지길 바란 채 제공할 수 있다. 즉, 그로서는 소비자들이 사망하길 바라지 않고 단지 중독 정도가 심해져 공급량이 늘어나길 바랄 것이다. 뿐만 아니라 소비자들은 마약을 공급받길 바란다. 어떤 마약 공급책이 당장 입원치료를 받지 않으면 사망할 고객에게 모든 상황을 알고도 마약을 공급해 그 고객이 사망했다고 해보자. 이와 같은 경우 그 사망한 고객이 마약을 공급받길 바랐음에도 불구하고 마약 공급책에게 살해의도가 있었다고 보아야 한다.

이상에서 알아본 바와 같이 어떤 것을 바란다는 것이 그것을 의도한다는 것의 필요조건이 될 수 없으며, 3.2.1.에서 논의되었듯이 전자가 후자의 충분조건도 될 수 없다. 바꿔 말하면 바란다는 것과 의도한다는 것은 별개의 개념으로 보아야 한다. 또한 그들이 별개의 개념이라고 하더라도 〈캠벨 사건〉 항소심 재판부와 같이 '수단이 쓰여지길 의도한 채 제공하는 경우'와 '수단이 쓰여지길 단지 바란 채 제공하는 경우'의 차이를 들어 살해의도가 있었는지를 판별할 수는 없다고 보아야 한다.

3.3. 목적

목적purpose이라는 용어는 행위의 결과를 지칭하는 의미로 다양하게 사용되고 있다. 앞서 소개된 바와 같이 데살보는 개와 고양이를 상자에 가두고 화살을 쐈다. 화살이 빗겨갔다면 재차 시도했을 것이며, 화살에 맞고도 고통스러워하지 않았다면 고통을 줄 수 있는 다른 방법을 간구했을 것이다. 따라서 그가 동물들이 고통스러워하길 바랐다고 보아야 한다. 하지만 동물에게 고통을 주는 것이 그의 궁극적인 목적ultimate purpose은 아니었다. 동물들이 고통스러워하길 바란 이유는 동물들이 고통스러워하지 않으면 쾌감을 맛보고자 하는 등의 궁극적인 목적ultimate purpose을 달성할 수 없었기 때문이다. 이렇듯 목적을 (궁극적인 목적을) 동기의 의미로 이해할 수 있으나, 3.1.에서 설명된 바와 같이 동기와 의도를 동일시할 수는 없다.

목적을 동기의 의미로 이해하고 제1장 말미에 나열한 ⓐ~ⓖ 중 ⓓ의 입장을 취해도 도움이 되지 않는다.

ⓓ: 어떤 것을 목적으로 삼았다면, 그것을 의도했다(어떤 것을 목적으로 삼는다는 것이 그것을 의도한다는 것의 충분조건이다). (잉글랜드와 웨일스 법위원회 1989년 형법안과 1993년 보고서, 살인과 종신형에 관한 상원 특별위원회 1989년 보고서, 아일랜드 법개정위원회 2001년 자문논문)

〈스미스 사건〉, 〈핸드 사건〉 등 지금까지 소개된 모든 사건에서 범행동기가 피해자들을 살해하는 데 있지는 않았다. 따라서 목적을 동기의 의미로 이해하고 ⓓ를 적용한다면, 그들 사건에서 모두 피해자들을 살해할 의도가 있었다는 답변을 얻을 수 없다.

〈스틴 사건〉의 데닝 대법관이 '어떤 것을 의도했다면, 그것을 목적으로 삼았다'고 했을 때, 동기의 의미로서의 목적을 염두에 두었다고 해도 다르지 않다. 목적을 동기의 의미로 이해하고 ⓐ~ⓖ 중 ⓔ의 입장을 취한다면 의도한다는 것의 외연을 지나치게 축소하고 있다는 반론을 감수해야 하기 때문이다.

ⓔ: 어떤 것을 의도했다면, 그것을 목적으로 삼았다(어떤 것을 목적으로 삼는다는 것이 그것을 의도한다는 것의 필요조건이다). (〈스틴 사건〉의 데닝 대법관)

〈스미스 사건〉, 〈핸드 사건〉 등 지금까지 소개된 모든 사건의 범행동기가 피해자들을 살해하는 데 있지 않았다. 따라서 목적을 동기의 의미로 이해하고 ⓔ의 입장을 취한다면 그들 사건에서 모두 피해자를 살해할 의도가 없었다는 결론을 내릴 수밖에 없다. 이렇듯 목적을 동기의 의미로 이해하고 의도와의 연관성을 찾아서는 승산이 없다고 보아야 한다. 따라서 목적을 수단과 대비되는 개념으로서의 목적end의 의미로 이해하고 의도와의 연관성 여부를 짚어보기로 하자.

3.3.1. 목적을 달성하는 데 원인으로서 기여한다는 것

수단과 대비되는 개념으로서의 목적과 의도가 동일한 개념이기 위해서는 목적에 내포된 모든 속성이 의도에 내포되어 있어야 하며 의도에 내포된 모든 속성이 목적에 내포되어 있어야 한다. 하지만 3.1.2.에서 설명된 바와 같이 의도는 목적뿐 아니라 수단을 나타내는 데도 쓰일 수 있으므로, 목적과 의도를 동일시할 수는 없다.

목적을 수단과 대비되는 개념으로서의 목적으로 이해하고 제1장 말미에 나열한 ⓐ~ⓖ 중 ⓓ의 입장을 취한다면, 목적을 동기의 의미로 이해할 때와 동일한 문제를 안을 수밖에 없다. 의도가 목적을 나타내는 데 쓰인다는 말은

ⓓ를 부정할 수 없다는 말과 다르지 않다. 하지만 잉글랜드와 웨일스 법위원회 1989년 형법안과 1993년 보고서 등이 이중장벽론을 채택해 '어떤 것을 예견했다면, 그것을 의도했다'는 입장도 함께 취한 것을 보아도 알 수 있듯이, ⓓ에만 의존하는 것은 실제적인 해결책이 될 수 없다. 〈스미스 사건〉의 스미스 그리고 〈핸드 사건〉의 핸드의 목적이 피해자들을 살해하는 데 있지 않았으므로, ⓓ에만 의존해서는 스미스와 핸드에게조차도 살인죄를 적용할 수 없기 때문이다.

데닝 대법관과 같이 '어떤 것을 의도했다면, 그것을 목적으로 삼았다'고 본다면, 즉 ⓐ~ⓖ 중 ⓔ의 입장을 취하면 어떠한가? 〈스틴 사건〉에서 적을 돕는 것이 스틴의 목적은 아니었다. 따라서 〈스틴 사건〉에 ⓔ를 적용한다면 스틴이 적을 돕고자 의도하지 않았다는 나름 상식적인 답변을 얻을 수 있다. 하지만 〈스미스 사건〉의 스미스, 〈핸드 사건〉의 핸드 등 지금까지 소개된 모든 사건에 대해서는 직관에 위배되는 답변을 내려야 한다는 문제를 안을 수밖에 없다. 그들 모든 사건에서 피의자들의 목적이 피해자들을 살해하는 데 있지는 않았으므로, 그들 모두에게도 살해의도가 없었다고 보아야 하기 때문이다. 이렇듯 목적을 수단과 대비되는 개념으로서의 목적end의 의미로 이해한다면 그리고 목적으로 삼는다는 것을 의도한다는 것의 필요조건으로 본다면 의도한다는 것의 외연을 지나치게 축소한다는 반론으로부터 자유로울 수 없다.

수단과 의도의 상관관계에 기초해 목적과 의도의 상관관계를 찾고자 한다면 어떠한가? 설명된 바와 같이 어떤 사태(결과)가 목적을 달성하기 위한 수단이라면 그 사태를 의도했다고 보아야 한다. 따라서 사태 S가 P의 행동계획에 나타날 수 있는 여러 사태 중 하나였으며 P가 달성하고자 한 목적에 S가 원인으로 기여했다면, S를 수단으로 보아 P가 S를 의도했다고 보는 것이 자연스러울 것이다. 수단을 이와 같이 해석한다면, 즉 목적을 달성하고자 선택한 것이 목적을 달성하는 데 원인으로 기여했을 경우 그 선택한 것을 수단으로 보아야 한다면, 많은 경우 상식에 부합되는 답변을 얻을 수 있다. 예컨대 〈핸드 사건〉

에서 핸드는 보험금을 타낼 목적으로 아내를 살해했다. 그는 목적을 달성하기 위해 아내를 사망케 하는 선택을 했으며, 범행이 발각되지 않았다면 아내를 사망케 한 것이 보험금을 타낸다는 목적을 달성하는 데 원인으로 기여했을 것이다. 따라서 아내를 사망케 한 것을 목적을 달성하기 위해 핸드가 채택한 수단으로 보아야 한다는, 따라서 핸드에게 아내를 살해할 의도가 있었다는 상식적인 답변을 얻을 수 있다.

〈쇄두술 예〉를 생각해보자. 로마 교황청에 따르면 태아의 머리를 부수는 행위는 태아를 살해하고자 의도하는 행위인 반면, 임신부를 죽게 방치하는 행위는 임신부를 살해하고자 의도하는 행위가 아니다. 따라서 임신부가 숨지길 기다려 태아를 살려야 한다. 하지만 현실적으로 교황청의 입장에 동조하기 어려운 것이 사실이다. 어떤 사태가 목적에 원인으로 기여했다면 그 사태를 수단으로 보아야 한다고 해보자. 태아가 숨지는 사태와 임신부가 생존하는 사태 사이에 인과관계가 성립한다면, 태아가 숨진 것을 임신부를 살리는 수단으로 보아야 한다. 하지만 둘 사이에 인과관계가 성립하지 않는다는 해석이 가능하며, 따라서 교황청의 답변에 동조할 수 없는 사람에게는 그리고 의도와 목적 사이에 어떤 식으로든 상관관계가 성립된다는 생각의 사람에게는 수단을 위와 같이 해석하는 것이 매력적일 수 있다.

태아가 숨지는 사태와 임신부가 생존하는 사태 사이에 인과관계가 성립하지 않는다는 것은 간단히 설명될 수 있다. 〈쇄두술 예〉에 얽혀 있는 인과관계는 크게 보아 (a) 태아의 머리를 부수는 사태, (b) 태아가 숨지는 사태, (c) 태아의 머리가 작아지는 사태, (d) 임신부가 생존하는 사태 사이의 인과관계이다. (a)와 (b) 사이에 인과관계가 성립하며, (a)와 (c) 사이에도 인과관계가 성립한다. 또한 (c)와 쇄두술을 시술하는 궁극적인 목적인 (d) 사이에도 인과관계가 성립한다. 하지만 태아를 제거하기에 충분할 만큼 머리를 부수었으나 태아의 목숨이 끊어지지 않았다면 의사는 태아의 목숨을 끊고 산도로부터 제거할 것이다. 즉, (b)와 (d) 사이에는 인과관계가 성립되지 않는다. 어떤 사태가 목적에 원인으로 기여했다면 그 사태를 수단으로 보아야 한다면, (a)와 (b)는 수단으로 보아야 하며 따라서 그들을 의도했다고 보아야 하는 반면, (b)는 수단으로 볼 수 없다. 즉, 의도되지 않은 부수적인 결과로 보아야 한다. 따라서 쇄두술을 시술해도 (태아의 머리를 부수고 임신부를 살려도) 태아를 살해하고자 의도한 것이 아닌 태아의 머리를 작게 하고자 의도했다는 결론에 이를 수 있다.

수단을 이와 같이 이해한다면 〈핸드 사건〉과 〈쇄두술 예〉 등에 대해서도 상식적인 답변을 얻을 수 있으나, 수단을 그와 같이 해석하는 것이 의도와의 상관관계를 찾는 데 도움이 될 수 있을지는 의문이다. 브랫먼이 지적하는 바와 같이 수단인지의 여부를 파악하기 위해서는 의도했는지의 여부에 의존할 수밖에 없는 경우가 있을 수 있기 때문이다. 브랫먼은 순환논리에 빠지지 않고는 수단인지의 여부를 판단할 수 없는 경우가 가능하다는 것을 보여주기 위해 다음의 예를 제시한다.

전략 폭격가 예 1

"적의 군수공장을 폭격하려는 전략 폭격가strategic bomber가 군수공장 주변에 있는 아이들을 죽이면 적에게 공포 분위기를 조성해 적을 약화시키는 효과를 거둘 수 있다는 말을 들었다. 이는 그가 숙고하여 결정을 내리는 데 있어서 주목할 만한 사안이다. 하지만 그가 선택한 행동계획에서 나타날 수 있는 여러 사안 중에 아이들을 죽이는 것이 적을 약화시키는 데 원인으로서 기여할 것이라는 사실이 포함되어 있다".[20]

전략 폭격가가 선택한 행동계획 내에서 아이들을 숨지게 하는 것을 적을 약화시키는 수단으로 보아야 하는가? 아이들을 숨지게 하는 것은 전략 폭격가가 선택한 행동계획 중 일부이다. 또한 아이들을 숨지게 하는 것이 적을 약화시키는 데 원인으로 기여한다는 사실을 알고 있다. 행동계획의 일부로서 선

택한 사태가 목적에 원인으로 기여한다면, 그 사태를 수단으로 보아야 한다고 해보자. 그렇다면 아이들을 숨지게 하는 것을 수단으로 보아야 하며 따라서 아이들을 숨지게 하고자 의도한다고 보아야 한다. 하지만 브랫먼에 따르면 전략 폭격가가 아이들을 살해하고자 의도하지 않을 수 있다. 따라서 아이들이 숨지게 하는 것이 수단인지의 여부를 파악하기 위해서는 아이들을 살해하고자 의도했는지의 여부에 의존할 수밖에 없다.

비록 아이들을 숨지게 하는 것과 적이 약화되는 것 사이에 인과관계가 성립한다는 것을 그가 알았다고 하더라도 여전히 아이들의 죽음을 초래함으로써 적을 약화시키는 것을 의도하지 않을 수 있다. 예컨대 아이들이 군수공장 주변을 떠났다면 적을 약화시키고자 아이들의 이동 경로를 쫓아 폭탄을 투하하지 않을 것이다. 하지만 이와 같이 답변하는 것은 목적을 이루기 위한 수단이 무엇인지를 행위자가 의도한 것이 무엇인지에 의존해 파악하는 것과 다르지 않다. 따라서 순환논리에 빠지지 않고 수단의 의미를 그와 같이 사용할 수 없다.[21]

브랫먼의 주장이 설득력을 얻기 위해서는 전략 폭격가가 아이들을 살해하고자 의도하지 않을 수 있어야 한다. 하지만 어린이(민간인)를 살해하고자 의도했는지의 물음을 놓고 전략 폭격가와 테러 폭격가terror bomber를 차별할 수 없다는 주장이 대세인 것을 보아도 알 수 있듯이, 브랫먼의 주장에 동조하기 어려운 것이 사실이다. 브랫먼은 아이들이 군수공장 주변을 떠났다면 아이들의 이동경로를 따라 폭탄을 투하하지 않을 것이라는 점을 들어 전략 폭격가가 아이들을 살해하고자 의도하지 않을 수 있다는 입장을 취한다. 아이들의 이동경로를 따라 폭탄을 투하한다면 아이들을 살해하고자 의도한다고 보아야 한다는 데는 이견을 보이기 어렵다. 하지만 브랫먼이 주장하는 바와 같이 아이들의 이동경로를 따라 폭탄을 투하하지 않을 것이라는 사실이 아이들을 살해할 의도가 없었다고 보아야 하는 이유가 될 수 있는가? 그 이유가 될 수 있다면 다음의 경우에서 역시 피해자를 살해할 의도가 없었다고 보아야 한다.

살인청부업자 예 1

살인청부업자가 표적의 출퇴근용 차량에 원격조정 폭탄을 설치하고 표적이 차에 오르기를 기다린다. 그러나 뜻하지 않게 표적이 그의 아내와 함께 차에 오르는 것을 목격하고는 표적의 아내도 함께 제거하면 의뢰인이 더욱 만족할 것이라고 생각한다. 원격조정기의 버튼을 눌러 표적과 함께 표적의 아내도 사망한다.

살인청부업자가 원격조정기의 버튼을 누른 것이 원인이 되어 표적의 아내가 사망했다. 하지만 표적의 아내가 급한 전화를 받고 차에서 내려 어디론가 향했다고 해도 원격조정기의 버튼을 누른 후 표적 아내의 이동경로를 쫓아 그녀를 살해하지는 않았을 것이다. 그럼에도 불구하고 표적 아내가 숨진 사건을 놓고 살인청부업자에게 살인죄를 적용해야 한다. 즉, 그에게 표적 아내를 살해할 의도가 있었다고 보아야 한다. 이렇듯 브랫먼의 주장과는 달리 〈전략 폭격가 예 1〉에서도 아이들의 이동경로를 따라 폭탄을 투하하지 않을 것이라는 사실이 아이들을 살해할 의도가 없었다고 보아야 하는 이유는 될 수 없다.

브랫먼이 〈살인청부업자 예 1〉을 제시한 것은 성공적이라 할 수 없으나, '목적을 달성하고자 선택한 것이 목적을 달성하는 데 원인으로 기여했을 경우 그 선택한 것을 수단으로 본다면, 순환논리에 빠지지 않고는 수단인지의 여부를 판별할 수 없는 경우가 있을 수 있다'는 그의 주장은 유효하다고 보아야 한다. 〈콕스 사건〉을 생각해보자. 콕스 박사에게 보이즈 여사의 통증을 달리 관리할 방법이 없었다. 따라서 그녀의 혈관에 약물을 주입했으며, 그녀가 사망함으로써 그녀는 통증으로부터 자유로울 수 있었다. 이렇듯 보이즈 여사가 사망한 것이 콕스 박사가 목적을 달성하는 데 원인으로 기여했다고 보아야 한다. 따라서 수단을 위와 같이 해석한다면, 콕스 박사에게 보이즈 여사를 살해할 의도가 있었다고 보아야 한다.

하지만 문제는 그렇게 보아서는 콕스 박사, 〈무어 사건〉의 무어 박사 등 약물을 주입함으로써 안락사를 시술한 의사뿐 아니라, 인공호흡기를 부착하지 않거나 제거하는 방법으로, 영양공급장치를 부착하지 않거나 제거하는 방법으로, 말기 폐렴환자에게 항생제를 투여하지 않는 방법으로 안락사를 시술한 의사 모두에게 그리고 자살기계를 제공함으로써 환자의 자살을 도와준 의사 모두에게 살인죄를 적용해야 한다. 하지만 그들 모두에게 살해의도가 있었다고 보아야 한다면, 적극적인 안락사active euthanasia와 소극적인 안락사passive euthanasia를 구분하는 자체가 무의미할 뿐 아니라 안락사가 논쟁거리가 될 수 없다고 보아야 하는 등 의도한다는 것의 외연을 지나치게 확대 해석한다는 반론으로부터 자유로울 수 없다고 보아야 한다. 이는 위의 경우들 중 의도하지 않았다고 보아야 하는 경우에 있어서 환자가 사망한 것이 수단인지를 판단하기 위해서는 환자를 살해할 의도가 있었는지의 여부에 의존할 수밖에 없다는 말과 다르지 않다. 즉, 그와 같은 경우 순환논리에 빠지지 않고는 환자가 사망한 것이 수단인지의 여부를 판단할 수 없다는 것을 의미한다.

물론 시술 방법과 무관하게 안락사를 시술한 의사 모두에게 환자를 살해할 의도가 있었다고 보아야 한다는 입장의 사람도 있을 것이다. 따라서 안락사를 시술한 의사 예에 만족할 수 없다면, 다음의 경우는 어떠한가?

살인청부업자 예 2

살인청부업자 A와 B가 각기 다른 의뢰인으로부터 C를 제거해달라는 주문을 받았다. A와 B 그리고 그들의 의뢰인들 모두 C가 다른 살인청부업자의 표적이 되었다는 사실을 알지 못한다. A와 B 모두 C가 출근

을 위해 차량에 오르는 시점을 거사시점으로 잡는다. A가 사전답사를 하던 중 C의 차량 차창이 방탄유리라는 사실과 C에게 시동을 걸고는 급출발하는 습관이 있다는 사실을 알아냈다. A는 미리 차창의 방탄유리를 일반유리로 교체하고 시동장치를 파손한 후 C가 차량에 오르기를 기다린다. C가 차량에 오르는 것을 목격하고 다가가는 순간 갑자기 나타난 B가 C를 살해하고 도주한다. 표적이 제거되었으므로 A와 B 모두 의뢰인으로부터 잔금을 받는다.

C가 사망한 것이 살인청부업자 A와 B가 목적을 달성하는 데 (의뢰인으로부터 잔금을 받아내는 데) 원인으로 기여했다. 따라서 어떤 것이 목적에 원인으로 기여했다면 그것을 수단으로 보아야 한다고 했을 경우, C가 사망한 것을 수단으로 보아야 한다. 하지만 (A가 방탄유리를 일반유리로 교체하고 시동장치를 파손한 것이 A가 목적을 달성하는 데 원인으로 기여했다고 하더라도) A가 아닌 B에게 살인죄를 적용해야 할 것이다. 즉, C를 향해 방아쇠를 당긴 B의 행위는 C를 살해하고자 의도한 행위로 보아야 하나, C의 차량 방탄유리를 일반유리로 교체하고 시동장치를 파손한 A의 행위를 (범죄행위로 보아야 한다는 데는 의심의 여지가 없으나) C를 살해하고자 의도한 행위라고 할 수는 없다. 다시 말해 C가 사망한 것이 A와 B가 목적을 달성하는 데 원인으로 기여했음에도 불구하고, B의 행위는 C를 살해하고자 의도한 행위이므로 B에게 C가 사망한 것이 수단이 되지만, A의 행위를 C를 살해하고자 의도한 행위로 볼 수 없으므로 A에게는 C가 사망한 것이 수단이 될 수는 없다. 이렇듯 어떤 것이 목적을 달성하는 데 원인으로 기여했을 경우 그것을 수단으로 본다면, 수단인지의 여부를 판별하기 위해서는 의도했는지의 여부에 의존해야 하는 경우가 있을 수 있다고 보아야 한다. 즉, 순환논리에 빠지지 않고는 수단인지의 여부를

판별할 수 없는 경우가 있을 수 있으므로, 수단을 그와 같이 봄으로써 목적과 의도의 상관관계를 찾을 수는 없다고 보아야 한다.

3.3.2. 목적을 달성하기 위해 계획적으로 연루시킨다는 것

터스키기 매독연구 사건

1932년 미국 공중보건국PHS 산하 질병예방센터CDC는 앨라배마주 터스키기Tuskegee의 흑인 매독환자들을 인간 모르모트로 이용해 매독의 진행과정을 규명하는 연구에 착수한다. 연구에 참여한 의료진들은 실험 대상으로 선정한 399명의 환자들에게 매독을 치료해준다고 속이고 병의 진행상황만을 관찰한다. 자신이 함정에 빠졌다는 사실을 알지 못한 채 환자들은 하나 둘씩 죽어갔으며, 연구가 진행되던 중 페니실린이 발견됐음에도 불구하고 그것을 처방하지 않고 오히려 다른 질병은 적극 치료를 해주는 일까지 발생한다. 다른 질병으로 사망하면 매독의 진행과정을 밝혀낸다는 목적을 이룰 수 없었기 때문이었다. 의사들이 정기적으로 환자들을 방문하기도 하였고 연구소를 찾아오는 환자에게는 교통비와 점심이 제공되었다. 사망하면 무료로 장례를 치러줬으나 거기에는 사체를 부검용으로 제공해야 하는 대가가 따랐다. 1972년 공중보건국 성병조사관 벅스턴Peter Buxton의 폭로 내용이 「뉴욕 타임스」 1면 머리기사로 실리면서 40년에 걸쳐 자행된 터스키기 매독연구는 대단원의 막을 내린다.

〈터스키기 매독연구 사건〉이 1979년 연구자를 대상으로 한 윤리지침 벨몬트 리포트Belmont Report를 마련하는 계기가 된 것을 보아도 알 수 있듯이, 터스키기 매독연구에 연루된 의사들이 치료를 받지 못한 환자들에게 해를 입히고자 의도했다고 보아야 한다. 그와 같이 보아야 하는 이유는 무엇인가?

사건의 전말상 환자들이 해를 입게 된 이유는 (또는 해를 입게 된 일부 이유는) 연구진이 목적을 달성하기 위해 수립한 계획에 환자들을 계획적으로 연루시켰기 때문이라고 보아야 한다. 따라서 환자들에게 해를 입히고자 의도했다고 보아야 하는 이유로도 목적을 달성하기 위해 수립한 계획에 그들을 계획적으로 연루시켰기 때문이라는 이유를 고려할 수 있다. 데살보가 동물에게 고통을 주고자 의도했다고 보아야 하는 이유 역시 동일한 구조로 파악할 수 있다. 동물이 고통스러워하지 않았다면 그는 목적을 이룰 수 없었다. 따라서 그가 동물들에게 고통을 주고자 의도했다고 보아야 하는 이유도 쾌감을 느끼고자 하는 등의 목적을 달성하고자 수립한 계획에 동물을 계획적으로 연루시켰기 때문이라는 이유를 고려할 수 있다. 데살보의 예와 〈터스키기 매독연구 사건〉이 의도와 목적의 관계에 대한 물음을 놓고 퀸Warren Quinn의 주장을 고려할 수 있다는 것을 시사한다.

퀸은 목적을 달성하기 위하여 수립한 계획에 피해자를 계획적으로 deliberately 연루시켜 그 연루된 방식으로 피해자에게 해가 발생되는 경우를 '직접적 작인direct agency' 그리고 피해자에게 해가 발생되는 것을 의도하지 않았거나 의도한 것이 피해자가 해를 입는 데 기여하지 않은 경우를 '간접적 작인indirect agency'이라 칭하고, 전자의 경우는 수단으로 간주해야 하는 반면 후자의 경우는 부수적인 결과로 보아야 한다는 주장을 개진한다. 앞서 설명된 바와 같이 수단은 의도된 결과인 반면 부수적인 결과는 단지 예견만 된 결과이다. 따라서 퀸의 주장이 설득력이 있다면 그것에 의존하여 의도하는 경우와 의도하지 않는 경우를 판별할 수 있다고 보아야 한다.

퀸이 말하는 직접적 작인의 경우가 구체적으로 어떤 경우인가? 퀸은 그것을 판별할 수 있는 방법 중 하나로 다음의 기준을 제시한다. 그에 따르면 피해자가 입게 될 해가 목적을 달성하는 데 이점advantage으로 작용하는 경우가 직접적인 작인의 경우인 반면, 목적을 달성하는 데 방해difficulty가 되는 경우가 간접적인 작인의 경우이다.[22] 전자의 경우는 피해자에게 해를 입히고자 의도하는 경우인 반면 후자의 경우는 의도하지 않는 경우라는 말은 다음의 두 명제가 참이라는 말과 다르지 않다.

– 피해자가 입게 될 해가 목적을 달성하는 데 이점으로 작용한다면, 피해자에게 해를 입히고자 의도하는 경우이다.
– 피해자가 입게 될 해가 목적을 달성하는 데 방해가 된다면, 피해자에게 해를 입히고자 의도하는 경우가 아니다.

〈터스키기 매독연구 사건〉을 생각해보자. 연구가 진행되던 중 페니실린이 발견되었음에도 불구하고 그것을 처방하지 않고 오히려 다른 질병은 적극 치료를 해준 사실이 말해주듯이, 환자들이 매독으로 인해 피해를 입는 것이 매독의 진행과정을 밝힌다는 목적을 달성하는 데 이점으로 작용했다. 즉, 환자가 페니실린 주사를 맞고 매독이 치유되었다면 연구자들은 매독의 진행과정을 밝혀낸다는 목적을 달성할 수 없었다. 따라서 퀸이 제시한 기준을 적용하면 의료진들이 환자들에게 해를 입히고자 의도했다는 답변을 얻을 수 있다. 다음과 같은 경우에 역시 상식에 부합되는 답변을 얻을 수 있다.

치료방침 예 1

"새로이 출현한 질병으로 많은 사람들이 죽어가고 있다. 하지만 질병을 연구할 물자도 치료제도 부족한 상태이다. 의사들은 치료가 가장 용이한 환자들만을 선별적으로 치료하고 치료가 어려운 환자들은 포기하기로 결정한다. 치료를 받지 못하게 된 환자들은 그 사실을 알지 못하거나 치료를 받지 않겠다고 동의하지 않았다".[23]

모르모트 예 1

"새로이 출현한 질병으로 많은 사람들이 죽어가고 있다. 하지만 질병을 연구하고 치료할 수 있는 물자가 부족한 상태이다. 질병의 성질에 관해 보다 많은 정보를 얻기 위해 치료가 어려운 환자들을 계획적으로 치료하지 않는 프로그램을 시행하기로 결정한다. 이와 같은 전략을 세움으로써 얻을 장기적인 의료이익이 치료방침 예에서 (〈치료방침 예 1〉에서) 얻을 수 있는 의료이익에 뒤지지 않을 것이라고 기대하고 있다. 치료를 받지 못하게 된 환자들은 그 사실을 알지 못하거나 치료를 받지 않겠다고 동의하지 않았다".[24]

〈치료방침 예 1〉에서 치료를 받지 못하게 된 환자들에게 사실을 고지하지 않았거나 동의를 구하지 않았다고 해도 의료진에게 살해의도가 있었다고 볼 수는 없으나, 〈모르모트 예〉에서는 의료진에게 살해의도가 있었다고 보아야 할 것이다. 퀸이 제시한 기준을 위의 두 예에 적용해보자. 〈치료방침 예 1〉에서는 환자들이 입게 될 해가 의료진이 목적을 달성하는 데 이점으로 작용하지 않는다. 반면, 〈모르모트 예〉에서는 환자들이 입게 될 해가 질병에 대한 정보를 제공한다는 점에서 의료진이 목적을 달성하는 데 이점으로 작용한다. 따라서 퀸의 기준에 따르면 〈모르모트 예〉는 〈치료방침 예 1〉과 달리 환자들이 해를 입는 것을 의도하는 경우로 보아야 한다.[25] 이렇듯 퀸의 견해가 〈터스키기 매독연구 사건〉과 위의 두 예에 대한 적절한 해법이 될 수 있다.

전략 폭격가 예 2

전략 폭격가가 적의 군수공장에 폭탄을 투하하려는 순간 군수공장 주변에서 놀고 있는 아이들을 발견한다. 폭탄을 투하하면 아이들이 사망하게 될 것을 알고 고심하나 결국 폭탄을 투하한다. 그 결과 많은 아이들이 사망한다.

테러 폭격가 예 2

민간인 거주지역을 탐색하던 테러 폭격가가 적에게 공포심을 조장하기 위해 아이들이 밀집해 있는 장소를 택해 폭탄을 투하한다. 그 결과 많은 아이들이 사망한다.

퀸에 따르면 자신이 제시한 기준이 〈자궁절제술 예〉, 〈쇄두술 예〉뿐 아니라 〈전략 폭격가 예 2〉, 〈테러 폭격가 예 1〉 등 문제가 되는 모든 예에 대한 해법이 될 수 있다. 〈전략 폭격가 예 2〉에서 전략 폭격가에게는 군수공장에 있는 아이들이 숨지는 것이 목적을 달성하는 데 이점으로 작용하지 않는다. 이렇듯 전략 폭격가가 목적을 달성하기 위해 수립한 계획에 아이들을 계획적으로 연루시켜 그 연루된 방식으로 아이들이 사망하는 사건이 발생하지 않았다고 보아야 하며, 따라서 전략 폭격가의 경우를 직접적 작인의 경우로 볼 수 없다. 오히려 아이들이 사망하면 종전 후에도 문제가 될 수 있는 등 민간인이 사망하는 것이 그가 목적을 달성하는 데 도움이 되지 않을 수 있다. 이렇듯 〈전략 폭격가 예 2〉는 간접적 작인의 경우로 보아야 하며, 따라서 전략 폭격가에게 아이들을 살해할 의도가 없었다고 보아야 한다. 하지만 테러 폭격가는 아이들이 숨져야 수립한 계획을 성공적으로 마칠 수 있다. 따라서 그가 목적을 달성하기 위하여 수립한 계획에 민간인들을 계획적으로 연루시킴으로써 아이들이 사망한 경우로 보아야 한다. 이렇듯 퀸에 따르면 테러 폭격가의 경우는 직접적 작인의 경우로서, 그에게 아이들을 살해할 의도가 있었다고 보아야 한다.

　테러 폭격가에게 아이들을 살해할 의도가 있었다는 데는 이견을 보일 수 없다. 하지만 전략 폭격가에게 아이들을 살해할 의도가 없었다는 입장에는 동조하기 어려운 것이 사실이다. 전략 폭격가에게 살해의도가 있었는지의 물음은 잠시 남겨두고 (제5장의 논의를 통해 전략 폭격가에게 살해의도가 있었다고 보아야 하는 이유를 알 수 있다) 피셔John Fisher, 라비자Martin Ravizza, 그리고 캅David Copp이 제시하는 다음의 예를 생각해보는 것으로 퀸의 주장을 평가해보기로 하자.

데이트 신청 예

"잭은 메리가 특정 시간에 도서관의 특정 장소에 들른다는 사실을 알고 있다. 메리에게 데이트 신청을 하기 위해 조금 일찍 그 장소로 갔으나 그곳에서 샘을 발견한다. 샘이 보는 앞에서 데이트 신청을 하는 것이 어색해 카페에서 라이브 연주가 있다는 이야기를 지어낸다. 예상했던 대로 잭이 미끼를 물어 카페로 차를 몰고 간다. 카페로 가던 중 불행히도 음주운전자의 차에 받혀 샘이 사망한다".[26]

　잭이 목적을 달성하고자 수립한 계획에 샘을 계획적으로 연루시켜 샘이 사망했다. 하지만 퀸 역시 잭에게 샘을 살해할 의도가 있었다고 보지는 않을 것이다. 퀸의 입장에서 위의 경우가 직접적 작인의 경우가 아님을 어떻게 설명할 수 있는가? (피셔의 논문이 나온 시점에 앞서 퀸이 자살로 운명을 달리했으므로 그의 답변을 직접 들을 수는 없으나) 피셔, 라비자, 캅이 지적하는 바와 같이 퀸으로서는 다음과 같은 답변만이 가능할 것이다. "잭이 샘을 사고에 연루시킴으로써 샘을 도서관에서 떠나게 한 것이 아닌 카페로 보냄으로써 떠나게 했

다". "잭이 다른 방법으로 샘을 도서관에서 떠나게 했어도 잭은 여전히 목적을 달성할 수 있다".[27]

잭이 도서관 1층에서 누군가가 샘을 찾고 있다는 이야기를 지어냈다고 해 보자. 그렇다고 해도 샘이 1층으로 가서 시간을 보내는 동안 메리에게 데이트 신청을 할 수 있었다. 이렇듯 샘이 사망한 것이 잭의 목적을 달성하는 데 아무런 도움이 되지 못한다. 따라서 잭이 목적을 달성하고자 수립한 계획에 샘을 계획적으로 연루시켜 샘을 사망케 했다는 데 대해서도 잭이 샘을 사고에 연루시킴으로써 샘을 도서관에서 떠나게 한 것이 아닌 카페로 보냄으로써 도서관을 떠나게 한 것이라는 답변이 가능할 것이다.

하지만 문제는, 피셔, 라비자, 캅이 지적하는 바와 같이 테러 폭격가의 경우에도 동일한 답변을 내려야 한다는 데 있다. "엄밀히 말해 적에게 공포심을 조장한다는 목적을 달성하는 사건의 양상으로 민간인들이 해를 입지 않았다는 주장이 가능하다. 민간인들이 사망한 것처럼 보이게 하는 것이 테러 폭격가가 목적을 달성하는 데 기여한다는 해석이 가능하기 때문이다". "테러 폭격가는 여러 방법으로 민간인들이 사망한 것처럼 연출할 수 있었다. 예컨대 그가 할리우드 스타일의 특수효과에 정통한 사람이었다면, 민간인들의 실제적인 죽음을 피할 수 있었다".[28]

퀸의 해법이 기술적인 차원에서 적절한 해법이 될 수 없다면, 규범적인 차원에서는 어떠한가?

폭탄 제거자 예 1

도서관 탁자 위 주홍상자에 귀중한 책들이 들어 있고 그 옆 검은상자에는 시한폭탄이 들어 있다. 우리는 도서관 밖에서 메리와 이야기를 나누고 있다. 메리가 폭탄에 대해 전혀 알지 못하는 상태에서 우리를 기쁘게 해주려 하므로, 메리에게 검은상자를 가져다달라고 부탁한다.

작은 충격에도 폭탄이 터질 수 있다는 것을 따라서 메리가 사망할 확률이 매우 높다는 것을 알고 있었을 뿐 아니라 우리를 위해 그 일을 대신해줄 사람도 있었으며 심지어 그 일을 할 수 있도록 로봇에 프로그램을 입력할 수도 있었다. 메리가 검은상자를 들고 오던 중 주홍상자에서 멀리 떨어진 지점에서 폭탄이 폭발해 메리가 사망했다. 주홍상자는 파손되지 않았다.[29]

폭탄 제거자 예 2

도서관 탁자 위 주홍상자에 귀중한 책들이 들어 있고 그 옆 검은상자에는 시한폭탄이 들어 있다. 우리는 도서관 밖에서 메리와 이야기를 나누고 있다. 메리가 폭탄에 대해 전혀 알지 못하는 상태에서 우리를 기쁘게 해주려 하므로, 메리에게 철제상자를 주고 주홍상자를 그 안에 넣어달라고 부탁한다. 폭탄이 폭발 시점에 임박했으므로 메리가 사망할 확률이 매우 높다는 것을 알고 있을 뿐 아니라 우리를 위해 그 일을 대신해줄 사람도 있었으며 심지어 그 일을 할 수 있도록 로봇에 프로그램을 입력할 수도 있었다. 메리가 부탁 내용을 잊고 철제상자를 바닥에 내려놓은 후 검은상자를 들고 오던 중 주홍상자에서 멀리 떨어진 지점에서 폭탄이 폭발해 메리가 사망했다. 주홍상자는 파손되지 않았다.[30]

폭탄 제거자 예 3

귀중한 책들이 흩어져 있는 탁자 위에 시한폭탄이 들어 있는 검은상자가 놓여 있다. 우리는 수분 내로 폭탄이 폭발할 것을 알고 건너편 탁자로 검은상자를 신속히 그리고 조심스레 옮겨놓았다. 그 건너편 탁자 곁에 있는 메리가 사망할 확률이 매우 높다는 것을 알았으나 메리에게 알리지 않은 채 그곳에서 빠져 나왔다. 폭탄이 폭발해 메리는 사망했으나 책들은 파손되지 않았다.[31]

위의 세 경우에서 모두 우리의 행위가 정당화될 수 없다. 즉, 세 경우 모두에서 우리에게 메리를 살해할 의도가 있었다고 보아야 한다. 따라서 퀸의 해법이 설득력을 얻기 위해서는 위의 세 경우 모두 직접적 작인의 경우라는 답변을 얻을 수 있어야 한다. 〈폭탄 제거자 예 1〉의 경우는 직접적 작인의 경우로 보아야 하는 대표적인 경우가 될 수 있다. 주홍상자 안의 책을 보호한다는 목적을 달성하기 위해 검은상자를 제거하는 일에 메리를 연루시킨 결과 메리가 사망했으며, 정확히 메리를 연루시킨 방식으로 메리가 사망했기 때문이다.

〈폭탄 제거자 예 2〉의 경우는 어떠한가? 피셔, 라비자, 캅에 따르면, 우리가 의도했던 일이 발생하지 않았다. 즉, 메리가 주홍상자를 철제상자에 넣지 않았다. 따라서 우리가 의도했던 것이 메리가 사망하는 데 인과적인 역할을 하지 못했다. 이렇듯 목적을 달성하기 위해 수립한 계획에 메리를 계획적으로 연루시켰으나 그 연루된 방식으로 메리가 사망한 경우는 아니므로 직접적 작인의 경우로 볼 수 없다. 반면 부탁 내용을 메리가 잊지 않았다면 직접적 작인의 경우로 보아야 한다. 이렇듯 퀸의 해법에 의존할 경우 직접적 작인인지가 메리의 실수 여부에 달렸다는 납득하기 어려운 입장을 취할 수밖에 없다. 〈폭탄 제거자 예 3〉의 경우도 다르지 않다. 메리가 사망한 사건이 메리 근처에 폭탄을 옮겨놓은 결과 발생되었으나, 그녀가 폭탄 근처에 있었다는 것이 책으로부터 가능한 먼 장소에 폭탄을 두고자 한 우리의 목적을 달성하는 데 기여하지 않았다. 메리에게 피하라고 알려줄 수도 있었으며 폭탄을 옮겨놓을 다른 장소도 있었기 때문이다. 이렇듯 피셔, 라비자, 캅이 지적하는 바와 같이 〈폭탄 제거자 예 3〉의 경우 역시 직접적 작인의 경우가 될 수 없다.[32]

〈폭탄 제거자 예 1〉과 〈폭탄 제거자 3〉에 대한 피셔, 라비자, 캅의 해석에는 문제가 없다고 보아야 한다. 또한 〈폭탄 제거자 예 2〉를 간접적 작인의 경우로 보아야 한다는 데 동의할 수 있으며, 메리의 실수 여부가 평가 기준이 될 수 없다는 데 대해서도 동의할 수 있다. 하지만 그들의 설명에 대해 하나의 의문을 가질 수 있을 것이다. 우리가 의도했던 일인 메리가 주홍상자를 철제상자에 넣는 일은 발생하지는 않았으나, 우리가 의도했던 또 하나의 일, 즉 메리가 검은상자가 놓인 탁자로 가는 일은 발생했다. 하지만 여전히 〈폭탄 제거자 예 2〉가 직접적 작인의 경우라는 답변은 얻을 수는 없다. 메리를 검은상자가 놓인 탁자로 가게 했으나, 즉 목적을 달성하기 위해 수립한 계획에 메리를 계획적으로 연루시켰으나, 그렇다고 해도 그 연루된 방식으로 메리가 사망하지는 않았기 때문이다.

〈폭탄 제거자 예 2〉와 〈폭탄 제거자 예 3〉뿐 아니라 앞서 논의된 〈콩나물공장 사장 예〉와 〈공원묘지 관리인 예〉 역시 퀸의 해법이 안고 있는 규범적인 문제점을 명확히 드러낸다. 공원묘지 관리인은 콩나물을 소비한 사람들이 사망해야 해고를 면할 수 있었다. 즉, 콩나물을 소비한 사람들이 사망했다는 사실이 공원묘지 관리인이 수립한 계획에 이점으로 작용한다. 따라서 위의 경우는 직접적 작인의 경우로 보아야 한다. 하지만 콩나물공장 사장의 경우는 콩나물을 소비한 사람들이 사망하는 것이 자신이 수립한 계획에 이점으로 작용하지 않고 오히려 방해가 된다고 보아야 한다. 콩나물을 소비한 사람들이 사망한다면 수사선상에 오를 수 있는 등 위험부담을 안게 되기 때문이다. 이렇듯 퀸의 해법에 따르면 〈콩나물공장 사장 예〉의 경우는 〈공원묘지 관리인 예〉와 달리 간접적 작인의 경우로 보아야 한다. 하지만 설명된 바와 같이 두 경우 사이에 도덕적으로 차이가 없다고 보아야 한다.

다음의 사건을 놓고도 퀸의 해법은 문제점을 노출시킬 수밖에 없다.

청산가리 막걸리 사건

"세상을 놀라게 했던 순천 '청산가리 막걸리 사건'의 전모가 드러났다. 14일 광주지검 순천지청은 청산가리 막걸리로 아내와 동료를 살해한 혐의로 A(59)씨와 딸(26)을 구속기소했다고 전했다. A씨 부녀는 지난 7월 청산가리를 넣은 막걸리를 아내 B(59)씨에게 건넸고, 이 막걸리를 마신 아내를 숨지게 한 혐의를 받고 있다. 아내 B씨와 함께 막걸리를 나눠 마신 동료 3명 가운데 1명은 숨지고 다른 2명은 병원에서 치료를 받고 회복했다. 이들은 사건 발생 나흘 전에 막걸리 3병을 산 뒤 딸에게 청산가리와 막걸리를 함께 줬고, 딸은 이틀 뒤 막걸리 1병에 청산가리를 넣은 것으로 알려졌다. 한편, 사건의 발단은 A씨 부녀의 근친상간인 것으로 검찰 조사결과 밝혀졌으며 약 15년 전부터 관계를 유지시켰던 것으로 알려졌다. 이 사실을 알게 된 B씨는 갈등을 빚어왔으며 딸이 인터넷 채팅을 통해 남자들을 만나는 사실까지 알게 돼 불화가 커졌다고 검찰은 전했다"(투데이코리아, 2009. 09. 14).

청산가리 막걸리를 마시고 숨진 B씨가 평소 혼자서는 술을 마시지 않았다고 해보자. 술을 마실 때는 어김없이 직장 동료들과 함께했다고 한다면, A씨 부녀에게 B씨 동료를 살해할 의도가 있었다고 보아야 할 것이다. 다시 말해 B씨 동료가 숨진 데 대해 A씨 부녀에게 의도적인 살인죄를 적용해야 할 것이나, A씨 부녀가 목적을 달성하기 위해 수립한 계획에 B씨 동료를 계획적으로 연루시켜 그 연루된 방식으로 B씨 동료가 사망하지는 않았다. (B씨 동료도 함께 사망해 사건이 확대되었듯이 오히려 B씨 동료가 사망한 것이 A씨 부녀가 목적을 달성하는 데 방해가 되었다고 보아야 한다.) 이렇듯 위의 경우에 퀸이 제시한 조건을 적용하면 간접적 작인의 경우로서 B씨 동료를 살해할 의도가 있었다는 답변을 얻을 수 없다.

퀸의 해법은 5.2.3.에서 소개될 〈사운더즈 사건〉에 대해서도 반 직관적인 답변을 내릴 수밖에 없다. 사운더즈는 아내를 살해할 목적으로 비소 사과를 아내에게 건네나 아내가 한 입 베어물고는 딸에게 건네 사운더즈가 지켜보는 가운데 딸이 숨을 거둔다. 재판부가 사운더즈에게 살인죄를 적용해 교수형에 처했듯이, 사운더즈에게 딸을 살해할 의도가 있었다고 보아야 한다. 하지만 사운더즈가 목적을 달성하기 위해 수립한 계획에 딸을 계획적으로 연루시켜 그 연루된 방식으로 딸이 숨을 거두지는 않았다. 더욱이 딸이 사망하지 않았다면 교수형에 처해지지 않았을 것이며, 따라서 재차 아내를 살해할 수 있는 기회를 가질 수 있었다. 즉, 딸이 사망한 것이 오히려 사운더즈가 목적을 달성하는 데 방해가 되었다고 보아야 한다. 이렇듯 퀸의 해법대로라면 간접적 작인의 경우로서 사운더즈에게 딸을 살해할 의도가 없었다고 보아야 한다.

이상에서 알아본 바와 같이 목적으로 삼는다는 의미를 '목적을 달성하기 위해 계획적으로 연루시킨다'는 의미로 이해해도 기술적인 차원에서의 문제점뿐 아니라 규범적인 차원에서의 문제점에도 노출될 수밖에 없다. 따라서 목적을 그와 같이 이해해도 목적과 의도와의 상관관계를 찾기 어렵다고 보아야 한다.

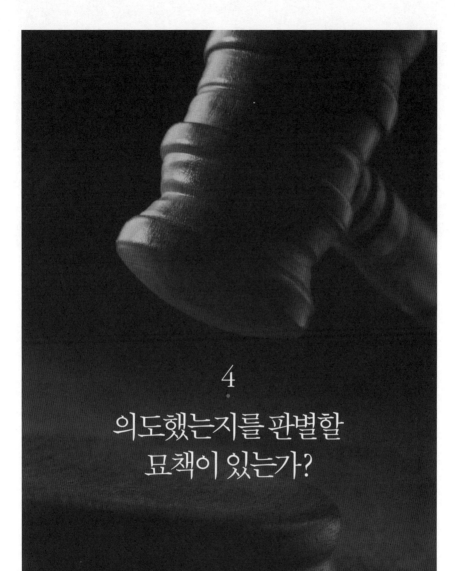

4

의도했는지를 판별할
묘책이 있는가?

4.1. 밀접성 논변

4.1.1. 밀접성 논변이란?

경찰관 P가 근거리에서 무장강도의 다리를 겨냥해 방아쇠를 당겼다. 예상대로 다리를 명중시켰으나 총탄이 대퇴동맥을 관통해 과다출혈로 무장강도가 숨지고 말았다. 이와 같은 일이 발생했어도 P에게 의도적인 살인죄를 적용할 수는 없다고 보아야 한다. 경찰관 Q가 비무장의 좀도둑과 마주쳤다. 총으로 위협만 해도 제압할 수 있었으나 근거리에서 시간적 여유를 두고 심장을 정조준해 방아쇠를 당겼다. 예상대로 총탄이 심장을 명중해 도둑이 즉사했다면, Q에게는 마땅히 의도적인 살인죄를 적용해야 할 것이다. 그렇게 보아야 하는 이유는 무엇인가?

그것을 설명하고자 한다면 의도한다는 것의 필요충분조건을 제시하는 것이 가장 안전한 방법이 될 수 있다. 하지만 그와 같은 방법을 택한다면 지금까지 알아본 바와 같이 험난한 여정을 피할 수 없다. 의도한다는 것의 필요충분조건을 제시하기에는 역부족이라면, 따라서 보다 손쉬운 방법을 택하고자 한다면 어떤 설명이 가능한가? 가장 손쉬운 방법은 다음과 같이 다리와 심장의 차이를 부각시키는 방법일 것이다. 즉, 다리에 총탄을 맞고 사망할 가능성은 크지 않으므로 경찰관 P에게 무장강도를 살해할 의도가 있었다고 보기 어렵지만, 심장에 총탄을 맞는다면 생존할 가능성이 희박하므로 경찰관 Q에게는 좀도둑을 살해할 의도가 있었다고 보아야 한다는 것이 가장 손쉬운 설명일 것이다.

위의 설명이 설득력을 얻기 위해서는 상대방이 다리에 총탄을 맞고 사망할 가능성이 크지 않다는 전제로부터 상대방을 살해하고자 의도하지 않았다는 결론이 그리고 상대방이 심장에 총탄을 맞고 생존할 가능성이 크지 않다는 전제들로부터 상대방을 살해하고자 의도했다는 결론이 도출되어야 한다. 그 전제들로부터 그 결론들이 도출된다는 것을 어떻게 설명할 수 있는가? 이 물음이 '밀접성closeness'이라는 용어가 등장하는 계기가 된다.

A1: 무장강도의 다리를 겨냥해 방아쇠를 당기는 행위
C1: 총탄이 무장강도의 다리에 맞는 결과
C2: 무장강도가 사망하는 결과

A1은 C1을 초래하고자 의도하는 행위이다. 하지만 C1과 C2는 그다지 밀접하게 연관되어 있지 않다. 따라서 A1이 C1을 초래하고자 의도하는 행위라고 해도 C2를 초래하고자 의도하는 행위는 아닐 수 있다. 바꿔 말하면, A1을 함으로써 C1을 초래하고자 의도한다. 하지만 C1과 C2는 그다지 밀접하게 연관되어 있지 않으므로, C2를 초래하고자 의도하지 않고도 A1을 할 수 있다. 이렇듯 위의 논변에 따르면 (밀접성 논변closeness argument이라 부르기로 하자) A1은 무장강도를 살해하고자 의도한 행위가 아니며, 따라서 경찰관 P에게 무장강도를 살해할 의도가 없었다.

A2: 좀도둑의 심장을 겨냥해 방아쇠를 당기는 행위

C3: 총탄이 좀도둑의 심장에 맞는 결과

C4: 좀도둑이 사망하는 결과

A2는 C3을 초래하고자 의도하는 행위이며, C3과 C4는 매우 밀접하게 연관되어 있다. 따라서 A2가 C3을 초래하고자 의도하는 행위라는 것은 곧 C4도 초래하고자 의도하는 행위라는 의미이다. 즉, A2를 함으로써 C3을 초래하고자 의도한다. 하지만 C3과 C4는 매우 밀접하게 연관되어 있다. 따라서 A2를 함으로써 C4를 초래하고자 의도하지 않을 수 없다. 이렇듯 위의 논변, 즉 밀접성 논변에 따르면 A2는 도둑을 살해하고자 의도한 행위이며 따라서 경찰관 Q에게 좀도둑을 살해할 의도가 있었다고 보아야 한다.

위의 논변이 성공적이라면, 의도한다는 것의 필요충분조건을 제시하지 않고도 의도했는지를 판별할 수 있다는 점에서 큰 수확이 아닐 수 없다. 가톨릭을 위시한 이중결과원리 옹호자들이 전통적으로 위의 방법으로 자궁절제술/쇄두술, 적극적/소극적 안락사, 전략/테러 폭격 등의 문제를 해결하고자 한 이유가 여기에 있다.

설명된 바와 같이 〈자궁절제술 예〉와 〈쇄두술 예〉에 대한 가톨릭의 공식 입장은 다음과 같이 정리될 수 있다. "자궁을 절제하는 행위는 자궁 내의 태아를 살해하고자 의도하는 행위가 아닌 반면, 태아의 머리를 부수는 행위는 태아를 살해하고자 의도하는 행위이다. 따라서 자궁절제술과는 달리 쇄두술은 허용될 수 없다". 하지만 두 경우의 차별을 상식적으로는 납득하기 어려운 것이 사실이다. 두 경우에서 모두 임신부를 살리기 위해서는 시술이 불가피하며, 시술을 하겠다는 것은 태아를 희생시키겠다는 것과 다르지 않다. 시술 목적에서 두 경우가 차이가 없을 뿐 아니라, 태아가 숨지는 것을 바라지 않는다는 점에서도 둘 사이에 차이점을 발견할 수 없다.

더욱이 게디스Leonard Geddes에 따르면, "태아의 머리를 변형시키지 않은 채 임신부의 신체로부터 태아를 제거하려 한다면 임신부는 사망할 수밖에 없다. 때문에 머리를 특정 모양으로 변형시키려는 것이다. 태아의 죽음을 피할 수 없으나 태아가 사망해야 태아를 제거할 수 있는 것은 아니다. 태아가 사망하는 것은 임신부를 살리고자 선택한 수술의 원치 않은 결과이다. 태아의 죽음을 수단으로 간주할 수 없음은 명백하다".[1] (제2장에서 설명된 바와 같이 목적뿐 아니라 수단도 의도한다.) 마키스Donald Marquis 역시 비슷한 입장을 취해 "의사의 의도는 태아의 머리가 점유하고 있는 공간을 줄이려는 데 있다. 태아의 머리가 점유하고 있는 공간을 줄이는 행위와 태아를 죽이는 행위가 동일한 행위라고 하더라도, 그로부터 의사가 태아를 살해하고자 의도한다는 결론이 도출되지는 않는다"고 진단한다.[2]

태아를 살해할 의도가 있었는지의 물음을 놓고도 두 경우에 대해 동일한 답변을 제시하는 것이 상식일 수 있다. 하지만 이중결과원리 옹호자들에 따르면(제2장에서 설명된 바와 같이 가톨릭 철학자를 중심으로 이중결과원리를 옹호하고자 하는 시도가 이루어지고 있다), 자궁을 절제하는 행위와 태아가 숨지는 결과는 그다지 밀접하게 연관되어 있지 않으므로 전자를 의도하면서 후자는 의도하지 않을 수 있는 반면, 태아의 머리를 부수는 행위와 태아가 숨지는 결과는 매우 밀접하게 연관되어 있으므로 전자를 의도하면서 후자를 의도하지 않을 수 있다는 것은 성립되지 않는다.

이중결과원리 옹호자들은 밀접성 논변에 의존해 전략/테러 폭격에 대해서도 동일한 해법을 내놓는다. 즉, 피셔, 라비자, 캅이 설명하고 있는 바와 같이, "이중결과원리 옹호자들은 '밀접성'이라는 개념을 다음과 같이 사용하고자 한다. 테러 폭격가는 민간인에게 폭탄을 퍼붓고자 의도한다. 그리고 민간인에게 폭탄을 퍼붓는 행위와 민간인이 사망하는 결과가 밀접하게 연관되어 있으므로, 민간인을 살해하고자 의도한다고 보아야 한다".[3]

밀접성 논변이 설득력이 있다면 의도한다는 것의 필요충분조건을 제시하지 않고도 의도했는지를 판별할 수 있다는 점에서 큰 수확이 아닐 수 없다. 밀접성 논변에 주목해야 하는 또 다른 이유는 자궁절제술과 전략 폭격은 허용될 수 있는 반면 쇄두술과 테러 폭격은 허용될 수 없다는 데 대한 반론인 '기적논변miracle argument'에 대응할 수 있다는 부수적인 효과도 기대할 수 있기 때문이다.

> (태아의 머리를 부쉈음에도 불구하고) 기적적으로 태아가 해를 입지 않고 생존한다면 의사는 기뻐할 것이다. 의사가 의도한 것은 태아를 숨지게 하는 것도, 태아에게 해를 입히는 것도 아닌, 태아를 산도로부터 제거하는 것을 가능케 하는 태아의 신체에 가해지는 어떤 효과이다. 물론 그 효과가 태아에게 치명적이다. 하지만 그 효과가 태아에게 치명적이게 하고자 의도하지는 않았다. 따라서 쇄두술 시술의의 의도와 자궁절제술 시술의의 의도에 차이가 없다고 보아야 한다. …테러 폭격가에게 민간인을 실제로 사망케 해야 할 이유는 없다. 단지 종전 시점까지 사망한 상태와 동일한 상태로 있어주기만 하면 된다. 종전 후 그들이 기적적으로 살아난다고 해도 테러 폭격가는 그에 대해 반감을 갖지 않을 것이다.[4]

퀸이 진단하는 바와 같이 테러 폭격가에게 민간인들을 실제로 숨지게 해야 할 이유가 없으며, 정확히 말하자면 목적을 달성한 후 사망한 줄 알았던 민간인들이 기적적으로 살아난다고 해도 불만을 갖지 않을 것이다. 마찬가지로 쇄두술 시술의에게도 태아를 숨지게 할 이유가 없으며, 태아가 기적적으로 생존한다면 오히려 기뻐할 것이다. 따라서 기적 논변에 따르면 쇄두술 시술의의 의도와 자궁절제술 시술의의 의도 그리고 전략 폭격가의 의도와 테러 폭격가의 의도를 차별할 수 없다.

하지만 기적 논변에 의존해 의도 여부를 판단할 수는 없다고 보아야 하다. 〈핸드 사건〉의 핸드에게 아내를 실제로 숨지게 할 이유가 없었다. 보험금을 타낼 때까지 아내가 사망한 상태와 동일한 상태로 있었어도 문제가 될 것이 없었으며, 보험금을 타낸 이후의 어느 시점에 아내가 기적적으로 살아났다고

해도 그에 대해 불만을 갖지 않았을 것이다. 따라서 기적 논변을 〈핸드 사건〉
에 적용하면 핸드에게 아내를 살해할 의도가 있었다는 답변을 얻을 수 없다.
그리고 핸드에게 살해의도가 없었을 수 있는 가능성을 열어두어야 한다면,
〈연쇄살인범 예〉에서의 연쇄살인범에게 역시 살해의도가 없었을 수 있는 가
능성을 열어두어야 한다. 하지만 연쇄살인범을 놓고 그와 같은 가능성을 열어
두어야 한다면, 의도했다는 이유로 처벌할 수 있는 경우는 없다고 해야 할 것
이다.

　기적 논변에 의존해 〈핸드 사건〉과 〈연쇄살인범 예〉를 해결하기에 역부족
이라면 그 이유는 무엇인가? 밀접성 논변을 옹호하는 진영에서는 다음과 같
은 설명이 가능하다. "의도된 행위와 그 의도된 행위가 초래할 결과를 놓고 문
제가 되는 것은 그 결과를 실제로 초래해야 할 이유가 있는지가 아닌, 그것들
이 얼마나 밀접하게 연관되어 있는지의 여부이다. 상대의 심장 또는 머리에
총구를 대고 방아쇠를 당긴 그리고 상대의 머리를 둔기로 강타한 행위와 상대
가 사망한 결과를 놓고 '상대가 기적적으로 생존한다면'이라는 가정이 성립한
다고 하는 것은 마치 '상대를 사망케 했으나 사망케 하지는 않았을 수 있다'고
하는 것과 다르지 않다".

　기적 논변의 〈자궁절제술 예〉와 〈쇄두술 예〉에 대한 해법을 놓고도 다음
과 같이 답변할 수 있다. "태아에게 직접 메스를 대지 않고 자궁절제술을 시술
할 수 있을 뿐 아니라, 성능이 우수한 인큐베이터가 개발되었다면 절제된 자
궁 안의 태아는 생존할 수 있다. 이렇듯 '태아가 기적적으로 생존한다면'이라
는 가정이 성립한다. 하지만 〈쇄두술 예〉에서 태아의 머리를 부수는 행위와
태아가 사망하는 결과를 놓고 그와 같은 가정이 성립한다고 하는 것은 마치
'태아를 사망케 했으나 사망케 하지는 않았다'고 하는 것과 다르지 않다". 또한
〈전략 폭격가 예 1〉과 〈테러 폭격가 예 1〉에 대한 기적 논변의 해법을 놓고도
동일한 답변이 가능하다. "파편이 군수공장 주변에 있는 아이들을 빗겨갈 가
능성을 배제할 수 없다. 즉, 〈전략 폭격가 1〉에서는 '아이들이 생존한다면'이

라는 가정이 성립하지만, 아이들을 조준해 폭탄을 가한 〈테러 폭격가 예 1〉에서 위의 가정이 성립한다고 하는 것은 '아이들을 숨지게 했으나 숨지게 하지는 않았다'고 말하는 것과 다르지 않다".

뿐만 아니라 기적 논변 옹호자들은 게디스와 마키스에 대해서도 다음과 같이 대응할 수 있다. 앞서 소개된 바와 같이 게디스는 다음의 두 입장을 동시에 취한다. '머리를 부순다면 태아가 생존할 수 없다'. '의사는 태아의 머리를 변형시키고자 의도하는 것이지 태아를 살해하고자 의도하는 것은 아니다'. 마키스 역시 태아의 머리가 점유하고 있는 공간을 줄이는 행위가 태아를 죽이는 행위와 동일한 행위임을 인정함과 동시에 태아를 살해하고자 의도하지 않을 수 있다는 입장을 취한다. 태아의 머리를 변형시켜야 태아의 머리가 점유하고 있는 공간이 줄어들지만, 태아의 심장박동이 멎지 않는 한 태아의 머리를 변형시킬 수 없다고 해보자. 따라서 심장박동을 멎게 하기 위해 약물을 과다 투여했으며, 심장이 멎은 것을 확인한 후 머리를 변형시키고 태아를 제거했다고 해보자. 이와 같은 경우에도 "태아의 머리가 점유하고 있는 공간을 줄이는 행위와 태아를 죽이는 행위가 동일한 행위라고 하더라도, 그로부터 의사가 태아를 살해하고자 의도한다는 결론이 도출되지는 않는다"고 할 수 있는가? 또는 "의사는 태아의 머리를 변형시키고자 의도하는 것이지 태아를 살해하고자 의도하는 것은 아니다"고 할 수 있는가?

밀접성 논변에 의존해 기적 논변 그리고 게디스와 마키스의 반론에도 적절히 대응할 수 있다고 보아야 하나, 문제는 밀접성 논변 그 자체가 설득력이 있는가 하는 것이다. 밀접성 논변이 설득력을 얻기 위해서는, 예컨대 그것에 의존한 〈자궁절제술 예〉와 〈쇄두술 예〉에 대한 가톨릭의 해법이 설득력을 얻기 위해서는 다음의 두 명제가 참이라야 한다.

– '태아의 머리를 부수는 행위'와 '태아가 숨지는 결과'의 밀접도가 '자궁을 절제하는 행위'와 '태아가 숨지는 결과'의 밀접도보다 크다.

– '태아의 머리를 부수는 행위'와 '태아가 숨지는 결과'가 전자를 의도하면서 후자를 의도하지 않는다는 것은 성립하지 않을 만큼 밀접하게 연관되어 있다.

첫째 명제가 참이라는 입장은 이견의 소지를 남기지 않는다. 설명된 바와 같이 성능이 우수한 인큐베이터가 개발되었다면 그리고 임신 말기에 자궁절제술이 시술되었다면 태아가 생존할 수 있을 것이기 때문이다. 둘째 명제는 어떠한가? 태아의 머리를 산도로부터 제거하기에 충분할 만큼 부수고도 태아가 생존하길 기대한다는 것이 이치에 맞는가? 하트의 반론을 중심으로 둘째 명제가 참인지를 생각해보기로 하자.

4.1.2. 밀접성 논변의 한계

태아의 머리를 산도로부터 제거하기에 충분할 만큼 부수고도 태아가 생존하길 기대한다는 것은 공상영화에서나 있음직한 일이다. '태아의 머리를 부수는 행위'와 '태아가 숨지는 결과'를 놓고 전자를 의도하면서 후자를 의도하지 않을 수는 있다는 것은 지극히 비상식적이나, 흥미롭게도 하트는 그 비상식적인 입장을 취함으로써 밀접성 논변을 부정하고자 한다.

쇄두술과 자궁절제술 두 경우에서 모두 태아를 숨지게 하는 것은 그 자체가 목적도, 목적을 이루기 위해 채택한 수단도 아니다. 단지 예견된 부수적인 결과이다. 쇄두술에서 임신부를 살리기 위해 요구되는 것은 태아가 숨지는 것이 아닌, 태아가 임신부의 신체로부터 제거되는 것이다. … 자궁을 절제하는 것과는 달리 태아의 머리를 부수는 것을 직접적인 살해 direct killing로 보기 위해서는, 자궁을 절제하는 행위와 태아가 숨지는 결과는 불확정적으로contingently 연관되어 있는 반면 태아의 머리를 부수는 행위와 태아가 숨지는 결과는 불확정적으로 연관되어 있지 않아야 한다. 하지만 절제된 자궁 내의 태아가 머리가 부서진 태아보다 생존 가능성이 높을지는 명확하지 않다.[5]

예견된, 하지만 바라지 않은 결과가 의도되었다고 보기 위해서는 그 결과와 그 결과를 야기시킨 행위가 불확정적으로 연관된 것이 아닌 개념적으로conceptually 연관되어 있다고 볼 수 있을 만큼 즉각적이고 필연적으로 연관되어 있어야 한다.[6]

의도된 행위가 그 의도된 행위의 예견된 결과와 개념적으로 또는 논리적으로logically 연관되어 있지 않다면 그 결과를 의도하지 않을 수 있는가? 태아의 머리를 부수는 행위와 태아가 사망하는 결과가 개념적으로 연관되어 있지 않은가? 태아의 머리를 부수는 행위와 태아가 사망하는 결과가 개념적으로 연관되어 있지 않다는 것은 태아의 머리를 부쉈음에도 불구하고 태아가 생존하는 것이 논리적으로 불가능하지 않다는 말과 다르지 않다. 상식적으로는 하트의 주장에 대해 납득할 수 없음에도 불구하고 그의 주장이 당혹스러운 이유는 태아가 생존하는 것이 논리적으로 불가능하다는 것을, 즉 태아의 머리를 부수는 행위와 태아가 사망하는 결과가 개념적으로 연관되어 있다는 것을 입증할 마땅한 방도가 없기 때문이다. 물론 더프R. A. Duff가 그랬듯이, 개념적으로 가능하다는 의미를 하트가 합리적으로 이해하고 있는지에 대해서는 의문을 제기할 수는 있다.

(하트는) 생각해보거나 상상해볼 수 있다는 개념을 논리적 가능성 또는 개념적 가능성의 기준으로서 사용하고 있다. 하지만 상상해볼 수 있는 가능성이 개념적인 가능성을 설정하기에 충분한지는 명확하지 않다. 아마도 문제는 우리가 지금 알아들을 수 있는 가능성을 상상하고 있는지의 여부

일 것이다.[7]

살아 있는 사람을 살해하고자 의도하지 않은 채 그의 목을 베는 것을, 그를 잘게 써는 것을, 그의 심장을 도려내는 것을 의도할 수 있다고 말하는 것은 분명 논리적으로 이치에 닿지 않는다. 그렇게 말하는 것은 아내가 아침에 일어나 머리가 없는 자신의 모습을 보고 놀라는 모습을 보고자 잠을 자고 있는 아내의 목을 벤 사람의 정신착란 증세와 크게 다르지 않다.[8]

더프의 예를 다음과 같이 정리해보자. 아내를 참수한 혐의로 법정에 선 피의자가 주장한다. "아내를 살해할 의도는 없었습니다. 단지 아내가 잠에서 깨어나 머리와 몸이 분리된 자신의 모습을 보고 놀라는 모습을 보고자 의도했을 뿐입니다". 목이 잘린 상태로 자신의 모습을 보고 놀랄 수 있다는 것은 상상에서나 가능한 일이다. 마찬가지로 머리가 부서진 태아가 생존할 수도 있다는 것은 상상에서나 가능하다고 보아야 하는 것은 아닌가? 하트와 더프 중 더프의 손을 들어주는 것이 상식일 것이나, 그래야 하는 마땅한 근거를 찾을 수 있는지가 문제다.

하트가 상상에서도 상상하기 어려운 가능성을 상상한 이유는 머리가 부서진 태아가 사망하지 않을 가능성 그 자체에 무게를 두었기 때문이 아닌, 밀접성 논변 옹호자들에게 공을 넘기기 위해서라고 보아야 한다. 바꿔 말하면 하트의 반론으로 인해 밀접성 논변 옹호자들은 '태아의 머리를 부순 행위'와 '태아가 숨진 결과'가 개념적으로 연관되어 있다는 것을 입증해야 하는 치명타를 입었다고 보아야 한다. 위의 행위와 결과가 개념적으로 연관되어 있다는 것을 입증하는 것이 가능하지 않다면, 하지만 하트의 반론에 당하고만 있을 수 없다면, 어디서 돌파구를 찾아야 하는가?

하트의 주장대로 의도된 행위와 그 결과가 개념적으로 연관되어 있지 않다면 그 결과를 의도했다는 답변을 얻을 수 없다고 해보자. 그렇다면 데이비스

Nancy Davis가 지적하는 바와 같이 태아의 머리를 부수는 것이 임신부를 살리는 수단이 아니라는 하트 자신도 인정하고 싶지 않은 결론을 수용할 수밖에 없다. "왜냐하면 태아의 머리를 부수지 않는 것과 임신부가 숨지는 것이 (또는 태아의 머리를 부수는 것과 임신부가 생존하는 것이) 개념적으로 연관되어 있지 않기 때문이다. 상대방의 급소를 겨냥해 방아쇠를 당기는 것 역시 상대방을 숨지게 하는 수단이 될 수 없다. (상대방이 실제로 생존하지 못했다고 하더라도) 상대방이 생존할 수 있다는 것을 상상할 수 있기 때문이다".[9]

밀접성 논변에 대한 하트의 반론과 하트에 대한 데이비스의 반론 중 후자의 손을 들어주어야 하는 이유는 다음과 같이 설명될 수 있다. 임신부를 살릴 목적이 아니라면 쇄두술을 시술할 이유가 없다. 즉, 임신부를 살릴 목적으로 쇄두술을 시술하는 것이 아니라면, 쇄두술은 논의 대상이 될 수 없다. 그렇다면 위의 목적을 달성하기 위해 채택한 수단은 무엇인가? '태아의 머리를 부수는 것'과 '태아를 숨지게 하는 것'이 그 후보가 될 수 있으나, 하트의 입장에서 후자를 지목할 수는 없다. 목적뿐 아니라 수단도 의도하므로, 후자를 지목한다면 쇄두술이 허용될 수 있다는 자신의 입장에 위배되기 때문이다. 이렇듯 하트 역시 '태아의 머리를 부수는 것'이 수단이라는 입장을 취할 수밖에 없다.

이제 '태아의 머리를 부수는 행위'와 '임신부가 생존하는 결과'를 생각해보자. 하트의 주장대로 '태아의 머리를 부수는 행위'와 '태아가 숨지는 결과'가 개념적으로 연관되어 있지 않다면, '태아의 머리를 부수는 행위'와 '임신부가 생존하는 결과' 역시 개념적으로 연관되어 있지 않다고 보아야 한다. (태아의 머리를 부쉈음에도 불구하고 태아가 생존할 가능성을 상상할 수 있다면, 태아의 머리를 부쉈어도 임신부가 숨질 가능성 역시 상상할 수 있다.) 따라서 하트가 주장하는 바와 같이 '태아의 머리가 부서지는 사태'를 초래하고자 의도하지만 '태아가 숨지는 결과'를 의도하지는 않을 수 있다면, '태아의 머리가 부서지는 사태'를 초래하고자 의도하지만 '임신부가 생존하는 결과'를 의도하지 않을 수 있다고 보아야 한다. 하지만 이는 임신부를 살릴 목적으로 쇄두술을 시술하는 것이 아니라는 말과 다르지 않다. 다시 말해 어떤 것을 의도하지 않을 수 있다면 그것을 목적이라 할 수 없으므로, 하트의 주장대로라면 임신부를 살리는 것이 쇄두술을 시술하는 목적이 될 수 없다.

하트의 주장을 놓고 볼 때 '임신부를 살리는 것'이 쇄두술을 시술하는 목적이 될 수 없다면, 그 목적이 될 수 있는 유일한 후보는 '태아를 숨지게 하는 것'일 수밖에 없다. 하지만 하트의 주장대로라면 '태아를 숨지게 하는 것' 역시 쇄두술을 시술하는 목적이 될 수 없다. '태아를 숨지게 하는 것'이 쇄두술을 시술하는 목적이기 위해서는 쇄두술 시술의가 태아를 숨지게 하고자 의도해야 하지만, '태아의 머리를 부수는 행위'와 '태아가 숨지는 결과'가 개념적으로 연관되어 있지 않다는 것이 따라서 후자를 의도하지 않을 수 있다는 것이 하트의 입장이기 때문이다. 이렇듯 하트의 주장대로라면 쇄두술 시술의는 목적 없이 쇄두술을 시술한다고 (태아의 머리를 부순다고) 보아야 한다.

하트의 주장은 태아를 살릴 목적으로 쇄두술을 시술하지 않은 경우를 놓고도 동일한 문제점을 드러낸다. 태아를 살린다는 목적을 달성하기 위해 채택한 수단은 '태아의 머리를 부수지 않는 것'이다. 하지만 하트가 주장하는 바와 같이 '태아의 머리를 부수는 행위'와 '태아가 숨지는 결과'가 개념적으로 연관되어 있지 않다면, '태아의 머리를 부수지 않는 행위'와 '태아가 생존하는 결과' 역시 개념적으로 연관되어 있지 않다고 보아야 한다. 이렇듯 태아를 살리고자 의도하지 않은 채 태아의 머리를 부수지 않을 수 있으며, 따라서 태아를 살리는 것이 쇄두술을 시술하지 않는 목적이 될 수 없다.

하트의 주장을 놓고 볼 때 '태아를 살리는 것'이 쇄두술을 시술하지 않는 목적이 될 수 없다면, 그 목적이 될 수 있는 유일한 후보는 '임신부를 숨지게 하는 것'일 수밖에 없다. 하지만 하트의 주장대로라면 '임신부를 숨지게 하는 것' 역시 쇄두술을 시술하지 않는 목적이 될 수 없다. 하트의 주장대로 '태아의 머리를 부수는 행위'와 '태아가 숨지는 결과'가 개념적으로 연관되어 있지 않다면, '태아의 머리를 부수지 않는 것'과 '임신부가 사망하는 것' 역시 개념적으로 연관되어 있지 않다고 보아야 하기 때문이다. 이렇듯 하트의 주장대로라면 의사는 목적 없이 쇄두술을 시술하지 않는다고 (임신부의 숨이 끊어지길 기다린다고) 보아야 한다.

밀접성 논변에 대한 하트의 반론은 성공적일 수 없으나, 하트의 반론으로부터 자유롭다는 것이 밀접성 논변에 설득력을 부여하지는 못한다. 〈몰로니 사건〉을 생각해보자. 아버지의 얼굴에 총구를 대고 방아쇠를 당긴 몰로니의 행위에 밀접성 논변을 적용하면 몰로니에게 아버지를 살해할 의도가 있었다는 상식적인 답변을 얻을 수 있다. 아버지의 얼굴에 총구를 대고 방아쇠를 당긴 행위와 아버지가 숨진 결과 사이의 밀접도는 태아의 머리를 부순 행위와 태아가 숨진 결과 사이의 밀접도와 크게 다르지 않다는 답변이 가능하기 때문이다.

밀접성 논변을 〈콕스 사건〉에 적용하면 어떠한가? 보이즈 여사가 숨진 이유는 콕스 박사가 그녀의 혈관에 약물을 주입했기 때문이다. 보이즈 여사의 혈관에 약물을 주입한 행위와 그녀가 숨진 결과는 어느 정도 밀접하게 연관되어 있는가? 밀접성 논변 옹호자들은 둘 사이의 밀접도 역시 태아의 머리를 부순 행위와 태아가 숨진 결과 사이의 밀접도와 크게 다르지 않다고 답변할 것이다. 그렇다면 〈청산가리 막걸리 사건〉에서 아내에게 청산가리 막걸리를 건넨 A씨의 행위는 어떠한가? 〈쇄두술 예〉에서 태아의 머리를 부순 행위와 태아가 숨진 결과 사이의 밀접도가 〈자궁절제술 예〉에서 자궁을 절제한 행위와 태아가 사망한 결과 사이의 밀접도보다 크다면, 보이즈 여사의 혈관에 약물을 주입한 행위와 그녀가 숨진 결과의 밀접도 역시 아내에게 청산가리 막걸리를 건넨 A씨의 행위와 아내가 숨진 결과 사이의 밀접도보다 크다고 보아야 할 것이다. 따라서 밀접성 논변 옹호자들은 자궁을 절제한 행위를 태아를 살해하고자 의도한 행위로 볼 수 없다는 입장을 취하듯이, 아내에게 청산가리 막걸리를 건네 아내를 숨지게 한 A씨에게 아내를 살해할 의도가 없었다는 입장을 취해야 한다. 〈콕스 사건〉의 콕스 박사에게는 보이즈 여사를 살해할 의도가 있었다고 보아야 하는 반면, 〈청산가리 막걸리 사건〉의 A씨에게는 아내를 살해할 의도가 없었다고 볼 수 있는가?

〈스미스 사건〉의 스미스가 경찰관을 차에 매단 채 갈지자로 질주해 경찰관이 사망했으며, 〈하이엄 사건〉의 하이엄이 경쟁 여성의 집으로 찾아가 현관문에 불을 붙여 두 아이가 질식사했다. 그리고 〈헨리 사건〉의 헨리 박사는 진통제, 진정제 등을 혼합 과다 처방함으로써 3명의 환자를 죽음에 이르게 했다. 스미스의 행위와 경찰관이 숨진 결과 사이의 밀접도, 하이엄의 행위와 두 아이가 숨진 결과 사이의 밀접도, 헨리 박사의 행위와 3명이 숨진 결과 사이의 밀접도는 어떠한가? 〈커닝햄 사건〉의 커닝햄이 계량기를 떼어낸 후 60cm 거리에 있는 밸브를 잠그지 않아 웨이드 여사가 질식되는 사건이 발생했다. 웨이드 여사가 사망했다고 한다면, 커닝햄의 행위와 웨이드 여사가 숨진 결과 사이의 밀접도는 어떠한가? 〈잭슨 사건〉의 잭슨은 허공에 대고 권총을 발사했다. 90마일로 떨어지는 총탄에 행인이 맞아 사망했다면, 그의 행위와 행인이 숨진 결과 사이의 밀접도는 어떠한가? 위의 경우들에서 모두 피의자들의 행위와 피해자들이 숨진 결과 사이의 밀접도는 오히려 〈자궁절제술 예〉에서의 자궁을 절제하는 행위와 태아가 숨지는 결과 사이의 밀접도보다도 크지 않다고 보아야 한다. 위의 피의자들 모두에게 피해자들을 살해할 의도가 없었다고 볼 수 있는가?

밀접성 논변에 의존해 위의 사건들을 해결하고자 한다면 많은 경우 반직관적인 답변을 내려야 하며, 다음의 경우를 생각해보아도 밀접성 논변의 한계를 읽을 수 있다.

뚱뚱한 사람 예

"동굴탐사대가 탐사를 마치고 귀환길에 올랐으나 뚱뚱한 사람이 앞장서 난감한 일이 발생한다. 그가 동굴 입구에 끼어 나머지 대원들이 동

> 굴에 갇히는 신세가 되고 만 것이다. 대원들은 그가 야윌 때까지 기다
> 려야 할 것이나… 설상가상으로 동굴 안쪽으로부터 물이 차오르고 있
> 다. 불행인지 다행인지 대원들이 다이너마이트를 소지하고 있어 뚱뚱
> 한 사람을 폭파해 출구를 확보할 수 있다".[10]

　　뚱뚱한 사람이 야윌 때까지 기다릴 수 없어 대원 중 한 명이 뚱뚱한 사람의
바지 주머니에 다이너마이트를 넣고 불을 붙였다고 해보자. 그래서 뚱뚱한 사
람이 숨졌다면, 바지 주머니에 다이너마이트를 넣고 불을 붙인 행위와 뚱뚱한
사람이 숨진 결과 사이의 밀접도는 〈쇄두술 예〉에서의 태아의 머리를 부순 행
위와 태아가 숨진 결과 사이의 밀접도와 크게 다르지 않다고 보아야 할 것이
다. 즉, 밀접성 논변을 적용하면 다이너마이트에 불을 붙인 대원에게 뚱뚱한
사람을 살해할 의도가 있었다고 보아야 한다. 살인 혐의로 기소될 것이 두려
워 뚱뚱한 사람 10cm 곁에 다이너마이트를 놓고 불을 붙였다면 어떠한가? 그
것도 부담스러워 20cm 곁에 놓고 불을 붙였다면 어떠한가? 이 경우에서의 밀
접도는 〈자궁절제술 예〉에서의 자궁을 절제한 행위와 태아가 숨진 결과 사이
의 밀접도보다 크지 않다고 보아야 한다. 뚱뚱한 사람의 주머니에 다이너마
이트를 넣고 불을 붙인 경우는 뚱뚱한 사람을 살해할 의도가 있었다고 보아야
하는 반면, 20Cm 곁에 다이너마이트를 넣고 불을 붙인 경우는 살해의도가 없
었다고 할 수 있는가?
　　밀접성 논변이 설득력이 있다면 의도한다는 것의 필요충분조건을 제시하
는 험난한 여정을 밟지 않고도 의도했는지를 판별할 수 있다는 점에서 실로
큰 수확이 아닐 수 없으나, 이상에서 알아본 바와 같이 밀접성 논변에 의존하
기에는 역부족으로 보아야 한다. 그렇다면 의도했는지를 판별할 수 있는 또
다른 묘책은 없는가?

1997년 6월 27일 미국 연방대법원은 안락사를 금지하는 최종판결문에서 '환자가 자연사하는 것과 죽게 만드는 것을 구별하는 일은 (환자를 살해하고자 의도했는지를 구별하는 일은) 논리적이고 합리적인 판단에 따라 이뤄져야 할 문제'라고 밝힌 바 있다. 안락사 문제의 핵심 쟁점인 환자를 살해할 의도가 있었는지의 물음을 놓고 1973년 미국의사협회는 다음과 같이 전통적인 견해를 수용한다. 즉, 환자를 살해하고자 의도한 경우를 적극적인 안락사 그리고 환자의 생명을 연장시키는 특수수단extraordinary means을 사용하지 않는 경우를 소극적인 안락사로 보아 후자의 경우는 허용될 수 있다는 입장을 취한다. 위의 입장은 '생명을 단축시키는 특수수단을 사용하는 경우' 및 '환자의 생명을 연장시키는 일반수단ordinary means을 사용하지 않는 경우'는 환자를 살해하고자 의도하는 경우인 반면, '환자의 생명을 단축시키는 일반수단을 사용하는 경우' 및 '환자의 생명을 연장시키는 특수수단을 사용하지 않는 경우'는 환자를 살해하고자 의도하는 경우가 아니라는 의미를 담고 있다. 하지만 특수수단과 일반수단을 구분함으로써 살해하고자 의도했는지의 여부를 판별하기는 없다고 보아야 한다.[11] 그에 대한 논의는 생략하고 의도했는지를 판별하기 위해 제시된 또 하나의 묘책에 대해 생각해보기로 하자.

4.2. 죽임/죽게 방치함 논변

4.2.1. 죽임/죽게 방치함 논변의 전제

> **라모스 사건**
>
> "이라크 시민 4명의 죽음을 방관한 혐의로 미군 병사가 징역 7개월형을 선고받았다. 벨모어 라모스(23)는 지난 2007년 3월 10일과 4월 16일 사이 눈이 가려진 채 손이 묶여 살해된 이라크인 4명의 죽음을 방관한 혐의를 받고 있다. 살해된 이들의 시체 4구는 바그다드 인근에서 발견됐으며 이라크 경찰은 이 사건을 조사하던 중 라모스를 체포, 조사했다. 이에 라모스는 법정에 출두해 이라크인들이 살해될 당시 자신이 망을 보고 있었으며, 이는 자신이 원해서 한 일이라고 진술했다. 라모스는 '나는 그들이 죽기를 원했다'면서 '나는 내 행동에 대한 어떠한 변명의 여지도 없다'고 말했다"(뉴시스, 2008. 09. 19).

라모스는 피해자들이 살해될 것을 예견했고, 그들이 살해되길 바랐으며, 심지어 살해범들을 도와 망까지 봐주었다. 하지만 재판부는 그에게 살인을 방관한 죄목을 적용해 비교적 가벼운 형량인 징역 7개월형을 선고했다. 죄질이 결코 가볍지 않음에도 라모스에게 살해의도가 없었다고 본 이유는 무엇인가? 그가 4명의 손을 묶고 직접 방아쇠를 당겼다면 이야기는 달라졌을 것이다. 즉, 재판부는 마땅히 그에게 의도적인 살인죄를 적용했을 것이다. 이는 피해자들의 죽음을 유발한 적극적인 행위를 하지 않은 것이 라모스가 의도적인 살인 판결을 받지 않은 결정적인 이유가 되었다는 말과 다르지 않으며, 이는 다시 재판부가 작위와 부작위의 차이에 근거해 (피해자의 죽음을 유발한 직접적인 행위를 하지 않은 부작위의 경우는 의도하지 않은 경우로 보아) 라모스에게 의도적인 살인죄를 적용하지 않았다는 말과 다르지 않다.[12] 라모스에게 내려진 판결에서 한걸음 더 나아가 다음과 같은 입장을 취할 수는 없는가?

죽음을 유발한 적극적인 행위를 한 경우 = 살해하고자 의도한 경우
죽음을 유발한 적극적인 행위를 하지 않은 경우 = 살해하고자 의도하지는 않은 경우

　작위와 부작위의 차이가 의도했는지를 판별할 수 있는 준거가 될 수 있다면, 의도한다는 것의 필요충분조건을 제시하는 노정을 거치지 않아도 된다는 점에서 큰 성과라 아니할 수 없다. 제2장에서 설명된 바와 같이 이중결과원리의 둘째 조건에 따르면, '행위자의 의도가 나쁜 결과에 있지 않고 좋은 결과에 있어야 한다(나쁜 결과를 의도하지 말고 좋은 결과를 의도해야 한다)'. 나쁜 결과를 의도하지 말아야 한다고 할 때, 그것을 어긴 구체적인 경우를 들라면 가장 보편적인 답변인 그것을 예견하거나 바란 경우 등을 생각할 수 있을 것이다. 하지만 코넬F. J. Connell은 이중결과원리의 옹호자로서 위의 조건을 다음과 같이 해석한다. "나쁜 결과를 적극적으로 초래하지 않고 단지 그것이 발생되는 것을 용인해야 한다".[13] '나쁜 결과를 의도하지 말아야 한다'는 것을 '나쁜 결과를 적극적으로 초래하지 않고 단지 그것이 발생되는 것을 용인해야 한다'는 의미로 해석했다는 것은 코넬이 작위의 경우를 의도한 경우로 (그리고 부작위의 경우를 의도하지 않은 경우로) 보았다는 의미이다.
　대한의사협회 역시 유사한 입장을 취한다. 2001년 4월 대한의사협회는 회복 불가능한 환자에 대해 환자나 가족들이 치료 중지를 요청할 경우 의사가 그것을 받아들일 수 있다는 내용의 의사윤리지침을 제정키로 하고 최종안 마련에 들어가, 그로부터 1년 후인 2002년 5월 사망에 임박한 환자에 대한 연명치료를 중단하는 것이 윤리에 어긋나지 않는다는 지침을 발표한 바 있다. 위

의 지침은 약물을 주입함으로써 생명을 단축시키는 것은 금지하나 회복 불가능한 환자의 치료를 중단하는 것은 허용하고 있다는 점에서, 살인에 해당되는 적극적인 안락사와 살인에 해당되지 않는 소극적인 안락사의 구분 근거를 작위와 부작위의 차이에 두었다는 해석이 가능하다. (사망이 임박한 환자에게 약물을 주입하는 경우를 두고는 윤리에 어긋나지 않는다고 말하지 않는다.)

작위와 부작위 또는 죽임killing과 죽게 방치함letting die의 차이가 의도했는지를 판별할 수 있는 잣대가 될 수 있는가? ('죽임/죽게 방치함', '작위/부작위' 두 용어 중 전자가 후자보다 협의이므로 앞으로 전자의 표현을 쓰고자 한다.)

비정한 엄마 사건 1

"2살 된 어린 아들이 대소변을 못 가린다는 이유로 폭행해 사망에 이르게 한 비정한 어머니가 경찰에 붙잡혔다. 천안서북경찰서는 21일 어린 아들을 때려 숨지게 한 A(27)씨를 살인 혐의로 붙잡아 조사 중이다. 경찰에 따르면 A씨는 지난 18일 오후 2시 50분께 서북구 쌍용동 자신이 사는 다가구주택에서 아들 B(2)군의 목을 조르고 수차례 폭행해 숨지게 한 혐의를 받고 있다. 조사결과 A씨는 어린 아들이 대소변을 가리지 못하고 방바닥에 오줌을 쌌다는 이유로 이 같은 짓을 저지른 것으로 드러났다"(대전일보, 2010. 12. 21).

비정한 엄마 사건 2

"미국 앨라배마주 헌츠빌에서 올해 33세의 한 여성이 자신의 세 아이를 굶겨 숨지게 한 것으로 경찰 조사결과 밝혀졌다고 미 언론보도들이 6일(현지시간) 전했다. 헌츠빌 경찰에 따르면 지난 4일 살인 혐의로 체포된 냇쉐이 이본 워드라는 여성이 11, 9, 8세의 두 딸과 아들을 "일

부러 굶겨 죽였다"고 자백했다. 세 아이는 지난 4일 신고를 받고 출동한 911 응급요원들에 의해 침대도 없는 세 방에 각각 따로 떨어져 영양실조 상태에서 숨진 채 발견됐으며, 경찰은 이 아이들이 숨진 후에도 며칠 동안 방치돼 있었을 가능성이 있다고 말했다"(워싱턴 연합뉴스, 2005. 02. 07).

죽임과 죽게 방치함의 차이에 의존해 의도했는지를 판별하기 위해서는 어떤 경우가 죽인 경우인지 또는 죽게 방치한 경우인지를 판단할 수 있어야 한다. (위의 차이가 의도했는지를 판별할 수 있는 잣대가 될 수 있다는 주장을 '죽임/죽게 방치함 논변killing/letting die argument'으로 부르기로 하자.) 〈비정한 엄마 사건 1〉에서의 A씨는 목을 조르고 폭행해 아이를 숨지게 했다. 따라서 죽음을 유발한 적극적인 행위를 한 경우가 살해하고자 의도한 경우라면, A씨가 아이를 죽였다고 보아야 한다. 반면, 〈비정한 엄마 사건 2〉에서의 워드Natashay Ward는 아이들을 폭행하지도, 아이들의 음식에 독극물을 넣지도 않았다. 즉, 아이들의 죽음을 유발한 적극적인 행위를 해서가 아닌, 단지 음식을 주지 않아 아이들이 사망한 경우이다. 따라서 죽음을 유발한 적극적인 행위를 하지 않은 경우는 살해하고자 의도한 경우가 아니라면, 워드는 아이들을 죽게 방치했다고 보아야 한다. 워드를 살인 혐의로 체포한 경찰과 종신형 선고를 내린 재판부가 잘못 판단한 것인가? 죽임/죽게 방치함 논변을 옹호하기 위해서는 죽인 경우와 죽게 방치한 경우를 선별할 수 있는 보다 엄밀한 정의를 제시해야 한다. 하지만 4.2.1.에서 논의될 바와 같이 그것이 용이치 않다는 것이 문제이다.

죽임/죽게 방치함 논변이 안고 있는 보다 근본적인 문제는 죽인 경우가 죽게 방치한 경우보다 언제나 부도덕해야 한다는 데 있다. 위의 논변에 의존해 〈라모스 사건〉의 라모스에게 피해자들을 살해할 의도가 있었는지를 판단해도 큰 무리는 따르지 않는다. 라모스의 죄질이 무거운 것이 사실이나, 그에게 의도적인 살인죄를 적용하기에는 죄질이 가벼운 것도 사실이기 때문이다. 〈라모스 사건〉을 놓고 본다면 부작위의 경우에 대해 의도적인 살인죄를 적용하기 어렵다는 데는 어느 정도 공감할 수 있다. 행위를 함으로써 상대를 사망케 한 모든 경우를 살해의도가 있는 경우로 보아야 한다는 데 대해서도 공감할 수 있는가? 〈핸드 사건〉의 핸드, 〈몰로니 사건〉의 몰로니, 〈연쇄살인범 예〉에서의 연쇄살인범 등에게 살인죄를 적용해야 한다는 데는 공감할 수 있으나, 〈콕스 사건〉의 콕스 박사 등 안락사를 시술한 의사 모두에게 환자를 살해할 의도가 있었다고 보기에는 부담이 따른다. 뿐만 아니라 〈하이엄 사건〉의 하이엄 등에게 피해자를 살해할 의도가 있었다고 보아야 하는지도 논의 대상이 되어야 할 것이다.

비정한 엄마 사건으로 다시 돌아가보자. 죽인 경우와 죽게 방치한 경우를 선별할 수 있는 엄밀한 정의가 제시되었다고 해보자. 그리고 그 정의를 적용해 〈비정한 엄마 사건 1〉의 경우는 아이를 죽인 경우로서 A씨에게 살해의도가 있었다는 그리고 〈비정한 엄마 사건 2〉의 경우는 아이들을 죽게 방치한 경우로서 워드에게 살해의도가 없었다는 결론을 내릴 수 있었다고 해보자. 그렇다면 〈비정한 엄마 사건 1〉에서의 A씨가 〈비정한 엄마 사건 2〉에서의 워드보다 더 큰 도덕적 비난의 대상이 되어야 한다. (또는 전자의 엄마에게는 의도적인 살인murder죄를 적용해 그에 합당한 형량을 내려야 하는 반면, 후자의 엄마에게는 비의도적인 살인manslaughter죄를 적용해 전자의 엄마에게 내린 형량보다 상대적으로 낮은 형량을 내려야 한다.) 워드에게 A씨에게보다 낮은 수위의 도덕적 비난을 가해야 하는가?

스모 선수 예

스모 선수가 철로 위를 걷던 중 철로에서 10m 떨어진 곳에서 잠을 자고 있는 취객을 발견했다. 취객을 철로 위로 옮겨놓고 가던 길을 재촉해 취객이 기차에 치어 숨졌다.

유도선수 예

유도선수가 철로 위를 걷던 중 철로 위에서 자고 있는 취객을 발견했다. 취객을 철로 변으로 옮겨놓지 않고 그냥 지나쳐 취객이 기차에 치어 숨졌다.

죽인 경우와 죽게 방치한 경우를 선별할 수 있는 엄밀한 정의를 적용해 유도선수는 취객을 죽게 방치한 반면, 스모 선수는 취객을 죽였다는 결론을 내릴 수 있었다고 해보자. 유도선수가 도덕적 비난의 대상이 되어야 한다는 데 이견을 보일 수 없다. 하지만 그 비난의 수위가 스모 선수에 대한 비난의 수위보다는 낮아야 하는가? 유도선수와 스모 선수에게, 〈비정한 엄마 사건 1〉에서의 A씨와 〈비정한 엄마 사건 2〉에서의 워드에게 동등한 도덕적 평가를 내려야 한다면 (죽인 경우와 죽게 방치한 경우가 도덕적으로 차이가 없는 경우가 있을 수 있다면), 죽임/죽게 방치함 논변은 설득력을 잃게 된다.

이렇듯 죽임/죽게 방치함 논변이 설득력을 얻기 위해서는 다음의 두 전제가 충족되어야 한다. 첫째, 죽인 경우와 죽게 방치한 경우를 선별할 수 있다. 둘째, 죽인 경우가 죽게 방치한 경우보다 언제나 부도덕하다. 이제 이들 두 전제들을 생각해보는 것으로 죽임/죽게 방치함 논변에 대한 평가에 들어가기로 하자.

4.2.2. 어떤 경우가 죽인 그리고 죽게 방치한 경우인가?

〈유도선수 예〉의 유도선수는 〈스모 선수 예〉의 스모 선수와 달리 취객을 죽게 방치했다고 보아야 하듯이, 죽음을 유발한 신체동작을 취하지 않은 경우를 죽게 방치한 경우로 보는 것이 상식일 것이다.[14]

죽인 경우 = 죽음을 유발한 적극적인 행위를 한 경우 = 죽음을 유발한 신체동작을 취한 경우
죽게 방치한 경우 = 죽음을 유발한 적극적인 행위를 하지 않은 경우 = 죽음을 유발한 신체동작을 취하지 않은 경우

죽인 경우와 죽게 방치한 경우를 이와 같이 정의하는 것이 상식일 것이나, 그 상식이 통할지는 의문이다. 1994년 르완다 내전 중 후투족에 의해 100일 동안 80만 명 이상이 학살당할 당시 나는 그들의 죽음을 유발한 신체동작을 취하지 않았다. 따라서 위의 정의에 따르면 내가 그들의 죽음을 방치한 것이 된다. "팔레스타인 가자지구에 대한 이스라엘의 공습이 닷새째 이어지면서 사망자가 빠르게 늘고 있다. …이번 교전으로 인해 발생한 팔레스타인 사망자는 총 75명으로 늘었으며 이중 절반가량은 민간인인 것으로 나타났다"(연합뉴스, 2012. 11. 19). 75명의 팔레스타인 민간인이 죽어갈 당시에도 나는 그들의 죽음을 유발한 신체동작을 취하지 않았다. 따라서 위의 정의대로라면 내가 75명의 팔레스타인 민간인도 죽게 방치했다고 보아야 한다. 내가 75명의 팔레스타인 민간인을 죽게 방치했는가? 내가 80만 명 이상의 르완다인을 죽게 방치했는가? 따라서 그에 대한 죄책감을 안고 살아가야 하는가?

내가 80만 명 이상의 르완다인을 죽게 방치했다고 볼 수 없는 이유는 학살을 저지할 방도가 없었기 때문이며, 75명의 팔레스타인 민간인을 죽게 방치했다고 볼 수 없는 이유 역시 이스라엘의 공습을 저지할 방도가 없었기 때문

이다. 바로 이러한 점이 디네로Daniel Dinello와 라이트G. H. Wright가 제시한 정의가 위의 정의에 대한 대안이 될 수 있다는 것을 시사한다.

"P가 Q를 죽였다. = P가 Q의 신체에 영향을 끼친 신체동작을 취한 것이 Q의 죽음을 유발했다.
P는 Q를 죽게 방치했다. = Q의 신체에 영향을 끼치고 있는 상황을 바꿀 수 있는 어떤 신체동작을 P가 취했다면 Q는 죽지 않을 수 있었으나 P가 그와 같은 동작을 취하지 않았다.[15]"

"P가 Q를 죽게 방치한 경우는 P가 Q의 죽음을 막을 수 있었음에도 불구하고 막지 않은 경우 그리고 그 경우뿐이다.[16]"

이제 르완다 학살사건과 이스라엘 공습사건은 해결되었다고 보아야 한다. 학살과 공습을 저지할 수 있었음에도 불구하고 저지하지 않은 것이 아니며, 따라서 위의 정의를 적용해 내가 100만 명의 르완다인과 75명의 팔레스타인 민간인을 죽게 방치한 것은 아니라는 답변을 얻을 수 있기 때문이다. 하지만 위의 정의에 의존해 죽인 경우와 죽게 방치한 경우를 선별하기에는 여전히 역부족으로 보아야 한다.

마우타우젠 수용소 학살사건

"1938년, 다하우 강제 수용소에 있던 한 무리의 죄수들은 새로운 수용소를 짓기 위해 오버외스테라이히 주에 있는 마을 마우타우젠으로 이송됐다. …마우타우젠은 '노동에 의한 몰살'(Vernichtung durch arbeit)이라는 원칙 아래 운영되었으며, 특히나 가혹한 수용소였다. 아파서 일을 할 수 없게 된 자들은 굶어 죽거나, 1941년 12월 이후부터는 가스실에서 죽임당하게 되었다. 감시병들은 자신들의 사디스트적인 충동을 채우기 위해 무슨 짓이든 할 수 있었다. 한 예로, 재소자들은 한겨울에 옷을 벗은 채 호스로 뿌려대는 물을 맞아 그대로 얼어 죽게 방치되기도 했던 것이다"(네이버 지식백과).

마우타우젠 수용소 감시병들이 아파서 일을 할 수 없게 된 재소자들에게 음식을 제공했다면 그들이 굶어 죽지 않았을 것이며, 물에 젖은 재소자들에게 실내로 들어갈 수 있는 기회를 제공만 했어도 그들은 죽지 않을 수 있었다. 따라서 디네로와 라이트의 정의를 적용하면 감시병들이 재소자들을 죽게 방치했다고 보아야 한다. 그들이 재소자들을 죽게 방치했는가? 〈비정한 엄마 사건 2〉의 워드 역시 아이들의 죽음을 유발한 신체동작을 하지 않았을 뿐 아니라 아이들을 굶기지 않을 수도 있었다. 따라서 위의 정의에 따르면 그녀가 아이들을 죽게 방치했다고 보아야 한다. 그녀가 아이들을 죽게 방치한 것인가? 그린O. H. Green이 지적하는 바와 같이 디네로와 라이트의 정의를 따른다면 개를 우리에 가두고 먹이를 주지 않아 개가 사망한 경우도 개를 죽게 방치했다고 보아야 하며, 치사량의 독극물을 주사한 후 해독제를 주사하지 않아 사망한 경우 역시 죽게 방치했다고 보아야 한다.[17] 뿐만 아니라 맘H. M. Malm이 제시하는 다음의 예를 생각해보자.

보트 예 1

"쑤가 낚시를 끝내고 물가 쪽으로 노를 저으려는 순간 멀리 상류 쪽에 전복된 보트와 어떤 지친 사람이 (메리가) 자신의 보트를 향해 헤엄쳐 오고 있는 것을 발견했다. 물살 때문에 하류나 물가로만 노를 저을 수 있는 상황이다. 10분만 노를 젓지 않는다면 메리가 자신의 보트 한쪽을 잡을 수 있다는 것을 알았으며 따라서 노를 젓지 않음으로써 메리의 죽음을 막을 수 있다는 것을 알았다. (메리는 잠시 휴식을 취한 후 다시 수영을 할 수 있으므로, 쑤는 메리를 위해 노를 저어 물가로 향할 필요는 없다.) 반면 물가나 하류로 노를 저으면 메리는 자신의 보트를 따라잡지 못해 결국 죽게 되리라는 것도 알았다. 그럼에도 불구하고 쑤가 물가로 노를 저어 메리가 사망했다".[18]

보트 예 2

"쑤는 노 젓기를 잠시 멈추고 독서와 일광욕을 즐기고 있다. 잠시 책에서 눈을 뗀 순간 자신의 배가 요트에서 한가로이 휴식을 취하고 있는 존을 향해 떠내려가고 있다는 것을 알았다. 좌·우 어느 쪽으로든 노를 젓지 않는다면 존이 죽게 되리라는 것을 알았으나 노를 젓지 않아 존은 사망했다".[19]

〈보트 예 1〉에서 쑤는 메리를 죽게 방치했다고 보아야 한다. 다시 말해 쑤에게 비난을 가한다면 메리를 살리지 않은 데 대한 비난을 가해야 한다. 하지만 디네로와 라이트의 정의를 쑤에게 적용하면 그녀가 메리를 죽였다는 반직관적인 결론을 내려야 한다. 쑤가 노를 저었기 때문에, 즉 메리의 신체에 영향을 끼친 신체동작을 취해서 메리가 사망했기 때문이다. 디네로와 라이트의 정의는 〈보트 예 2〉에 대해서도 직관에 위배되는 결론을 내릴 수밖에 없다. 저속으로 운전하던 중 도로 위에서 잠이 든 취객을 발견했다. 브레이크를 밟으면 취객이 무사할 수 있었으나 브레이크를 밟지 않아 취객이 사망했다면 취객을 죽였다고 보아야 한다. 마찬가지로 〈보트 예 2〉에서의 쑤 역시 존을 죽였다고 보아야 한다. 하지만 쑤가 노를 저었다면, 즉 존의 신체에 영향을 끼치고 있는 상황을 바꿀 수 있는 신체동작을 취했다면 존은 무사할 수 있었으나 노를 젓지 않아 존이 사망했으므로, 디네로와 라이트의 정의를 적용하면 쑤가 존을 죽게 방치했다는 결론이 나온다.

이렇듯 디네로와 라이트의 정의가 〈보트 예 2〉, 〈마우타우젠 수용소 학살 사건〉 그리고 개를 우리에 가두고 먹이를 주지 않은 예에 대한 적절한 해결책이 될 수 없다고 보아야 한다. 즉, Q의 신체에 영향을 끼치고 있는 상황을 바꿀 수 있는 어떤 신체동작을 P가 취했다면 Q는 죽지 않을 수 있었으나 P가 그와 같은 동작을 취하지 않아 Q가 사망한 경우에도 P가 Q를 죽였을 수 있다고 보아야 한다. 그린을 따라 디네로와 라이트의 정의를 다음과 같이 보완하면 어떠한가?

– 죽게 방치한 경우: P가 Q의 죽음을 막지 않음으로써 Q를 죽인 경우는 다음의 네 조건이 충족된 경우 그리고 그 경우뿐이다.
첫째, P가 또는 다른 사람이 어떤 특정한 상황 C로부터 Q의 죽음을 막아줄 A를 하지 않는 한 Q의 죽음을 야기하기에 충분한 특정한 상황 C가 있었으며, P는 이러한 상황을 알고 있었다.
둘째, P가 C를 초래하지 않았다.
셋째, P는 A를 하지 않았다.
넷째, Q는 C로 인해 죽었다.[20]

– 적극적인 행위를 하지 않음으로써 죽인 경우: P가 Q의 죽음을 막지 않음으로써 Q를 죽인 경우는 다음의 네 조건이 충족된 경우 그리고 그 경우뿐이다.
첫째, P가 또는 다른 사람이 어떤 특정한 상황 C로부터 Q의 죽음을 막아줄 A를 하지 않는 한 Q의 죽음을 야기하기에 충분한 특정한 상황 C가 있었으며, P

는 이러한 상황을 알고 있었다.

둘째, P가 C를 초래했다.

셋째, P는 A를 하지 않았다.

넷째, Q는 C로 인해 죽었다.[21]

위의 정의를 〈보트 예 1〉과 〈보트 예 2〉에 적용해보자. 쑤가 보트 대신 자전거를 탔다면, 존은 위험한 상황에 처하지 않았을 것이다. 이렇듯 존의 죽음을 야기한 상황을 쑤가 초래했다는 해석이 가능하다. 하지만 메리가 뱃놀이를 하지 않았더라도 메리는 위험에 처했을 것이다. 즉, 메리의 죽음을 야기한 상황을 쑤가 초래한 것은 아니다. 따라서 위의 정의를 적용하면, 디네로와 라이트의 정의를 적용했을 때와 달리 〈보트 예 1〉은 죽게 방치한 그리고 〈보트 예 2〉는 죽인 경우라는 상식적인 답변을 얻을 수 있다. 〈비정한 엄마 사건 2〉에서 역시 아이들이 위험에 처한 상황을 워드가 초래했으므로, 워드가 아이들을 죽였다는 (적극적인 행위를 하지 않음으로써 죽였다는) 답변을 얻을 수 있는 등 그린의 정의는 디네로와 라이트의 정의와 달리 위의 예들에 대한 해결책이 될수 있다. 하지만 다음의 경우를 생각해보자.

화차 예 2

선로 A를 브레이크가 파열된 화차가 질주하고 있다. 이 사실을 알고 살인청부업자가 메리를 선로 A에 묶어놓고 도주했다. 화차를 운전하던 쑤가 화차의 방향을 선로 B로 전환시켰다면 메리는 살 수 있었으나, 모든 상황을 파악하고도 화차의 방향을 전환시키지 않아 메리가 사망했다.

〈보트 예 2〉에서 쑤가 존을 죽였다고 보아야 하듯이, 〈화차 예 2〉에서의

쑤 역시 메리를 죽였다고 보아야 한다. 하지만 죽게 방치한 경우에 대한 그린의 정의를 〈화차 예 2〉에 적용해보자. 쑤가 선로 B로 화차의 방향을 전환시키지 않는다면 메리의 죽음이 야기되기에 충분한 상황이었다. 따라서 첫째 조건을 충족시킨다고 보아야 한다. 또한 쑤가 선로 B로 방향을 전환시키지 않았으므로 셋째 조건도 충족시키며, 메리는 위의 상황으로 인해 사망했으므로 넷째 조건도 충족시킨다. 뿐만 아니라 쑤가 브레이크가 파열되도록 조작하지도, 메리를 선로 A에 묶어놓지도 않았다. 따라서 둘째 조건 역시 충족시킨다. (메리가 처한 위험한 상황은 쑤가 아닌 살인청부업자에 의해 초래되었다.) 이렇듯 그린의 정의를 〈화차 예 2〉에 적용하면 쑤가 메리를 죽게 방치했다는 상식에 위배되는 답변을 내려야 한다.

죽임/죽게 방치함 논변이 설득력을 얻기 위해서는 적어도 그린의 정의보다는 설득력 있는 정의가 제시되어야 한다. 하지만 필자가 아는 한 그와 같은 정의가 제시되고 있지 않으며, 설령 제시된다고 해도 큰 어려움 없이 그것을 부정할 수 있을 것이다. 이제 죽임/죽게 방치함 논변이 극복하기 어려운 보다 근본적인 문제에 대해 생각해보기로 하자.

4.2.3. 죽인 경우와 죽게 방치한 경우 사이에 도덕적인 차이가 없을 수 있다

제노비스 사건

1964년 3월 13일 새벽, 선술집 매니저 일을 마치고 뉴욕 퀸스에 소재한 자신의 아파트 현관으로부터 30미터 떨어진 곳에 주차를 마친 제노비스Catherine Genovese의 눈에 한 남자가 들어온다. 위험을 직감하고 주차장을 가로질러 현관으로 뛰어갔으나 뒤쫓아온 괴한 모슬리Winston

Moseley가 몸을 날려 그녀를 쓰러뜨린 후 흉기로 등을 두 차례 찌른다. 비명소리로 이웃 창문들에 불이 켜지고 한 이웃이 그녀를 놓아주라고 소리치자 모슬리는 황급히 자리를 피한다. 하지만 불이 다시 꺼지고 나와 보는 사람이 없자 5분 후 돌아와 현관 근처까지 기어간 그녀에게 마음놓고 흉기를 휘두르고는 차로 도주한다. 하지만 욕심을 채울 목적으로 차를 돌려 현관까지 기어간 그녀를 폭행하고 49달러를 빼앗은 후 재차 찔러 살해한다. 38명의 이웃들이 그 광경을 지켜보고 있었으나 경찰에 신고한 사람은 프랑스에서 이민 온 한 여성뿐이었으며, 그나마 처음 공격을 당한 시점으로부터 30분 이상 경과된 후였다. 신고 2분 만에 경찰이 도착했으나 17곳을 찔린 제노비스는 병원으로 옮겨지는 도중 숨을 거둔다.

제노비스의 죽음을 방관한 38명에게 비난 여론이 쇄도했듯이, 그들이 비난 대상이라는 데는 이견을 보일 수 없다. 그들에게 모슬리에게 가해야 하는 비난과 동일한 수위의 비난을 가해야 하는가? 그래야 한다면 〈제노비스 사건〉이 죽임/죽게 방치함 논변에 대한 결정적인 반례가 될 수 있다. 반면, 동일한 수위의 비난을 가하는 것은 모슬리를 지나치게 관대하게 평가하는 것이라면, 오히려 〈제노비스 사건〉이 죽임/죽게 방치함 논변에 힘을 실어주는 좋은 예가 될 수 있다. 제노비스의 죽음을 방관한 38명과 모슬리를 놓고 본다면, 죽인 경우가 죽게 방치한 경우보다 언제나 부도덕할 가능성과 그들 사이에 도덕적 차이가 없을 가능성만이 고려 대상이 될 수 있다. 하지만 이들 두 가능성 이외에 세 가능성을 더 열어두고 죽임/죽게 방치함 논변을 평가해보기로 하자.

ⓐ 죽이는 것이 죽게 방치하는 것보다 언제나 부도덕하다.

ⓑ 죽이는 것과 죽게 방치하는 것 사이에 도덕적인 차이가 없다.

ⓒ 죽게 방치하는 것이 죽이는 것보다 언제나 부도덕하다.

ⓓ 죽게 방치하는 것이 죽이는 것보다 부도덕한 경우와 그들 사이에 도덕적인 차이가 없는 경우만이 있을 수 있다.

ⓔ 죽이는 것이 죽게 방치하는 것보다 부도덕한 경우와 그들 사이에 도덕적인 차이가 없는 경우만이 있을 수 있다.

죽임/죽게 방치함 논변이 설득력이 있다면, ⓐ가 참이라야 한다. 그리고 ⓐ가 참이라면 나머지 ⓑ~ⓔ 모두 거짓이며, 따라서 ⓑ~ⓔ 중 하나라도 참이라면 ⓐ는 거짓이다. 즉, ⓑ~ⓔ 중 하나라도 참이라면, 죽임/죽게 방치함 논변은 설득력이 없다고 보아야 한다.

ⓒ를 참으로 볼 수 없음은 비교적 명백하다. 〈유도선수 예〉와 〈스모 선수 예〉에서, 스모 선수가 유도선수보다 도덕적인 사람이라 할 수 없으며, 〈제노비스 사건〉에서 모슬리가 제노비스의 죽음을 방관한 38명보다 도덕적인 사람이라고 할 수는 없다. ⓓ를 참으로 볼 수 없다는 것 역시 어렵지 않게 설명될 수 있다. ⓓ가 참이기 위해서는 죽인 경우가 죽게 방치한 경우보다 도덕적인 경우가 있어야 하며, 그와 같은 경우가 있을 수 있다는 것을 보여주고자 한다면 〈화차 예 1〉과 같은 예에 의존할 수밖에 없을 것이다. 〈화차 예 1〉에 의존해 ⓓ가 참임을 보여주기 위해서는, 선로 B로 방향을 전환시키는 것이 옳다고 하더라도 그 이유가 희생자의 수를 줄이는 것이 옳기 때문이 아닌 죽이는 것이 죽게 방치하는 것보다 도덕적이기 때문이어야 한다. 하지만 그 이유가 죽이는 것이 죽게 방치하는 것보다 도덕적이기 때문이라면, 〈장기이식 예 1〉에서 방문객의 장기를 적출하는 것도 옳다고 보아야 한다. 하지만 죽임/죽게 방치함 논변 옹호자 역시 방문객의 장기를 적출하는 것이 옳다는 입장을 취하지는 않을 것이다. 이렇듯 ⓒ와 ⓓ는 거짓으로 보아야 한다. 따라서 ⓑ와 ⓔ 역시 거짓이라면 죽임/죽게 방치함 논변은 설득력을 얻을 수 있는 반면, ⓑ와

ⓔ 중 하나라도 참이라면 설득력을 잃게 된다.

ⓑ가 참임을 입증함으로써 죽임/죽게 방치함 논변을 부정하고자 한다면, ⓓ와 ⓔ를 논의의 출발점으로 삼을 수 있다. 즉, ⓓ와 ⓔ가 참임을 입증할 수 있다면, 그로부터 ⓑ가 참이라는 결론을 얻을 수 있다. 하지만 설명된 바와 같이 ⓓ를 참으로 볼 수 없으므로, ⓓ와 ⓔ가 참이라는 데 의존해서 ⓑ가 참임을 입증할 수는 없으며, 이는 ⓐ, ⓑ, ⓔ에 대한 별도의 평가가 이루어져야 한다는 것을 의미한다. 다시 말해 ⓐ를 입증하기 위해서는 ⓑ와 ⓔ를 부정해야 하며, ⓑ를 입증하기 위해서는 ⓐ와 ⓔ를 그리고 ⓔ를 입증하기 위해서는 ⓐ와 ⓑ를 부정해야 한다. 이제 ⓐ와 ⓑ가 거짓임을 따라서 ⓔ를 참으로 보아야 하는 이유를 알아보기로 하자. (ⓐ는 거짓이며 ⓔ가 참이라는 말은 죽임/죽게 방치함 논변이 설득력이 없다는 말과 다르지 않다.)

ⓐ를 부정함으로써 죽임/죽게 방치함 논변을 부정하고자 한다면, (죽이는 것과 죽게 방치하는 것의 도덕적 차이가 적극적인 안락사와 소극적인 안락사의 구분 근거가 될 수 없다는 것을 보여주기 위해) 레이첼스James Rachels가 채택한 전략을 그대로 따르는 것이 효과적일 수 있다.

(P1) 죽이는 것과 죽게 방치하는 것의 도덕적 차이를 들어 적극적인 안락사와 소극적인 안락사를 구분할 수 있다면, 죽이는 것이 죽게 방치하는 것보다 언제나 부도덕해야 한다.

(P2) 모든 다른 것은 동일하나 한 경우는 죽인 나머지 한 경우는 죽게 방치한 한 쌍의 경우가 도덕적으로 차이가 없을 수 있다.

(P3) 죽이는 것과 죽게 방치하는 것이 도덕적으로 차이가 없을 수 있다. ((P2)로부터)

그러므로

(C) 죽이는 것과 죽게 방치하는 것의 도덕적 차이를 들어 적극적인 안락사와 소극적인 안락사를 구분할 수 없다. ((P1)과 (P3)으로부터)

(P2)가 참이라고 해보자. 그렇다면 (P3)도 참이며, 따라서 ⓐ는 거짓으로 보아야 한다. 이렇듯 (P2)가 참인지를 검토하는 것이 ⓐ가 참인지를 검증할 수 있는 좋은 방법이 될 수 있다. (위의 논변을 '유일한 차이 논변bare difference argument'이라 부르기로 하자.)

유산상속 예

"스미스는 그의 여섯 살배기 조카가 사망한다면 거액의 유산을 상속 받을 수 있다. 어느 날 저녁 스미스는 조카가 목욕을 하고 있는 욕실에 잠입해 조카를 익사시키고 사고사로 꾸민다. 존스 역시 여섯 살배기 조카가 사망한다면 거액의 유산을 상속받을 수 있다. 존스도 스미스처 럼 목욕 중인 조카를 익사시킬 목적으로 욕실에 잠입한다. 그가 막 욕 실로 들어서는 순간 조카가 미끄러져 머리를 찧고 넘어지면서 얼굴이 욕조 속으로 잠기는 것을 목격한다. 존스는 기뻐하며 필요하다면 조카 의 머리를 다시 물속으로 밀어넣을 준비를 한 채 대기하고 있다. 존스 가 아무런 행동도 취하지 않고 그냥 지켜보고 있는 가운데 조카는 약 간의 몸부림과 함께 익사한다".[22]

스미스의 행위와 존스의 행위를 비교할 때 조카를 죽였고 죽게 방치했다는 것 이외에 어떤 차이점도 발견할 수 없다. 두 행위 모두 동일한 동기에서 행해 졌으며 목적도 같다. 존스에 대한 어떤 정보를 입수했다면, 예컨대 그가 정신 질환을 앓고 있다는 정보를 입수했다면 그가 사악한 자라는 판단을 철회할 것이 다. 하지만 이와 같은 판단은 스미스에게도 동일하게 적용된다. 즉, 스미스 가 정신질환을 앓고 있다는 정보를 입수했어도 그가 사악한 자라는 판단을 철 회할 것이다. 따라서 죽이는 것과 죽게 방치하는 것이 도덕적으로 차이가 있 다면, 존스의 행위와 스미스의 행위가 도덕적으로 차이가 있어야 한다. 스미

스의 행위가 존스의 그것보다는 도덕적인가? 만일 존스가 자신은 조카가 죽
는 것을 바라보았을 뿐이라고 따라서 스미스와는 차원이 다르다고 생각한다
면, 이는 레이첼스가 지적하는 바와 같이 기괴하게 왜곡된 도덕추론의 결과로
보아야 할 것이다.[23]

맘H. M. Malm이 제시하는 다음의 예 역시 유일한 차이 논변의 (P2)가 참임
을 보여주는 좋은 예가 될 수 있다.

살인기계 예 1

"(a) 아이를 압사케 하는 기계가 장착된 방에 스미스가 우연히 들어갔
다. 그 기계에 한 아이가 갇혀 있으나 오작동으로 기계는 멈춰진 상태
이다. 스미스는 버튼을 누르면 기계가 재작동된다는 것을 알고 있다.
하지만 단지 인간이 얼마나 납작하게 되는지가 궁금해 버튼을 누른다.
(b) 존 역시 아이를 압사케 하는 기계가 장착된 방에 우연히 들어갔다.
그 기계에 한 아이가 갇혀 있으며, 기계가 막 작동을 시작한 상태이
다. 존은 버튼을 누르면 기계가 작동을 멈춘다는 것을 알고 있다. 하지
만 단지 인간이 얼마나 납작하게 되는지가 궁금해 버튼을 누르지 않는
다".[24]

〈살인기계 예 1〉에는 두 상황과 두 명의 행위자가 연루되어 있다. 따라서
맘은 그것을 '비교 사례comparison examples'라 칭하고, 비교 사례에서의 두 행
위를 평가하기 위해서는 그것들에 대해 독립적으로 접근해야 한다는 견해와
함께, 스미스의 행위와 존의 행위는 '독립적으로 동등'하다는 (그들에 대해 독립
적으로 동등한 도덕적 평가를 내려야 한다는) 진단을 내놓는다.[25] 스미스와 존 모
두 부도덕해 보이는 행위를 하고 있으며, 주된 의도나 동기 등 모든 것이 동
일하나 스미스는 버튼을 눌러 아이를 죽인 반면 존은 버튼을 누르지 않고 아

이를 죽게 방치했다. 따라서 〈유산상속 예〉에서 스미스와 존스가 도덕적으로 차이가 있다면, 〈살인기계 예 1〉에서의 스미스와 존 역시 도덕적으로 차이가 있어야 한다. 하지만 버튼을 누르지 않은 이유가 인간이 얼마나 납작하게 되는지의 궁금증을 해소하는 데 있었음에도 불구하고 존이 스미스보다 도덕적이라고 한다면 분명 도덕추론을 기괴하게 왜곡했다고 보아야 한다. 이렇듯 맘이 진단하는 바와 같이 스미스의 행위와 존의 행위는 독립적으로 동등하다고 보아야 하며, 따라서 유일한 차이 논변의 (P2)를 참으로 보아야 하므로 (P3) 역시 참으로 보아야 한다. 즉, ⓐ는 거짓으로 보아야 한다.

〈유산상속 예〉에 의존해 유일한 차이 논변의 (P3)가 참임을 보여줄 수 있다는 말은 〈유산상속 예〉 하나만으로도 ⓐ가 거짓임을 보여주기에 충분하다는 말이다. 하지만 〈비정한 엄마 사건 2〉에서의 워드도 〈비정한 엄마 사건 1〉에서의 A씨와 같이 아이들이 대소변을 가리지 못한다는 이유로 굶겨 숨지게 했다고 해보자. 또한 〈유도선수 예〉에서 유도선수가 취객을 철로변으로 옮기지 않은 이유와 〈스모 선수 예〉에서 스모 선수가 취객을 철로 위로 옮겨놓은 이유가 재미 삼아 취객이 사고를 당하는 모습을 카메라에 담기 위해 그랬다고 해보자. 그렇다면 〈유산상속 예〉에서 스미스와 존스가 차이가 없다고 보아야 하는 것과 같이, 워드와 A씨 그리고 유도선수와 스모 선수 역시 도덕적으로 차이가 없다고 보아야 할 것이다. 이렇듯 〈유산상속 예〉 이외에도 (P3)가 참임을, 따라서 ⓐ가 거짓임을 보여줄 수 있는 예는 무수히 생각할 수 있다.[26]

유일한 차이 논변의 (P3)가 참이라는 것은 ⓐ가 거짓이라는 것 이외에 죽이는 것과 죽게 방치하는 것의 관계를 (ⓒ와 ⓓ가 거짓이므로) ⓑ와 ⓔ 둘 중 하나로 파악해야 한다는 것을 의미한다. ⓔ는 모든 다른 것은 동일하나 한 경우는 죽인 다른 한 경우는 죽게 방치한 한 쌍의 경우가 도덕적으로 차이가 없을 수 있다는 것을 함축하며, ⓑ는 모든 다른 것은 동일하나 한 경우는 죽인 다른 한 경우는 죽게 방치한 모든 한 쌍의 경우가 도덕적으로 차이가 없다는 것을 함축한다. 따라서 그들 사이에 도덕적 차이가 있는 하나의 경우만 제시해도 ⓔ

ⓐ가 참임을 입증할 수 있는 반면, ⓑ가 참임을 입증하기 위해서는 보다 험난한 여정을 밟아야 한다. 예컨대 〈화차 예 1〉에서 선로 B로 방향을 전환시키는 것과 전환시키지 않는 것이 도덕적으로 차이가 없다고 해보자. 그렇다고 해도 ⓑ가 참일 가능성을 높여주는 하나의 예를 확보한 정도의 의미밖에 갖지 못한다. 이를 염두에 두고 툴리Michael Tooley와 맘이 제시하는 다음의 두 예를 생각해봄으로써 ⓑ와 ⓔ 중 어느 쪽을 참으로 보아야 하는지 생각해보기로 하자.

살인기계 예 2

"존과 메리 두 아이가 살인기계에 갇혀 있다. 이 광경을 목격한 누군가가 버튼을 누른다면 존은 죽게 되나 메리는 무사히 빠져 나올 수 있다. 반면 버튼을 누르지 않는다면 존은 무사히 빠져 나올 수 있으나 메리는 죽게 된다".[27]

화차 예 3

"브레이크가 파열된 통제불능의 화차가 선로 A를 질주하고 있다. 이 광경을 목격한 스미스는 레버를 당김으로써 화차의 방향을 선로 B로 전환시킬 수 있다. 레버를 당긴다면 선로 B에 묶여 있는 존이 죽게 되며, 레버를 당기지 않는다면 선로 A에 묶여 있는 메리가 죽게 된다".[28]

위의 두 경우는 한 명의 행위자 그리고 하나의 상황만이 연루된 경우이다. 따라서 맘은 그런 경우를 '갈등 사례conflict example'라 칭한다. 맘에 따르면, 위의 두 경우에서 모두 부도덕해 보이는 두 행위 중 하나를 선택해야 하며, 위의 두 경우는 죽이는 것과 죽게 방치하는 것의 도덕적 차이 여부를 밝히기 위

해 제시된 대다수의 예와는 달리 죽이고 죽게 방치하는 데 있어서의 행위자의 주된 의도나 흉악한 동기, 특별한 책임, 행위자가 해를 입을 위험, 한쪽의 희생이 다른 쪽을 살리는 데 수단으로 쓰여졌는지 등의 문제에 기인한 복잡성이 결여되어 있다. 따라서 맘은 그 경우를 '단순 사례simple example'라 칭하고,[29] '단순갈등 사례simple conflict examples'를 통해 부도덕하게 보이는 두 행위 중 어느 한쪽을 선호할 만한 도덕적 근거를 찾고자 시도한다.[30]

〈살인기계 예 2〉와 〈화차 예 3〉과 같은 '단순갈등 사례'의 경우 단지 (버튼을 누르는 등의) 한 명을 죽이는 행위와 (버튼을 누르지 않는 등의) 다른 한 명을 죽게 방치하는 두 행위 사이에 도덕적인 차이가 있는지의 여부만을 (죽임과 죽게 방치함 사이의 도덕적 차이만을) 가려내면 된다는 점에서 죽이는 것과 죽게 방치하는 것의 도덕적으로 차이 여부를 시험할 수 있는 좋은 예가 될 수 있다. 위의 두 경우에서 모두 적극적인 행위를 하고 한 명을 죽이거나, 다른 한 명을 살릴 수 있는 적극적인 행위를 하지 않고 그 다른 한 명을 죽게 방치할 수밖에 없다. 다른 모든 여건이 동일하다고 해보자. 예컨대 두 명 모두 무고하며 그들 모두 상대방이 원인이 되어 기계에 갇히지 않았다고 해보자. 또한 그들 중 누가 죽든 남은 사람이 느끼는 슬픔의 양이 동일하다고 해보자. 이러한 점만을 고려한다면 위의 두 경우에서 어떤 선택을 하든 그들 사이에 도덕적인 차이가 없다고 생각할 수 있다. 툴리 역시 〈살인기계 예 2〉에서 의도적으로 버튼을 누르지 않는 것을 버튼을 누르는 것보다 도덕적이라 할 수 없다는 직관을 내놓는다.[31] 툴리의 직관을 신뢰할 수 있는가? 〈살인기계 예 2〉가 다음의 예와 그 구조가 같다면 툴리의 직관을 신뢰해도 좋을 것이다.

방파제 예 1
"방파제 양편에 각기 존과 메리가 익사 직전에 있다. 스미스가 방파제 위에서 이 광경을 목격했으나 수영을 할 줄 모르며 구조장비가 하나밖

에 구비되어 있지 않다. 구조장비를 왼편으로 던지면 존의 죽음은 막을 수 있으나 메리는 죽게 되며, 오른편으로 던지면 메리의 죽음은 막을 수 있으나 존은 죽게 된다. 구조장비를 던지지 않으면 존과 메리 모두 죽게 된다".[32]

〈방파제 예 1〉에는 한 명의 행위자 그리고 하나의 상황만이 연루되어 있다. 따라서 단순갈등 사례의 한 예가 될 수 있다. 하지만 〈방파제 예 1〉과 〈살인기계 예 2〉 그리고 〈화차 예 3〉 사이에는 차이점이 존재한다. 〈방파제 예 1〉은 죽게 방치하는 행위(구조장비를 오른쪽으로 던지는 행위)와 죽게 방치하는 행위(구조장비를 왼쪽으로 던지는 행위) 사이에 갈등이 있는 경우이기 때문이다.[33] 다시 말해서 죽게 방치하는 것과 죽게 방치하는 것 사이에 갈등이 있다는 것이 어떤 의미인지를 파악한다면 〈살인기계 예 2〉 그리고 〈화차 예 3〉과의 차이점을 읽을 수 있다. 죽게 방치하는 것과 죽게 방치하는 것 사이에 갈등이 있다는 것은 존에게 구조장비를 던지든 메리에게 던지든 주된 의도나 동기 등 모든 것이 동일하며, 메리와 존 중 어느 한쪽을 택해야 할 뚜렷한 이유가 없다는 말이다. 이렇듯 〈방파제 예 1〉에서는 누구에게 구조장비를 던지든 도덕적인 차이가 없다고 보아야 한다.

이제 〈살인기계 예 2〉와 〈화차 예 3〉에서의 두 행위에 대해 동일한 도덕적 평가를 내릴 수 없는 이유가 드러났다고 보아야 한다. 위의 두 경우에서는 의도나 동기가 동일하다는 그리고 두 행위 중 어느 한 행위를 택해야 할 뚜렷한 이유가 없다는 진단이 가능하지 않기 때문이다. 예컨대 〈살인기계 예 2〉에서 목격자가 스미스라고 해보자. 스미스는 버튼을 누르지 않고 메리의 아버지에게 살인기계에 대해 설명한다. 그리고 버튼을 누르는 것은 존을 살해하는 것과 다르지 않기에 비통한 마음으로 버튼을 누르지 않았다고 토로한다. 이 경우 맘이 지적하는 바와 같이 메리의 아버지가 슬픔으로 이성을 잃은 상태가 아니라면 스미스를 비난할 수 없을 것이다.[34] 존의 죽음 역시 메리의 죽음만큼이나 비통한 일이다. 따라서 메리의 아버지는 스미스가 버튼을 눌렀어야 했다는 설득력 있는 이유를 제시할 수 없다. 하지만 스미스가 버튼을 눌렀다면 존의 아버지는 자신의 아들이 대신 죽어야만 했던 합당한 이유를 제시하라고 정당하게 요구할 수 있다.

이렇듯 맘이 단순갈등 사례라 칭하는 〈살인기계 예 2〉와 〈화차 예 3〉과 같은 예가 죽이는 것이 죽게 방치하는 것보다 부도덕할 수 있다는 것을 보여주며, 따라서 ⓑ를 참으로 볼 수 없는 그리고 ⓔ를 참으로 보아야 하는 근거가 될 수 있다. 즉, ⓒ가 거짓이며 〈유산상속 예〉 등이 죽이는 것과 죽게 방치하는 것이 차이가 없을 수 있다는 것을 보여주므로, 〈살인기계 예 1〉과 〈화차 예 3〉으로부터 ⓔ가 참이라는 결론을 얻을 수 있다.

죽이는 경우와 죽게 방치하는 경우의 도덕적 차이가 의도했는지를 판별할 수 있는 준거가 될 수 있다면, 의도한다는 것의 필요충분조건을 제시하는 험난한 여정을 밟지 않아도 된다는 점에서 큰 의미를 부여할 수 있다. 하지만 논의된 바와 같이 죽임/죽게 방치함 논변 역시 밀접성 논변과 마찬가지로 의도했는지를 판별할 수 있는 묘책은 될 수 없다고 보아야 한다. 따라서 의도한다는 것의 필요충분조건을 제시하는 길고 험난한 여정을 시작하기로 하자.

5

의도하는 경우는
어떤 경우인가?

5.1. 토대 마련하기 (1) – 행위 개별화

5.1.1. 합일론과 분리론 그리고 의도

가자지구 공습 사건

"이스라엘이 사흘째 팔레스타인 가자지구에 공습을 계속하면서 팔레스타인 측 사망자가 300명을 넘어섰다. 전 세계에서는 이스라엘을 비난하는 시위가 확산되고 있다. 이스라엘은 29일 팔레스타인 무장정치세력 하마스가 무기류 등을 반입해온 것으로 알려진 이집트와의 국경 인근 터널과 교도소, 금속공장, 이슬람 대학 등을 집중 폭격했다. 이스라엘은 이날 처음으로 하마스 내무부 건물도 공격했다. 현지 일간 예루살렘 포스트 등에 따르면 이스라엘의 공습으로 지금까지 최소 307명이 숨졌다. 이날 새벽 가자지구 북부 자발리야에서는 한 가족 안에서만 어린이 4명이 폭격으로 숨졌으며 남부 라파에서는 어린이 2명이 희생됐다. 부상자 수도 800명을 넘어섰다"(경향신문, 2008. 12. 29).

유대교 교리에 따라 유대인에게 살인 행위는 (무고한 사람의 생명을 의도적으로 해치는 행위는) 엄격히 금지되어 있다. 그런데도 민간인이 사망할 것을 예견한 채 하마스 시설에 폭격을 가했다는 것은 이스라엘에게 민간인을 사망케 한데 대한 나름의 정당화 논거가 있었다는 의미이다. 그 구체적 내용은 알 수 없으나, 그것을 어떤 식으로 정당화하려 해도 하나의 전제를 요한다.

가자지구에 공습을 가한 이유는 하마스 시설을 폭파하기 위해서였다. 또한 예상과 달리 폭탄 대부분이 표적을 빗겨갔다면 뜻한 바를 이룰 때까지 지속적으로 폭격을 가했을 것이다. 바꿔 말하면 하마스 시설에 폭격을 가한 행위는 의도된 행위로 보아야 한다. (의도적으로 하마스 시설에 폭격을 가했다고 보아야 한다.) 하지만 하마스 시설에 폭격을 가한 행위와 민간인을 숨지게 한 행위가 하나의 동일한 행위라고 해보자. 그렇다면 전자는 의도된 행위인 반면 후자는 의도된 행위가 아니라는 입장을 취하기 어렵다는 것이 상식일 것이다. (의도적으로 하마스 시설을 폭격했지만 의도적으로 민간인을 숨지게 한 것은 아니라는 입장을 취하기 어렵다고 보아야 한다.) 〈무어 사건〉의 무어 박사에 대해서도 동일한 해석을 내릴 수 있다. 환자의 혈관에 약물을 주입한 무어 박사의 행위가 의도된 행위라는 데 이견을 보일 수 없다. 또한 무어 박사가 약물을 주입해 환자가 숨졌다는 것 역시 부정할 수 없다. 따라서 환자에게 약물을 주입한 행위와 환자를 숨지게 한 행위가 하나의 동일한 행위라면, 전자와 달리 후자는 의도된 행위가 아니라는 입장을 취하기 어렵다고 보아야 한다. (위의 두 행위가 하나의 동일한 행위임에도 불구하고 의도적으로 약물을 주입했으나 환자를 의도적으로 숨지게 한 것은 아니라는 입장을 취하기 어렵다는 것이 상식일 것이다.)

4.1.에서 논의된 밀접성 논변을 놓고도 동일한 해석이 가능하다. 밀접성 논변 옹호자에 따르면 〈자궁절제술 예〉에서의 두 행위, 즉 자궁을 절제하는 행위와 태아를 숨지게 하는 행위는 〈쇄두술 예〉에서의 태아의 머리를 부수는 행위와 태아를 숨지게 하는 행위와 달리 전자는 의도한 반면 후자는 의도하지 않았다고 할 수 있을 만큼 밀접하게 연관되어 있다. 하지만 두 행위가 하나의

동일한 행위라면 그와 같은 입장을 취하기 어렵기 때문이다.

　물론 하마스 시설에 폭력을 가한 행위와 민간인을 숨지게 한 행위를 (환자의 혈관에 약물을 주입한 행위와 환자를 숨지게 한 행위를, 자궁절제술과 쇄두술을 시술한 행위와 태아를 숨지게 한 행위를) 하나의 동일한 행위로 보는 동시에 전자는 의도된 행위인 반면 후자는 의도되지 않은 행위라는 입장을 취하는 것이 구조적으로 가능하지 않다는 말은 아니다. 하지만 문제는 앞으로 설명될 바와 같이 위의 입장을 취하기 위해서는 지불해야 하는 대가가 너무 크다는 데 있다. 그렇다면 필자의 논의를 놓고 '행위의 단일화와 개별화identification and individuation of actions' 문제가 갖는 의의는 무엇인가? 이스라엘 폭격기 조종사가 (무어 박사가, 쇄두술과 자궁절제술을 시술한 의사가…) 무수히 많은 행위를 했다고 해보자. 그렇다면 수단과 부수적인 결과를 다음과 같이 정의할 수 있는 기틀을 마련할 수 있으며, 그럼으로써 이 책 말미에 제시될 필자의 결론을 위한 교두보를 확보할 수 있다는 데서 그 의의를 찾을 수 있다.[1]

수단means = 의도된 의도적인 행위intended intentional action
부수적인 결과side effect = 의도되지 않은 의도적인 행위unintended intentional action

　하마스 시설에 폭력을 가한 행위와 민간인을 숨지게 한 행위가 별개의 행위라고 해보자. 그렇다면 하마스 시설을 폭격했던 폭격기 조종사는 두 행위 이상의 행위를 했다고 보아야 하며, 대략 다음의 행위들이 그 후보가 될 수 있을 것이다.

– 손가락을 움직였다.
– 발사 버튼을 눌렀다.
– 폭탄을 투하했다.

- 민간인을 숨지게 했다.
- 하마스 세력을 약화시켰다.

위의 다섯 행위가 별개의 행위라면, 처음 세 행위가 의도된 행위라고 해도 그와 무관하게 넷째 행위, 즉 민간인을 숨지게 한 행위가 의도된 행위가 아니라는 논거를 제시할 수 있다면 가지지구 공습 작전을 정당화시킬 수 있다고 보아야 한다. 폭격기 조종사는 별개의 네 행위를 했는가? 아니면 네 가지 다른 방식으로 기술할 수 있는 하나의 행위를 했는가? 행위의 단일화와 개별화 문제를 놓고 앤스콤G.E.M. Anscombe과 데이빗슨Donald Davidson 등이 옳다면 폭격기 조종사는 하나의 행위만을 했다고 보아야 하는 반면, 골드먼Alvin Goldman과 김재권Jaegwon Kim 등이 옳다면 별개의 네 행위를 했다고 보아야 한다. (탈버그Irving Thalberg를 따라 앤스콤에 동조하는 입장을 '합일론unifiers' approach' 그리고 골드먼에 동조하는 입장을 '분리론multipliers' approach'이라 부르기로 하자.[2])

손가락을 움직인, 발사 버튼을 누른, 폭탄을 투하한, 민간인을 숨지게 한, 하마스 세력을 약화시킨 폭격기 조종사가 하나의 행위만을 했다면, 위의 행위들을 어떻게 보아야 하는지를 설명할 수 있어야 한다. 따라서 앤스콤은 다음의 설명을 내놓는다. "한 행위가 다음과 같은 여러 기술구description를 가질 수 있다. '널빤지를 켠다'. '떡갈나무를 켠다'. '스미스가 가지고 있는 널빤지 중 하나를 켠다'. '쓱싹쓱싹 소리를 낸다'. '많은 양의 톱밥을 만들어낸다' … ".[3]

어떤 사람이 어떤 집의 식수 수조에 펌프질을 하고 있다. 독극물로 수조를 조직적으로 오염시키고 있는 것이다. 독극물이 축적돼도 일정 시점까지는 자각증세가 없으며, 자각증세를 느낄 시점에 이르면 치유가 가능하지 않다. 유대인 말살에 관여하고 있는 그리고 아마도 세계대전을 획책하고 있는 강대국 실세인 당 총수 일당 몇 명과 그들의 직계가족이 정기적으로 그 집에서 회합을 갖고 있다.[4] … (의도적으로) 팔을 움직이고, 펌프를 작동시키고, 식수를 공급하고, 거주자들을 독살하는 사람이 네 행위를 하고 있는가? 아니면 하나의 행위를 하고 있는가? … 펌프의 손잡이를 손가락으로 감싸고 팔을 위 아래로 움직이는 것은 펌프질을 하는 것이며, 펌프질을 하는 것은 식수를 공급하는 것이며, 식수를 공급하는 것은 거주자들을 독살하는 것이다. 따라서 네 기술구를 가진 하나의 행위를 하고 있다고 보아야 한다.[5]

이렇듯 앤스콤에 따르면 펌프질을 하는 사람은 '움직인다', '작동시킨다', '공급한다', '독살한다'는 동사를 가진 네 기술구로 기술할 수 있는 하나의 행위만을 하고 있다. 데이빗슨 역시 유사한 예로 앤스콤에 동조한다. "스위치를 툭쳤고, 불을 켰고, 방을 환히 밝혔다. 나도 모르는 사이에 좀도둑을 놀라게도 했다. 나는 네 행위가 아닌 네 기술구가 주어진 하나의 행위만을 했다".[6] "표적에 총을 겨누는 것, 방아쇠를 당기는 것, 총을 쏘는 것은 어떤 관계에 있는가? 자연스럽고 올바른 답변은 그들이 동일한 행위라는 답변일 것이다".[7] 또한 데이빗슨은 "어떤 행위를 할 때 거기에는 어떤 다른 것을 함으로써 하게 되는 행위가 아닌 원초적인 행위primitive action, 즉 신체동작만이 있을 뿐이다. 신체를 움직이는 이상의 것을 하지 않는다"고 설명한다.[8] 데이빗슨의 해석대로라면 비원초적인 행위, 즉 원초적인 행위를 함으로써 하게 되는 행위는 원초적인 행위의 결과로서 원초적인 행위와 별개의 행위가 아니며, 원초적인 행위는 그 비원초적인 행위로 기술될 수 있다.

그렇다면 기술구와 의도가 어떤 관계에 놓여 있는가? 앤스콤에게는 결정적이라 할 수 있는 이 물음에 대해 다음과 같이 답변한다. (앤스콤이 행위의 단일화와 개별화 문제에 관심을 보인 직접적인 이유는 기술구와 의도의 관계를 규명하는 데 있었다.) 하나의 행위에 주어진 일련의 기술구 모두 각기 다음의 기술구와 수단과 목적의 관계에 놓여 있다. 따라서 그 기술구 모두를 의도한다.[9]

즉, 그녀에 따르면 '팔을 움직인다'는 기술구와 '펌프를 작동시킨다'는 기술구는 수단/목적 관계에 놓여 있다. 따라서 두 기술구 모두를 의도하며, '펌프를 작동시킨다'는 기술구와 '식수를 공급한다'는 기술구 그리고 '식수를 공급한다'는 기술구와 '거주자를 독살한다'는 기술구 역시 수단/목적 관계에 놓여있으므로 그 모두를 의도한다.

제2장에서 설명된 바와 같이 목적뿐 아니라 수단도 의도한다고 보아야 하므로, 앤스콤의 주장대로 일련의 기술구가 각기 이전의 기술구와 수단/목적 관계에 놓여 있다면 그들 모두를 의도한다고 보아야 한다. 또한 팔을 움직이는, 펌프를 작동시키는, 식수를 공급하는 궁극적인 이유 역시 거주자를 독살하기 위해서라고 설명될 수 있다. 바꿔 말하면 일련의 기술구 모두 다음의 기술구와 수단/목적 관계에 놓여 있다는 말은 마지막 기술구 이외의 기술구와 마지막 기술구 역시 수단/목적 관계에 놓여 있다는 말과 다르지 않다. 따라서 앤스콤은 마지막 기술구에 대한 의도가 이전의 모든 기술구에 대한 '왜?'라는 물음에 대한 답변이 될 수 있다고 지적하고, 마지막 기술구에 대한 의도가 이전의 기술구들에 대한 의도를 '삼킨다swallow up'고 설명한다.[10]

앤스콤의 설명이 '팔을 움직인다', '펌프를 작동시킨다', '식수를 공급한다', '거주자를 독살한다'는 기술구의 관계에 대한 적절한 해법이 될 수 있을 것이다. 하지만 그녀의 설명이 〈가자지구 공습 사건〉, 〈쇄두술 예〉, 〈자궁절제술 예〉 등에 대해서도 설명력을 가질 수 있을지는 의문이다. 예컨대 〈가자지구 공습 사건〉에서 '손가락을 움직였다', '발사 버튼을 눌렀다', '폭탄을 투하했다'는 기술구와 '하마스 세력을 약화시켰다'는 기술구의 관계에 대한 적절한 설명이 될 수 있으나, '민간인을 숨지게 했다'는 기술구와 '하마스 세력을 약화시켰다'는 기술구의 관계에 대해서도 설명력을 가질 수 있을지는 의문이다. 뿐만 아니라 합일론을 옹호하기 위해서는 식수 수조에 펌프질을 하고 있는 사람이 여러 기술구를 가진 하나의 행위를 하고 있다고 보아야 하는 이유를 설명할 수 있어야 한다. 하지만 합일론자의 입장에서 그에 대한 적절한 설명이 용이

할지도 의문이다.

5.1.2. 합일론과 분리론에 대한 평가

데이빗슨의 주장대로 원초적인 행위와 비원초적인 행위가 별개의 행위가 아니라고 해보자. 그렇다면 그들을 하나의 동일한 행위로 보아야 하는 이유는 무엇인가? 그들 두 행위가 '동일한 사건 기준criterion for the identity of events'을 통과하지 않고는 합일론을 옹호할 수는 없으므로, 데이빗슨은 다음의 상식적인 기준을 제시한다.

> 어떤 사건들이 동일한 사건일 때는 그들이 정확히 동일한 원인들과 결과들을 가졌을 경우 그리고 오직 그 경우뿐이다. 간단히 표현하면, x와 y가 사건이라고 했을 때, x=y일 때는 ((z) (z가 x를 야기시켰다 ↔ z가 y를 야기시켰다)) 그리고 ((z) (x가 z를 야기시켰다 ↔ y가 z를 야기시켰다))일 경우 그리고 오직 그 경우뿐이다.[11]

데이빗슨의 생각과 같이 동일한 원인과 동일한 결과를 가져야 한다는 조건 이외에 다른 조건을 생각하기 어려운 것이 사실이나, 동일한 사건을 그와 같이 정의하는 것이 합일론을 옹호하는 데 도움이 될 수 있을지는 의문이다. 데이빗슨의 입장에서 동일한 사건으로 간주해야만 하는 모든 사건들이 실제로 동일한 원인과 동일한 결과를 갖고 있는가? 분리론의 선봉장인 골드먼Alvin Goldman의 반례를 들어보기로 하자.

보리스의 방아쇠를 당기는 행위와 그의 피에르를 죽이는 행위 그리고 총이 발사되는 것으로 구성된 사건을 생각해보자. 분명 보리스가 방아쇠를 당긴 것이 위의 사건을 야기했다. 하지만 보리스가 피에르를 죽인 것이 위의 사건을 야기했는가? … 보리스가 피에르를 죽인 것을 총이 발사되게 한 원인으로 볼 수는 없을 것이다. 어쨌든 그렇다고 말하는 것은 매우 어색하다. 실제로 그렇게 볼 수 없다면, (1)을 〈데이빗슨의 동일한 사건 기준을〉 적용시킬 경우 '보리스의 방아쇠를 당기는 행위 ≠ 보리스의 피에르를 죽이는 행위'라는 결론으로 이어진다. … 데이빗슨은 동시에 행해진 존의 노래하는 행위, 존의 노래를 크게 하는 행위, 존의 음정이 틀리게 노래하는 행위를 동일한 행위로 간주할 것이다. 이는 외견상 문제가 없어 보이나 실제로는 그렇지 않다. 존이 노래를 크게 부른 원인 중의 하나는 화가 났기 때문이다. 하지만 화가 나서 음정이 틀리게 노래하지는 않았다. 음정이 틀리게 노래한 원인 중 하나는 후두염을 앓았기 때문이다. 하지만 후두염을 앓아 노래를 크게 하지는 않았다. 따라서 (1)을 〈데이빗슨의 동일한 사건 기준을〉 적용하면, '존의 음정을 틀리게 노래하는 행위 ≠ 존의 크게 노래하는 행위'라는 결론으로 이어진다.[12]

데이빗슨의 주장대로 원초적인 행위와 비원초적인 행위가 별개의 행위가 아니라면, 골드먼의 예에서 보리스의 방아쇠를 당기는 행위와 그의 피에르를 죽이는 행위가 별개의 행위가 아니라야 한다. 또한 데이빗슨의 주장이 옳다면 존의 음정이 틀리게 노래하는 행위와 그의 크게 노래하는 행위는 동일한 행위라야 한다. 그리고 위의 두 예에 데이빗슨이 제시한 동일한 사건 기준을 적용하면, 보리스가 피에르를 죽였기 때문에 총이 발사됐어야 하며, 후두염 때문에 존이 노래를 크게 했어야 한다. 하지만 보리스가 피에르를 죽인 것이 총이 발사되게 한 원인이라고 데이빗슨 역시 말하지 않은 것이며, 존이 노래를 크게 부른 원인이 후두염 때문이라고도 말하지 않을 것이다.

원인은 동일하나 결과가 다른 두 행위를 생각해보아도 데이빗슨의 동일한 사건 기준이 합일론에 대한 설명이 되기 어렵다는 것을 알 수 있다. 어떤 소프라노 가수가 오페라 주인공으로 발탁됐다는 소식을 듣고 환호의 함성을 질렀다. 센 입 바람에 탁자 위의 악보가 날렸으며, 유리잔의 고유진동수와 동일한 공명주파수에 유리잔이 깨졌다. 이 경우 합일론이 옳다면 센 입 바람의 함성을 지른 행위와 유리잔의 고유진동수와 동일한 공명주파수를 만들어낸 행위는 동일한 행위이다. 하지만 데이빗슨의 동일한 사건 기준을 적용하면 그 행위들이 동일한 행위라는 결론으로 이어지지 않는다. 오페라에 주인공으로 발탁됐기 때문이라는 동일한 원인을 가지고 있으나, 악보를 날린 그리고 유리잔을 깨뜨린 두 상이한 결과를 가지고 있기 때문이다.

데이빗슨의 동일한 사건 기준으로는 합일론을 설명하기에 역부족이라면, 분리론자가 제시하는 동일한 사건 기준으로는 분리론을 설명할 수 있는가? 골드먼은 '자신의 잔디를 깎는', '달리는', '편지를 쓰는', '강의를 하는' 속성과 같은 행위 속성act-property을 말하는 '행위 유형act-type'과 특정 시간에 특정 행위자가 특정 속성을 예화exemplifying하는 것을 말하는 '행위 예act-token'를 구분하고 위의 물음에 대한 답변에 나선다.

어떤 특정 행위를 어떤 특정 행위자의 행위로 여길 때 우리는 그 행위자가 (특정 시간에) 어떤 행위 속성을 예화했다고 말한다. 예컨대 "존이 그의 잔디를 깎았다"고 말할 때 우리는 존이 자신의 잔디를 깎는 속성을 예화했다고 말한다. 자신의 잔디를 깎는 것은 속성이다. 왜냐하면 그것은 특정 시간에 특정 대상에 대하여 참일 수 있거나 특정 시간에 특정 대상에 의하여 예화될 수 있기 때문이다. … 어떤 행위를 하는 것은 속성을 예화하는 것이다. 강의를 한다는 것은 강의를 하는 속성을 예화하는 것이다. 이렇듯 개별 행위particular act는 특정 시간에 특정 행위자에 의한 행위 속성의 예화이다. 이와 같은 개별 행위를 행위 예라 부르고자 한다. 행위 예 그 자체는 속성이 아니다. 행위자에 의하여 속성이 예화되는 것을 말한다. (t 시점에) 존이 그의 잔디를 깎는 것, (t 시점에) 존이 스위치를 툭 치는

것, (t 시점에) 존이 강의를 하는 것 등이 행위 예가 될 수 있다.[13]

이제 행위 속성과 행위 예를 구분하는 것이 분리론과 어떤 식으로 접목이 될 수 있는지가 문제이다. 그것을 설명하기 위해 골드먼은 다음의 동일한 행위 기준 조건을 제시하고, 행위 예를 한정하는 네 조건을 제시한다. "행위 예는 특정 시간에 특정 행위자에 의해 특정 속성이 예화되는 것이므로, 두 행위 예가 동일할 때는 그들이 동일한 행위자, 동일한 속성 그리고 동일한 시간을 가질 때 그리고 오직 그때뿐이라는 식으로 행위 예를 개별화individuate하는 것이 자연스럽다".[14]

첫째, 조지와 오스카가 동일인이 아니라면, 그들 중 한 사람의 행위가 다른 사람의 행위와 동일한 행위일 수 없다. 둘째, $Ø$와 $Ø'$가 별개의 행위 속성이라면, $Ø$를 예화하는 어떤 것도 $Ø'$를 예화하는 어떤 것과 같지 않다. 셋째, 존이 t 시점에 $Ø$를 예화하고 t′ 시점에 다시 $Ø$를 예화한다면, t 시점에 $Ø$를 예화하는 것은 t′ 시점에 $Ø$를 예화하는 것과 다른 행위 예다. 넷째, 특정인 S가 t 시점에 행위 속성 $Ø$를 예화한다면, t 시점에 S가 $Ø$를 예화하는 어떤 것도 t 시점에 S가 첫 번째로 $Ø$를 예화하는 것과 같다.[15]

골드먼이 제시한 조건들 중 동일한 속성 조건을 생각해보자. "한 공군 장성의 조작 실수로 1천억 원을 호가하는 최신예 F-15K 전투기 한 대가 일부 파손된 사실이 CBS 취재 결과 확인됐다. 이 장성은 비상 탈출 시 사용되는 '사출 레버'를 잘못 당기는 바람에 지상에서 공중으로 50m 이상 솟구쳤지만, 낙하산이 제대로 펴져 다행히 부상은 피한 것으로 알려졌다"(CBS뉴스, 2010. 07. 26). 공군 장성의 사출 레버를 당긴 행위가 조종석이 공중으로 솟구친 사건의 원인이었다. 따라서 공군 장성의 사출 레버를 당기는 행위는 조종석을 공중으로 솟구치게 하는 속성을 가지고 있었다고 보아야 한다. 반면 공군 장성의 전투기를 파손시킨 행위는 조종석을 공중으로 솟구치게 하는 속성을 가지고 있지 않았다. 이렇듯 공군 장성의 레버를 당긴 행위는 그의 전투기를 파손시킨 행위가 가지지 않은 속성을 가지고 있었다. 따라서 골드먼의 동일한 행위 기준을 적용하면 공군 장성의 레버를 당긴 행위와 그의 전투기를 파손시킨 행위는 하나의 동일한 행위가 아니라는 설명이 가능하다.

〈쇄두술 예〉와 〈자궁절제술 예〉를 놓고도 동일한 해석이 가능하다. 골드먼의 동일한 행위 기준을 적용하면 쇄두술을 (자궁절제술을) 시술한 의사는 대략 팔을 움직이는, 태아의 머리를 부수는(자궁을 절제하는), 태아를 숨지게 하는, 임신부를 살리는 네 개별적인 행위를 했다고 보아야 한다. 또는 팔을 움직이는, 누군가의 머리를 부수는(누군가의 자궁을 절제하는), 누군가를 죽이는, 누군가를 살리는 등의 속성이 의사가 팔을 움직이는 것에 의해, 태아의 머리를 부수는 것에 의해(자궁을 절제하는 것에 의해), 태아를 숨지게 하는 것에 의해, 임신부를 살리는 것에 의해 예화되었다고 보아야 한다. 이들 예화된 것은 동일한 시간에 동일한 행위자에 의한 것임에도 불구하고 동일한 행위 또는 동일한 행위 예가 아니라는 설명이 가능하다. 즉, 팔을 움직이는, 누군가의 머리를 부수는(누군가의 자궁을 절제하는), 누군가를 숨지게 하는, 누군가를 살리는 네 개별적인 속성이 예화된 것이라는 설명이 가능하다.

이렇듯 데이빗슨의 동일한 사건 기준은 합일론을 설명하기에 역부족인 반면, 골드먼의 동일한 사건 기준은 분리론에 대한 적절한 설명이 될 수 있다고 보아야 한다. 이제 데이빗슨의 동일한 사건 기준과 무관하게 골드먼의 반론을 생각해보는 것으로 합일론에 대한 평가에 들어가기로 하자.[16]

A와 A'가 동일한 행위라면 마땅히 그들 사이에 '대칭관계symmetric relation'와 '재귀관계reflexive relation'가 성립되어야 한다. 바로 여기서 골드먼의 반론이 시작된다. 그에 따르면, 비대칭 그리고 비재귀 관계에 있는 A와 A'를 동일한 행위로 볼 수 없으나, 합일론에 의존한다면 그와 같은 행위들을 동일한 행위로 여길 수밖에 없다.

A와 A′가 동일하다면 〈A와 A′가 동일한 행위라면〉, 양자가 비대칭 관계나 비재귀 관계에 있을 수 없다. A와 A′가 진정 동일하다고 해보자. 그렇다면 순서쌍 (A, A′)가 R 관계에 있다면 순서쌍 (A′, A)도 R 관계에 있어야 하며, 순서쌍 (A, A′)가 R 관계에 있으면 순서쌍 (A′, A)도 R 관계에 있어야 한다. …먼저 비대칭 관계를 생각해보자. 행위자 S가 행위 A를 함으로써 A′를 했다면, 그는 A′를 함으로써 A를 하지 않았다. 존은 스위치를 툭 쳐서 불을 켰다. 하지만 그는 불을 켬으로써 스위치를 툭 치지 않았다. … 비재귀적 관계 역시 동일한 예로 보여줄 수 있다. 존이 불을 켬으로써 불을 켰다고 말하지 않을 것이며, 〈체스 게임 중〉 존은 상대편에게 장군을 부름으로써 상대편에게 장군을 불렀다고도 말하지 않을 것이다.[17]

골드먼이 지적하는 바와 같이 합일론자들이 동일한 행위로 여기는 행위들은, 예컨대 스위치를 툭 치는 행위와 불을 켜는 행위 등은 대칭관계와 재귀관계가 아닌 '인과관계by-relation'에 있다고 보아야 한다. 그리고 인과관계에 있는 두 행위 A와 A′를 동일한 행위로 볼 수 없으므로 데이빗슨과 골드먼 중 후자의 손을 들어주어야 할 것이다. 데이빗슨에 따르면, 셰익스피어의 「햄릿」에서 "왕비는 손을 움직이며 왕의 죽음을 야기한 무엇인가를 하고 있었다. 거기에는 왕비가 왕의 죽음을 야기하는 방식으로 손을 움직였다는 그리고 왕의 죽음을 야기한 무엇인가를 했다는 동일한 사건의 두 기술구가 있다. … 죽음을 야기하는 무엇인가를 하는 것과 죽음을 야기하는 것 사이에 차이가 없다. 어떤 사람의 죽음을 야기하는 것과 그를 죽이는 것 사이에 차별을 둘 수 없다".[18] 하지만 골드먼이 지적하는 바와 같이 왕비가 손을 움직임으로써 왕을 죽였다고 할 수는 있으나, 왕비가 왕을 죽임으로써 그녀의 손을 움직였다고는 할 수 없다. 이렇듯 왕비가 손을 움직이는 것과 그녀가 왕을 죽이는 것 사이에 대칭관계와 재귀관계가 아닌 인과관계가 성립되므로 그들을 별개의 행위로 보아야 할 것이다.[19]

분리론자들이 기술구로 간주하는 사건들이 상이한 시점에 발생할 수 있다는 사실 역시 분리론이 안고 있는 문제점을 여실히 드러낸다. 그에 대한 데이비스Lawrence Davis와 탐슨Judith Jarvis Thomson의 설명을 들어보기로 하자.

> 존이 조지를 겨냥해 정오에 방아쇠를 당겼으나, 자정이 되어서야 조지가 숨을 거두었다. 존이 조지를 죽였다는 진술과 존이 총을 쏴 조지를 죽였다는 진술 모두 참이다. 하지만 존이 조지를 죽인 것과 존이 조지에게 총을 쏜 것이 동일한 행위인가? 존이 총을 쏜 지 12시간 지나서 조지가 숨진 사건이 발생한 것은 명확하나, 존이 조지를 죽인 지 12시간 지나서 조지가 숨진 사건이 발생했다고 할 수는 없다. 방아쇠를 당긴 지 12시간 지나서 존이 숨진 사건이 발생한 반면 방아쇠를 당긴 지 12시간 지나서 존이 조지를 죽인 것은 아니라면, 방아쇠를 당긴 행위와 죽인 행위는 별개의 행위이다.[20]

존이 조지에게 총을 쏜 것과 존이 조지를 숨지게 한 것을 동일한 행위의 기술구로 보아서는 존이 조지에게 총을 쏜 시점으로부터 12시간이 지나서야 존이 조지를 숨지게 했다는 것을 설명할 수 없게 된다. 마찬가지로 데이빗슨의 예에서 왕이 숨진 사건은 왕비가 손을 움직인 이후에 발생했으나, 왕비가 왕을 숨지게 한 이후에 왕이 숨진 사건이 발생했다거나 왕이 숨지기 이전에 왕비가 왕을 숨지게 했다고 할 수 없다. 이렇듯 합일론에 의존해서는 데이비스와 탐슨이 제시한 예를 설명할 수 없으며, 심지어 데이빗슨이 제시한 예에 대한 설명도 어렵다고 보아야 한다.

합일론과 분리론 중 후자의 손을 들어주어야 한다는 것이 미국의 법률 시스템을 놓고 갖는 의의는 실로 적지 않다. 합일론자들이 하나의 동일한 행위로 간주하는 행위를 두고 별도의 형을 언도하고 있다는 사실로부터도 미국의 시스템이 분리론의 입장을 취하고 있다는 것을 유추할 수 있기 때문이다. 예컨대 다음의 예에서 '치명적인 무기를 소지한 행위'와 '상해를 입힐 의도로 치명적인 무기를 소지한 행위'가 별개의 행위가 아니라면 (하나의 동일한 행위를 두 방식으로 기술한 것이라면), 비어드슬리Monroe Beardsley가 지적하는 바와 같이 그들에 대해 별도의 형을 언도할 수 없다.

> 뉴저지 와일드우드바 밖에서 남자친구를 살해해 유죄 판결을 받은 한 여성에 관한 최근 신문기사를 생각하고 있다. 그녀는 비의도적인 살인 manslaughter 죄목으로 10년형을 그리고 다음의 두 죄목당 각각 7년형을 언도받았다. … 〈다음의 두 행위가〉 별개의 행위가 아니라면 어떻게 그들에 대해 별도의 형을 언도할 수 있는가?
>
> ― 치명적인 무기 소지
> ― 상해를 입힐 의도로 치명적인 무기 소지 [21]

합일론의 손을 들어줄 수 없다는 것이 의도 문제와 관련해 갖는 의의는 무엇인가? 앞서 설명했듯이 앤스콤에 따르면 일련의 기술구는 각기 다음의 기술구와 수단/목적의 관계에 놓여 있다. 따라서 그것들 모두를 의도하며, 마지막 기술구에 대한 의도가 이전의 모든 기술구에 대한 '왜?'라는 물음에 대한 답변이 될 수 있다. 즉, 마지막 기술구에 대한 의도가 이전의 기술구들에 대한 의도를 삼킨다.

합일론이 옳다고 해보자. 따라서 〈쇄두술 예〉에서의 시술의는 '손을 움직인다', '머리를 부순다', '태아를 숨지게 한다', '임신부를 살린다'는 기술구를 가진 하나의 행위를 한다고 해보자. 앤스콤의 해석대로라면 그것들 모두 수단/목적 관계에 놓여 있으며, 따라서 그것들 모두를 의도한다고 보아야 한다. 또한 시술의에게 손을 움직이는, 머리를 부수는, 태아를 숨지게 하는 이유를 물으면 태아를 살리기 위해서라고 답변할 것이다. 따라서 '임신부를 살린다'는 기술구에 대한 의도가 '손을 움직인다'는, '태아의 머리를 부순다'는, '태아를 숨지게 한다'는 기술구에 대한 의도를 (앤스콤의 표현을 빌리자면) 삼킨다고 보아야 한다.

팔을 움직인다 → 태아의 머리를 부순다 → 태아를 숨지게 한다 → 임신부를 살린다
　(수단)　　　　　　 (수단)　　　　　　　　 (수단)　　　　　　　　 (목적)

팔을 움직인다 → 자궁을 절제한다 → 태아를 숨지게 한다 → 임신부를 살린다
　(수단)　　　　　　 (수단)　　　　　　　 (수단)　　　　　　　　 (목적)

　태아의 머리를 부수지 않으면 임신부를 살릴 수 없다. 따라서 태아의 머리를 부쉈는데도 태아를 제거하는 것이 용이치 않다면 시술의는 모든 수단을 동원해 재차 부수려 할 것이다. 이렇듯 '태아의 머리를 부순다'는 기술구를 놓고는 '수단으로서 선택한다'고 표현하는 것이 자연스럽다. 즉, 태아의 머리를 부수고자 의도한다고 보는 것이 자연스럽다. '손을 움직인다'는 기술구도 다르지 않다. 손을 움직이지 않고는 태아의 머리를 부술 수 없으므로, '손을 움직인다'는 기술구에 대해 '수단으로서 선택한다'고 하는 것이 자연스럽다.
　'태아를 숨지게 한다'는 기술구는 어떠한가? 앤스콤의 설명대로라면 이 역시 동일한 구조로 파악해야 한다. 태아의 머리를 부쉈는데도 태아가 기적적으로 생존했다고 해보자. 이와 같은 일이 발생했을 경우 임신부가 생존할 수 없다면, '태아를 숨지게 한다'는 기술구에 대해 '수단으로서 선택했다'고 하는 것이 자연스러울 것이다. 하지만 태아의 생존 여부가 임신부의 생존에 영향을 끼치지 못한다. 따라서 '태아를 숨지게 한다'는 기술구를 놓고는 오히려 '피치 못해 용인했다'고 표현하는 것이 자연스럽다. 더욱이 앤스콤의 해석대로라면 '태아를 숨지게 했다'는 기술구를 놓고 '왜?'라는 질문을 던지면 '임신부를 살린다'는 기술구로 답변해야 한다. 하지만 시술의로서는 임신부를 살리기 위해 태아를 숨지게 했다고 답변할 수는 없는 일이다. 그와 같이 답변한다는 것은

'태아를 숨지게 한다'는 기술구와 '임신부를 살린다'는 기술구가 수단/목적 관계에 놓여 있다고 말하는 것과 다르지 않으며, 이는 다시 태아를 숨지게 하고자 의도한다고 말하는 것과 (살인 행위를 하고 있다고 자인하는 것과) 다르지 않기 때문이다.

〈자궁절제술 예〉를 놓고도 동일한 의문을 제기할 수 있다. 손을 움직이지 않고는 자궁을 절제할 수 없으며, 자궁을 절제하지 않고는 임신부를 살릴 수 없다. 따라서 '손을 움직인다'는 기술구, '자궁을 절제한다'는 기술구와 '임신부를 살린다'는 기술구는 수단/목적 관계에 놓여 있다고 보는 것이 자연스럽다. 하지만 초기 단계의 태아도 살릴 수 있는 인큐베이터가 개발되었다고 해보자. 따라서 자궁을 절제했는데도 태아가 생존할 수 있다고 해보자. 그렇다고 해서 임신부가 사망하는 것은 아니다. 이렇듯 '태아를 숨지게 한다'는 기술구와 '임신부를 살린다'는 기술구의 관계는 수단/목적 관계로 파악할 수 없다는 것이 오히려 자연스럽다.[22]

물론 위에서 자연스럽다고 할 때 거기에는 목적을 이루기 위해 선택한 그 무엇을 수단으로 보아야 한다는 것이 전제가 되고 있다. 하지만 수단의 의미를 달리 해석함으로써 '태아를 숨지게 한다'는 기술구와 '임신부를 살린다'는 기술구의 관계를 수단/목적의 관계로 보아야 한다는 입장을 취하면 어떠한가? 그것이 가능하다면 앤스콤의 해석에 힘을 실어줄 수 있으나, 이 역시 여의치 않다고 보아야 한다. 그렇다면 쇄두술을 시술한 의사에게뿐 아니라 자궁절제술을 시술한 의사에게도 의도적인 살인죄를 적용해야 하며, 심지어 〈스틴 사건〉의 스틴에게도 나치를 도우려는 의도가 있었다고 보아야 하는 등 의도한다는 것의 외연을 지나치게 확대 해석한다는 지적을 피할 수 없기 때문이다.

앤스콤과 무관하게 어떤 식으로든 '태아를 숨지게 한다'는 기술구와 '임신부를 살린다'는 기술구가 수단/목적 관계에 놓여 있지 않다는 입장을 취하면 어떠한가? 그것이 가능하다면, 즉 합일론을 수용하는 것과 적어도 〈자궁절제술 예〉에서 '태아를 숨지게 한다'는 기술구에는 의도가 적용되지 않는다는 입장을 취하는 것이 가능하다면, 의도한다는 것의 외연을 지나치게 확대한다는 지적에서 자유로울 수 있다. 태아를 숨지게 하는 것이 수단이 아니라면, 그것을 부수적인 결과로 보아야 하며, 부수적인 결과는 '예견은 했으나 의도하지 않은 결과'라는 점에서 〈자궁절제술 예〉에서 '태아를 숨지게 한다'는 것이 부수적인 결과라면 (그리고 〈스틴 사건〉에서 '적에게 도움을 준다'는 것이 부수적인 결과라면) 그것을 의도하지 않았다는 해석이 가능하기 때문이다.

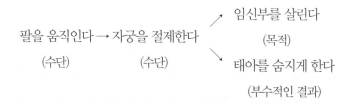

하지만 문제는 합일론을 취해서는 위의 해법에 동참할 수 없다는 데 있다. 합일론에 따르면 '태아를 숨지게 한다'는 기술구로 기술할 수 있는 행위와 '임신부를 살린다'는 기술구로 기술할 수 있는 행위가 하나의 동일한 행위이며, 따라서 합일론을 전제하고 위의 해법에 동참하는 것은 하나의 동일한 행위가 의도된 행위인 한편 의도되지 않은 행위라고 말하는 것과 다르지 않기 때문이다. 반면 분리론을 취하는 것과 위의 해법에 동참하는 것은 양립 가능하다. 예컨대 자궁절제술 시술의는 손을 움직이고, 자궁을 절제하고, 태아를 숨지게 하고, 임신부를 살리는 별개의 네 행위를 하고 있으며, 그 네 행위 중 태아를 숨지게 하는 행위는 의도되지 않은 행위라는 입장을 취할 수 있다. 〈스틴 사건〉에서 역시 스틴이 행한 행위들 중 적에게 도움을 주는 행위는 의도되지 않은 행위라는 입장을 취할 수 있다.

앞으로 전개될 필자의 논지를 놓고 분리론이 갖는 의의는 한층 더해진다. 앞으로의 논의를 통해 'A를 의도적으로 하기 위해서는 어떤 것을 의도해야 하나 반드시 A를 의도해야 하는 것은 아니다'는 견해를 옹호함으로써, '수단 =

의도된 의도적인 행위', '부수적인 결과 = 의도되지 않은 의도적인 행위'로 정의할 수 있는 기틀을 마련하고자 하며, 수단과 부수적인 결과를 이와 같이 정의하기 위해서는 분리론이 전제되어야 하기 때문이다.

팔을 움직인다   →   자궁을 절제한다   ↗ 임신부를 살린다
                                            (목적, 의도된 의도적인 행위)
(수단, 의도된 의도적인 행위)   (수단, 의도된 의도적인 행위) ↘ 태아를 숨지게 한다
                                      (부수적인 결과, 의도되지 않은 의도적인 행위)

수단을 '의도된 의도적인 행위'로 그리고 부수적인 결과를 '의도되지 않은 의도적인 행위'로 정의할 수 있는 기틀을 마련함으로써 이 책 말미에 제시될 필자의 결론을 위한 교두보를 확보했으므로, 이제 그것을 거점으로 의도한다고 보기 위해서는 어떤 조건들이 충족되어야 하는지에 대한 본격적인 논의에 들어가기로 하자.

5.2. 어떤 것을 의도한다는 것의 필요조건
– 예견한다는 것과 의도적으로 한다는 것의 상관관계를 중심으로(1)

5.2.1. 어떤 것을 예견했다면, 그것을 의도했는가?

"내가 전에는 비방자요 박해자요 폭행자였으나 도리어 긍휼을 입은 것은 내가 믿지 아니할 때에 알지 못하고 행하였음이라"(디모데전서, 1:13). 굳이 바울에 의존하지 않더라도 예견과 의도 사이에 상관관계가 성립한다는 것을 어렵지 않게 짐작할 수 있다.[23]

양로원 집단사망 사건

"세인트 리타 요양소에 머물고 있던 34명의 노인들은 불편한 몸으로 전기가 끊기고 무릎과 어깨, 그리고 얼굴까지 시시각각으로 차오르는 물 속에서 살기 위해 싸우다 죽어갔다. 「타임」지의 가디너 해리스 기자가 쓴 기사에는 이들이 테이블과 소파로 창문과 출입문을 막고 필사적으로 물을 피하려 한 것으로 묘사돼 있다"(경향신문, 2005. 09.15). "뉴올리언스 허리케인 '카트리나'로 지난달 29일 34명의 떼죽음을 당한 양로원의 원장 부부가 강제 철수 명령을 이행치 않았다는 이유로 기소됐다. 루이지애나주 찰스 포티 검찰청장은 강제 철수 명령을 이수하지 않아 입원 환자들을 집단 사망케 한 '세인트 리타 너싱 홈' 원장 메이블 만가노 시니어 부부 … 에게 34개 과실치사 혐의를 적용 기소했다고 13일 밝혔다. … 해당 지역 검시소 측도 양로원 측에 허리케인이 본격적으로 닥치기 전에 이들에게 환자들을 이송시키는 것이 어떠냐는 제안을 했었으나 원장 부부가 이를 거절했다고 증언했다. 검시소 측에 따르면 원장 부부는 "우리는 간호사도 있고 발전기도 있고 그리고 환자 가족들도 그냥 머물도록 승락했다"며 철수를 이행하지 않았다는 것이다"(미주중앙일보, 2005. 09.13). 하지만 2007년 8월 배심원단은 양로원 원장 부부의 과실치사negligent homicide 혐의에 대해 무죄를 평결한다.

〈양로원 집단사망 사건〉과 〈연쇄살인범 예〉를 비교해보자. 연쇄살인범은 단지 두개골의 함몰과 죽음 사이의 함수관계를 알고자 의도했을 뿐이라고 주장한다. 하지만 그에게 살해의도가 있었다는 데는 이견을 보일 수 없다. 살해의도가 없었다고 한다면 살인죄로 처벌할 수 있는 경우는 없다고 해도 무방할 것이며, 따라서 처벌 근거로서의 의도라는 개념 자체가 무의미해지기 때문이다. 죄질을 놓고도 요양소 원장 부부와 연쇄살인범 사이에 차별을 두지 않을 수 없으며, 원장 부부를 연쇄살인범과 동일한 혐의로 기소할 수는 없다고 보아야 한다. 그 이유는 무엇인가?

연쇄살인범의 행위로 인해 피해 여성들이 사망했으며, 원장 부부가 강제철수 명령을 이수하지 않은 것이 노인들의 죽음에 원인으로 기여했다. 이렇듯 연쇄살인범의 행위와 피해 여성들이 숨진 사건 그리고 원장 부부의 행위와 노인들이 숨진 사건 사이에 인과 면에서 뚜렷한 차이를 보이지 않는다. 뿐만 아니라 두개골의 함몰과 죽음 사이에 함수관계가 성립하는지를 알고자 의도했을 뿐이라는 주장으로 미루어, 그들 사이에 함수관계가 성립되지 않는다는 결과가 나왔어도 연쇄살인범은 나름 만족했을 것이다. 즉, 원장 부부가 그랬던 것처럼 연쇄살인범 역시 피해자들의 죽음을 바랐다고는 볼 수 없다. 이렇듯 피해자들의 죽음을 바랐는지의 물음을 놓고도 그들 사이에 차별을 두기 어렵다. 그렇다면 어떤 이유로 연쇄살인범과는 달리 원장 부부를 살인혐의로 기소할 수 없는 것인가?

루이지애나주 검찰이 원장 부부를 살인 혐의가 아닌 과실치사 혐의로 기소했다는 사실이 위의 물음에 답변할 수 있는 단서를 제공한다. 제1장에서 논의된 모범형법전 '2·02조 2항 d'는 죄의 중대요소의 존재나 초래될 위험을 인식해야 했으나 인식하지 못한 경우를 과실로 행위를 한 경우로 규정하고 있다. 루이지애나주 검찰이 원장 부부를 과실치사 혐의로 기소했다는 사실을 위의 조항에 비추어 해석하면 인식했어야 할 위험을 (태풍의 위력으로 노인들이 목숨을 잃을 수도 있다는 것을) 인식하지 못한 데 대한 (예견하지 못한 데 대한) 형사책임을 묻겠다는 의지를 보인 것으로 이해할 수 있다.

연쇄살인범의 경우는 어떠한가? 두개골의 함몰과 죽음 사이에 함수관계가 성립하는지를 알고자 의도했을 뿐이라는 그의 주장만을 놓고 본다면, 피해자들이 사망할 수도 있다는 정도의 가능성만을 인식했다고 보아야 한다. 하지만 1.2.3.에서 논의된 바와 같이 연쇄살인범의 실제 생각이 아닌 피해여성들이 사망한 것이 연쇄살인범이 행한 자발적인 행위의 당연한 결과인지가 문제이다. 다시 말해 피고인의 주장에 대해 합리적인 의심을 품을 수 있는 경우에는 주관적인 테스트에 앞서 객관적인 테스트가 전제되어야 한다는 의미에서의 하이브리드 테스트를 적용해야 하므로, 연쇄살인범의 경우는 피해자들이 사망할 것을 예견한 경우로 간주해야 한다. 이렇듯 피해자들이 사망할 것을 예견했는지의 여부에 의존한다면 연쇄살인범과 요양소 원장 부부를 차별할 수 있다.

예견했는지의 여부를 들어 원장 부부와 달리 연쇄살인범은 살인 혐의로 기소해야 한다면, 즉 예견한다는 것과 의도한다는 것 사이에 상관관계가 성립된다면, 구체적으로 그들이 어떤 관계에 놓여 있는가? 일선 법조인뿐 아니라 철학자, 법이론가 사이에 오랜 관심 대상이었던 위의 물음에 대해 다음의 세 답변이 고려 대상이 될 수 있다.

(ㄱ) 어떤 것을 예견했다면, 그것을 의도했다. (어떤 것을 예견한다는 것이 그것을 의도한다는 것의 충분조건이다.)
(ㄴ) 어떤 것을 의도했다면, 그것을 예견했다. (어떤 것을 예견한다는 것이 그것을 의도한다는 것의 필요조건이다.)
(ㄷ) 어떤 것을 예견했다면 그것을 의도했으며, 어떤 것을 의도했다면 그것을 예견했다. (어떤 것을 예견한다는 것이 그것을 의도한다는 것의 필요충분조건이다.)

〈몰로니 사건〉의 1심 판사, 〈하이엄 사건〉의 딜혼과 크로스 대법관, 잉글랜드와 웨일스 법위원회 1989년 형법안과 1993년 보고서, 살인과 종신형에 관한 상원 특별위원회 1989년 보고서, 아일랜드 법개정위원회 2001년 자문논문은 예견한다는 것과 의도한다는 것의 상관관계를 (ㄱ)의 관계로 파악한다. 공리주의 철학자 시지윅Henry Sidgwick과 법이론가 윌리엄스Glanville Williams도 그들 관계를 (ㄱ)으로 파악해 예견했는지의 여부로 의도했는지를 가리기에 충분하다는 입장을 취하며, 철학 전반에 걸쳐 지대한 공헌을 한 치솜Roderick Chisholm 역시 예견과 의도가 다르지 않다는 입장을 취한다.

틀림없이 초래될 것이라 예견된 또는 거의 확실히 초래될 것이라 예견된 모든 결과를 의도라는 용어를 쓸 수 있는 범주에 포함시키는 것이 합당하다. 왜냐하면 나쁜 결과를 그 자체로서 바라지 않았다거나 이면의 목적을 달성하기 위한 수단으로서 바라지 않았다는 변명으로 예견한 채로 초래한 나쁜 결과에 대한 책임을 면할 수 없기 때문이다.[24]

자신의 행위로 어떤 결과가 필연적으로 야기될 것임을 안 채로 그 행위를 한 것과 그 결과를 의도한 것 사이에 법적인 차이가 없다. 그 결과를 바라지 않았다고 해도 달라지지 않는다. 틀림없이 초래될 것이라고 예견된 결과는 바랐거나 의도된 결과와 다르지 않다.[25]

〈연쇄살인범 예〉에서 연쇄살인범에게 살해의도가 있었다고 보아야 하는 이유를 제시하라면 피해 여성들이 사망할 것을 예견했기 때문이라는 답변을 가장 먼저 고려할 수 있다. 마찬가지로 〈정두영 사건〉의 정두영에게 살해의도가 있었다고 보아야 하는 이유를 제시하라고 해도 피해자들이 사망할 것을 알고 흉기를 휘둘렀기 때문이라는 것이 가장 상식적인 답변일 수 있다. 즉, 피고인에게 살해의도가 있었다고 보아야 하는 대표적인 경우를 놓고 살인죄를 적용해야 하는 이유를 제시하라면, (ㄱ) 또는 (ㄷ)에 의존하는 것이 상식일 것이다. 이 상식이 통한다면, 문제는 간단히 해결될 수 있다. 문제가 되는 대다수의 경우는 죄의 중대요소를 예견한 경우이며, 따라서 그들 모두가 의도한 경우라는 답변을 내리면 되기 때문이다. 반면 〈하이엄 사건〉의 헤일샴 대법관 등의 견해대로 (ㄴ)이 참이라면, 예견한다는 것 이외의 나머지 필요조건(들)을 규명하는 험난한 여정을 밟아야 한다. (ㄱ), (ㄴ), (ㄷ), 세 명제 중 어떤 명제가 참인가? 아니면 그 모두를 거짓으로 보아야 하는가?

법조인, 법이론가 사이에서 그랬듯이 (ㄱ)이 참이라는 인식이 철학자들 사이에서도 자리해왔으나, (ㄱ)은 "반례들에 압도당했다"는 쇼Joseph Shaw의 표현대로 반례 하나로 그것을 간단히 부정할 수 있다는 생각이 철학자들 사이에 지배적인 것이 현실이다.[26]

(ㄱ)이 참이라면 예견은 했으나 의도하지 않은 경우는 없어야 한다. 따라서 그와 같은 경우를 한 경우라도 제시할 수 있다면, (ㄱ)을 간단히 부정한 것과 다름 없다. (ㄱ)을 부정하고자 한다면, 따라서 예견은 했으나 의도하지는 않은 경우를 제시하고자 한다면 가장 먼저 다음과 같은 경우를 생각할 수 있을 것이다. 아이슬란드 에이야프얄라요쿨 화산이 189년 만에 다시 폭발했다는 기사를 접했다. 제트기류를 탄 화산재가 수천 미터 상공까지 올라가 유럽의 하늘을 덮을 것이라 예견한다. 하지만 화산재로 유럽의 하늘을 덮고자 의도하지는 않는다. 내일 해가 뜰 것이라 예견은 하지만 내일 해를 뜨게 하고자 의도하지는 않으며, 희생자가 생기게 하고자 의도하지 않은 채 희생자가 생길 것을 예견하고 세계무역센터 붕괴 장면을 바라본 사람이 있었다. 이렇듯 예견은 했으나 의도하지는 않은 경우를 어렵지 않게 생각할 수 있을 것이다. 하지만 위의 예들이 현재의 논의에 도움이 되지는 못한다. 어윈William Irwin이 지적하는 바와 같이 현재의 논의는 법적 처벌 또는 도덕적 비난 대상이 될 수 있는 행위와 행위의 결과에 대한 논의이기 때문이다. "형법에서 관심의 대상이 되는 것은 해가 뜰 것인지의 문제가 아닌 행위와 행위의 결과이다".[27]

다음의 예들은 어떠한가? 술을 마신 다음날이면 어김없이 숙취로 두통에 시달렸다. 자고 나면 두통에 시달릴 것을 예견한 채로 술을 마시나 두통에 시달리고자 의도하며 술을 마시지는 않는다.[28] 가장 흔히 인용되는 위의 예 이외에도 그와 동일한 구조의 예는 무수히 생각할 수 있다. 타이어를 빨리 마모시키고자 의도하지 않은 채 타이어가 빨리 마모될 것이라 예견하고 가속페달을 밟을 수 있으며, 대형차를 살 만한 경제력이 없는 사람이 좁고 불편한 차를 사고자 의도하지 않은 채 그와 같은 차를 사게 될 것을 예견하고 소형차 계약서에 서명할 수 있다. 이들 예는 에이야프얄라요쿨 화산 예와 달리 행위와 결과를 말하고 있다. 따라서 위의 예들을 보면 쇼가 (ㄱ)을 놓고 "반례들에 압도당했다"고 단언한 이유를 알 수 있다. 보일과 설리번Thomas Sullivan은 보다 명확한 반례를 제시하는 것으로 논란의 종지부를 찍고자 한다. "피터는 선친의 명예를 지키고자 결심하지만 연설을 하며 두려움에 말을 더듬을 것이라 예견한다. 그가 말을 더듬고자 의도하지 않는다는 것은 명백하다. 말을 더듬지 않으려 고투하므로 오히려 그가 말을 더듬지 않고자 의도한다고 보아야 한다".[29]

위의 예들이 (ㄱ)에 대한 반례가 될 수 있다는 데 대해 이견을 보이기 어려운 것이 사실이다. (ㄱ)은 반사실 테스트counter-factual test를 통과하지 못한다는 데 대해 의문을 제기하는 철학자, 법이론가를 보지 못했으나, 위의 예들에 의존해 (ㄱ)을 부정하고자 한다면 숙취로 두통에 시달리고자, 타이어를 빨리 마모시키고자, 좁고 불편한 차를 사고자, 말을 더듬고자 의도하지 않는다고 보아야 하는 이유를 설명할 수 있어야 한다. 어떤 설명이 가능한가?

쇼는 피터 예를 놓고 피터가 말을 더듬길 바라지 않는다는 데 의존하지 않더라도 그가 말을 더듬고자 의도하지 않는다는 것이 우리의 언어직관이라고 설명한다.[30] 쇼의 설명으로 알 수 있듯이 두통에 시달리고자 (타이어를 빨리 마모시키고자, 좁고 불편한 차를 타고자, 말을 더듬고자) 의도하지 않는다고 보아야 하는 이유는 두통에 시달리길 (타이어를 빨리 마모시키길, …) 바라지 않기 때문이라는 것이 상식일 것이다.[31]

ㄱ 두통에 시달리길, 타이어가 빨리 마모되길, 말을 더듬길, 좁고 불편한 차를 타길 바라지 않기 때문이다.

피터 예를 놓고 보면 피터가 말을 더듬고자 의도하지 않는다는 쪽으로 직관을 기울게 하는 또 다른 이유를 찾을 수 있다. 즉, 보일과 설리번이 지적하고 있는 바와 같이 말을 더듬는 것이 목적을 달성하는 것과 충돌하기 때문이라는 이유를 고려할 수도 있다.[32] 목적을 이루는 데 방해가 된다는 이유로 의도하지 않는다고 보아야 한다면, 위의 예들 중 피터 예만 해당된다고 보아야 한다. 따라서 같은 맥락으로 두통에 시달리고자, 타이어를 빨리 마모시키고자, 좁고 불편한 차를 사고자 의도하지 않는다고 보아야 하는 이유로 두통에 시달리는 것이, 타이어가 빨리 마모되는 것이, 좁고 불편한 차를 타는 것이 목적을 달성하는 데 도움이 되지 않기 때문이라는 이유도 고려할 수 있다.

ⓒ 두통에 시달리는 것이, 타이어가 빨리 마모되는 것이, 좁고 불편한 차를 타는 것이 목적을 달성하는 데 도움이 되지 않기 때문이다.
ⓒ 말을 더듬는 것이 목적을 달성하는 것과 충돌하기 때문이다.

이상에서 알아본 바와 같이 숙취 예, 타이어 예, 소형차 예, 피터 예 등이 (ㄱ)에 대한 반례가 되기 위해서는 숙취에 시달리고자, 타이어를 빨리 마모시키고자, 좁고 불편한 차를 사고자, 말을 더듬고자 의도하지 않는다고 보아야 하는 이유를 제시할 수 있어야 하며, 그 이유로 ⓐ, ⓑ, ⓒ 정도를 생각해볼 수 있다. 하지만 ⓐ, ⓑ, ⓒ이 설명력을 가질 수 있는지 의문이다. 먼저 ⓐ과 ⓑ을 생각해보자.

철수 예

철수는 선친의 원수를 갚기 위해 원수의 차량에 원격조정 폭탄을 설치하고 원수가 차에 오르기를 기다린다. 그러나 뜻하지 않게 원수가 그의 가족과 함께 차에 오르는 것을 목격하고 고심한다. 결국 원격조정기의 버튼을 눌러 원수와 함께 그의 가족도 사망한다.

철수에게 원수뿐 아니라 원수 가족을 숨지게 한 데 대해서도 의도적인 살인죄를 적용해야 한다고 해보자. 즉, 철수에게 원수 가족을 살해할 의도가 있었다고 보아야 한다면, 〈철수 예〉가 ㉠에 대한 반례가 될 수 있다. ㉠이 두통에 시달리고자, 타이어를 빨리 마모시키고자, 좁고 불편한 차를 타고자, 말을 더듬고자 의도하지 않았다고 보아야 하는 이유가 될 수 있다는 말은 '어떤 것을 바라지 않는다면, 그것을 의도하지 않는다'는 명제가 참이라는 말과 다르지 않다. 하지만 철수가 원수 가족이 사망하길 바라지는 않았으므로, ㉠에 의존한다면 철수에게 원수 가족을 살해할 의도가 없었다고 보아야 하기 때문이다.[33]

㉡에 대해서도 동일한 진단이 가능하다. ㉡이 두통에 시달리고자, 타이어를 빨리 마모시키고자, 좁고 불편한 차를 타고자, 의도하지 않았다고 보아야 하는 이유가 될 수 있다는 말은 '어떤 것이 목적을 달성하는 데 도움이 되지 않는다면, 그것을 의도하지 않는다'는 명제가 참이라는 말과 다르지 않다. 하지만 철수가 목적을 달성하는 데 원수 가족이 숨지는 것이 도움이 되지 않으므로, ㉡에 의존한다면 철수에게 원수 가족을 살해할 의도가 없었다고 보아야 한다.[34] 이렇듯 철수에게 원수 가족도 살해할 의도가 있었다고 보아야 한다면, 〈철수 예〉가 ㉡에 대한 반례가 될 수 있다.

철수에게 원수 가족도 살해할 의도가 있었다고 보아야 하는가? 그래야 한다면 그 이유는 무엇인가? 영미 형사법의 전통대로 살인죄가 성립하기 위해서는 '특정의도specific intention'가 있었어야 한다는 것이 상식일 것이다. 즉, 특정인 P를 숨지게 한 데 대해 살인죄를 적용하기 위해서는 피고인에게 다른 사람이 아닌 P를 살해할 의도가 있었어야 한다는 것이 상식일 것이다. 철수에게 원수 가족을 살해할 특정의도가 있었는가? 원수를 살해할 특정의도가 있었다는 데는 의심의 여지가 없으나, 적어도 외견상으로는 원수 가족을 살해할 특정의도는 없었다고 보아야 한다. 그런데도 원수 가족을 살해할 의도도 있었다고 보아야 한다면 그 이유는 무엇인가?

아내를 살해하려 한 혐의로 기소된 현역군인 윌리스Jeromy Willis는 숙모가 자신에게 불리한 증언을 할 것이라는 소식에 아내와 숙모를 살해하기로 작심하고 심리공판이 열리는 날을 잡아 아내를 살해한 후 숙모도 살해하기 위해 기지 내 법률고문사무실로 향한다. 사무실에 숙모가 숙부와 함께 있는 것을 목격하고 사무실로 들어가려 하지만 숙부가 안에서 문을 밀어 문을 사이에 두고 힘싸움을 벌인다. 문을 밀고 들어가는 것이 여의치 않자 15센티미터 정도 열린 문 틈으로 법률고문을 향해 총을 발사한다. 법률고문이 책상 뒤로 몸을 숨겨 총상을 면하자 숙모가 있는 쪽을 향해 다시 총을 발사하나 그마저 빗겨간다. 숙모가 황급히 숙부 곁으로 몸을 숨기자 문틈으로 손을 넣어 숙부와 숙모가 있는 쪽으로 총구를 향하고 마구잡이로 세 발 발사한 후 총이 작동을 하지 않자 도주한다. 그는 살인 및 세 건의 살인미수 혐의로 기소되어 세 건의 살인미수죄에 대해서도 유죄 판결을 받아 항소하지만 1심 판결이 그대로 확정된다.

철수에게 원수 가족을 살해할 특정의도가 없었던 것처럼 윌리스에게도 숙부를 살해할 특정의도는 없었다. 그런데도 1심재판부와 항소심 재판부가 숙부 건을 놓고도 살인미수죄를 적용한 이유는 '동시발생 의도 독트린doctrine of concurrent intent'을 수용했기 때문이다. 항소심 재판부는 위의 독트린을 수용하여 원심 판결을 확정한 이유를 다음과 같이 설명한다.

동시발생 의도에 근거해 어떤 행위의 결과가 의도된 결과와 동일하거나 적어도 의도된 결과의 자연스럽고 가능한natural and probable 결과일 때는 그 결과에 대한 의도가 있었다고 유추했다. 의도된 범죄에 대해 유죄 판결을 내리기 위해 법에서 요구되는 의도requisite intent가 피고인에게 있은 이상 피고인에게 그 행위의 자연스럽고 가능한 결과에 대한 책임이 있다고 보아야 한다. … 숙모와 숙부 모두를 살해하고자 한 동시발생의도가 있었다고 보기에 충분하다. … 문에 대고 총구를 움직이며 마구잡이로 세 발을 발사함으로써 '살해구획kill zone'을 설정했다.[35] …〈따라서〉 문 뒤에 있는 사람이 누구건 간에 그가 사망한다는 또는 중대한 신체 상해를 입는다는 자연스럽고 가능한 결과에 대한 책임이 있다.[36]

P를 살해할 특정의도가 없었는데도 P를 숨지게 한 데 대해 의도적인 살인죄를 적용할 수는 없는 일이다. 인파 속으로 도주하는 지명수배자를 향해 경찰관이 산탄총을 발사해 지명수배자와 함께 행인들이 숨졌다고 해보자. 그렇다면 행인들을 숨지게 한 데 대해 의도적인 살인죄를 적용해야 할 것이나, 그러기 위해서는 경찰관에게 행인들을 살해할 특정의도가 있었음을 입증해야 한다. 따라서 동시발생 의도 독트린에 의존하는 것이 좋은 전략일 수 있다. 산탄총을 발사함으로써 '살해구획'을 설정했으므로 그 구획 내에서 사망한 희생자들을 살해할 특정의도가 있었다고 보아야 한다는 설명이 가능하기 때문이다. 마찬가지로 철수와 윌리스에게 원수 가족과 숙부를 살해할 특정의도가 있었다는 입장을 취하고자 한다면 동시발생 의도 독트린에 의존하는 것이 좋은 전략일 수 있다. 〈윌리스 사건〉 이외에도 〈브랜드 사건〉 등 동시발생 의도 독트린에 의존해 유죄 판결을 내린 경우를 어렵지 않게 대할 수 있으나,[37] 위의 독트린을 거부한 경우 또한 어렵지 않게 찾을 수 있다.

해리슨 사건

2001년 7월 27일 해리슨Gerard Harrison은 볼티모어 시티 자신의 구역에서 마약을 팔지 말라는 경고를 무시한 발렌타인Valentine이라 알려진 마약상을 살해하고자 38구경 권총 6발을 마구 쏘아댄다. 하지만 총탄이 발렌타인을 빗겨가 거리에서 친구와 이야기를 나누던 쿡Cook의 목을 관통해 해리슨은 2급 살인미수 혐의로 기소된다.

〈해리슨 사건〉의 1심재판부는 (5.2.3.에서 논의될) '전이된 의도 독트린 doctrine of transferred intent'을 적용해 발렌타인을 살해할 의도가 쿡에게로 옮겨갔다는 이유로 그리고 〈포드 사건〉[38]의 채사노Chasanow 판사의 견해를 수용해 의도적으로 '살해구획kill zone'을 설정함으로써 살해구획 내의 모든 사람을 살해할 의도가 있었다는 이유로 살인미수죄와 불법총기사용죄에 대해 각각 12년과 5년의 징역형을 선고한다. ('살해구획'이라는 용어는 〈포드 사건〉의 재판부가 처음 사용한다.[39]) 하지만 항소심 재판부는 전이된 의도 독트린은 살인미수 혐의로 기소된 경우에 적용할 수 없으며, 해리슨이 살해구획을 설정했다고 보아야 하지만 〈브랜드 사건〉의 브랜드의 행위와는 달리 해리슨의 행위가 쿡이 살해구획에 있었다는 것을 보여주지는 못한다는 이유로 원심을 파기한다. 메릴랜드주 특별항소법원 역시 유죄 판결을 내리는 과정에서 '전이된 의도 독트린', '인간 생명에 대한 둔감한 무시depraved heart recklessness', '동시발생 의도 독트린' 모두를 고려한다. 하지만 〈포드 사건〉의 판결을 들어 전이된 의도 독트린을 적용할 수 없다는 입장을 취하며,[40] 인간 생명에 대한 둔감한 무시는 살해할 의도가 없었어도 타당한 이유 없이 인간의 생명을 무시했다는 이유만으로도 적용할 수 있으므로 이 역시 해리슨에게는 적용할 수 없다는 입장을 밝히고,[41] 동시발생 의도 독트린에만 의존해 유죄 판결을 확정한다.

스톤 사건

2005년 10월 21일, 캘리포니아주 르무어에서 열린 카니발을 위해 마련된 주차장에서 16세의 수레노Sureno 갱단 멤버 카밀로Camilo M.와 그의 친구 린콘Abel Rincon에게 놀테노Norento 갱단이 싸움을 걸어온다. 카밀로와 린콘이 응대하지 않고 린콘의 트럭을 타고 떠나려 하자 놀테노 갱단이 조롱하며 트럭을 마구 걷어찬다. 집으로 돌아온 카밀로와 린콘은 자신들이 겪었던 수모를 스톤Nicholas Stone 등 동료들에게 알리고 동료들과 함께 트럭을 타고 카니발 주차장으로 향한다. 그러고는 조수석에 있던 스톤이 놀테노 갱단 10여 명이 있는 곳을 향해 총을 발사한다. 사망자나 부상자는 발생하지 않았으나 스톤은 살인미수 혐의로 기소된다.

1심재판부는 동시발생 의도 독트린에 근거해 스톤에게 살인미수죄로 유죄판결을 내리나, 항소심 재판부는 '살해구획론kill zone theory'의 부적절함을 들어 그리고 살인미수죄가 성립하기 위해서는 특정인을 살해할 의도가 있었어야 한다는 이유로 1심 판결을 뒤집는다. 하지만 2009년 캘리포니아주 대법원은 동시발생 의도 독트린을 수용해 항소심 판결을 파기한다.

총에 맞을 대상이 누가 될지 모른 채 그리고 그가 누가 되든 개의치 않은 채 군중에 총을 발사한 사람에게 군중 속의 한 명을 살해할 의도가 있었는가? 그렇다. 살인미수죄를 적용하기 위해 요구되는 심리상태는 인간을 살해하고자 한 의도이지 특정인을 살해하고자 한 의도가 아니다. … 살해 의도를 가진 자는 특정 대상을 염두에 둔 것은 아니라고 하더라도 살인미수죄가 성립될 수 있다.[42]

〈윌리스 사건〉과 〈브랜드 사건〉의 재판부, 〈스톤 사건〉의 캘리포니아주 대법원 그리고 〈해리슨 사건〉의 메릴랜드주 특별항소법원의 견해가 옳다면, 피고인이 설정한 '살해구획' 내에 있던 사람이 사망했을 경우 피고인에게 그 사람을 살해할 특정의도가 있었다고 보아야 한다. 그렇다면 〈철수 예〉에서의 철수에게도 원수 가족을 살해할 특정의도가 있었다고 보아야 하며, 따라서 〈철수 예〉가 ㉠이 두통에 시달리고자 (타이어를 빨리 마모시키고자, 좁고 불편한 차를 타고자, 말을 더듬고자) 의도하지 않았다고 보아야 하는 이유가 될 수 없다는 것을 그리고 ㉡이 두통에 시달리고자 (타이어가 빨리 마모시키고자, 좁고 불편한 차를 타고자) 의도하지 않았다고 보아야 하는 이유가 될 수 없다는 것을 보여주는 좋은 예가 될 수 있다.[43]

반면 〈해리슨 사건〉과 〈스톤 사건〉 항소심 재판부의 견해가 옳다면 동시발생 의도 독트린에 의존해 〈철수 예〉에서의 철수에게 원수 가족을 살해할 특정의도가 있었다는 입장을 취할 수 없으며, 위의 독트린에 의존하지 않고 철수에게 원수 가족을 살해할 의도가 있었다는 입장을 취하는 것이 용이치 않으므로 〈철수 예〉에 의존해 ㉠과 ㉡을 평가하기 어렵다고 보아야 한다.

동시발생 의도 독트린을 옹호하는 것이 가능한가? 가능하다면 〈스톤 사건〉의 캘리포니아주 대법원과 같이 살인죄를 적용하기 위해 요구되는 심리상태는 특정인을 살해할 의도가 아닌 사람을 살해할 의도라는 입장을 취하는 것이 (그 대상이 누구이건 사람을 숨지게 할 의도로 행위를 한 결과 A가 숨졌다면, A를 살해할 특정의도가 있었다는 입장을 취하는 것이) 가장 손쉬운 방법일 수 있다. 살인죄를 적용하기 위해 요구되는 심리상태가 특정인을 살해할 의도라고 해보자. 그렇다면 〈청산가리 막걸리 사건〉에서 피해자 B씨가 평소 혼자서 술을 마시는 일이 결코 없었다고 해도 B씨와 막걸리를 나눠 마시고 숨진 B씨 동료를 숨지게 한 데 대해 A씨 부녀에게 살인죄를 적용할 수 없으며, 막걸리를 함께 나눠 마셨으나 목숨을 건진 2명의 동료 건에 대해서도 살인미수죄를 적용할 수 없다. 2001년 9월 11일 항공기를 납치한 테러범들이 세계무역센터를 공격한 이유가 건물 안에 특정인이 있었기 때문은 아니었다. 따라서 살인죄를 적용하기 위해 요구되는 심리상태는 특정인을 살해할 의도가 아닌 사람을 살해할 의도라는 입장을 취해야 테러범들에게 각각의 희생자를 살해할 특정의도가 있었다는 입장을 취할 수 있다.

> ### 독재자 A 예
>
> 반정부 시위가 연일 그 열기를 더해가고 있다. 독재자 A는 공포심을 조장하기 위해 매일 시위 참가자 한 명씩 직접 사살하기로 결정한다. 특정인을 조준하지 않고 시위대를 향해 방아쇠를 당겨 시위여성 B가 총탄에 맞아 숨진다.

독재자 A가 특정인을 염두에 두고 방아쇠를 당긴 것은 아니다. 하지만 B를 숨지게 한 데 대해 의도적인 살인죄를 적용하지 않을 수 없으며, 그 이유로 사람을 숨지게 할 의도로 방아쇠를 당겼으므로 B를 살해할 특정의도가 있었다고 보아야 한다는 설명이 가능하다. 바꿔 말하면 살인죄를 적용하기 위해 요구되는 심리상태는 특정인을 살해할 의도가 아닌 사람을 살해할 의도라고 보아야 한다는 것이 동시발생 의도 독트린을 수용해야 하는 이유가 될 수 있다고 보아야 한다.

〈철수 예〉에서의 철수에게 원수 가족을 살해할 그리고 〈독재자 A 예〉에서의 독재자 A에게 시위여성 B를 살해할 의도가 있었다고 보아야 한다는 데 이견을 보이기 어렵다. 하지만 〈윌리스 사건〉의 윌리스에게 숙부를 살해할 의도가 있었다고 보아야 한다는 데는 동의할 수 없다면, 또는 〈해리슨 사건〉의 해리슨에게 쿡을 살해할 의도가 있었다고 보아야 한다는 데는 동의할 수 없다면, 그들에게 살해의도가 없었다는 것을 어떻게 설명할 수 있는가?

해리슨은 사건 현장에 쿡이 우연히accidentally 있었다는, 따라서 쿡에게 우연히 상해를 입혔다는 이유를 들어 자신에게 살인미수죄를 적용하기 위해 법에서 요구되는 의도가 없었다고 주장한다.[44] 즉, 그에 따르면 우연히 상해를 입혔다는 것이 총을 발사할 당시 자신의 심리상태를 대변하며, 그와 같은 심리상태가 쿡에게 상해를 입힐 특정의도가 없었다는 것을 보여준다. 하지만 1심재판부는 쿡에게 우연히 상해를 입혔다는 것이 해리슨의 심리상태를 대변하는 것이 아닌 총탄이 우연히 쿡에 맞았다는 것을 의미한다는 이유로 해리슨의 주장을 받아들이지 않는다. 항소심 재판부 역시 (해리슨의 행위가 쿡이 살해 구획에 있었다는 것을 입증하지 못한다는 이유로 원심을 파기하지만) '우연히'라는 용어는 해리슨의 심리상태를 기술하지 않고 해리슨이 행한 행위의 결과를 기술한다는 견해를 보인다.

해리슨의 주장이 옳다고 해보자. 즉 해리슨이 우연히 쿡에게 상해를 입혔다고 해보자. 그렇다면 그에게 쿡을 살해할 의도가 없었다고 보아야 하며, 따라서 그에게 살인미수죄를 적용할 수 없다. 다시 말해 5.4.에서 설명될 바와 같이 '어떤 것을 의도했다면, 그것을 우연히 하지 않았다'는 명제가 참이므로, 해리슨이 쿡에게 우연히 상해를 입혔다면 상해를 입힐 의도는 없었다고 보아야 한다. 이렇듯 해리슨의 주장이 옳다면, 그에게 살인미수죄를 적용할 수 없을 뿐 아니라 동시발생 의도 독트린 자체도 설득력을 잃게 된다.

해리슨이 우연히 쿡에게 상해를 입혔는가? 이 물음을 놓고 해리슨의 답변과 우연히 쿡에게 상해를 입혔다고 볼 수 없다는 1심재판부 및 항소심 재판부의 답변을 비교하라면 마땅히 후자의 손을 들어주어야 할 것이다. 하지만 그렇게 보아야 하는 이유에 대한 1심재판부와 항소심 재판부의 설명에까지, 즉 '우연히'라는 용어가 해리슨의 심리상태를 기술하지 않고 해리슨이 행한 행위의 결과를 기술한다는 설명에까지 동의할 수 있을지는 의문이다.

코너에 몰린 쥐가 달려들어 힘껏 걷어찼다. 공중으로 솟구친 쥐가 어떤 집 담장 안으로 떨어져 쥐 공포증이 있는 집 주인이 심장마비로 사망했다. 그렇다면 내가 집 주인을 숨지게 했어도 우연히 숨지게 했다고 보아야 한다. 그렇게 보아야 하는 이유는 쥐가 담장을 넘어갈 것을 그리고 담장 안에 쥐 공포증이 있는 사람이 있다는 것을 알지 못했기 때문이다. 다시 말해 5.4.에서 설명될 바와 같이 '어떤 것을 우연히 하지 않았다면, 그것을 예견한 채로 했다'는 명제가 참이므로, 집 주인을 우연히 숨지게 했다고 보아야 한다. 마찬가지로 아버지가 숨질 것을 예견하지 못했다는 〈몰로니 사건〉의 몰로니의 주장을, 경찰관이 숨질 것을 예견하지 못했다는 〈스미스 사건〉의 스미스의 주장을, 상대 여성의 아이들이 숨질 것을 예견하지 못했다는 〈하이엄 사건〉의 하이엄의 주장을 받아들여야 한다면, 그들 모두 피해자들을 우연히 숨지게 했다고 보아야 한다. 〈해리슨 사건〉의 해리슨의 경우도 다르지 않다. 쿡이 상해를 입을 수 있다는 것을 예견하지 못한 채 방아쇠를 당겼다고 보아야 한다면, 쿡에게 우연히 상해를 입혔다는 해리슨의 주장이 옳다고 보아야 한다.

쥐가 곳간을 드나들며 곡식을 축내 살림이 피폐해질 지경에 이르렀다. 더 이상 두고 볼 수 없어 쥐를 정조준하고 공기총의 방아쇠를 당겨 쥐가 죽었다. 5.4.에서 설명될 바와 같이 '어떤 것을 예견한 채로 했다면, 그것을 우연히 하지 않았다'고 보아야 하므로, 그리고 쥐가 숨지게 될 것을 예견한 채 방아쇠를 당겼으므로, 이 경우는 쥐를 우연히 숨지게 한 경우라고 할 수 없다. 같은 이유에서 〈철수 예〉에서의 철수가 원수 가족을, 〈콕스 사건〉의 콕스 박사가 환자를, 〈핸드 사건〉의 핸드가 그의 처를 우연히 숨지게 했다고도 할 수 없다.

이제 쿡에게 우연히 상해를 입혔다는 해리슨의 주장에 대한 1심재판부 및 항소심 재판부의 답변에 동의하기 어려운 이유를 알 수 있다. 사나운 쥐와 도둑 쥐 예가 보여주듯이 해리슨이 쿡에게 우연히 상해를 입혔는지의 여부는 그가 누군가가 숨질 수 있다는 것을 예견한 채 방아쇠를 당겼는지의 여부에 달렸다고 보아야 하며, 이는 '우연히'라는 용어가 해리슨의 심리상태를 기술하지 않는다는 견해를 수용하기 어렵다는 것을 말해주기 때문이다. 하지만 해리슨의 주장에 대한 1심재판부 및 항소심 재판부의 견해에 동의하기 어렵다는 것이 해리슨의 주장이 설득력이 있다는 것을 의미하지는 않는다.

5.4.에서 설명될 바와 같이 '어떤 것을 우연히 하지 않았다면, 그것을 예견한 채로 했다'고 보아야 하므로, 쿡에게 우연히 상해를 입혔다는 해리슨의 주장이 설득력을 얻기 위해서는 그가 누군가에게 상해를 입을 수 있다는 것을 예견하지 못한 채 방아쇠를 당겼어야 한다. 하지만 그와 같이 보기 위해서는 〈스미스 사건〉 1심 판사와 상원 패널들의 견해를 부정하고, 즉 객관적인 테스트를 부정하고, 〈스미스 사건〉 항소심 판사와 견해를 같이 해 주관적 테스트를 채택해야 한다. 하지만 해리슨이 맥노튼 룰M'Naghten Rule에 따른 정신이상자도 한정책임능력자도 아닌 자신의 행위에 대한 법적 책임능력자이므로, 1.2.3.에서 설명된 바와 같이 다음에 근거해 그것을 판단해야 한다.

(a) 피고인의 주장에 대해 합리적인 의심을 품을 수 있는 경우 주관적인 테스트에 앞서 객관적인 테스트가 전제되어야 한다는 의미에서의 하이브리드 테스트를 적용해야 한다.
(b) 피고인의 주장에 대해 합리적인 의심을 품을 수 없으나 처벌을 면해줄 수는 없는 경우 과실치사죄를 적용하기 위해서는 주관적인 테스트에 앞서 객관적인 테스트가 전제되어야 한다는 의미에서의 하이브리드 테스트를 적용해야 한다.

사건의 정황상 해리슨이 쿡에게 우연히 상해를 입혔다는, 따라서 누군가가 (여기서는 쿡이) 상해를 입게 될 것을 예견하지 못한 채 방아쇠를 당겼다는 해리슨의 주장을 받아들이기 어려운 것이 사실이다. 따라서 (a)에 따라 주관적인 테스트에 앞서 객관적인 테스트가 전제되어야 한다는 의미에서의 하이브리드 테스트를 적용해야 한다. 해리슨의 주장을 반박할 수 없다고 해도 다르지 않다. 그렇다고 해도 쿡에게 상해를 입힌 데 대한 처벌을 면해줄 수는 없으므로 (b)에 따라 주관적인 테스트에 앞서 객관적인 테스트가 전제되어야 한다는 의미에서의 하이브리드 테스트를 적용해야 하기 때문이다. 다시 말해 해리슨의 주장을 반박할 수 있는지와 무관하게 〈스미스 사건〉의 데닝 대법관의 견해를 우선적으로 고려해 해리슨이 실제로 누군가가 상해를 입게 될 것을 예견했는지는 문제가 되지 않는다고 보아야 한다. "피고가 자신의 행위에 대한 책임능력자라는 가정 아래 유일하게 문제가 되는 것은 중대한 신체상해가 불법적이고 자발적인 행위의 당연한 결과인지의 여부이다. 이를 판단할 수 있는 유일한 테스트는 보통의 책임능력자가 동 상황에서 언제든 그와 같은 결과를 당연한 결과라고 생각할 것인지의 물음이다".[45]

이상에서 알아본 바와 같이 〈스톤 사건〉의 캘리포니아주 대법원을 따라 살인죄를 적용하기 위해 요구되는 심리상태는 특정인을 살해할 의도가 아닌 사람을 살해할 의도라고 보아야 하며, 따라서 동시발생 의도 독트린에 설득력을 부여할 수 있다. 또한 우연히 살해구획 안에 있던 사람을 숨지게 했다는 (상해를 입혔다는) 이유로 위의 독트린을 부정할 수 없으므로, 위의 독트린에 의존해 〈철수 예〉에서의 철수에게 원수 가족을 숨지게 할 의도가 있었다는 결론을 내릴 수 있다.

이제 문제는 ㉠과 ㉡을 놓고 숙취 예 등과 〈철수 예〉가 차이가 있는가 하는 것이다. 철수는 원수 가족이 숨지길 바라지 않았다. 따라서 두통에 시달리길 (타이어가 빨리 마모되길, 말을 더듬길, 좁고 불편한 차를 타길) 바라지 않았다는 것이 두통에 시달리고자 (타이어를 빨리 마모시키고자, 말을 더듬고자, 좁고 불편한 차를 타고자) 의도하지 않았다고 보아야 하는 이유가 된다면, 철수에게 원수 가족을 살해할 의도가 없었다고 보아야 한다. 다시 말해 ㉠이 설득력이 있다면, 원수 가족을 숨지게 한 데 대해 철수에게 의도적인 살인죄를 적용할 수 없어야 한다. 하지만 설명된 것과 같이 철수에게 원수 가족을 살해할 의도가 있었다고 보아야 하므로, ㉠은 설득력이 없다고 보아야 한다. 즉, ㉠에 의존해 숙취로 두통에 시달리고자 (…) 의도하지 않았다는 입장을 취할 수 없다.

㉡에 대해서도 동일한 진단이 가능하다. 〈철수 예〉에서 원수 가족이 숨지는 것이 철수가 목적을 달성하는 데 도움이 되지 않는다. 따라서 숙취에 시달

리는 것이 (타이어가 빨리 마모되는 것이, 좁고 불편한 차를 타는 것이) 목적을 달성하는 데 도움이 되지 않는다는 것이 숙취에 시달리고자 (타이어를 빨리 마모시키고자, 좁고 불편한 차를 타고자) 의도하지 않았다고 보아야 하는 이유가 된다면, 철수에게 원수 가족을 살해할 의도가 없었다고 보아야 한다. 하지만 설명된 바와 같이 철수에게 원수 가족을 살해할 의도가 있었다고 보아야 하므로, ⓛ 역시 숙취로 두통에 시달리고자 (…) 의도하지 않았다고 보아야 한다는 데 대한 설명이 될 수 없다.

ⓒ은 어떠한가? 〈철수 예〉에서 원수 가족이 숨지는 것이 철수가 목적을 달성하는 데 방해가 되지는 않는다. 따라서 피터가 말을 더듬고자 의도하지 않는다고 보아야 하는 이유로 ⓒ을 제시한 보일과 설리번에 〈철수 예〉로 대응할 수는 없다. 하지만 다음의 경우를 생각해보자.

칠수 예

지명수배 중인 칠수가 선친의 원수를 갚은 후 해외로 도피할 목적으로 원격조정 폭탄을 원수의 차량에 부착한다. 하지만 뜻밖에 위조 여권을 의뢰했던 여권 브로커가 원수와 함께 차에 오르는 것을 목격하고 고민한다. 결국 원격조정기의 버튼을 눌러 원수와 함께 여권 브로커도 사망한다.

위조 여권을 수중에 넣지 못하면 칠수의 해외도피 계획은 수포로 돌아갈 수밖에 없다. 즉, 여권 브로커가 사망하는 것과 칠수가 목적을 달성하는 것이 충돌한다. 하지만 칠수가 여권 브로커를 숨지게 한 데 대해서도 의도적인 살인죄를 적용하지 않을 수 없다. 이렇듯 어떤 것을 하는 것이 목적을 달성하는 것과 충돌함에도 불구하고 그것을 하고자 의도하는 경우가 있을 수 있으므로, 보일과 설리번의 주장과 달리 말을 더듬는 것이 피터가 목적을 달성하는 것과

충돌한다는 이유로 피터가 말을 더듬고자 의도하지 않는다고 할 수 없다. ㉢
이 피터가 말을 더듬고자 의도하지 않는다고 보아야 하는 이유가 될 수 없다면, 피터가 말을 더듬지 않으려 고투한다는 것이 그가 말을 더듬지 않고자 의도한다는 것을 보여준다는 보일과 설리번의 주장은 어떠한가?

 말을 더듬지 않으려 고투한다는 이유로 피터 예가 (ㄱ)에 대한, 즉 '어떤 것을 예견했다면, 그것을 의도했다'는 명제에 대한 반례가 될 수 있다고 보기 위해서는, 피터가 말을 더듬을 것이라 예견했다고 했을 때 그 예견했다는 것이 모범형법전 '2·02조 2항 b'에서의 인식하고 행위를 하는 경우와 같이 말을 더듬을 것이 사실상 확실함을practically certain 인식했다는 의미라야 한다. 바로 이러한 점이 피터 예가 위의 명제에 대한 반례가 되기 어려운 이유를 말해준다. 광고 모델이 꿈인 피터의 눈에 자양강장제 모델을 선발한다는 광고 문구가 들어왔다. 턱걸이 50회가 자신의 한계임을 잘 알고 있는 그는 턱걸이 500회 이상 가능한 응시자에게 특혜를 준다는 문구를 보고 망설인다. 하지만 지원자가 없을 수도 있다는 기대감에 응시장으로 향한다. 철봉에 매달려 고투한다고 해도 그것이 500회를 넘길 의도로 고투하는 것이라고 할 수는 없다. 어떤 것을 의도하기 위해서는 적어도 그것이 자신의 능력 밖에 있지 않다는 것을 인식해야 하기 때문이다. 즉, 500회를 염두에 두고 고투하고 있다면 500회를 넘기고자 시도하고 있다고 (또는 시도하고자 의도하고 있다고) 보아야 한다. 마찬가지로 피터의 경우 말을 더듬을 것이 사실상 확실하다는 것을 인식한 상태에서는 말을 더듬지 않고자 의도한 것이 아닌 시도한 것으로 보아야 한다.[46]

 이상에서 알아본 바와 같이 대다수의 생각과 달리 숙취 예, 피터 예 등이 (ㄱ)에 대한 ('어떤 것을 예견했다면, 그것을 의도했다'는 시지윅 등의 주장에 대한) 반례가 될 수 없다고 보아야 한다. 그렇다면 (ㄱ)에 대한 반례가 가능하지 않은가? 〈쇄두술 예〉에서 의사는 태아의 머리를 부수고 임신부를 살리는, 임신부를 죽게 방치하고 태아를 살리는, 현 상황에서 손을 떼는 세 선택지 중 하나를 택해야 한다. (ㄱ)이 참이라고 해보자. 그렇다면 그들 중 어떤 선택지를 택해도 살해의도가 있었다는 비난을 면할 수 없다. 첫번째 선택지를 택한다는 것은 태아가 숨질 것을 예견하고도 태아의 머리를 부수는 것이며, 두번째 선택지를 택한다는 것은 임신부가 숨질 것을 알고도 태아를 산도로부터 제거하지 않는 것이며, 세번째 선택지를 택한다는 것은 둘 중 하나를 살릴 수 있다는 것을 알고도 살리지 않는 것이기 때문이다.

동일한 이유에서 〈자궁절제술 예〉 역시 (ㄱ)에 대한 반례가 될 수 있다. 의사 앞에는 자궁을 절제하고 임신부를 살리는, 현 상황에서 손을 떼는 두 선택지만이 놓여 있다. 하지만 첫 번째 선택지를 택하는 것은 태아가 숨질 것을 예견하고도 자궁을 절제하는 것이며, 두 번째 선택지를 택한다는 것은 임신부를 살릴 수 있다는 것을 예견하고도 살리지 않겠다는 말이므로, (ㄱ)이 참이라면 어떤 선택을 해도 의사에게 살해의도가 있었다고 보아야 한다.

(ㄴ)에 대한 ('어떤 것을 의도했다면, 그것을 예견했다'는 명제에 대한) 반례는 가능한가? 반례가 가능하다면 하트가 말하는 '추후의도further intention'와 '공허의도bare intention' 정도를 그 대상으로 고려할 수 있을 것이다. 하트는 의도를 '의도적으로 무엇을 한다는 것', '추후의도를 가지고 무엇을 한다는 것', '공허의도'라는 세 종류로 분류한다.[47] 열쇠구멍에 의도적으로 열쇠를 넣는 것과 의도적으로 방아쇠를 당기는 것이 의도적으로 무엇을 하는 예가 될 수 있으며, 문을 열기 위해 열쇠구멍에 열쇠를 넣는 것과 누군가를 암살하기 위해 방아쇠를 당기는 것이 (목적을 이루기 위한 수단으로서 현재의 행위를 하는 경우가) 추후의도를 가지고 무엇을 하는 예가 될 수 있다. P가 일주일 후 해외여행을 떠난다는 정보를 입수하고 일주일 후 P의 집을 털고자 의도한다. 하지만 만능열쇠 등 그 일에 필요한 도구를 준비하는 등 아무런 조치도 취하지 않고 있다. 이와 같은 경우가 공허의도를 가진 예가 될 수 있으며, 내달 방문할 외국원수를 암살하고자 의도하나 총기를 구입하지 않는 등 필요한 어떠한 조치도 취하지 않고 있는 경우도 공허의도를 가진 예가 될 수 있다.

위의 세 종류의 의도가 (ㄴ)에 대한 반례가 될 수 있는지의 물음을 놓고 '의도적으로 무엇을 한다는 것은 별반 의미를 갖지 못한다. 따라서 추후의도를 가지고 무엇을 하는 경우가 반례가 될 수 있는지를 먼저 생각해보기로 하자. 열쇠구멍에 열쇠를 넣으면 문이 열릴 것이라 예견한 채 문을 열 의도로 열쇠구멍에 열쇠를 넣었다. 그 결과 문이 열렸다면 예견도 했고 의도도 한 경우이므로 (ㄴ)에 대한 반례가 될 수 없다. 문이 열리지 않았다면 어떠한가? 이 경우가 의도는 했으나 예견하지는 못한 경우가 될 수 있다면 (ㄴ)에 대한 반례가 될 수 있다. 하지만 이 경우는 예견하지도 의도하지도 않은 경우로 보아야 한다. 문이 열리지 않을 것이라 예견하지 못했으나, 문을 열지 않을 의도로 열쇠를 넣은 것은 아니기 때문이다. (문을 열 의도로 열쇠구멍에 열쇠를 넣었다.) A를 살해할 의도로 방아쇠를 당겼으나 예기치 않게 B가 총탄에 맞아 사망한 경우 역시 (ㄴ)에 대한 반례가 될 수 없다. B가 사망할 것을 예견하지 못했으나 B를 살해할 의도로 방아쇠를 당기지는 않았으므로, 예견하지도 의도하지도 않은 경우로 보아야 하기 때문이다. 이렇듯 추후의도에 의존해서 (ㄴ)을 부정할 수 없다고 보아야 한다.

 아직 행위로 발현되지 않은 공허의도의 경우는 어떠한가? 일주일 후 P의 집을 털고자 의도하지만 그에 필요한 아무런 조처도 취하지 않고 있다. 이 경우는 P의 집을 털 의도를 가지고 있으나, 성공을 거둘 수 있을지 예견할 수는 없다. 이렇듯 공허의도를 생각한다면 의도는 했으나 (공허의도는 가졌으나) 예견은 하지 못한 경우를 무수히 생각할 수 있다. 하지만 앞서 지적한 바와 같이 현재의 논의는 행위와 행위의 결과에 관한 것이므로, 공허의도를 가진 경우가 (ㄴ)에 대한 반례는 될 수 없다. 공허의도가 행위로 발현된 일주일 후의 시점을 놓고 보아도 다르지 않다. P의 집에 무사히 침입했으며 침입해보니 실제로 빈집이었다. 따라서 그 시점에 성공적으로 물건을 훔칠 수 있을 것이라 예견했다고 해보자. 그리고 실제로 물건을 훔치는 데 성공을 거두었다고 해보자. 그렇다면 의도했을 뿐 아니라 예견도 한 경우이므로 (ㄴ)에 대한 반례는 될 수 없다. 물건을 훔치던 중 예기치 않게 항공편이 취소되어 P가 집으로 돌아왔다고 해도 다르지 않다. 물건을 훔치지 못할 것을 예견하지 못했으나 물건을 훔치지 않고자 의도한 것은 아니므로, 예견하지 못했을 뿐 아니라 의도하지도 않은 경우로 보아야 하기 때문이다.

'어떤 것을 예견했다면, 그것을 의도했다'는 명제는, 즉 (ㄱ)은 "반례들에 압도당했다"는 쇼의 표현대로 반례 하나로 (ㄱ)을 간단히 제압할 수 있다는 생각이 철학자들 사이에 지배적이며, 케니가 제시한 숙취 예가 그 대표적인 반례로 여겨지고 있다. 하지만 논의된 바와 같이 숙취 예가 (ㄱ)에 대한 반례가 될 수 없으며, 보일과 설리번이 제시한 피터 예 역시 반례가 될 수 없다. 하지만 숙취 예 등이 (ㄱ)에 대한 반례가 될 수 없다는 것이 (ㄱ)이 참임을 의미하지는 않는다. 설명된 바와 같이 〈쇄두술 예〉와 〈자궁절제술 예〉가 그것에 대한 반례가 될 수 있기 때문이다. 이들 두 예에 의존하는 것으로 (ㄱ)을 부정하기에 부족하지 않으나, 5.4. 이후의 논의를 통해 보다 안전하게 (ㄱ)을 부정하고자 한다.

또한 설명된 바와 같이 추후의도와 공허의도로 (ㄴ)을, 즉 '어떤 것을 의도했다면, 그것을 예견했다'는 명제를 공략할 수 없다고 보아야 한다. 물론 두 의도에 의존해 (ㄴ)을 공략할 수 없다는 것이 (ㄴ)이 참임을 의미하지는 않는다. 따라서 5.4. 이후의 논의를 통해 '예견한다'는 것, '우연히 한다'는 것, '자발적으로 한다'는 것의 상관관계에 의존해 (ㄴ)이 참임을 보여주고자 하며, 그럼으로써 이 책 말미에 제시될 필자의 결론을 위한 하나의 토대를 마련하고자 한다. 예견한다는 것과 의도한다는 것의 상관관계에 대한 본격적인 논의에 앞서 책임 문제와 결부시켜 (ㄴ)을 참으로 보아야 하는 현실적인 이유를 생각해 보기로 하자.

5.2.2. 어떤 것을 의도했다면, 그것을 예견했는가?

모범형법전 '2·02조 2항 c'는 자신의 행위로부터 초래될 중대하고 정당화될 수 없는 위험을 의식적으로 무시하는 경우를 무모하게 행위를 하는 경우로 규정하고 있으며, 주석서는 무모하게 행위를 한 데 대한 처벌은 당해 위험을 의도한 데 대한 처벌이 아닌 그것을 발생시킨 데 대한 처벌이라고 설명한다. 또한 '2·02조 2항 d'는 자신의 행위로부터 초래될 중대하고 정당화될 수 없는 위험을 마땅히 인식해야 했으나 그것을 인식하지 못한 경우를 (동일한 입장에 처한 합리적인 사람의 주의기준을 현저히 일탈한 경우를) 과실로 행위를 하는 경우로 규정하고, 위의 경우에 대한 처벌 역시 당해 위험을 의도한 데 대한 처벌이 아닌 그것을 발생시킨 데 대한 처벌이라고 설명한다.

무모하게 행위를 한 경우와 과실로 행위를 한 경우를 처벌해야 한다고 할 때, 모범형법전 주석서의 설명대로 '2·02조 2항 a'의 목적하고 행위를 한 경우와 '2·02조 2항 b'의 인식하고 행위를 한 경우를 처벌하는 이유와 동일한 이유로 처벌하는 것은 적절치 않다고 보아야 한다. 예컨대 〈핸드 사건〉의 핸드에게 적용된 형량을 〈잭슨 사건〉의 잭슨이나 〈헨리 사건〉의 헨리 박사에게 동일하게 적용한다면, 법의 존립정당성을 훼손하는 것과 다르지 않다고 보아야 할 것이다. 잭슨과 헨리 박사에게도 사형선고가 내려져야 한다는 말은 사회질서를 유지하기 위해서는 개인의 권익을 침해하는 것이 용인될 수 있다는 말과 크게 다르지 않으며, 따라서 사회질서를 유지함으로써 개인의 권익을 보장한다는 법의 존재 이유에 위배되기 때문이다. 도덕적인 측면에서 보아도 다르지 않다. 어떤 도덕이 핸드에 가해야 하는 비난과 동일한 수위의 비난을 잭슨과 헨리 박사에게도 가할 것을 요구한다면, 그 도덕이 추구하는 가치는 적어도 개인의 권익과는 괴리된 것으로 보아야 한다.

핸드에게 적용된 형량을 잭슨과 헨리 박사에게 동일하게 적용할 수는 없다고 보아야 하나, 잭슨과 헨리 박사에게도 책임을 묻지 않을 수 없다는 데 주목해야 한다. 그들에게 책임을 물을 수 없다는 것은 형벌의 기능 중 예방 기능을 포기해야 한다는 말과 다르지 않으며, 이는 사회질서를 유지함으로써 개인의 권익을 보장한다는 법의 존재 이유에 위배되기 때문이다. 이렇듯 법의 존재 이유를 부정하지 않고는 법규상 금지된 해악을 의도하지 않은 경우에도 책임을 물어야 하는 경우가 있을 수 있다는 것을 부정할 수 없다. 다시 말해 'P에게 E를 초래한 데 대한 책임을 물어야 한다면, P가 E를 초래하고자 의도했어야 한다'는 명제가 거짓임을 부정할 수 없다.[48]

'P가 E를 초래하고자 의도했다면, P에게 E를 초래한 데 대해 책임을 물어야 한다'는 명제는 어떠한가? 영미 형사법이 법규상 금지된 해악을 의도한 경우를 가장 중벌로 다스리는 것은 가장 중벌로 다스려야 하는 경우를 법규상 금지된 해악을 의도한 경우로 표현하자고 약속했기 때문이라고 이해해도 무방하다. 바꿔 말하면 연쇄살인범에게 법정 최고형을 선고해야 하는 이유가 피해자들의 죽음을 예견했기 때문이라고 해보자. 그렇다면 의도한다는 것을 예견한다는 의미로 이해해야 하는 구조이다. 또한 그에게 법정최고형을 선고해야 하는 이유가 피해자들의 죽음을 바랐기 때문이라고 한다면, 의도한다는 것을 바란다는 의미로 이해해야 하는 구조이다. 이렇듯 형사책임을 물어야 하는 경우가 존재한다는 것을 부정하지 않는 한 법규상 금지된 해악을 의도한 경우 형사책임을 물어야 한다는 것을 부정할 수 없다.[49]

(P1) P가 어떤 행위를 함으로써 E를 초래하고자 의도했다면, P에게 E를 초래한 데 대한 책임이 있다.

'어떤 것을 예견한다면, 그것을 의도한다'는 명제를 놓고 (P1)이 갖는 함의는 무엇인가? 〈쇄두술 예〉에서의 의사를 생각해보자. 그에게는 태아의 머리를 부수고 임신부를 살리는, 임신부를 죽게 방치하고 태아를 살리는, 상황을 방치하고 손을 떼는 세 선택지 중 하나를 택할 수밖에 없는 상황에 놓여 있다.

임신부를 살리기 위해 태아의 머리를 부쉈다고 해보자. '어떤 것을 예견한다면, 그것을 의도한다'고 보아야 한다면, 의사는 태아가 숨질 것을 예견했으므로 그리고 (P1)이 참이므로, 의사에게 태아를 숨지게 한 데 대한 책임을 물어야 한다. 태아를 살리기 위해 임신부를 죽게 방치했어도 다르지 않다. 임신부가 숨질 것을 예견했으며 (P1)이 참이기 때문이다. 상황을 방치하고 손을 떼었어도 동일한 이유에서 임신부 또는 태아를 숨지게 한 데 대한 책임을 물어야 한다.[50] 즉, '어떤 것을 예견한다면, 그것을 의도한다'는 명제가 참이라면, 〈쇄두술 예〉에서의 의사에게 그가 어떤 선택을 하든 무고한 사람을 숨지게 한 데 대한 책임을 물어야 한다는 터무니없는 답변을 내려야 한다. 이렇듯 (P1)으로부터 위의 명제가 거짓이라는 답변을 얻을 수 있다.

그렇다면 '어떤 것을 의도한다면, 그것을 예견한다'는 명제를 놓고 (P1)은 어떤 의의를 갖는가? 다음의 명제를 생각해보자.

(P2) P에게 E를 초래한 데 대한 책임이 있다면, P가 어떤 행위를 하면 E가 초래될 것이라 예견한 채 그 행위를 했다.

위의 명제가 참이라고 해보자. 그렇다면 (P1)이 참이므로 다음과 같이 '어떤 것을 의도했다면, 그것을 예견했다'는 명제가 참이라는 결론에 이를 수 있다.

(P1) P가 어떤 행위를 함으로써 E를 초래하고자 의도했다면, P에게 E를 초래한 데 대한 책임이 있다.
(P2) P에게 E를 초래한 데 대한 책임이 있다면, P가 어떤 행위를 하면 E가 초래될 것이라 예견한 채 그 행위를 했다.
그러므로
(C) P가 어떤 행위를 함으로써 E를 초래하고자 의도했다면, P가 어떤 행위를

하면 E가 초래될 것이라 예견한 채 그 행위를 했다.

위의 논변은 타당하며 (P1)이 참이다. 따라서 (C)가 참인지의 여부는, 즉 '어떤 것을 의도한다면, 그것을 예견한다'는 명제가 참인지의 여부는 (P2)가 참인지의 여부에 달렸다. 어떤 관광회사가 지진 안전지대라 알려진 지역에 관광객을 모집해 관광객을 인솔했다. 하지만 뜻하지 않게 지진이 발생해 관광객이 숨졌다고 해도 관광회사에게 책임을 물을 수는 없으며, 그 이유는 지진이 발생할 것을 관광회사가 예견하지 못했기 때문이라는 데서 찾아야 한다. (책임을 물어야 한다고 해도 모범형법전 '2·02조 2항 d'에서 규정하고 있는 과실치사죄를 적용하는 것이 고려 대상이 될 수 있으나, 동일한 입장에 처한 합리적인 사람의 주의기준을 현저히 일탈한 경우로 볼 수 없으므로 그마저 용이치 않다고 보아야 한다.)

도요타 사건

"최근 미국과 일본을 떠들썩하게 하고 있는 도요타 리콜 사태의 발단은 다음의 전화 한 통에서 비롯됐다. "지금 우리는 렉서스를 타고 있는데 액셀러레이터가 끼어서 나오지 않는다! 지금 우리는 고속도로에 있고 속도는 120마일(190㎞)인데 브레이크가 전혀 듣지 않아! 지금 바로 앞에 고속도로가 끝나가는데 … 오 하느님… "(뚝) 2009년 8월 28일 캘리포니아주 샌디에이고에서 일어난 자동차 사고의 911 통화기록. 전화가 끊어진 직후 이 차량은 가드레일을 들이받았고 타고 있던 일가족 4명은 모두 사망했다"(폴리뉴스, 2010. 05. 04).

사고 차량에 타고 있던 일가족 4명이 숨진 데 대한 책임의 소지를 놓고 차량의 운전자에게서 화살을 돌릴 수 없는 이유는 가속 페달에 문제가 생길 것을 예견하지 못한 채 가속 페달을 밟았기 때문이다. 이렇듯 관광회사 예와

〈도요타 사건〉이 (P2)가 참임을 방증하는 좋은 예가 될 수 있다. 물론 (P2)에 의존해 관광회사 예와 〈도요타 사건〉에 대한 상식적인 답변을 내릴 수 있다는 것이 (P2)가 참임을 말해주지는 않는다. (P2)가 참이기 위해서는 예견하지 못했음에도 불구하고 책임을 물어야 하는 경우가 없어야 하기 때문이다. 그와 같은 경우가 있을 수 있는가? 그와 같은 경우를 제시함으로써 (P2)를 부정하고자 한다면, 곧 소개될 〈포우 사건〉, 〈교사범 예〉, 〈사운더즈 사건〉과 같은 경우가 가장 유력한 후보가 될 수 있을 것이다. 〈포우 사건〉을 시작으로 (P2)에 대한 반례가 가능한지 반사실 테스트에 들어가기로 하자.[51]

포우 사건

카렌 포우-Karen Poe는 별거 중인 남편 제임스 포우-James Allen Poe가 공식적인 방문 절차를 거치지 않았어도 아이들의 방문을 허락해주곤 했다. 하지만 1993년 8월 10일은 예외였다. 남편이 네 아이를 데리고 여자친구와 함께 플로리다로 이주할 계획을 세웠다는 말을 들었기 때문이다. 카렌과 제임스의 네 아이, 카렌 남자친구의 두 아이, 카렌 이복동생의 두 아이와 그녀의 남자친구가 지켜보는 가운데, 카렌과 제임스는 현관 밖에서 언쟁을 벌인다. 감정이 격해진 카렌이 경찰에 신고하겠다며 집 안으로 들어가자 제임스가 차 트렁크에서 12번 산탄총을 꺼내 현관을 향해 발사한다. 방충문을 뚫고 날아든 50구경 납 탄환에 카렌은 팔을 맞아 죽음을 면했으나 카렌 남자친구의 여섯 살 난 딸 킴벌리Kimberly가 머리를 맞고 즉사한다. 차를 타고 도주하던 제임스는 무전연락을 받은 경찰에 체포되어 경찰서로 이송되던 중 모든 것이 사고였으며 자신은 아이들을 좋아한다고 말한다. 하지만 1심재판부의 콜Cole 판사는 '전이된 의도 독트린'에 의존해 킴벌리를 살해한 데 대해 일급살인죄를 적용하고 가석방 없는 종신형을 선고한다. 그리고 카렌

건에 대해서는 살인미수죄를 적용해 30년형을 선고한다.

제임스에게 킴벌리를 살해할 의도가 있었다고 해보자. 그렇다면 (P1)이 참이므로, 킴벌리를 숨지게 한 데 대해 책임을 물어야 한다. 킴벌리를 살해할 의도가 없었다고 해도 다르지 않다. 그렇다고 해도 킴벌리를 숨지게 한 데 대해 책임을 묻지 않을 수 없다. ((P1)이 참이라는 것이 'P가 E를 초래하고자 의도하지 않았다면, P에게 E를 초래한 데 대해 책임이 없다'는 말은 아니다.) 하지만 적어도 외견상으로는 킴벌리가 숨질 것을 제임스가 예견하지 못했다고 보아야 하므로, 그리고 (P2)가 참이라면 어떤 것을 예견하지 못했는데도 불구하고 그것에 대한 책임을 물을 수 있는 경우는 없어야 하므로, 적어도 외견상으로는 〈포우 사건〉이 (P2)에 대한 반례가 될 수 있다고 보아야 할 것이다. 실제로도 반례가 될 수 있는가?[52]

제임스에게 과실치사죄를 적용해야 한다고 해보자. 그렇다면 〈포우 사건〉이 (P2)에 대한 반례가 될 수 있다. 그에게 과실치사죄를 적용한다는 말은 킴벌리를 숨지게 한 데 대한 책임을 물어야 하지만 킴벌리가 사망할 것을 예견하지 못했다고 보는 것과 다르지 않기 때문이다. 반면 그에게 의도적인 살인죄를 적용해야 한다면, (P1)에 따라 킴벌리가 사망할 것을 예견했다고 보아야 하며 따라서 〈포우 사건〉이 (P2)에 대한 반례가 될 수 없다고 보아야 한다. 제임스에게 과실치사죄를 적용하는 데서 만족할 수 있는가? 아니면 의도적인 살인죄를 적용해야 하는가? 의도된 행위로 볼 수 없는 대표적인 경우인 다음의 예들과 〈포우 사건〉을 비교해보자.

부주의한 운전자 예

"칼Carl은 숙부의 유산을 상속받기 위해 숙부를 살해하려고 의도한다. 범행을 결행하고자 숙부의 집으로 차를 몰고 가던 중 불안한 마음에 집중력이 떨어져 행인을 친다. 행인이 사망했으나 운이 좋게도 그 행인이 숙부였다".[53]

등반가 예

"어떤 등반가가 밧줄에 매달려 있는 사람의 무게로 생길 수 있는 위험으로부터 벗어나길 원한다. 밧줄을 놓으면 위험으로부터 벗어날 수 있다는 것을 그는 알고 있다. 하지만 그와 같이 믿고 바랐다는 것이 그를 불안하게 만들어 밧줄을 놓고 말았다".[54]

돼지떼 예

"어떤 사람이 1마일 떨어진 곳에 있는 누군가를 살해하려는 의도로 방아쇠를 당겼으나 총탄이 그 사람을 빗겨갔다. 하지만 총성에 놀란 야생 돼지떼가 살해하려던 사람에게 몰려가 그 사람이 돼지떼에 깔려 사망했다".[55]

축구선수 예

"축구선수가 상대편 골문에 공을 넣을 의도로 공을 찼다. 하지만 공이 직선 궤도를 그리지 않고 상대편 수비수 두 명의 등에 차례로 맞고 골

문에 들어갔다".[56]

치솜이 제시한 〈부주의한 운전자 예〉에서 사고 시점에서의 핸들을 잡고 가속 페달을 밟은 행위는 의도된 행위이다. 하지만 부주의하게 운전을 한 행위를 의도된 행위로 볼 수 없으며, 숙부를 숨지게 한 행위 역시 의도된 행위로 볼 수 없다. 그렇게 보아야 하는 이유는 엔취Berent Enç가 설명하는 바와 같이 핸들을 잡고 가속 페달을 밟은 행위에서 숙부를 숨지게 한 행위로 이어진 인과사슬에 부주의라는 그리고 우연이라는 요소가 (숙부가 우연히 문제의 장소를 걷고 있었다) 개입되었기 때문이다.[57] 데이빗슨이 제시한 〈등반가 예〉를 놓고도 동일한 진단을 내릴 수 있다. 즉, 밧줄에 매달린 사람을 숨지게 한 등반가의 행위를 의도된 행위로 볼 수 없는 이유는 부주의하게 밧줄을 놓았기 때문으로 보아야 한다.

베넷Daniel Bennett이 제시한 〈돼지떼 예〉에서 원초적 행위인 방아쇠를 당긴 행위는 의도된 행위이다. 하지만 방아쇠를 당긴 행위의 결과인 1마일 떨어진 곳에 있는 사람을 숨지게 한 행위는 의도된 행위라 할 수 없다. 그렇게 보아야 하는 이유는 희생자가 예상 밖의 인과사슬wayward causal chain에 의해 숨졌기 때문이며, 지넷Carl Ginet이 제시한 〈축구선수 예〉에서 의도된 행위의 (골문을 향해 공을 찬 행위의) 결과인 골문에 공을 넣은 행위를 의도된 행위로 볼 수 없는 이유 역시 공이 예상 밖의 인과사슬에 의해 골문으로 들어갔기 때문이다. (예상 밖의 인과사슬에 의해 희생자가 숨진 이유는 우연히 돼지떼가 문제의 장소에 있었기 때문이며, 예상 밖의 인과사슬에 의해 공이 상대편 골문으로 들어간 이유 역시 우연히 수비수들이 문제의 위치에 있었기 때문이라는 해석이 가능하다.)

〈포우 사건〉으로 돌아가보자. 제임스의 방아쇠를 당긴 행위에서 킴벌리를 숨지게 한 행위로 이어진 인과사슬에 부주의 또는 우연이라는 요소가 개입되

지 않았다. 따라서 〈포우 사건〉에서의 킴벌리를 숨지게 한 제임스의 행위를
의도된 행위로 볼 수 없는 대표적인 경우인 〈부주의한 운전자 예〉에서의 칼
이 숙부를 숨지게 한 행위 또는 〈등반가 예〉에서의 줄에 매달린 사람을 숨지
게 한 등반가의 행위와 동일선상에서 취급할 수는 없다고 보아야 한다. 뿐만
아니라 예상 밖의 인과사슬에 의해 킴벌리가 숨진 경우가 아니므로, 킴벌리를
숨지게 한 제임스의 행위를 의도된 행위로 볼 수 없는 또 하나의 대표적인 경
우인 〈돼지떼 예〉에서의 1마일 떨어진 곳에 있던 사람을 숨지게 한 행위 또는
〈축구선수 예〉에서의 축구선수가 골문에 골을 넣은 행위와도 동일선상에서
취급할 수 없다고 보아야 한다. 그렇다면 다음의 예는 어떠한가?

독재자 B 예

반정부 시위가 연일 열기를 더해가고 있다. 저격수 출신 독재자 B는 시
위대의 조직력을 와해시키기 위해 군 출신 시위지도자를 사살하기로
작심한다. 그는 과거의 실력을 테스트하고자 직접 시위군중에 둘러싸
여 있는 시위지도자를 조준하고 방아쇠를 당긴다. 하지만 총탄이 시위
지도자를 빗겨가 곁에 있던 시위여성이 맞아 사망한다.

시위여성을 숨지게 한 데 대해 독재자 B에게 과실치사죄를 적용할 수는 없
는 일이다. 따라서 〈포우 사건〉의 제임스에게 킴벌리를 숨지게 한 데 대해 과
실치사죄를 적용해야 한다면, 제임스와 독재자 B 사이에 유의미한 차이점이
존재해야 한다. 제임스는 많은 사람이 집 안에서 지켜보고 있다는 사실을 인
지한 채 카렌과 언쟁을 벌였다. 따라서 방충문만이 닫혀 있는 실내를 향해 산
탄총을 발사하면 (그 대상이 구체적으로 킴벌리일 것을 예견하지 못했어도) 누군가
가 총탄에 맞아 사망할 수 있다는 것을 알았다고 보아야 한다. 독재자 B 역시
방아쇠를 당기면 총탄이 시위지도자를 빗겨가 시위대 중 누군가가 사망할 수

있다는 것을 알았다고 보아야 한다. 이렇듯 제임스와 독재자 B 사이에 유의미한 차이점을 발견하기 어려우며,[58] 독재자 B에게 과실치사죄를 적용할 수 없으므로, 제임스에게 역시 과실치사죄를 적용할 수 없다고 보아야 한다.

제임스에게 과실치사죄를 적용하는 데서 만족할 수 없다는 것은 콜Cole 판사의 설명대로 그에게 의도적인 살인죄를 적용해야 한다는 말과 다르지 않다. (콜 판사는 카렌이 총탄에 맞아 사망했을 경우 제임스에게 일급살인죄를 적용할 수 있다면, 킴벌리를 숨지게 한 데 대해서도 일급살인죄를 적용할 수 있다고 배심원단에게 설명한다.[59]) 바꿔 말하면 제임스에게 과실치사죄를 적용할 수 없다는 말은 그가 과실치사죄보다 무거운 죄책을 면할 수 없다는 말과 다르지 않으며, 이는 다시 그에게 의도적인 살인죄를 적용해야 한다는 말과 다르지 않다. 이렇듯 제임스에게 의도적인 살인죄를 적용해야 하므로, 그리고 (P1)이 참이므로, 실제로는 킴벌리가 사망할 것을 예견했다고 보아야 한다. 즉, 〈포우 사건〉이 (P2)에 대한 반례가 될 수 없다.

제임스에게 카렌을 (〈독재자 B예〉에서의 독재자에게 시위여성을) 살해할 의도가 있었다고 보아야 한다면 그 이유가 무엇인가? 제임스는 킴벌리가 숨질 것을 예견하지 못했다고 주장한다. 그럼에도 불구하고 어떤 근거로 제임스에게 의도적인 살인죄를 적용할 수 있는가? "의도는 총탄을 따라 옮겨간다intent follows the bullet". 〈포우 사건〉과 같은 사건을 접할 때 흔히 듣는 말이다. 〈포우 사건〉의 콜 판사가 그랬던 것처럼 제임스에게 '전이된 의도 독트린' 또는 '전이된 악의 독트린doctrine of transferred malice'을 적용해야 한다면,[60] 카렌을 살해하고자 한 의도가 총탄을 따라 킴벌리에게 옮겨갔다고 보아야 하며, 따라서 킴벌리를 숨지게 한 데 대해 의도적인 살인죄를 적용할 수 있다. 제임스와 같은 피고인에게 전이된 의도 독트린을 적용해야 하는가?

P가 Q의 코를 가격할 의도로 주먹을 휘둘렀다. 하지만 의도한 바와 달리 주먹이 Q의 코를 빗겨가 광대뼈를 가격했다. 코를 가격했을 경우 폭행죄가 성립한다면, 광대뼈를 가격한 경우는 어떠한가? 코를 가격한 경우와는 달리

광대뼈를 가격한 경우에는 폭행죄가 성립하지 않는다면, 코를 가격한 것과 광대뼈를 가격한 것 사이에 유의미한 차이점이 존재해야 한다. 하지만 폭행죄의 성립 여부를 놓고 두 행위 사이에 유의미한 차이점은 없다고 보아야 할 것이다. 마찬가지로 살인죄가 성립하기 위해서는 특정인을 살해하려 했어야 한다는 입장과 그 대상을 불문하고 사람을 살해하려 했으면 살인죄가 성립된다는 입장 중 후자의 손을 들어주어야 할 것이다. 예컨대 A가 B의 가족을 몰살하기 위해 B의 집이라 생각한 곳에 휘발유를 뿌리고 라이터를 던졌다. 하지만 그 집은 불행히도 C의 집이었으며, 따라서 C의 가족이 희생됐다. 이와 같은 경우 A가 휘발유를 뿌리고 라이터를 던진 동기는 B의 가족을 몰살시키려는 데 있었음에도 불구하고 A에게 살인죄를 적용해야 한다. (볼랜더Michael Bohlander가 지적하는 바와 같이 동기가 귀책사유나 면책사유를 정하는 기준이 될 수 없다.[61]) "사람을 살해한 자는 사형, 무기 또는 5년 이상의 징역에 처한다". 형법 250조 1항이 규정하고 있듯이 그 대상을 불문하고 사람을 살해했을 경우 살인죄를 적용하는 것이 상식이라는 말이다.[62] 앞으로 소개될 〈사운더즈 사건〉을 통해 알 수 있듯이 영국의 재판부가 이미 16세기에도 '전이된 의도 독트린'을 판결에 적용한 이유 그리고 〈글래든 사건〉 등 〈포우 사건〉 이전부터 미국의 재판부가 위의 독트린을 판결에 적용한 이유가 여기에 있다.[63]

이렇듯 제임스에게 전이된 의도 독트린을 적용하지 않을 수 없으므로, 즉 그에게 의도적인 살인죄를 적용해야 하므로, 〈포우 사건〉과 같은 예가 (P2)에 대한 반례가 될 수 없다고 보아야 한다. 〈포우 사건〉의 제임스와 같은 정범에게 전이된 의도 독트린을 적용할 수 있다면, 교사범이 개입된 경우는 어떠한

교사범 예

D는 P에게 V1의 사진을 건네며 인적이 드문 V1의 출근로를 택해 V1을 살해하라고 교사한다. P가 범행 예정지에 도착했으나 V1은 이미 그

곳을 벗어나 혼잡한 인파 속으로 들어선 후였다. P가 황급히 뒤따라가 V1을 정확히 식별하고 방아쇠를 당겼으나 총탄이 빗겨가 V2가 맞아 사망했다.[64]

〈포우 사건〉의 제임스에게 그랬듯이 P에게도 전이된 의도 독트린을 적용해야 한다. (더욱이 P는 V1이 아닌 V2의 살인교사를 받았어도 그를 수락했을 것이다.) 즉, 정범인 P에 초점을 맞춘다면 〈교사범 예〉가 (P2)에 대한 반례는 될 수 없다.

교사범 D의 경우는 어떠한가? 윌리엄스Glanville Williams에 따르면, "살인을 개략적으로 교사했다는 이유만으로 교사자가 의도적인 살인murder에 연루되었다고 볼 수 없다. … 그렇게 보기 위해서는 사실을 담은 상황인 특정 살인을 교사했어야 한다".[65] 윌리엄스의 주장을 D에게 적용할 수 있다고 해보자. 즉, 사실을 담은 상황인 특정 살인을 교사했어야 의도적인 살인에 연루되었다고 보아야 한다면, D에게 V2를 숨지게 한 데 대해 의도적인 살인죄를 적용할 수 없다. 또한 V2가 숨진 사건을 놓고 D를 처벌해야 한다고 해도 의도적인 살인죄 이외의 다른 죄목으로는 가능하지 않다고 보아야 하므로, 즉 D에게 과실치사죄 등을 적용할 수는 없으므로, V2가 숨진 데 대한 책임을 D에게 물을 수는 없다고 보아야 한다. (D를 처벌해야 한다고 해도 V2를 숨지게 한 데 대한 처벌이 아닌 다른 죄목으로 처벌해야 할 것이다.) 이렇듯 윌리엄스의 주장이 옳다면 D에게 초점을 맞추어도 〈교사범 예〉가 (P2)에 대한 반례가 될 수 없다. 반면, 윌리엄스의 주장과 달리 D에게 의도적인 살인죄를 적용해야 한다고 해보자. 그렇다면 V2가 숨질 것을 예견하지 못했음에도 불구하고 그를 숨지게 한 데 대해 책임을 물어야 하므로, D에게 초점을 맞춘다면 〈교사범 예〉가 (P2)에 대한 반례가 될 수 있다고 보아야 한다. 이렇듯 교사범 D에게 초점을 맞출 경우

〈교사범 예〉가 (P2)에 대한 반례가 될 수 있는지는 그에게 전이된 의도 독트린을 적용할 수 있는지에 달렸다고 보아야 한다. D에게 전이된 의도 독트린을 적용할 수 있는가?

P가 개인적인 이유에서 (V2의 생김새가 마음에 들지 않는다는 이유로) V1이 아닌 V2를 조준하고 방아쇠를 당겨 V2가 사망했다고 해보자. 그렇다면 D에게 전이된 의도 독트린을 적용할 수는 없다고 보아야 한다. P가 V2를 조준한 것은 (D에게는 V1의 돈을 강탈해 V2에게 건네라고 교사했으나 P가 개인적인 이유에서 V2의 돈을 강탈해 V1에게 건넨 것만큼이나) 우연한 사건으로 보아야 하기 때문이다. 마찬가지로 볼랜더가 지적하는 바와 같이 D의 관점에서 볼 때 총탄이 V1을 빗겨가 V2가 사망한 것은 P가 개인적인 이유에서 V1이 아닌 V2를 조준하고 방아쇠를 당긴 것만큼이나 우연한 사건으로 보아야 할 것이다.[66] 이렇듯 마치 〈부주의한 운전자 예〉에서 칼이 핸들을 잡고 가속 페달을 밟은 행위에서 숙부를 숨지게 한 행위로 이어진 인과사슬에 우연이라는 요소가 개입되었으므로 숙부를 숨지게 한 행위를 의도적인 행위로 볼 수 없듯이, D의 관점에서 볼 때 총탄이 V1을 빗겨가 V2가 사망한 것은 우연한 사건이므로 D에게 '전이된 의도 독트린'을 적용할 수는 없다고 보아야 한다. 이렇듯 V2를 숨지게 한 데 대해 D에게 책임을 물을 수 없으므로, D에게 초점을 맞추어도 〈교사범 예〉가 (P2)에 대한 반례가 될 수 없다. (V2가 숨진 사건을 놓고 D에게 과실치사죄를 적용할 수 없으므로, D에게 전이된 의도 독트린을 적용할 수 없다는 말은 D에게 V2가 숨진 데 대한 책임을 물을 수 없다는 말과 다르지 않다. 즉, D를 처벌해야 한다고 해도 V2를 숨지게 한 데 대한 처벌이 아닌 다른 죄목으로 처벌해야 할 것이다.)

V2가 숨진 사건을 놓고 D에게 책임을 물을 수 없다는 데 대해 선뜻 동의하기 어려울 수 있을 것이다. 하지만 〈라티프 사건〉 상원의 설명처럼 "첫 번째 사람과 협력하지 않고 그가 마련한 상황을 이용하고자 의도한 두 번째 사람의 자유로운, 고의적인 그리고 모든 상황을 인식하고 개입한 행위가 첫 번째 사

람의 형사상의 책임을 면제시킨다는 것이 일반원칙이다".[67] 그리고 그와 같이 보아야 하는 이유는 다음과 같이 설명될 수 있다.

> 자유로이, 고의적으로deliberately 그리고 모든 상황을 인식하고 새로이 개입한 행위에 대한 일반 독트린에는 (새로운 행위가 개입되기) 이전의 원인이 더 이상 최종결과의 주목할 만한 원인으로서의 작용을 하지 못한다는 수식어구가 언제나 담겨 있다. 누군가가 D의 지시를 따랐으나 실수를 한 경우는 위의 경우에 해당되지 않는다. 우연히 실수를 할 수 있는 일반적으로 알고 있는 위험이 D의 지시에 기인하기 때문이다. 반면 D의 계획을 고의적으로 왜곡시킨 경우는, 무엇보다도 D의 지시가 왜곡을 가능하게 했더라도, 그 왜곡이 (D에게 가할 수 있는) 비난의 사슬을 끊었다고 보아야 한다.[68]

바이마르 공화국 대통령 힌덴부르크Paul von Hindenburg는 경제계, 정계의 혼란을 수습하기 위해 히틀러를 수상에 지명하나 대통령직을 승계하고 총통에 취임한 히틀러는 홀로코스트를 자행한다. 히틀러에 의해 학살된 수백만 유대인의 죽음은 힌덴부르크가 시작한 인과사슬의 결과인가? 홀로코스트 희생 유대인의 죽음에 대한 책임이 힌덴부르크에게도 있는가? 그 책임을 힌덴부르크에게까지 돌릴 수 없는 이유는 힌덴부르크가 시작한 인과사슬이 히틀러의 '새로운 개입행위novus actus interveniens'에 의해 끊겼으며 홀로코스트 희생 유대인의 죽음은 히틀러가 새로이 시작한 인과사슬의 결과이기 때문이라는 설명이 가능하다.

마찬가지로 〈교사범 예〉에서 P가 개인적인 이유에서 V1이 혼잡한 인파 속에 있을 때 방아쇠를 당겨 V2가 사망했으므로, D에 의해 시작된 인과사슬을 P가 끊은 경우로 보아야 한다. 즉, D에 의해 시작된 인과사슬 C1은 새로운 개입행에 의해 끊겨 새로운 인과사슬 C2가 시작되었다고 보아야 하며, 따라서

D에게 책임을 물어야 한다고 해도 그것이 C2의 결과에 대한 책임일 수는 없다고 보아야 한다. 〈교사범 예〉가 (P2)에 대한 반례가 될 수 없다면, 정범의 범행이 용이하도록 도운 종범의 경우는 어떠한가?

사운더즈 사건

1575년 어느 날 사운더즈John Saunders는 정부와 살림을 차리기 위해 아내를 살해하기로 작심하고 살해방법에 대해 자문을 구하고자 아처 Archer를 찾는다. 그는 아처가 구해준 비소를 구운 사과에 넣고 아내에게 권한다. 하지만 아내는 사과를 한 입 베어물고는 세 살배기 딸에게 건네 죽음을 면할 수 있었다. 평소 딸을 아꼈던 사운더즈가 그 또래의 아이에게는 구운 사과가 좋지 않다고 둘러대며 만류하지만 아내는 그의 만류를 무시한다. 범행이 발각될 것이 두려워 딸이 사과를 먹는 모습을 지켜보고만 있던 그는 살인 혐의로 기소되어 교수형에 처해진다. 딸을 살해할 계획이 없었는데도 재판부가 '전이된 악의(의도) 독트린'을 적용했기 때문이다. 하지만 아처에게는 위의 독트린을 적용하지 않고 징역형을 선고해 복역 중 사면된다.

〈포우 사건〉의 제임스에게 그리고 〈교사범 예〉의 P에게 그랬듯이 〈사운더즈 사건〉의 정범인 사운더즈에게는 전이된 의도 독트린을 적용해야 한다. 따라서 정범인 사운더즈에 초점을 맞춘다면 〈사운더즈 사건〉이 (P2)에 대한 반례는 될 수 없다. 종범인 아처에 초점을 맞추면 어떠한가?

윌리엄스의 주장을 아처에게 적용할 수 있다고 해보자. 즉, 사실을 담은 상황인 특정 살인을 교사했어야 의도적인 살인에 연루되었다고 보아야 한다면, 아처에게 의도적인 살인죄를 적용할 수 없다. 그리고 사운더즈 딸이 숨진 사건을 놓고 그를 처벌해야 한다고 해도 의도적인 살인죄 이외의 다른 죄목으로는 가능하지 않다고 보아야 하므로, 즉 그에게 과실치사죄 등을 적용할 수는 없으므로, 사운더즈의 딸이 숨진 데 대한 책임을 아처에게 물을 수는 없다고 보아야 한다. (아처를 처벌해야 한다고 해도 사운더즈 딸을 숨지게 한 데 대한 처벌이 아닌 다른 죄목으로 처벌해야 할 것이다.) 따라서 아처에게 초점을 맞춘다고 해도 〈사운더즈 사건〉이 (P2)에 대한 반례가 될 수 없다. 반면, 윌리엄스의 주장과 달리 아처에게 의도적인 살인죄를 적용해야 한다면, 사운더즈의 딸이 숨질 것을 예견하지 못했음에도 불구하고 그녀를 숨지게 한 데 대해 책임을 물어야 하므로, 아처에게 초점을 맞춘다면 〈사운더즈 사건〉이 (P2)에 대한 반례가 될 수 있다. 이렇듯 종범인 아처에게 초점을 맞출 경우 〈사운더즈 사건〉이 (P2)에 대한 반례가 될 수 있는지의 여부 역시 그에게 전이된 의도 독트린을 적용할 수 있는지에 달렸다고 보아야 한다. 아처에게 전이된 의도 독트린을 적용할 수 있는가?

플라우덴Edmund Plowden의 보도에 따르면 당시 재판부는 '전이된 악의(의도) 독트린'의 적용 여부를 놓고 사운더즈와 아처에게 이중 잣대를 적용한 이유를 다음과 같이 설명한다.

> 존 사운더즈는 사람을 살해하려는 의도로 독극물을 건넸으며, 독극물을 건네며 그로 인해 죽음을 발생시키고자 의도했다. 비록 그 죽음이 그가 직접 기도한 사람에게 발생하지 않고 다른 사람에게 발생했더라도, 그의 행위로 인해 죽음이 발생했을 때는 그가 살해한 것으로 간주해야 한다. 그가 그 죽음의 최초의 원인이기 때문이다.[69]

> 아처는 … 사운더즈의 처를 독살하는 데는 동의했으나 딸을 독살하는 데는 동의하지 않았다. 아처의 동의가 딸을 독살하는 데까지 미치지 않는다. 딸을 독살하는 일은 그가 내밀히 관여한 일과는 별개의 일이기 때문이다.[70]

사운더즈와 아처에게 이중 잣대를 적용한 이유는 볼랜더가 설명하는 바와 같이 사운더즈가 "고의로deliberately 딸을 돕지 않겠다는 결정을 내렸으며, 이는 아처가 계획한 것에서 그리고/또는 아처가 예견한 것에서 고의로 일탈한 것이기 때문이다".[71] 따라서 "첫 번째 사람과 협력하지 않고 그가 마련한 상황을 이용하고자 의도한 두 번째 사람의 자유로운, 고의적인 그리고 모든 상황을 인식하고 개입한 행위가 첫 번째 사람의 형사상의 책임을 면제시킨다"는 원칙이 적용되는 전형적인 경우로 보아야 할 것이다. 즉, 아처의 계획을 사운더즈가 고의적으로 왜곡시켰으므로 그 왜곡이 아처에게 가할 수 있는 비난의 사슬을 끊었다고 보아야 한다. (〈사운더즈 사건〉의 재판부가 그랬듯이 아처를 처벌한다고 해도 다른 죄목으로 처벌해야 한다.) 이렇듯 종범인 아처에 초점을 맞춘다고 해도 〈사운더즈 사건〉이 (P2)에 대한 반례는 될 수 없다고 보아야 한다.[72]

이상에서 알아본 바와 같이 (P1)이 참이므로, (C)가 참인지의 여부는 ('어떤 것을 의도한다면, 그것을 예견한다'는 명제가 참인지의 여부는) (P2)가 참인지에 달렸으며, (P2)가 참이기 위해서는 예견하지 못했음에도 불구하고 책임을 물어야 하는 경우가 없어야 한다. 그리고 그와 같은 경우가 될 수 있는 가장 유력한 후보로 〈포우 사건〉, 〈교사범 예〉, 〈사운더즈 사건〉과 같은 경우를 들 수 있으나, 논의된 바와 같이 그들 모두 (P2)에 대한 반례가 될 수 없다고 보아야 한다. 이렇듯 반사실 테스트에 의존해 (P2)를 부정하기 어려우며, 따라서 (C)가 참임을 (앞서 제시된 (ㄱ), (ㄴ), (ㄷ) 세 명제 중 (ㄴ)이 참임을) 부정하기 어렵다고 보아야 한다.

(ㄱ) 어떤 것을 예견했다면, 그것을 의도했다. (어떤 것을 예견한다는 것이 그것을 의도한다는 것의 충분조건이다.)

(ㄴ) 어떤 것을 의도했다면, 그것을 예견했다. (어떤 것을 예견한다는 것이 그것을 의도한다는 것의 필요조건이다.)

(ㄷ) 어떤 것을 예견했다면 그것을 의도했으며, 어떤 것을 의도했다면 그것을

예견했다. (어떤 것을 예견한다는 것이 그것을 의도한다는 것의 필요충분조건이다.)

물론 (ㄴ)이 참임은 (〈하이엄 사건〉의 헤일샴 대법관과 모범형법전 '2·02조 2항 b'가 예견한다는 것과 의도한다는 것의 관계를 옳게 진단했음은) 직접적으로 입증할 수 있다. '예견한다'는 것, '우연히 한다'는 것, '자발적으로 한다'는 것의 상관관계에 의존해 (ㄴ)이 참임을 그리고 (ㄱ)이 거짓임을 따라서 (ㄷ) 역시 거짓임을 직접적으로 입증하기에 앞서, 그리고 '예견한다'는 것 이외의 다른 필요조건들을 규명하기에 앞서 이 책 말미에 제시될 필자의 결론을 위한 또 하나의 토대를 마련하기로 하자.

5.3. 토대 마련하기(2)
- 어떤 것을 의도하지 않은 채 그것을 의도적으로 할 수 있다

부피를 줄이려 빈 콜라 캔을 세게 밟았다. 그렇다면 의도적으로 캔을 쭈그러뜨렸을 뿐 아니라 캔을 쭈그러뜨리고자 의도했다고 보는 것이 상식일 것이다. 그렇게 보아야 하는 이유는 여러 방식으로 설명될 수 있다. 예컨대 생각했던 것만큼 시원하게 쭈그러지지 않았다면 더 힘껏 밟을 것이기 때문이라는, 쭈그러지지 않으면 부피를 줄일 수 없기 때문이라는 등의 설명이 가능할 것이다. 빈 집에 발생한 화재를 진압하기 위해 소방대원이 의도적으로 문을 부순 경우에도 동일한 설명이 가능하다. 문이 부서지는 것을 의도했다고 보아야 하는 이유로 문이 부서지지 않으면 불을 끌 수가 없기 때문이라는 등의 설명이 가능할 것이다. 이렇듯 'A를 의도적으로 한다면, A를 의도한다'고 보는 것이, 즉 어떤 것을 의도적으로 한다는 것이 그것을 의도한다는 것의 충분조건이라는 것이 상식일 것이다.

하지만 흥미롭게도 일부 철학자들은 위의 상식을 거부한다. 예컨대 할먼 Gilbert Harman과 브랫먼은 위의 견해를 '단순견해simple view'라 칭하고 그것을 부정해 "A를 의도적으로 하기 위해서 어떤 것을 의도해야 하나 반드시 A를 의도해야 하는 것은 아니다"는 입장을 취한다.[73] 단순견해가 옳다면 이 책의 관심사인 의도한다는 것의 필요충분조건을 제시하는 일은 한층 용이해질 것이다. 반면, 할먼과 브랫먼의 견해가 옳다면 그것을 제시하는 과정은 복잡한 양상을 띨 수밖에 없다. 필자의 논의를 놓고 보면 단순견해에 대한 논의의 필요성은 한층 더해진다. 그를 통해 수단과 부수적인 결과를 다음과 같이 해석할 수 있는 근거를 마련함으로써 의도한다는 것의 필요충분조건을 제시하기 위한 토대를 마련할 수 있기 때문이다.

수단 = 의도된 의도적인 행위
부수적인 결과 = 의도되지 않은 의도적인 행위

단순견해에 대한 할먼과 브랫먼의 반론은 다음과 같이 '의도적으로 한다는 것'과 '성공적으로 할 수 있다는 믿음을 갖고 한다는 것'의 상관관계, 그리고 '의도한다는 것'과 '성공적으로 할 수 있다는 믿음을 갖고 한다는 것'의 상관관계에 의존한다는 공통분모를 갖고 있다.

〈논변1〉
(P1) A를 의도하기 위해서는 A를 성공적으로 할 수 있다는 믿음이 요구된다.
(P2) A를 성공적으로 할 수 있다는 믿음 없이도 A를 의도적으로 할 수 있다.
    그러므로
(C) A를 의도하지 않고도 A를 의도적으로 할 수 있다.[74]

단순견해의 사활은 브랫먼이 제시한 〈논변 1〉의 (P1)과 (P2)에 달렸다고 할수 있다. 그들 두 전제가 참이라면, 결론인 (C) 역시 참이며, 따라서 단순견해가 그르다는 결론에 이를 수 있기 때문이다. (P1)과 (P2) 모두 참인가? (P1)이참임은 비교적 어렵지 않게 설명될 수 있다. 그에 대한 할먼의 설명을 들어보기로 하자.

알버트가 자신이 로마에 가지 못할 수도 있다는 것을 인정하더라도 그가내년 여름에 로마에 있을 것을 지금 의도하는 것이 참이므로, 그가 로마에 가지 못할 가능성을 인정하더라도 그가 내년 여름에 로마에 있으리라고 지금 믿는 것 또한 참이다. 알버트가 단순히 내년 여름에 로마에 있으리라고 믿는 것이 아닌 그의 생각이 바뀌지 않는 한 내년 여름 로마에 있을 것이라고 믿는 것이 참이므로, 그가 단순히 내년 여름에 로마에 있을 것을 의도하는 것이 아닌 그의 생각을 바꾸게 할 만한 일이 일어나지 않는 한 내년 여름에 로마에 있을 것을 의도하는 것 또한 참이다.[75]

할먼의 설명대로 위의 두 경우에서 양쪽 모두 "의도는 믿음을 필요로 한다"고 보아야 할 것이다.[76] 다시 말해 "미래 지향적 의도future-directed intention에 강한 믿음조건이 주어진다면 현재 지향적 의도present-directed intention에역시 유사한 믿음조건이 주어진다고 보는 것이 자연스럽다"는 브랫먼의 견해에 이의를 제기하기 어렵다.[77]

(P1)이 참임은 다른 각도로도 설명될 수 있다. 인터뷰 장소로 급히 향하던중 소나기를 만났다. 어쩔 수 없이 소나기 속을 전속력으로 뛰어간다. 하지만비를 한 방울도 맞지 않고자 의도하며 뛰어가지는 않는다. (누군가가 그와 같은경험이 있다고 한다면 의도하며 뛰어간 것이 아닌 바라며 뛰어간 것이라고 조언해줄수 있다.) 그 이유로 비를 한 방울도 맞지 않고 소나기 속을 헤쳐나가는 것이가능하지 않다는 것을 알고 있기 때문이라는 설명이 가능하다.

(P1)이 참이라는 데 이견을 보이기 어렵다면, (P2)는 어떠한가? 단순견해가 옳다고 해보자. 따라서 A를 의도적으로 하기 위해서는 A를 의도하는 것이 요구된다고 해보자. 그렇다면, A를 의도적으로 하기 위해서는 A를 성공적으로 할 수 있다는 믿음이 요구된다고 보아야 한다. 즉, 단순견해가 옳다면 (P2)는 거짓이나, 브랫먼은 (P2)가 참임을 다음의 예로 입증하고자 한다.

특정 목표물을 향해 미사일을 조준하는 비디오 게임을 하고 있다. 이런 종류의 게임에 꽤 익숙하나 난이도가 상당하므로 성공할 수 있다는 확신은 없다. 그래도 여전히 목표물을 겨냥하고 있고 그것에 명중시키려 시도한다. 종종 그렇듯이 내가 시도하던 그 방법으로 성공할 수 있었다. … 그 목표물에 의도적으로 명중시킨 것인가? 그렇다고 보아야 한다. 목표물에 명중시키기를 바랐고 따라서 명중시키고자 시도했다. 나의 시도는 목표물의 감지에 의해 좌우되었다. 나는 내가 시도하고 있던 그 방법과 적절한 기술에 의존하는 방식으로 목표물에 명중시켰다. 그리고 목표물에 명중시켰다는 것을 감지했으므로 더 이상 시도하지 않았다.[78]

이렇듯 브랫먼에 따르면 목표물을 맞출 수 있다는 확신이 없었는데도 "목표물에 명중시켰을 경우 나는 의도적으로 목표물을 맞췄다".[79] 브랫먼의 주장대로 내가 의도적으로 목표물을 맞췄다고 해보자. 즉, (P2)가 참이라고 해보자. 그렇다면 (P1)이 참이므로, 결론인 (C) 역시 참이며, 따라서 〈논변 1〉에 의존해 단순견해를 부정할 수 있다. 내가 의도적으로 목표물을 맞췄는가? 브랫먼은 그와 같이 보아야 하는 이유로 목표물에 명중시키길 바랐고 따라서 명중시키고자 시도했으며 명중시켰다는 것을 감지했으므로 더 이상 시도하지 않았다는 이유를 제시한다. 목표물에 명중시키고자 시도했으며 명중시켰다는 것을 감지했으므로 더 이상 시도하지 않은 이유는 목표물에 명중시키길 바랐기 때문이라고 보아야 한다. 다시 말해 목표물을 의도적으로 맞췄다고 보아야 하는 이유로 목표물에 명중시키길 바랐기 때문이라는 이유를 제시하고 있으므로 브랫먼의 반론이 설득력을 갖기 위해서는 다음과 같이 바란다는 것이 의도적으로 한다는 것의 충분조건이어야 한다.

(가) 어떤 것을 바란 채 한다면, 그것을 의도적으로 한다.

브랫먼의 주장대로 〈논변 1〉이 설득력이 있다면 따라서 단순견해가 그르다면, 어떤 것을 의도하지 않은 채 그것을 의도적으로 하는 경우는 어떤 경우인가? 이 물음에 대해 할먼은 "어떤 것을 하지 말아야 할 이유가 있는데도 그것을 한다면 그리고 그것을 시도하거나 다른 것을 하고자 의도한 결과 그것을 하게 되었다면, 그것을 의도하지 않은 채 의도적으로 할 수 있다"고 답변한다.[80] 이렇듯 할먼은 'A를 하지 말아야 하는 이유가 있는데도 A를 하고, B를 하면 A도 하게 될 것을 알고도 B를 하는 경우' 그리고 'A를 하지 말아야 할 이유가 있는데도 A를 하고, A를 성공적으로 할 수 있다는 확신이 없는 상태에서 A를 시도하는 경우'에 A를 의도하지 않고도 A를 의도적으로 할 수 있다고 봄으로써 단순견해를 부정한다.

(나) A를 하지 말아야 하는 이유가 있는데도 A를 하고 B를 하면 A도 하게 될 것을 알고도 B를 한다면, A를 의도적으로 하지만 A를 의도하지는 않는다.
(다) A를 하지 말아야 할 이유가 있는데도 A를 하고 A를 성공적으로 할 수 있다는 확신이 없는 상태에서 A를 시도한다면, A를 의도적으로 하지만 A를 의도하지는 않는다.

단순견해를 부정하고자 한다면, 따라서 어떤 것을 의도하지 않은 채 그것을 의도적으로 할 수 있다는 것을 보여주고자 한다면, 그와 같은 경우가 어떤 경우인지를 설명할 수 있어야 한다. 이 물음에 대한 할먼의 답변인 (나), (다)

중 먼저 (나)를 생각해보기로 하자. (나)에 따르면 다음의 두 조건 모두를 충족시키는 경우가 A를 의도적으로 하지만 의도하지는 않은 경우이다. 첫째, A를 하지 말아야 할 이유가 있는데도 A를 한다. 둘째, B를 하면 A도 하게 될 것을 알고도 B를 한다. (나)가 단순견해에 대한 반대 논거가 되기 위해서는 위의 두 조건을 충족시키는 경우가 있을 수 있어야 하므로, 할먼은 다음의 예를 제시한다.

저격병 예

"저격병이 멀리 있는 대사를 겨냥해 총을 쏜다. … 그럼으로써 가까이 있는 적군을 놀라게 해 적군에게 자신이 노출될 것을 알고도 총을 쏜다. 자신이 치르게 될 대가보다 대사를 제거함으로써 얻게 되는 이익이 크다고 생각해 의도적으로 적군을 놀라게 하지만, 명백히 적군을 놀래키고자 의도하지는 않는다".[81]

저격병의 입장에서 면전의 적을 놀래킨다는 것은 위험을 자초하는 것과 다르지 않다. 다시 말해 저격병에게는 적을 놀래키지 말아야 할 충분한 이유가 있다. 또한 면전의 적을 놀래킬 것을 알고도 총격을 가하므로, 저격병이 적을 놀래키고자 의도하지 않은 채 의도적으로 적을 놀래킨다면 〈저격병 예〉가 (나)를 옹호할 수 있는 좋은 예가 될 수 있다.

할먼의 주장대로 저격병을 놀래키고자 의도하지 않는가? 단순견해의 대표적인 옹호자인 가르시아J. L. A. Garsia도 의도하지 않는다는 데 대해 이의를 제기하지 않듯이, 적을 놀래키고자 의도하지 않는다는 것이 상식일 것이다. 하지만 앞으로 설명될 바와 같이 그 상식이 통할지 의문이며, 뿐만 아니라 (나) 자체에도 의문을 제기할 수 있다. 그것에 대한 설명은 잠시 미루고 저격병이 적을 의도적으로 놀래킨다는 할먼의 주장을 생각해보기로 하자.

저격병이 의도적으로 적을 놀래킨다는 데 대해 가르시아는 할먼과 입장을 달리해 '적을 놀래킬 이유가 없다'는 것이 아닌 '적을 놀래킬 이유가 있다'는 것이 적을 의도적으로 놀래킨다는 것을 보여준다고 주장한다.

저격병이 적을 놀래키지 말아야 할 이유가 있는데도 적을 놀래킨다면, 이 광경을 목격한 사람은 저격병이 적을 놀래키지 않는 것을 매력적인 대안으로 여겼을 것이라고 생각할 것이다. 적을 놀래킬 것을 안 채로 충격을 가해 적을 놀래키므로, 저격병이 적을 놀래키지 않는 선택에 반한 결정을 내려 적을 놀래키는 선택을 했을 것임에 틀림 없다고 목격자는 생각할 것이다. 하지만 이는 적을 놀래키기로 한 것과 매한가지인 적을 놀래키는 것을 선호해 내린 결정이라고 목격자의 생각은 이어질 것이다. … 어떤 것을 하기로 결정한다는 것은 그것을 하고자 하는 의도를 취하는 것이다. 저격병이 성공적으로 이러한 의도를 실행한다면, 저격병은 의도적으로 적을 놀래킨 것이라고 목격자는 결론을 내릴 것이다.[82]

A를 하지 않겠다는 데 반한 결정을 내렸다는 전제로부터 A를 하겠다는 결정을 내렸다는 결론을 연역해내는 것은 오류이다. 어떤 선택에 반한 결정을 내리는 데 있어 그 선택을 의도의 대상으로 삼지 않겠다는 것 이외의 어떤 것도 요구되지 않는다. 저격병은 적을 놀래키는 일을 하지 않겠다는 데 반한 결정을 내렸다. 이러한 사실이 적을 놀래키는 것을 목표로 삼았다는 것을 의미하지 않는다. 목표로 삼았다면 저격병이 적을 놀래키고자 의도했다는 의미이나, 할먼 자신도 인정하고 있듯이 의도했다고 보는 것은 터무니없다.[83]

이렇듯 가르시아는 적을 놀래킬 이유가 없는데도 적을 놀래킨다는 것이 의도적으로 적을 놀래킨다는 것을 보여준다는 할먼의 주장은 설득력이 없으며,

그와 같은 주장으로 인해 할먼은 적을 놀래키고자 의도하지 않는다는 입장을 스스로 포기할 수밖에 없다고 지적한다.[84] 가르시아가 지적하는 바와 같이 '무엇을 하지 말아야 할 이유가 있는데도 그것을 한다는 것이 그것을 의도적으로 한다는 것을 보여준다'는 입장을 취함으로써 '저격병이 적을 놀래키고자 의도하지 않는다'는 입장을 포기해야 한다면, 전자의 입장을 취한 것은 할먼이 치명적인 자충수를 둔 것으로 보아야 한다. 가르시아의 주장대로 적을 놀래킬 이유가 있다는 것이 의도적으로 적을 놀래킨다는 것을 보여준다면, 그와 같이 보아야 하는 이유는 무엇인가?

> 정상적이라면 누군가가 어떤 행위를 의도적으로 한다는 것을 아는 것이 그의 행위를 설명하는 데 도움이 되어야 한다. 하지만 저격병이 의도적으로 적을 놀래킨다는 것을 아는 것은 저격병의 행위를 설명하는 데 오히려 방해가 된다.[85] 〈그 이유는〉 저격병이 의도적으로 적을 놀래킨다면 어떤 목적을 위해 그렇게 했어야 하기 때문이다. 하지만 면전의 적을 놀래키는 것이 어떤 식으로 그의 목적을 달성하는 데 도움이 되는가?[86]

뿐만 아니라 "저격병이 의도적으로 적을 놀래킨다면… 저격병이 적을 놀래키고자 의도한다고 보아야 한다. …하지만 적을 놀래키고자 의도하는 것이 저격병의 목적을 달성하는 데 도움이 되지 않을 뿐 아니라 자신을 위험에 처하게 하므로 이 역시 저격병의 행위를 이해하는 데 방해가 된다".[87] 따라서 가르시아는 "저격병이 적을 놀래키고자 의도하지 않았을 뿐 아니라 적을 의도적으로 놀래키지도 않았다"고 결론 짓고 할먼의 반론을 실패작으로 규정한다.

브랫먼과 할먼에 대한 가르시아의 반론이 성공적이라면, '의도적으로 한다는 것'과 '성공적으로 할 수 있다는 믿음을 갖고 한다는 것'의 상관관계, 그리고 '의도한다는 것'과 '성공적으로 할 수 있다는 믿음을 갖고 한다는 것'의 상관관계에 의존한 브랫먼과 할먼의 단순견해에 대한 반론은 성공적일 수 없으나, 가르시아의 주장은 심각한 문제점을 노출시킨다.

가르시아에 따르면 저격병이 의도적으로 적을 놀래킨다고 볼 수 없는 이유는 저격병이 어떤 목적을 달성하기 위해 적을 놀라게 한 것이 아니기 때문이다. 따라서 가르시아의 주장에는 '어떤 목적을 달성하기 위해 무엇을 한다는 것이 그것을 의도적으로 한다는 것의 필요조건이다'는 명제가 참임이 전제되어 있다고 보아야 한다. 다시 말해 저격병이 어떤 목적을 달성하기 위해 적을 놀래킨 것이 아니라는 전제로부터 저격병이 의도적으로 적을 놀래킨 것이 아니라는 결론이 도출되기 위해서는 '어떤 것을 의도적으로 한다면, 어떤 목적을 달성하기 위해 그것을 한다'는 전제가 충족되어야 한다. 이렇듯 저격병이 적을 의도적으로 놀래킨 것이 아니라는 가르시아의 주장은 다음과 같이 정리될 수 있다.

⟨논변2⟩

(P1) 저격병이 어떤 목적을 달성하기 위해 적을 놀래킨 것이 아니다.

(P2) 어떤 목적을 달성하기 위해 무엇을 한다는 것이 그것을 의도적으로 한다는 것의 필요조건이다.

그러므로

(C) 저격병이 의도적으로 적을 놀래킨 것이 아니다.

위의 논변은 타당하다. 즉, (P1)과 (P2)가 참이라면, 결론인 (C) 역시 참이다. 그리고 (P1)이 참임을 부정할 수 없으므로, (C)가 참인지의 여부는 (P2)가 참인지의 여부에 ('A를 의도적으로 했다면, 어떤 목적을 달성하기 위해서 A를 했다'고 보아야 하는지의 여부에) 달렸다.

(P2)가 참이라고 해보자. 그렇다면 어떤 목적을 달성하기 위해 A를 한 경우가 아니라면 의도적으로 A를 한 경우는 아니라고 보아야 한다. 하지만 ⟨철수

예〉를 다시 생각해보자. 뜻하지 않게 원수 가족이 원수와 함께 차에 오르는 것을 목격하고 철수가 고심 끝에 원격조정기의 버튼을 눌러 원수 가족이 사망한다. 철수가 의도적으로 원수 가족을 숨지게 했다는 데 이견을 보일 수 없다. 하지만 철수가 어떤 목적을 달성하기 위해 원수 가족을 숨지게 한 것은 아니다. 따라서 가르시아의 설명대로라면 철수가 원수 가족을 의도적으로 숨지게 한 것이 아니라고 보아야 한다. 〈칠수 예〉에 비추어보면 가르시아의 주장이 안고 있는 문제점을 보다 선명히 드러난다. 칠수 역시 여권 브로커를 의도적으로 숨지게 했다고 보아야 한다. 하지만 칠수가 여권 브로커를 숨지게 한 것이 어떤 목적을 달성하기 위해서가 아니며, 더욱이 그를 숨지게 하지 말아야 할 이유가 있었는데도 그를 숨지게 했으므로, 가르시아의 설명대로라면 칠수가 여권 브로커를 의도적으로 숨지게 한 것이 아니라고 보아야 하기 때문이다.

그렇다면 철수가 원수 가족을 그리고 칠수가 여권 브로커를 의도적으로 숨지게 했다고 보아야 하는 이유는 무엇인가? 이 물음에 대한 답변은 예견한 채로 한다는 것과 의도적으로 한다는 것의 상관관계에서 찾을 수 있다. 5.4.에서 논의될 바와 같이 어떤 것을 예견한 채로 한다는 것이 그것을 의도적으로 한다는 것의 필요충분조건이다. 즉, '어떤 것을 예견한 채로 한다면, 그것을 의도적으로 한다'는 명제와 '어떤 것을 의도적으로 한다면, 그것을 예견한 채로 한다'는 명제가 참이다. 이제 철수가 원수 가족을 그리고 칠수가 여권 브로커를 의도적으로 숨지게 했다고 보아야 하는 이유를 알 수 있다. 원수 가족이 그리고 여권 브로커가 숨질 것을 예견한 채 원격조정기의 버튼을 눌렀기 때문이다.

이렇듯 어떤 목적을 달성하기 위해 A를 한 것이 아닌데도 불구하고 A를 의도적으로 한 경우가 있을 수 있으므로, (P2)는 거짓으로 보아야 한다. 즉, 〈논변 2〉에 의존해서는 저격병이 의도적으로 적을 놀래킨다는 할먼의 주장을 부정할 수 없다. 뿐만 아니라 (C)에 대한 직접적인 공략도 가능하다. 앞서 설명된 바와 같이 가르시아는 저격병이 적을 놀래키고자 의도하지 않았다는 할면의 진단에 동의한다. 하지만 문제는 단순견해와 (C)로부터 저격병이 적을 놀래키고자 의도하지 않았다는 결론이 도출되지 않는다는 데 있다. 다시 말해 〈논변 2〉에 단순견해가 옳다는 전제를 추가하면 다음과 같이 타당하지 않은 논변을 취함으로써만 저격병이 적이 놀래키고자 의도하지 않았다는 결론을 내릴 수 있다.

〈논변 2-1〉

(P1) 저격병이 어떤 목적을 달성하기 위해 적을 놀래킨 것이 아니다.

(P2) 어떤 목적을 달성하기 위해 무엇을 한다는 것이 그것을 의도적으로 한다는 것의 필요조건이다.

(P3) 저격병이 의도적으로 적을 놀래킨 것이 아니다.

(P4) 단순견해가 옳다. (A를 의도적으로 했다면, A를 하고자 의도했다.)

   그러므로

(C) 저격병이 적을 놀래키고자 의도하지 않았다.[88]

   가르시아의 주장이 설득력을 얻기 위해서는 〈논변 2-1〉의 (P3)와 (P4)로부터 결론인 (C)가 도출되어야 한다. 즉, 〈논변 2〉의 결론인 〈논변 2-1〉의 (P3)가 참이라면 그리고 (P4)가 참이라면, 그것들로부터 저격병이 적을 놀래키고자 의도하지 않았다는 결론이 도출돼야 한다. 하지만 (P3)와 (P4)로부터 (C)가 도출되지 않으므로, 가르시아는 (P3)와 단순견해 중 적어도 하나는 포기해야 하는 어려움에 처하게 된다.[89]

   가르시아가 개진한 다음의 주장은 어떠한가? "정상적이라면 누군가가 어떤 행위를 의도적으로 한다는 것을 아는 것이 그의 행위를 설명하는 데 도움이 되어야 하지만 저격병이 적을 의도적으로 놀라게 한다는 것을 아는 것은 저격병의 행위를 설명하는 데 오히려 방해가 된다". 가르시아의 주장대로 누군가가 어떤 행위를 의도적으로 한다는 것을 아는 것이 보통의 경우 그의 행위를 설명하는 데 도움이 되어야 한다면, 누군가가 어떤 행위를 하고자 의도한다는 것을 아는 것 역시 그의 행위를 설명을 하는 데 도움이 되어야 한다. 이렇듯 그의 주장은 'A를 의도적으로 하는 것을 아는 것이 그리고 A를 하고자 의도하는 것을 아는 것이 A를 하는 데 대해 설명하는 데 도움이 되어야 한다'는 주장으로 이해될 수 있으며, 따라서 할먼에 대한 가르시아의 불만은 다음과 같이 표현될 수 있다.

(a) 저격병이 의도적으로 적을 놀래킨다는 것을 아는 것이 그리고 적을 놀래키고자 의도한다는 것을 아는 것이 저격병의 행위를 설명하는 데 도움이 되어야 하지만 그것들을 아는 것이 오히려 방해가 된다.
(b) 〈논변 2〉의 (P2)가 (a)에 대한 설명이 될 수 있다.

  단순견해가 옳다고 해보자. 따라서 저격병이 적을 의도적으로 놀래킨다면, 적을 놀래키고자 의도한다고 보아야 한다고 해보자. 그렇다면 가르시아의 주장대로 (a)를 참으로 보아야 할 것이다. 또는 저격병이 적을 놀래키고자 의도한 채 의도적으로 적을 놀래키는 것을 아는 것이 저격병의 행위를 설명하는 데 도움이 되지 못한다고 할 수 있을 것이다. 하지만 단순견해가 설득력이 없다면 문제는 달라진다. 즉, 저격병이 적을 의도적으로 놀래키더라도 그가 적을 놀래키고자 의도하지 않을 수 있다면, 가르시아의 주장과 달리 저격병이 적을 의도적으로 놀래키는 것이 그의 행위를 설명하는 것을 어렵게 만든다고 할 수 없다. 저격병이 의도적으로 적을 놀래키나 적을 놀래키고자 의도하지는 않았다면, 저격병이 의도적으로 적을 놀래키는 것을 아는 것이 그의 행위를 설명하는 데 도움이 된다고 보아야 하기 때문이다. 다시 말해 '저격병이 적을 놀래키고자 의도하지는 않지만 의도적으로 적을 놀래킨다'는 것이 저격병이 의도하는 것, 즉 대사를 제거해야 하는 일의 중요성을 잘 드러내 주고 있다. 이렇듯 가르시아의 주장은 단순견해가 옳다는 것이 전제가 되어야 설득력을 가진다는 어려움에 처하게 된다.

이상에서 알아본 바와 같이 (나)에 대한 가르시아의 반론은 성공적이지 못하다고 보아야 하며, (5.4.에서 논의될 바와 같이 '어떤 것을 예견한 채로 한다는 것이 그것을 의도적으로 한다는 것의 필요충분조건이므로) 저격병이 의도적으로 적을 놀래킨다는 할먼의 주장에 동의할 수 있다. 저격병이 적을 놀래키고자 의도하지 않는다는 그의 주장은 어떠한가? 그리고 (나)가 적을 놀래키고자 의도하지 않았다는 데 대한 설명이 될 수 있다는 그의 주장은 어떠한가?

(나)에 따르면 다음의 두 조건을 충족시키는 경우가 A를 의도적으로 하지만 의도하지는 않는 경우이다. 첫째 A를 하지 말아야 할 이유가 있는데도 A를 한다. 둘째, B를 하면 A도 하게 될 것을 알고도 B를 한다. 하지만 둘째 조건과 달리 첫째 조건은 큰 이견의 소지를 남긴다. 〈칠수 예〉를 다시 생각해보자. 지명수배 중인 칠수는 선친의 원수를 갚은 후 해외로 도피할 계획으로 원격조정 폭탄을 원수의 차량에 부착한다. 하지만 뜻밖에 위조 여권을 의뢰했던 여권 브로커가 원수와 함께 차에 오르는 것을 목격하고 고민하나, 결국 원격조정기의 버튼을 눌러 원수와 함께 여권브로커도 사망한다. 칠수가 여권 브로커를 살해하고자 의도했다고 보아야 한다는 데는 이견을 보일 수 없다. 즉, 여권 브로커의 죽음을 놓고 칠수에게 의도적인 살인죄를 적용해야 한다. 하지만 여권 브로커가 숨진다면 위조 여권을 마련하지 못해 해외로 도피하겠다는 계획이 무산될 수 있는 상황이었다. 즉, 칠수에게는 여권 브로커를 숨지게 하지 말아야 할 이유가 있었는데도 숨지게 했다고 보아야 한다. 이렇듯 〈칠수 예〉에 의존해 다음과 같이 저격병이 적을 놀래키고자 의도하지 않았다는 할먼의 주장이 설득력이 없다는, 따라서 (나)에서의 두 조건 중 첫째 조건 역시 설득력이 없다고 결론을 내릴 수 있다.

〈논변 3〉

(P1) 칠수가 여권 브로커를 숨지게 하지 말아야 할 이유가 있는데도 숨지게 했다면 그리고 여권 브로커를 살해하고자 의도했다고 보아야 한다면, 저격병이 적을 놀래키고자 의도했다고 보아야 할 뿐 아니라 〈칠수 예〉가 (나)의 첫째 조건에 대한 반례가 될 수 있다.

(P2) 칠수가 여권 브로커를 숨지게 하지 말아야 할 이유가 있는데도 숨지게 했으며 여권 브로커를 살해하고자 의도했다고 보아야 한다.

그러므로

(C) 저격병이 적을 놀래키고자 의도했다고 보아야 할 뿐 아니라 〈칠수 예〉가 (나)의 첫째 조건에 대한 반례가 될 수 있다.

이제 (다)를 생각해보기로 하자. (다)에 따르면 다음의 두 조건 모두를 충족시키는 경우가 A를 의도적으로 하지만 의도하지는 않은 경우이다. 첫째, A를 하지 말아야 할 이유가 있는데도 A를 한다. 둘째, A를 성공적으로 할 수 있다는 확신이 없는 상태에서 A를 시도한다. 위의 두 조건 중 첫째 조건은 (나)에 대한 논의 시 설명된 바와 같이 설득력이 없다고 보아야 한다. 하지만 단순견해 옹호자의 입장에서 첫째 조건이 설득력이 없다는 데 의존해 〈논변 1〉을 부정할 수 없으므로, 둘째 조건을 〈논변 1〉에 연계해 생각해보기로 하자.

〈논변 1〉은 타당하므로 (P1)과 (P2)가 참이라면 결론인 (C) 역시 참이다. 즉, 그들 두 전제가 참이라면 단순견해는 그르다고 보아야 한다. 하지만 (다)의 둘째 조건이 거짓이라면 (P1)은 거짓이며 따라서 〈논변 1〉에 의존해 단순견해를 부정할 수 없다고 보아야 한다. 이렇듯 할먼의 단순견해에 대한 반론이 성공적이기 위해서는 (다)의 둘째 조건을 옹호할 수 있어야 한다. 따라서 할먼은 다음과 같이 의도한다는 것과 시도한다는 것의 (또는 의도한다는 것과 시도하고자 의도한다는 것의) 차이에 의존해 (다)의 둘째 조건에 대한 논거를 마련하고자 한다.

멀리 있는 대사를 명중시킨 저격병이 대사를 의도적으로 죽였다고 할 수 있다. 하지만 저격병이 그와 같이 먼 거리에서 대사를 맞출 가능성이 크지 않다고 생각했다면, 그가 대사를 명중시키고자 의도했다고 단언하는 것은 적절치 않으며 명중시키려 시도하고자 의도했다고 표현하는 것이 적절할 것이다.[90]

이렇듯 할먼은 의도한다는 것과 시도하고자 의도한다는 것 사이에 차이가 있음을 지적하고 다음의 예로 자신의 입장을 공고히 한다. "허버트가 탄 보트가 전복됐다. 허버트의 수영 실력은 형편없으나 가장 가까운 뭍은 5마일이나 떨어져 있다. 그런데도 허버트는 뭍을 향해 헤엄쳐 나갈 목적으로 수영동작을 취한다".[91] 할먼에 따르면 허버트가 뭍으로 헤엄쳐 나가려 시도하고자 의도한다는 데는 문제가 없으나, 그가 뭍으로 헤엄쳐 나가고자 의도한다고 단정할 수 없다. 그 이유는 그에게 성공적으로 뭍까지 헤엄쳐 나갈 수 있다는 믿음이 결여되어 있기 때문이다.[92] 할먼의 주장대로 성공적으로 해낼 수 있다는 믿음이 결여된 경우는 의도하는 경우가 아닌 시도하는 경우로 (또는 시도하고자 의도하는 경우로) 보아야 하는가?

가르시아는 어떤 것을 시도하기 위해서는 그것을 의도하는 것이 요구된다고 주장함으로써, 즉 어떤 것을 시도한다는 것이 그것을 의도한다는 것의 충분조건이라고 주장함으로써 할먼의 주장을 부정한다.

A를 하려고 시도할 때 (존스에게 전화를 걸려고 시도할 때), B를 하는 것이 (전화기의 버튼을 누르는 것이) A를 하는 것의 구성요소가 되게끔 하려는 의도로 B를 한다. B를 하는 것은 A를 하기 위해서라고 말하는 것은 B를 하면서 의도한 바가 무엇인가를 (또는 무엇의 일부인가를) 말하는 것이고, 따라서 왜, 어떤 목적을 가지고 그 행위를 했는지에 대해 말하는 것이다. 이렇듯 우리가 한 행위의 목적을 말하기 위해 종종 우리가 시도한 것을 말

한다. 허버트가 수영을 하는 것은 분명히 뭍에 이르기 위한 시도이다. 하지만 이로부터 허버트의 목적이 뭍으로 헤엄쳐 나가는 것이라는 것을 알 수 있으며, 위에서 지적한 내용들로부터 허버트가 뭍을 향해 헤엄치려는 목적으로 수영을 한다고 말하는 것은 그에게 목표나 목적이, 바꿔 말하면 그와 같이 하고자 하는 의도가 있다는 의미라는 결론을 얻을 수 있다. 따라서 허버트가 뭍으로 헤엄쳐 나가고자 의도한다고 보아야 한다.[93]

허버트가 뭍으로 나가려 시도한다면, 그가 뭍으로 나가려 의도한다고 해보자. 그렇다면 어떤 것을 성공적으로 해낼 수 있다는 믿음 없이도 그것을 의도할 수 있다고 보아야 한다. 즉, 〈논변 1〉의 (P1)은 거짓으로 보아야 한다. 이렇듯 가르시아의 주장대로 '어떤 것을 시도한다면, 그것을 의도한다'고 보아야 한다면, 〈논변 1〉에 의존한 할먼의 단순견해에 대한 반론은 설득력을 잃게 된다.

가르시아에 따르면 어떤 것을 시도하기 위해서는 그것을 의도하는 것이 요구된다. 또한 그의 주장대로라면 어떤 것을 성공적으로 할 수 있다는 믿음 없이도 (또는 어떤 것을 하는 것이 가능하다는 믿음 없이도) 그것을 시도할 수 있다. 따라서 그의 주장은 다음과 같이 정리될 수 있다.

〈논변 4〉

(P1) 어떤 것을 시도하기 위해서는 그것을 의도하는 것이 요구된다.

(P2) 어떤 것을 성공적으로 해낼 수 있다는 믿음 없이도 그것을 시도할 수 있다.

그러므로

(C) 어떤 것을 성공적으로 해낼 수 있다는 믿음 없이도 그것을 의도할 수 있다.

(P1)과 (P2)가 참이라면 결론인 (C) 역시 참이다. 그들 두 전제가 참인가? 먼저 (P2)에 대해 생각해보자. 허버트는 자신의 수영 실력을 잘 알고 있다. 그런데도 5마일을 헤엄쳐 나가려고 이성적으로 시도할 수 있는가? 〈저격병 예〉에서 먼 거리에서 대사를 맞출 가능성이 크지 않다는 것을 알고도 대사를 맞추려 시도할 수 있다. 또한 상대가 데이트에 응할 가능성이 매우 낮다는 것을 알고도 데이트를 하려 시도할 수도 있다. 마찬가지로 허버트가 5마일을 헤엄쳐 나갈 수 있는지가 확률상의 문제라면 5마일을 헤엄쳐 나가려 시도할 수 있다. 하지만 여기서 문제가 되는 것이 확률상의 문제가 아닌 신체 여건상의 문제라는 것이 가르시아에 동의할 수 없는 이유를 말해준다.

대한육상경기연맹에서 100m 세계신기록을 2초 단축시키는 데 10억 원의 포상금을 내걸었다고 해보자. 그렇다고 해도 그것을 시도하지 않는 이유는 신체 여건상 가능하지 않다는 것을 알고 있기 때문이다. 허버트 역시 신체 여건상 5마일을 헤엄쳐 가는 것은 가능하지 않다는 것을 잘 알고 있다. 즉, 자신이 장시간을 물에 떠 있을 수 있는 기술이 없다는 것과 지구력이 부족하다는 것을 알고 있으며 따라서 5마일을 헤엄쳐 간다는 것은 가능하지 않다고 생각한다. 그런데도 그는 스트로크와 킥 등 수영 동작을 취할 수 있다. 그가 수영 동작을 취하는 것이 5마일을 헤엄쳐 나가려 시도하는 것인가? 미닫이문을 동시에 열고 닫고자 시도한 기억이 없으며, 타원형 네모를 그리고자 시도한 기억도 없다. 문을 동시에 열고 닫는 것이 그리고 타원형 네모를 그리는 것이 논리적으로 가능하지 않다는 것을 알고 있기 때문이다. 마찬가지로 단거리를 헤엄치는 것도 자신의 능력 밖이라 믿고 있는 상태에서 5마일을 헤엄칠 것을 이성적으로 시도할 수는 없다고 보아야 한다. 다시 말해 그것을 시도할 수 있다고 하는 것은 마치 문을 동시에 열고 닫을 수 없다는 것을 그리고 타원형의 네모를 그릴 수 없다는 것을 알고도 시도할 수 있다고 말하는 것과 다르지 않다고 보아야 할 것이다.

이렇듯 〈논변 4〉의 (P2)는 거짓으로 보아야 한다. 즉, 어떤 것을 시도하기 위해서는 그것을 성공적을 해낼 수 있다는 믿음이 요구된다고 보아야 하며, 이러한 사실이 가르시아를 더욱 곤경에 처하게 한다. (P2)가 거짓이라는 데 의존해 다음과 같이 타당한 논변을 제시함으로써 (P1) 역시 거짓이라는 결론을 얻을 수 있기 때문이다.

〈논변 5〉

(P1) A를 시도하기 위해서는 A를 성공적으로 해낼 수 있다는 믿음이 요구된다.

(P2) A를 의도하지 않고도 A를 성공적으로 해낼 수 있다는 믿음을 가질 수 있다.

그러므로

(C) A를 의도하지 않고도 A를 시도할 수 있다.

〈논변 5〉의 (P1)과 (P2)가 참이라면, (C) 역시 참이다. 즉, 두 전제가 참이라면, 〈논변 4〉의 (P1)은 거짓이다. 그리고 논의된 바와 같이 (P1)은 참이므로, (C)가 참인지의 여부는 (P2)에 달렸다. 하지만 저격병 예를 일부 수정해보면 (P2)를 참으로 보아야 하는 이유를 알 수 있다. (할면을 도와 〈저격병 예〉를 다음과 같이 수정함으로써 (P2)를 옹호할 수 있다.) 저격병이 대사를 명중시킬 수 있다는 믿음을 가지고 방아쇠를 당겼으나 총탄이 대사를 빗겨갔다. 하지만 당황한 경호원들이 마구 쏘아댄 총탄에 대사가 맞아 숨졌다. 그렇다면 대사가 예상 밖의 인과사슬로 숨겼으므로, 저격병에게 의도적인 살인죄를 적용할 수 없다. (대사가 경호원의 손에 숨겼음에도 불구하고 저격병에게 대사를 살해할 의도가 있었다는 따라서 의도적인 살인죄를 적용해야 한다는 생각을 버리지 못했다면, 그 이유는 의도한다는 것을 바란다는 것 또는 예견한다는 것과 동일시해야 한다는 생각을 버리지 못했기 때문이다. 제3장에서 설명된 바와 같이 의도를 그것들과 동일시 할 수 없으며, 아직 의도한다는 것의 필요충분조건을 규명하지 못했으므로 현 단계에서는 대사가 숨진 데 대해 저격병에게 의도적인 살인죄를 적용할 수 있는지의 여부로 판단해야 한다.) 이렇듯 (P2)도 참이므로 결론인 (C) 역시 참이며, 따라서 (다)의 둘째 조건에 대한 가르시아의 반론은 설득력이 없다고 보아야 한다.

그렇다면 (가)는 어떠한가? 5.4. 이후의 논의를 통해 밝혀질 바와 같이 어떤 것을 의도적으로 한다는 것이 그것을 의도한다는 것의 필요조건이다. 즉, '어떤 것을 의도적으로 한다면, 그것을 의도한다'는 명제가 참이다. 또한 5.4.에서 논의될 바와 같이 '어떤 것을 예견한 채 한다는 것이 그것을 의도적으로 한다는 것'의 필요충분조건이다. 즉, '어떤 것을 예견한 채 한다면 그것을 의도적으로 하며, 어떤 것을 의도적으로 한다면 그것을 예견한 채 한다'는 명제 역시 참이다. 또한 어떤 것이 초래될 것을 예견하지 못하고도 그것이 초래되길 바란 채 어떤 행위를 할 수 있으며, 어떤 것을 바라지 않고도 그것이 초래될 것을 예견한 채 어떤 행위를 할 수 있다. 다시 말해 '어떤 것을 바란 채 한다면, 그것을 예견한 채 한다'는 명제와 '어떤 것을 예견한 채 한다면, 그것을 바란 채 한다'는 명제가 거짓이라고 보아야 한다. 따라서 다음과 같이 '어떤 것을 바란 채 한다면, 그것을 의도적으로 한다'는 명제가 거짓이라는, 즉 (가)는 설득력이 없다는 결론을 얻을 수 있다.

(P1) 어떤 것을 예견한 채 한다면 그것을 의도적으로 하며, 어떤 것을 의도적으로 한다면 그것을 예견한 채 한다.

(P2) '어떤 것을 바란 채 한다면 그것을 의도적으로 한다'는 명제가 참이라면, '어떤 것을 바란 채 한다면, 그것을 예견한 채 한다'는 명제나 '어떤 것을 예견한 채 한다면, 그것을 바란 채 한다'는 명제가 참이라야 한다. ((P2)로부터)

(P3) '어떤 것을 바란 채 한다면, 그것을 예견한 채 한다'는 명제와 '어떤 것을 예견한 채 한다면, 그것을 바란 채 한다'는 명제 모두 거짓이다.

그러므로

(C) '어떤 것을 바란 채 한다면, 그것을 의도적으로 한다'는 명제는 거짓이다.
((P2)와 (P3)으로부터)

이상에서 알아본 바와 같이 단순견해에 대한 브랫먼과 할먼의 반론을 놓고 가르시아가 제시한 재반론은 실패로 끝났다고 보아야 한다. 하지만 브랫먼과 할먼의 단순견해에 대한 반론 역시 반쪽의 성공만을 거두었다고 보아야 한다. 〈논변 1〉을 제시한 것까지는 성공적이었다고 할 수 있으나, 논의된 바와 같이 〈논변 1〉의 전제들에 대한 그리고 의도적으로 하지만 의도하지 않는 경우에 대한 그들의 설명에는 문제가 따르기 때문이다. 물론 브랫먼과 할먼의 설명과 무관하게 〈논변 1〉의 전제들을 옹호하는 것이 가능할 것이나, 〈논변 1〉에 의존하지 않고 단순견해를 부정하고자 한다면 어떤 방법을 택할 수 있는가?

5.5.에서 논의될 바와 같이 어떤 것을 예견한 채로 한다는 것이 그것을 자발적으로 한다는 것의 필요조건이다. 다시 말해 'A를 함으로써 E를 자발적으로 초래한다면, A를 하면 E가 초래될 것을 예견한 채 A를 한다'는 명제가 참이다. 또한 5.4.에서 논의될 바와 같이 '어떤 것을 예견한 채 한다는 것이 그것을 의도적으로 한다는 것의 필요충분조건이므로, 다음과 같이 'A를 함으로써 E를 자발적으로 초래한다면, A를 함으로써 E를 의도적으로 초래한다'는 명제가 참이라는 결론을 얻을 수 있다.

(P1) A를 함으로써 E를 자발적으로 초래한다면, A를 하면 E가 초래될 것을 예견한 채 A를 한다.

(P2) A를 하면 E가 초래될 것을 예견한 채 A를 한다면, A를 함으로써 E를 의도적으로 초래한다.

(P3) A를 함으로써 E를 자발적으로 초래한다면, A를 함으로써 E를 의도적으로 초래한다. ((P1)과 (P2)로부터)

단순견해가 옳다고 해보자. 즉, '어떤 것을 의도적으로 한다면, 그것을 의도한다'는 명제가 참이라고 해보자. 그렇다면 (P3)이 참이므로, 'A를 함으로써 E를 자발적으로 초래한다면, A를 함으로써 E를 초래하고자 의도한다'는 명제가 참이라야 한다.

(P4) 단순견해가 옳다면, 'A를 함으로써 E를 자발적으로 초래한다면, E를 초래하고자 의도한다'는 명제가 참이다. ((P3)으로부터)

하지만 5.6.에서 논의될 바와 같이 어떤 것을 자발적으로 한다는 것이 그것을 의도한다는 것의 충분조건이 될 수 없다. 즉, 'A를 함으로써 E를 자발적으로 초래한다면, E를 초래하고자 의도한다'는 명제는 거짓이다.

(P5) 'A를 함으로써 E를 자발적으로 초래한다면, E를 초래하고자 의도한다'는 명제는 거짓이다.

따라서 다음과 같이 '어떤 것을 의도적으로 한다면, 그것을 의도한다'는 명제가 참이 아니라는 결론을, 즉 단순견해가 그르다는 결론을 얻을 수 있다.

(C) 단순견해는 그르다. ((P4)와 (P5)로부터) [94]

지금까지의 논의를 통해 단순견해를 수용할 수 없는 이유를 알아보았다. 단순견해가 그르다면, 따라서 어떤 것을 의도하지 않은 채 그것을 의도적으로 할 수 있다면, 어떤 경우가 그와 같은 경우가 될 수 있는가? 설명된 바와 같이 할면을 따라 (나)와 (다)를 그에 대한 답변으로 제시해서는 승산이 없다고 보아야 한다. 하지만 필자의 논의에 의존한다면 그와 같은 경우를 어렵지 않게 파악할 수 있다. 5.4.에서 논의될 바와 같이 '어떤 것을 예견한다는 것이 그것을 의도적으로 한다는 것의 필요충분조건이며, 5.4. 이후의 논의를 통해 밝혀질 바와 같이 어떤 것을 의도적으로 한다는 것이 그것을 의도한다는 것의 필요조건이다. 따라서 어떤 조건들이 충족되어야 의도한다고 볼 수 있는지의 물음을 놓고 5.6.에서 제시될 조건들 중 예견한다는 조건만을 충족시키는 경우가 그와 같은 경우라는 답변을 얻을 수 있기 때문이다.

예컨대 〈스틴 사건〉의 스틴은 적에게 도움이 될 것을 예견한 채 적의 선전 영화 제작에 동참했다. 하지만 그가 적을 도우려는 의도로 동참한 것은 아니라고 해보자. 다시 말해 스틴의 경우가 어떤 조건들이 충족되어야 의도한다고 볼 수 있는지의 물음을 놓고 필자가 제시할 조건들 중 적어도 하나의 조건을 충족시키지 못한다고 해보자. 그렇다면 스틴의 경우는 어떤 것을 의도적으로 했으나 그것을 의도하지는 않은 경우로 보아야 한다. 즉, 스틴이 의도적으로 적에게 도움을 주었으나 적에게 도움을 주고자 의도하지는 않았다고 보아야 한다.

지금까지 논의된 모든 사건에 대해서도 동일한 해석이 가능하다. 〈스미스 사건〉을 생각해보자. 스미스에게 경찰관을 숨지게할 의도가 없었다고 해보자. 즉, 스미스의 행위가 어떤 조건들이 충족되어야 의도한다고 볼 수 있는지의 물음을 놓고 필자가 제시할 조건들 중 적어도 하나의 조건을 충족시키지 못한다고 해보자. 그렇다면 스미스가 의도적으로 경찰관을 숨지게 했지만 그에게 경찰관을 숨지게 할 의도는 없었다고 보아야 한다. 1.2.3.에서 설명된 바와 같이 피고인의 주장에 대해 합리적인 의심을 품을 수 있는 경우 주관적인 테스트에 앞서 객관적인 테스트가 전제되어야 한다는 의미에서의 하이브리드 테스트를 적용해야 하므로 스미스가 경찰관이 숨질 것을 예견했다고 보아야 하며, 5.4.에서 설명될 바와 같이 어떤 것을 예견한 채로 한다는 것이 그것을 의도적으로 한다는 것의 필요충분조건이기 때문이다.

스미스가 의도적으로 경찰관을 숨지게 했으나 그에게 경찰관을 숨지게 할 의도는 없었다고 한다면, 경찰관이 숨진 사건을 두고 어떤 해석을 내려야 하는가? 3.1.2. 등에서 설명된 바와 같이 목적뿐 아니라 수단도 의도한다고 보아야 하므로, 경찰관을 숨지게 한 것을 수단으로 채택했다고 할 수는 없다. 따라서 경찰관이 숨진 것은 '부수적인 결과'라는, 즉 '단지 예견된 의도되지 않은 부수적인 결과mere foreseen unintended side effect'라는 해석을 내려야 한다. 지금까지 논의된 모든 사건들에 대해서도 동일한 해석을 내릴 수 있다. 예컨대 〈스틴 사건〉에서 스틴이 적에게 도움을 주고자 의도하지 않았다고 보아야 한다면 적에게 도움을 준 것은 부수적인 결과로 보아야 하며, 〈하이엄 사건〉의 하이엄에게 상대 여성의 두 아이를 숨지게 할 의도가 없었다고 보아야 한다면 두 아이가 숨진 것은 부수적인 결과로 보아야 한다.

단순견해를 부정함으로써 이 책의 최종 목적인 의도한다는 것의 필요충분조건을 규명하기 위한 하나의 토대를 마련하였다. 어떤 것을 의도하지 않은 채 그것을 의도적으로 할 수 있으므로, 앞으로 제시될 위의 필요충분조건 모두를 충족시키는 행위는 의도된 의도적인 행위로 표현될 수 있다. 이제 지금까지의 논의에 기초해 예견한다는 것과 의도적으로 한다는 것의 상관관계에 대한 논의를 시작으로 위의 필요충분조건을 규명하기 위한 본격적인 논의에 들어가기로 하자.

5.4. 어떤 것을 의도한다는 것의 필요조건
– 예견한다는 것과 의도적으로 한다는 것의 상관관계를 중심으로 (2)

온도와 함께 압력도 상승한다는 사실을 잘 알고 있는 물리학자가 실험 목적으로 압력솥에 물을 붓고 스팀 분출구를 땜질한 후 불을 붙였다. 그래서 압력솥이 폭발했다면 그가 압력솥을 우연히accidently, 즉 뜻하지 않게 또는 부주의로inadvertently 폭파시켰다고 할 수 없다. 그와 같이 볼 수 없는 이유는 무엇인가? 〈사운더즈 사건〉의 사운더즈는 아내를 살해할 목적으로 사과에 비소를 넣고 아내에게 권한다. 아내는 사과를 한 입 베어물고는 딸에게 건네 죽음을 면할 수 있었으나, 딸은 사운더즈가 지켜보는 가운데 숨을 거둔다. 사운더즈가 우연히 딸을 숨지게 했다고 할 수 없으며, 그 이유는 딸이 숨질 것을 알고도 범행이 발각될 것이 두려워 지켜만 보고 있었기 때문이다. 마찬가지로 물리학자가 압력솥을 우연히 폭파시켰다고 할 수 없는 이유는 압력솥이 폭발할 것을 예견한 채 불을 붙였기 때문이라고 설명될 수 있다.[95]

이렇듯 '어떤 것을 예견한 채 한다면, 그것을 우연히 하지 않는다'고 보아야 하므로, 즉 어떤 것을 예견한 채 한다는 것이 그것을 우연히 하지 않는다는 것의 충분조건이므로, 다음과 같이 물리학자의 행위를 설명할 수 있다.

(P1) 어떤 것을 예견한 채 했다면, 그것을 우연히 하지 않았다.
(P2) 물리학자는 압력솥이 폭발할 것을 예견한 채 불을 붙였다.
　　그러므로
(C) 물리학자는 우연히 압력솥을 폭파시키지 않았다.

기체물리학에 무지한 어떤 철학자가 밥을 빨리 지을 욕심으로 압력솥에 물을 붓고 스팀 분출구를 땜질한 후 불을 붙였다. 그 결과 압력솥이 폭발했다면 그가 압력솥을 우연히(뜻하지 않게) 폭파시켰다고 보아야 한다. 마찬가지로 타이어 공기압이 낮으면 연비가 떨어진다는 사실을 모르고 공기압을 높이지 않고 운행을 했다면 우연히 비효율적인 운행을 했다고 보아야 한다. 즉, '어떤 것을 예견한 채로 하지 않는다면, 그것을 우연히 한다'고 보아야 하며, 따라서 '어떤 것을 우연히 하지 않는다면, 그것을 예견한 채로 한다'고 보아야 한다. 다시 말해 어떤 것을 예견한 채로 한다는 것이 그것을 우연히 하지 않는다는 것의 필요조건이므로, 다음과 같이 철학자의 행위를 설명할 수 있다.

(P1) 어떤 것을 우연히 하지 않았다면, 그것을 예견한 채 했다.

(P2) 철학자는 압력솥이 폭발할 것을 예견하지 못한 채 불을 붙였다.

　　그러므로

(C) 철학자는 우연히 압력솥을 폭파시켰다.

　　설명된 바와 같이 이들 두 논변의 (P1)이 참임을 부정할 수 없으므로, 다음과 같이 '어떤 것을 예견한 채 한다는 것이 그것을 우연히 하지 않는다는 것의 필요충분조건이다'는 답변을 얻을 수 있다.

<step 1>

어떤 것을 예견한 채 한다면 그것을 우연히 하지 않으며, 어떤 것을 우연히 하지 않는다면 그것을 예견한 채 한다.

　　예견한 채 한다는 것과 우연히 한다는 것의 상관관계가 이와 같다면, 우연히 한다는 것과 의도적으로 한다는 것은 어떤 관계에 놓여 있는가? 어떤 것을 우연히 한다면 그것을 의도적으로 한다고 할 수 없으며, 어떤 것을 우연히 하지 않았는데도 그것을 의도적으로 하지 않았다고 할 수 없다. 소금을 설탕으로 착각하고 커피에 소금을 넣었다고 해보자. 그렇다면 소금을 의도적으로 넣은 것은 아니며, 그렇게 보아야 하는 이유로 소금을 우연히 넣었기 때문이라는 설명이 가능하다. 데이빗슨의 좀도둑 예에서도 좀도둑을 우연히 놀라게 했다는 것이 그를 의도적으로 놀라게 한 것이 아니라는 데 대한 설명이 될 수 있다. 커피에 설탕을 제대로 넣었다면 어떠한가? 그렇다면 설탕을 의도적으로 넣었다고 보아야 하며, 우연히 넣지 않았다는 것이 그렇게 보아야 하는 이유가 될 수 있다.

　　마찬가지로 어떤 것을 의도적으로 한다면 그것을 우연히 한다고 할 수 없으며, 어떤 것을 의도적으로 하지 않는데도 그것을 우연히 하지 않는다고 할 수 없다. 국에 소금을 넣었다면 소금을 우연히 넣은 것은 아니며, 소금을 의도적으로 넣었다는 것이 그렇게 보아야 하는 이유가 될 수 있다. 설탕을 소금으로 착각하고 국에 설탕을 넣었다고 해보자. 그렇다면 설탕을 의도적으로 넣은 것은 아니며, 따라서 설탕을 우연히 넣지 않았다고 할 수 없다. 데이빗슨의 좀도둑 예에서 좀도둑을 의도적으로 놀라게 하지 않았다는 것이 그를 우연히 놀라게 했다는 데 대한 설명이 될 수 있다. 이렇듯 어떤 것을 우연히 하지 않았다는 것이 그것을 의도적으로 했다는 것의 필요충분조건이라고 보아야 한다.

\<step 2\>

어떤 것을 우연히 하지 않는다면 그것을 의도적으로 하며, 어떤 것을 의도적으로 한다면 그것을 우연히 하지 않는다.

이제 〈step 1〉과 〈step 2〉로부터 다음과 같이 '예견한 채 한다는 것'과 '의도적으로 한다는 것'의 상관관계를 파악할 수 있다.

〈논변 1〉

(P1) 어떤 것을 예견한 채 한다면 그것을 우연히 하지 않으며, 어떤 것을 우연히 하지 않는다면 그것을 예견한 채 한다. (〈step 1〉)

(P2) 어떤 것을 우연히 하지 않는다면 그것을 의도적으로 하며, 어떤 것을 의도적으로 한다면 그것을 우연히 하지 않는다. (〈step 2〉)

그러므로

(C) 어떤 것을 예견한 채 한다면 그것을 의도적으로 하며, 어떤 것을 의도적으로 한다면 그것을 예견한 채 한다.

위의 논변은 타당하며, (P1)과 (P2) 모두 참이다. 따라서 결론인 (C) 역시 참이다. 즉, 어떤 것을 예견한 채로 한다는 것이 그것을 의도적으로 한다는 것의 필요충분조건이라고 보아야 한다.

\<step 3\>

어떤 것을 예견한 채로 한다면 그것을 의도적으로 하며, 어떤 것을 의도적으로 한다면 그것을 예견한 채로 한다.

5.3.에서의 단순견해에 대한 필자의 반론이 설득력이 없다고 해보자. 즉, '어떤 것을 의도적으로 한다면, 그것을 의도한다'고 해보자. 그렇다면 〈step 3〉이 참이므로, 어떤 것을 예견한 채로 한다는 것이 그것을 의도한다는 것의 필요충분조건이라고 보아야 한다. 따라서 '어떤 것을 의도한다면, 그것을 예견한다'는 〈하이엄 사건〉의 헤일샴 대법관, 〈모한 사건〉과 〈벨폰 사건〉의 항소심 재판부의 견해 등이 옳다고 보아야 할 뿐 아니라, '어떤 것을 예견한다면, 그것을 의도한다'는 〈몰로니 사건〉의 1심 판사, 〈스미스 사건〉의 도노반 1심 판사와 컬뮤어, 데닝, 파커 대법관, 〈하이엄 사건〉의 딜혼 대법관과 크로스 대법관 등의 견해도 옳다고 보아야 한다.

5.2.2.에서 논의된 바와 같이 그리고 앞으로 논의될 바와 같이 '어떤 것을 의도한다면, 그것을 예견한다'는 〈하이엄 사건〉의 헤일샴 대법관 등의 견해에 대해 이견을 보이기 어려운 것이 사실이다. 하지만 '어떤 것을 예견한다면, 그것을 의도한다'는 〈몰로니 사건〉의 1심 판사 등의 견해는 제1장에서 설명된 바와 같이 의도한다는 것의 외연을 지나치게 확대해석 한다는 지적을 피할 수 없다. 물론 의도한다는 것의 외연을 지나치게 확대해석 한다는 반론의 여지를 남긴다는 것이 '어떤 것을 예견한다면, 그것을 의도한다'는 명제가 거짓이라는 것을 의미하지는 않는다. 하지만 앞으로의 논의 과정에서 밝혀질 바와 같이 위의 명제는 거짓으로 보아야 하므로, 〈step 3〉이 5.3.에서의 필자의 결론을 뒷받침해주는, 즉 단순견해를 그르다고 보아야 하는 또 다른 이유가 될 수 있다.

단순견해가 그르다고 보아야 하므로, 즉 어떤 것을 의도하지 않고도 그것을 의도적으로 할 수 있으므로, 예견한다는 것과 의도한다는 것의 상관관계를 파악하기 위해서는 〈논변 1〉과 함께 다음의 논변도 고려 대상이 되어야 한다.[96]

〈논변 1-1〉

(P1) 어떤 것을 예견한 채 한다면 그것을 우연히 하지 않으며, 어떤 것을 우연히 하지 않는다면 그것을 예견한 채 한다.

(P2) 어떤 것을 우연히 하지 않는다면 그것을 의도하며, 어떤 것을 의도한다면 그것을 우연히 하지 않는다.

그러므로

(C) 어떤 것을 예견한 채 한다면 그것을 의도하며, 어떤 것을 의도한다면 그것을 예견한 채 한다.

〈논변 1-1〉이 설득력이 있다고 해보자. 그렇다면 '어떤 것을 예견한다면, 그것을 의도한다'는 명제를 참으로 보아야 하며 ('A를 하면 E가 초래될 것을 예견한 채 A를 한다면, A를 함으로써 E를 초래하고자 의도한다'고 보아야 하며), 따라서 〈몰로니 사건〉의 1심 판사 등의 견해가 옳다고 보아야 한다. 〈논변 1-1〉이 설득력이 있는가?

〈논변 1-1〉 역시 타당할 뿐 아니라 〈step 1〉인 (P1)이 참이므로, 〈논변 1-1〉을 부정하고자 한다면 두 가지 전략을 고려할 수 있다. 먼저 (P2)가 거짓임을 입증함으로써 〈논변 1-1〉이 '건전한 논증sound argument'이 아님을 보여주는 전략을 택할 수 있다.[97] 하지만 위의 전략을 택해서는 (C)가 거짓임을 보여줄 수 없다. 즉, (P2)를 타깃으로 삼을 경우 〈논변 1-1〉에 의존해서는 (C)가 참임을 입증할 수 없다는 것을 보여주는 데서 만족해야 한다. 따라서 (C)를 직접 공략함으로써 '어떤 것을 예견한다면, 그것을 의도한다'는 명제가 거짓임을 보여주는 동시에 (P2) 역시 거짓임을 보여주는 전략도 고려할 수 있다. ((C)를 공략함으로써 (P2)도 공략할 수 있는 이유는 곧 설명될 것이다.)

먼저 첫째 전략을 생각해보자. 〈논변 1−1〉이 타당하며 (P1)이 참이라는 말은 (C)가 참인지의 여부가 (P2)가 참인지에 달렸다는 말과 다르지 않다. (P2)에 따르면, 어떤 것을 우연히 하지 않는다면 그것을 의도하며, 어떤 것을 의도한다면 그것을 우연히 하지 않는다. 따라서 '어떤 것을 우연히 하지 않는데도 불구하고 그것을 의도하지 않는 경우' 또는 '어떤 것을 의도하는데도 불구하고 그것을 우연히 하는 경우'가 있을 수 있다면 (P2)는 거짓으로 보아야 한다.

어떤 것을 의도하는데도 불구하고 그것을 우연히 하는 경우가 있을 수 있는가? 〈몰로니 사건〉의 몰로니를 의도적인 살인 혐의로 기소한 검찰이 몰로니가 우연히 아버지를 숨지게 했다는 주장을 하지 않았으며, 하이엄을 의도적인 살인 혐의로 기소한 〈하이엄 사건〉의 검찰 역시 하이엄이 우연히 상대 여성의 두 아이를 숨지게 했다는 주장을 하지 않았다. 오히려 변호인 측은 그와 같은 주장을 함으로써 몰로니에게 그리고 하이엄에게 의도적인 살인죄를 적용할 수 없다는 입장을 취할 수 있었다. 바꿔 말하면 '어떤 것을 의도하는데도 불구하고 그것을 우연히 하는 경우'가 있을 수 있다는 것은 이치에 맞지 않는다고 보아야 한다.

'어떤 것을 우연히 하지 않는데도 불구하고 그것을 의도하지 않는 경우'는 어떠한가? 그와 같은 경우를 제시함으로써 (P2)를 공략할 수 있으나, 5.5.와 5.6.에서의 논의 과정에서 그와 같은 경우가 있을 수밖에 없다고 보아야 하는 이유가 자연스럽게 드러날 것이다. 5.5.와 5.6.에서의 논의 과정를 통해 우연히 하지 않는다는 것 이외의 다른 필요조건들이 제시될 것이며, 이는 어떤 것을 우연히 하지 않는다는 것이 그것을 의도한다는 것의 필요충분조건이 될 수 없다는 말과 다르지 않기 때문이다. 바꿔 말하면, (P2)가 참이기 위해서는 우연히 하지 않는다는 것 이외에 다른 필요조건이 없어야 하므로, 우연히 하지 않는다는 것 이외의 다른 필요조건을 제시함으로써 (P2)가 거짓이라는 결론에 이를 수 있다. 이렇듯 앞으로의 논의가 보여줄 바와 같이 (P2)가 거짓이므로, 〈논변 1-1〉에 의존해서는 (C)가 참임을 입증할 수 없다고 보아야 한다.

　뿐만 아니라 (C)를 직접 공략함으로써도 (P2)가 거짓임을 보여줄 수 있다. 〈논변 1-1〉은 타당할 뿐 아니라 (P1)이 참이다. 따라서 (C)가 거짓이라면, 다음과 같이 (P2)가 거짓이라는 결론을 얻을 수 있다.

〈논변 2〉

(P1) 〈논변 1-1〉은 타당하다.

(P2) 〈논변 1-1〉의 (P1)과 (P2) 모두 참이라면, 〈논변 1-1〉의 (C)는 참이다. ((P1)으로부터)

(P3) 〈논변 1-1〉의 (C)는 거짓이다.

(P4) 〈논변 1-1〉의 (P1)과 (P2) 중 적어도 하나는 거짓이다. ((P2)와 (P3)으로부터)

(P5) 〈논변 1-1〉의 (P1)은 참이다.

　그러므로

(C) 〈논변 1-1〉의 (P2)는 거짓이다. ((P4)와 (P5)로부터)

　〈논변 2〉의 (P3)이 참이라고 해보자. 즉, 〈논변 1-1〉의 (C)가 거짓이라고 해보자. 그렇다면 〈논변 2〉의 (P5)가 참이므로, 즉 〈step 1〉인 〈논변 1-1〉의 (P1)이 참이므로, 〈논변 1-1〉의 (P2)는 거짓이라는 〈논변 2〉의 (C)가 참이다. 〈논변 2〉의 (P3)가 참임을 어떻게 입증할 수 있는가? 해답의 단초는 '예견한다'는 것과 '의도적으로 한다'는 것 그리고 '의도적으로 한다'는 것과 '의도한다'는 것의 상관관계에서 찾을 수 있다. 〈step 3〉이 참이므로 어떤 것을 예견하지 않은 채 그것을 의도적으로 할 수는 없는 반면, 5.3.에서 논의된 바와 같이 어떤 것을 의도하지 않은 채 그것을 의도적으로 할 수 있으므로, 다음과 같이 〈논변 2〉의 (P3)가 참이라는 결론에 이를 수 있기 때문이다.

⟨논변 3⟩

(P1) 어떤 것을 예견하지 않은 채 그것을 의도적으로 할 수 없다.

(P2) 어떤 것을 의도하지 않은 채 그것을 의도적으로 할 수 있다.

　그러므로

(C) 어떤 것을 의도하지 않은 채 그것을 예견한 채 할 수 있다.

⟨논변 2⟩의 (P3)이 거짓이라면, 어떤 것을 의도하지 않은 채 그것을 예견한 채로 할 수 없어야 한다. 하지만 ⟨논변 3⟩의 (P1)과 (P2)로부터 ⟨논변 3⟩의 (C), 즉 어떤 것을 의도하지 않은 채 그것을 예견한 채로 할 수 있다는 결론이 도출되며, ⟨논변 3⟩의 (P1)과 (P2)가 참이므로 ⟨논변 3⟩의 결론인 (C) 역시 참으로 보아야 한다. 즉, ⟨논변 2⟩의 (P3)을 참으로 보아야 한다. (⟨논변 2⟩의 (P3)이 참임은 다음과 같이 설명될 수도 있다. ⟨논변 2⟩의 (P3)이 거짓이라고 해보자. 즉, '어떤 것을 예견한 채 했다면, 그것을 의도했다'고 해보자. 그렇다면 ⟨step 3⟩이 참이므로, '어떤 것을 의도적으로 했다면, 그것을 의도했다'는 명제가 참이라야 한다. 하지만 5.3.에서 논의된 바와 같이 위의 명제가 거짓이므로, ⟨논변 2⟩의 (P3)은 참으로 보아야 한다.)

뿐만 아니라 '자발적으로 한다'는 것과 '예견한다는 것'의 상관관계 및 '자발적으로 한다'는 것과 '의도한다'는 것의 상관관계에 의존해서도 ⟨논변 2⟩의 (P3)를 옹호할 수 있다. 5.5.에서 밝혀질 바와 같이 다음의 두 조건을 충족시킨다는 것이 A를 함으로써 E를 자발적으로 초래한다는 것의 필요충분조건이다.

첫째, A를 하면 E가 초래될 것을 예견한 채로 A를 한다.

둘째, A를 하지 않을 수 있는 선택의 여지가 있는데도 A를 한다.

자발적인 행위를 이와 같이 정의할 수 있다는 것은 어떤 것을 예견한 채 한다는 것이 그것을 자발적으로 한다는 것의 필요조건이지만 충분조건은 아니라는 말과 다르지 않다. 또한 5.5.에서 논의될 바와 같이 '어떤 것을 의도한다면, 그것을 자발적으로 한다'고 보아야 하지만, '어떤 것을 의도하지 않은 채 그것을 자발적으로 할 수 있다'고 보아야 한다. 이는 어떤 것을 자발적으로 한다는 것이 그것을 의도한다는 것의 필요조건이지만 충분조건은 아니라는 말과 다르지 않으므로, 다음과 같이 〈논변 2〉의 (P3)이 참이라는 결론에 이를 수 있다.

(P1) 어떤 것을 예견한 채 한다는 것이 그것을 자발적으로 한다는 것의 필요조건이지만 충분조건은 아니다.

(P2) 어떤 것을 자발적으로 한다는 것이 그것을 의도한다는 것의 필요조건이지만 충분조건은 아니다.

   그러므로

(C) 어떤 것을 예견한 채 한다는 것이 그것을 의도한다는 것의 필요조건이지만 충분조건은 아니다. (〈논변 2〉의 (P3)이 참이다).

이상에서 알아본 바와 같이 '의도한다'는 것과 '예견한다'는 것의 상관관계에 대한 물음을 놓고 앞서 열어둔 다음의 세 가능성 중 (ㄴ)을 참으로 보아야 한다.

(ㄱ) 어떤 것을 예견했다면, 그것을 의도했다. (어떤 것을 예견한다는 것이 그것을 의도한다는 것의 충분조건이다.)

(ㄴ) 어떤 것을 의도했다면, 그것을 예견했다. (어떤 것을 예견한다는 것이 그것을 의도한다는 것의 필요조건이다.)

(ㄷ) 어떤 것을 예견했다면 그것을 의도했으며, 어떤 것을 의도했다면 그것을 예견했다. (어떤 것을 예견한다는 것이 그것을 의도한다는 것의 필요충분조건이다.)

'의도한다'는 것과 '예견한다'는 것이 (ㄴ)의 관계에 놓여 있으므로, 어떤 것을 의도한다면 그것을 예견한 채로 하지만, 어떤 것을 예견한 채로 한다고 해서 반드시 그것을 의도하는 것은 아니라고 보아야 한다. 이렇듯 〈몰로니 사건〉 1심재판 판사, 〈스미스 사건〉 도노반 1심재판 판사와 컬뮤어, 데닝, 파커 대법관, 〈하이엄 사건〉의 딜혼 대법관과 크로스 대법관, 시지윅, 윌리엄스, 치솜 등의 견해를 수용할 수 없으며, 잉글랜드와 웨일스 법위원회 1989년 형법안과 1993년 보고서, 살인과 종신형에 관한 상원 특별위원회 1989년 보고서, 아일랜드 법개정위원회 2001년 자문논문 등의 내용 역시 수용할 수 없다.

어떤 것을 예견한다는 것이 그것을 의도한다는 것의 필요조건이라면, 예견한다는 것 이외의 다른 필요조건(들)은 무엇인가? '자발적으로 한다'는 것과 '의도적으로 한다'는 것 그리고 '자발적으로 한다'는 것과 '의도한다'는 것의 상관관계를 짚어보는 것으로 위의 물음에 대한 논의를 시작하기로 하자.

5.5. 어떤 것을 의도한다는 것의 필요조건
– 자발적으로 한다는 것과 의도한다는 것의 상관관계를 중심으로

5.5.1. 자발적으로 한다는 것

최면을 악용한 사건

"1934년, 프란츠 발터라는 하이델베르크의 한 최면술사가 기차 안에서 한 여인을 만나, 단지 그녀의 손을 만짐으로써 그녀를 최면상태에 빠뜨리고 그녀를 강간한 후 자기를 위해 매춘부로 일할 것을 명령했다고 한다. 이어 그는 그녀에게 남편을 여러 번 죽이도록 명령했으나 이것이 실패로 끝나자 자살하라고 명령했고, 이에 그녀는 두 번이나 통행인에게 구조되었다고 한다. 마침내 한 경찰의사가 그녀가 최면에 걸려 진상에 대해 침묵을 지키도록 명령받은 것으로 짐작하여, 그녀로 하여금 기억을 털어놓게 하는 데 성공했다고 한다. … 최면을 악용한 범죄에서, 피해자들은 그 암시를 분명 거부했는데도 몸이 저절로 거기에 반응했다고 한다. 즉 최면가가 자신의 의지로 피험자의 의지를 강제로 눌러서 암시를 하는 것이 가능하다는 것이다"(디지털타임스, 2006. 02. 02).

옴진리교 가스 테러 사건

"1995년 3월 20일 오전 8시경, 관청 밀집지역인 가스미가세키역의 5개 전동차 안에서 독가스가 동시다발적으로 살포되어 5,500여 명이 눈과 코에서 피를 흘리는 등 심각한 중독현상으로 쓰러졌다. 이 중 12명이 목숨을 잃었다. … 수사 결과 … 옴진리교 아사하라 쇼코(痲原彰晃) 교주가 …교단 간부에게 독가스 살포를 지시함으로써 야기되었음이 드러났다. … 이 사건으로 아사하라를 비롯한 옴진리교 간부 및 신자 29명이 살인 및 살인미수 혐의로 기소되었다"(네이버 백과사전).

〈최면을 악용한 사건〉에서 살해 명령을 받은 여성이 의지가 억압당한 상태에서 남편을 살해하는 데 성공했다고 해보자. 최면 암시를 거부하려 해도 몸이 저절로 암시 내용에 반응했다면, 그녀로 인해 남편이 사망했고 남편이 사망할 것을 예견한 채 흉기를 휘둘렀어도 그녀에게 의도적인 살인죄를 적용할

수는 없다. 〈옴진리교 가스 테러 사건〉에서 역시 독가스를 살포한 옴진리교 신도들로 인해 12명이 목숨을 잃었으며, 시민들이 목숨을 잃게 될 것을 예견한 채 독가스를 살포했다. 하지만 그들이 살인 혐의로 기소되었듯이, 그들에게는 마땅히 살해의도가 있었다고 보아야 한다. 이렇듯 살해의도가 있었는지의 물음을 놓고 상대의 죽음을 야기했는지 또는 예견했는지의 여부가 그들 두 경우를 차별할 수 있는 준거는 될 수 없다. (위의 두 예가 '어떤 것을 예견한다는 것이 그것을 의도한다는 것의 충분조건이 될 수 없다'는 5.2.와 5.4에서의 필자의 주장을 뒷받침하는 예도 될 수 있다.)

어떤 이유에서 최면에 걸린 여성에게는 의도적인 살인죄를 적용할 수 없는 반면 옴진리교 신도들에게는 그것이 가능한가? 모범형법전 '2·01조 2항'은 자발적이지 않은 행위는 범죄행위에 해당되지 않는다고 규정하고, 자발적인 행위로 볼 수 없는 네 경우를 제시한다.

a. 반사작용 또는 경련
b. 무의식 또는 수면 중의 신체동작

c. 최면 중의 또는 최면 암시로 인한 동작
d. 의식적으로나 습관적으로는 하지 않았을 또는 하고자 노력을 기울이지 않았을 신체동작

'a~d'를 자발적인 행위로 볼 수 없다는 데 대해 그리고 그들로 인해 죄의 요소가 되는 위험이 발생했더라도 범죄행위 구성요건을 충족시키지 못한다는 데 대해 이견을 보이기 어렵다. 커피숍 천장이 내려앉아 천장에 있던 쥐가 P의 머리에 떨어졌다. P가 엉겁결에 쥐를 쳐냈으나 옆 테이블에 있던 Q의 얼굴로 떨어져 Q가 심장마비로 사망했다. 쥐를 쳐낸 것은 자발적인 행위가 아닌 'a', 즉 반사작용으로서 범죄행위 구성요건을 충족시키지 못한다고 보아야 한

다. (타인의 법익을 침해하지 않을 주의의무를 위반한 경우로도 볼 수 없다.) 따라서 P는 형사처벌 대상이 될 수 없으며, 더욱이 Q가 사망했다는 이유로 그에게 의도적인 살인죄를 적용할 수 없다.

마찬가지로 〈최면을 악용한 사건〉에서 살해 명령을 받은 여성이 남편을 살해하는 데 성공했어도 자발적인 행위가 아닌 최면 암시로 인한 동작으로 남편이 사망했다고 보아야 한다. 따라서 (주의의무를 위반한 경우가 아니라면) 형사처벌 대상이 될 수 없다고 보아야 한다. 이렇듯 그녀에게 의도적인 살인죄를 적용할 수 없는 이유는 자발적으로 남편을 살해한 것이 아니기 때문이라는, 또는 남편이 사망한 것이 자발적인 행위의 결과가 아니기 때문이라는 설명이 가능하다.

모범형법전 '2·01조 2항 'b'가 규정하고 있듯이 최면 암시로 인한 동작을 자발적인 행위의 범주에 넣을 수 없으며, 'c', 'd' 역시 자발적인 행위로 볼 수 없다. 그렇다면 어떤 이유에서 'a∼d'를 자발적인 행위의 범주에서 제외시켜야 하는가? 위의 물음이 우리의 관심사인 '자발적으로 한다는 것'과 '의도한다는 것'의 상관관계를 규명할 수 있는 단초를 제공한다.

〈스틴 사건〉에서 스틴은 적을 도우려는 의도를 가지고 적을 도왔다는 혐의로 영국 검찰에 기소되어 1심에서 3년 징역형을 언도받는다. 하지만 상원의 데닝 대법관은 처와 두 아들을 강제수용소로 보내겠다는 게슈타포의 협박을 이기지 못해 적을 도왔기에 적에게 도움이 되길 바랐다고 볼 수 없으며, 따라서 적을 돕고자 의도했다고 볼 수 없다는 입장을 취한다. 게슈타포의 협박을 이기지 못해 적의 선전방송에 동참했다는 데닝 대법관의 견해를 어떤 의미로 이해해야 하는가?

아이를 유괴한 유괴범에게 몸값을 건넨 부모가 자발적으로 돈을 건넸다고 할 수 없다. 그렇게 보아야 하는 이유는 유괴범의 협박으로 소극적인 자유 negative liberty가 박탈된 상태에서 내린 결정이기 때문이라는 설명이 가능하다. 박찬욱 감독의 '쓰리 몬스터〈컷〉'에서 지호 부부를 납치한 괴한이 지호에게 생면부지인 아이를 죽이지 않으면 아내와 아이 모두 죽이겠다는 협박을 가했다면, 지호가 아이의 목을 졸라 숨지게 했어도 자발적으로 아이를 숨지게 한 것이 아니라고 보아야 한다. 그 이유는 지호에게 소극적인 자유가 없었기 때문이며, 아우슈비츠 수용소에서 생을 마친 유대인이 자발적으로 가스실로 들어갔다고 할 수 없는 이유도 그들에게 소극적인 자유가 없었기 때문이라고 설명될 수 있다. 마찬가지로 스틴이 게슈타포의 협박으로 적의 선전방송에 동참할 수밖에 없었다는 데닝 대법관의 견해도 스틴이 자발적으로 동참한 것이 아니라는 의미로 보아야 하며, 그렇게 보아야 하는 이유 역시 스틴에게 소극적인 자유가 없었다는 데서 찾을 수 있다.[98]

모범형법전 '2·01조 2항'이 규정하고 있듯이 자발적인 행위가 아닌 경우는 범죄행위 구성요건을 충족시키지 못한다고 보아야 한다. 따라서 데닝 대법관의 견해를 그와 같이 이해하는 것이 그가 패널로 참여했던 상원에서 스틴에게 무죄를 선고한 항소심 재판부의 손을 들어준 데 대한 설명도 될 수 있다. (우리의 형법도 강요된 행위는 처벌 대상이 되지 않는다고 규정하고 있다. 형법 (강요된 행위) 제12조 "저항할 수 없는 폭력이나 자기 또는 친족의 생명 신체에 대한 위해를 방어할 방법이 없는 협박에 의하여 강요된 행위는 벌하지 아니한다".) 이렇듯 'a~d' 뿐 아니라 유·무형의 외압이나 강요로 소극적인 자유를 누리지 못한 상태에서의 행위 역시 자발적인 행위가 될 수 없다고 보아야 하며, 따라서 그로 인해 죄의 요소가 되는 위험이 발생했더라도 처벌 대상은 될 수 없다고 보아야 한다.

적극적인 자유positive liberty가 박탈된 상태에서의 행위는 어떠한가?

포템파 사건

1993년 11월 22일, 유방 절제술 후유증으로 통증에 시달리던 포템파 Susan Potempa가 집 차고에서 추수감사절 풋볼 게임을 보고 돌아온 남편과 아들에 의해 심하게 구타당한 시신으로 발견된다. 우발적인 살인으로 간주하고 수사를 벌이던 경찰이 사건 현장에서 세 블록도 떨어지지 않은 곳에 살고 있던 18세의 윌리엄스Reginald Williams를 범인으로 지목하며 포템파 사건은 큰 사회적 반향을 일으킨다. 숨지기 전 네 명의 이웃에게 자신을 죽여달라고 요청했으나 거절당하자 현금 2,100불을 건네고 윌리엄스에게 동의를 구해 살해당했기 때문이다. 포템파의 동의 하에 그녀를 숨지게 했는데도 불구하고 1급살인 혐의로 기소된 윌리엄스는 징역형 26년을 언도받는다.

러시안 룰렛 게임 예

유람선이 전복돼 승객들이 바다로 내던져졌으나, A와 B, C는 구명보트에 올라탈 수 있었다. 하지만 2인승 보트가 무게를 이기지 못하자 A가 러시안룰렛 게임을 제안한다. 게임 도중 B가 숨져 표류하던 A와 C는 무사히 구조된다.

〈포템파 사건〉의 윌리엄스는 동의 하에 포템파를 숨지게 했다. 그런데도 검찰이 그를 1급살인 혐의로 기소한 이유는 무엇인가? 가족에게 신장을 기증했다는 미담과 달리 심장을 기증했다는 이야기를 들어보지 못했다. 현행법에 따르면 생명권은 포기나 양도 가능하지 않은 권리이기에 (뇌사자가 아닌 기증자로부터) 심장을 적출한 의사가 있다면 살인 혐의로 기소될 수 있기 때문이다. 마찬가지로 〈포템파 사건〉의 윌리엄스를 1급살인 혐의로 기소한 것도 현행법이 생명권을 포기나 양도 가능하지 않은 권리로 규정하고 있기에 가능한 일이었다. 러시안룰렛 게임이 불법인 이유 역시 생명권을 그와 같은 성격의 권리로 규정하고 있다는 데서 찾을 수 있다.

생명권을 포기나 양도 가능하지 않은 권리로 보아야 하는지의 논의는 5.7로 미루고, 현행법을 따라 생명권을 그와 같은 성격의 권리로 보아야 한다고 해보자. 그렇다면 〈포템파 사건〉의 윌리엄스를 1급살인 혐의로 기소한 검찰과 그에게 중형를 선고한 재판부에 이의를 제기할 수 없다. 하지만 〈러시안룰렛 게임 예〉에서의 A와 C를 윌리엄스와 동일선상에서 취급하기 어렵다고 보아야 한다. D와 E, F가 보트를 임대해 바다 낚시를 떠났으나, 예상과 달리 고기가 잡히지 않자 D가 무료함을 달래고자 러시안룰렛 게임을 제안해 게임 도중 E가 숨졌다고 해보자. 그렇다면 D와 F를 〈러시안룰렛 게임 예〉에서의 A, C와 동일선상에서 취급할 수는 없다고 보아야 한다.

〈러시안룰렛 게임 예〉에서의 A와 C를 〈포템파 사건〉의 윌리엄스, 그리고 D, F와 동일선상에서 취급할 수 없는 이유는 무엇인가? 포템파의 요구를 들어주었을 당시 윌리엄스에게 소극적인 자유뿐 아니라 적극적인 자유도 있었다. D와 F도 다르지 않으며, 외형상 A와 C 역시 그 두 종류의 자유를 누렸다. 하지만 A와 C가 누렸던 적극적인 자유가 진정한 의미의 자유였다고는 할 수 없다. 그와 같이 보아야 하는 이유는 그들이 내릴 수 있는 선택의 폭이 극도로 제한된 상태였으며, 따라서 그들의 자율성 역시 극도로 제약을 받았기 때문이다. 다시 말해 그들에게 진정한 의미의 선택의 여지가 없었다는 것이 그들이 누렸던 적극적인 자유가 진정한 의미의 자유가 아니었다는 것을 말해주며, 따라서 윌리엄스 그리고 D, F와 달리 A와 C가 내린 선택을 진정한 의미에서의 자발적인 것이었다고 할 수 없다.

적극적인 자유가 박탈된 상태에서의 행위를 자발적인 행위로 볼 수 없다는 것으로부터, 또는 적극적인 자유가 박탈된 상태에서의 행위로 인해 죄의 요소가 되는 위험이 발생했어도 그 위험을 자발적으로 초래했다고 볼 수 없다는 것으로부터 자발적으로 한다는 것의 필요조건 하나를 유추해낼 수 있다. 〈포템파 사건〉의 윌리엄스와 달리 〈러시안룰렛 게임 예〉에서의 A와 C에게 진정한 의미의 선택의 여지가 없었다는 전제로부터 그들의 행위가 자발적인 행위가 아니라는 결론을 내릴 수 있다는 말은, A를 하지 않을 수 있었는데도 불구하고 A를 한다는 것이 자발적으로 A를 한다는 것의 필요조건이라는 말과 다르지 않다. 즉, 위의 예들로부터 '특정 결과 E를 초래하지 않을 수 있는데도 불구하고 E를 초래한다'는 것이 'E를 자발적으로 초래한다'는 것의 필요조건이라는 결론을 얻을 수 있다

— E를 자발적으로 초래한다면, E를 초래하지 않을 수 있는데도 불구하고 E를 초래한다. (A를 자발적으로 한다면, A를 하지 않을 수 있는데도 불구하고 A를 한다.)

　자발적으로 한다는 것의 필요조건을 이와 같이 이해하는 것이 모범형법전 '2·01조 2항'의 'a~d'로 인해 야기된 결과를 자발적으로 초래한 결과로 ('a~d'를 자발적인 행위로) 볼 수 없는 이유에 대한 설명이 될 수 있다. 'b'를 놓고 볼 때, 〈최면을 악용한 사건〉에서 살해 명령을 받은 여성에 의해 남편이 사망했어도 남편이 사망한 것은 최면 암시에 몸이 저절로 반응한 결과이다. 즉, 그녀에게 남편을 살해하지 않을 수 있었던 선택의 여지가 없었다고 보아야 한다. 따라서 그녀가 남편을 자발적으로 살해했다고 볼 수 없다는, 또는 남편이 사망한 결과를 자발적으로 초래했다고 볼 수 없다는 답변을 얻을 수 있다. 'a', 'c', 'd'를 자발적인 행위로 볼 수 없는 이유에 대해서도 동일한 설명이 가능하다.

(P1) E를 자발적으로 초래했다면, E를 초래하지 않을 수 있었는데도 E를 초래했다.

(P2) 'a~d'로 인해 발생된 결과는 그것들을 초래하지 않을 수 있었는데도 불구하고 초래한 결과가 아니다.

　그러므로

(P3) 'a~d'로 인해 발생된 결과는 자발적으로 초래한 결과가 아니다.

　자발적으로 한다는 것의 필요조건을 이와 같이 이해하는 것이 〈스틴 사건〉과 같이 소극적인 자유가 박탈된 상태에서의 행위를 자발적인 행위로 볼 수 없는 (소극적인 자유가 박탈된 상태에서 초래한 결과를 자발적으로 초래한 결과로 볼 수 없는) 이유에 대한 설명도 될 수 있다. 즉, 처와 두 아들을 강제수용소로 보내겠다는 협박을 받았다는 것은 그에게 달리 선택할 여지가 없었다는 말과 다르지 않다. 따라서 그가 자발적으로 나치의 선전을 방송하는 데 동참한 것이 아니라는, 또는 나치가 선전 효과를 본 결과를 자발적으로 초래하지 않았다는 설명이 가능하다.

　E를 초래하지 않을 수 있는데도 불구하고 초래한다는 것이 E를 자발적으로 초래한다는 것의 필요조건이라면, 전자가 후자의 충분조건은 될 수 없는가?

주부 코카인 운반 사건

"주부, 대학생 등을 운반책으로 동원해 1,000억 원대 코카인을 밀매한 한국인 국제 마약상이 구속 기소됐다. 마약상에게 속아 프랑스 파리 공항 등에서 코카인 소지 혐의로 체포된 주부 등 운반책 3명은 대서양 외딴섬 등지의 감옥에서 1년 반에서 최장 5년까지 억울한 옥살이를 한 것으로 확인됐다. … 경찰에 따르면 조씨는 2004~2005년 국내에서 모집한 12명 중 주부 장모(41) 씨 등 3명을 통해 남미 가이아나·페루에서 유럽으로 코카인 48.5kg을 밀수한 혐의를 받고 있다. 조씨는 "금광 원석이나 보석을 날라주면 400~500만 원을 주겠다"며 모집책을 통해 속칭 '지게꾼'을 끌어모은 것으로 조사됐다"(아시아투데이, 2011. 06. 19).

〈주부 코카인 운반 사건〉에서 주부와 대학생이 무사히 공항을 통과했다고 해보자. 그리고 그들이 운반한 코카인을 복용하고 사망자가 발생했다고 해보자. E를 초래하지 않을 수 있는데도 불구하고 E를 초래한다는 것이 E를 자발적으로 초래한다는 것의 충분조건이라면, 사망자가 발생한 결과를 주부와 대학생이 자발적으로 초래했다고 보아야 한다. 그들이 위의 결과를 자발적으로 초래했는가?

독극물 테러 사건

"경북 영천의 한 재래시장에서 드링크를 마시고 실신했던 64살 송 모 할머니가 하루 만에 숨졌습니다. 함께 쓰러졌던 72살 정 모 할머니도 치료 도중 숨졌습니다. 이들 할머니는 지난 22일 오후 시장 안 생선 좌판대 주변에서 드링크를 나눠 마신 뒤 의식을 잃었습니다. 경찰이 할머니들이 마시다 남은 드링크 병을 수거해 조사한 결과 농약 성분이 검출됐습니다. 두 할머니의 위 속에서도 동일한 성분이 검출됐습니다" (YTN, 2007. 05. 24).

〈독극물 테러 사건〉에서의 피해 할머니들은 드링크제를 마시지 않을 수 있었다. 하지만 피해 할머니들이 자발적으로 목숨을 잃는 결과를 초래한 것은 (또는 자발적으로 목숨을 끊은 것은) 아니다. 따라서 〈주부 코카인 운반 사건〉에서 역시 (주부와 대학생이 운반한 코카인을 복용하고 사망자가 발생했다고 해도) 사망자가 발생한 결과를 그들이 자발적으로 초래한 것은 아니라고 보아야 한다. 이렇듯 다음과 같이 E를 초래하지 않을 수 있는데도 불구하고 초래한다는 것이 E를 자발적으로 초래한다는 것의 충분조건이 될 수 없다는 결론을 내릴 수 있다.

(P1) E를 초래하지 않을 수 있는데도 불구하고 E를 초래한다는 것이 E를 자발

적으로 초래한다는 것의 충분조건이라면, 〈주부 코카인 운반 사건〉에서 사망자가 발생한 결과를 주부와 대학생이 자발적으로 초래했다고 보아야 한다.

(P2) 〈주부 코카인 운반 사건〉에서 사망자가 발생한 결과를 주부와 대학생이 자발적으로 초래했다고 볼 수 없다.

그러므로

(C) E를 초래하지 않을 수 있는데도 불구하고 초래한다는 것이 E를 자발적으로 초래한다는 것의 충분조건이 아니다.

이제 문제는 〈독극물 테러 사건〉에서의 피해 할머니들이 자신들의 목숨을 잃는 결과를 자발적으로 초래했다고 볼 수 없는 그리고 〈주부 코카인 운반 사건〉에서 사망자가 발생했더라도 주부와 대학생이 자발적으로 그와 같은 결과를 초래했다고 볼 수 없는 이유가 무엇인가 하는 것이다. E를 초래하지 않을 수 있는데도 불구하고 E를 초래한다는 것이 E를 자발적으로 초래한다는 것의 필요조건이라는 말은 위의 필요조건 이외 다른 필요조건(들)이 있다는 말이다. 그리고 위의 두 경우에서 문제의 결과를 자발적으로 초래했다고 할 수 없는 이유는 그 다른 필요조건(들)이 충족되지 않았기 때문이라고 보아야 한다. 그 다른 필요조건(들)이 무엇인가?

〈주부 코카인 운반 사건〉에서 주부와 대학생이 자신들이 운반하는 것이 코카인이라는 사실을 알고도 운반했다고 해보자. 그런데도 사망자가 발생한 결과를 자발적으로 초래한 결과가 아니라고 할 수 있는가? 〈철수 예〉에서 철수는 선친 원수의 차량에 원격조정 폭탄을 설치하고 원수가 차에 오르기를 기다린다. 하지만 원수가 그의 가족과 함께 차에 오르는 것을 목격하고 고심하나 결국 원격조정기의 버튼을 눌러 원수와 함께 그의 가족도 사망한다. 철수가 원수 가족이 사망한 결과를 자발적으로 초래했다는 데는 의심의 여지가 없으며, 그렇게 보아야 하는 이유는 (원격조정기의 버튼을 누르지 않을 수 있었는데도 불구하고 버튼을 눌렀다는 이유 이외에) 버튼을 누르면 원수 가족이 사망할 것을 예견한 채 버튼을 눌렀기 때문이라고 보아야 한다. 마찬가지로 〈주부 코카인 운반 사건〉에서 역시 코카인이라는 사실을 알고도 운반했다는 조건이 추가되면 사망자가 생긴 결과를 자발적으로 초래했다고 보아야 한다.

이렇듯 자발적으로 한다는 것의 필요조건으로 위의 두 조건 이외에 다른 조건은 가능하지 않다고 보아야 한다. 예컨대 바란다는 것이 자발적으로 한다는 것의 필요조건이라고 해보자. 그렇다면 〈주부 코카인 운반 사건〉에서 주부와 대학생이 사망자가 발생하길 바라지는 않았다. 따라서 그들이 운반한 코카인으로 사망자가 발생했어도 자발적으로 초래한 것이 아니라는 상식적인 답변을 내릴 수 있다. 하지만 〈철수 예〉에서 역시 철수가 원수 가족이 숨지길 바라지는 않았다. 따라서 어떤 것을 바란다는 것이 그것을 자발적으로 한다는 것의 필요조건이라면, 철수가 원수 가족이 사망한 결과를 자발적으로 초래한 것이 아니라는 반 직관적인 답변을 내릴 수밖에 없다.[99]

이상에서 알아본 바와 같이 'A를 하면 E가 초래된다는 것을 예견한 채로 A를 하며, A를 하지 않을 수 있는데도 불구하고 A를 한다'는 것이 'E를 자발적으로 초래한다'는 것의 필요충분조건으로 보아야 한다. 즉, 자발적인 행위는 다음과 같이 정의될 수 있다.

A를 함으로써 E를 자발적으로 초래할 때는 다음의 두 조건을 충족시킬 때이며 오직 그때뿐이다.
첫째, A를 하면 E가 초래될 것을 예견한 채로 A를 한다.
둘째, A를 하지 않을 수 있는데도 불구하고 A를 한다.

자발적으로 한다는 것을 이와 같이 정의할 수 있다는 것이 자발적으로 한다는 것과 의도한다는 것의 상관관계를 놓고 갖는 함의는 무엇인가? 이제 이 물음에 대한 논의를 시작하기로 하자.

5.5.2. 자발적으로 한다는 것과 의도한다는 것

5.5.1.에서 논의된 바와 같이 어떤 것을 예견한 채로 한다는 것이 그것을 자발적으로 한다는 것의 필요조건이며, 5.4.에서 논의된 바와 같이 어떤 것을 예견한 채로 한다는 것이 그것을 의도적으로 한다는 것의 필요충분조건이다. 따라서 '자발적으로 한다'는 것과 '의도적으로 한다'는 것의 상관관계는 다음과 같이 파악될 수 있다.

〈논변 1〉

(P1) 어떤 것을 자발적으로 한다면, 그것을 예견한 채로 한다.

(P2) 어떤 것을 예견한 채로 한다면, 그것을 의도적으로 한다.

　　그러므로

(C) 어떤 것을 자발적으로 한다면, 그것을 의도적으로 한다.

'자발적으로 한다'는 것과 '의도적으로 한다'는 것의 상관관계를 〈논변 1〉의 (C)의 관계로 파악해야 한다는 것이 우리의 최종 관심사인 어떤 것을 의도한다는 것의 필요충분조건이 무엇인지의 물음을 놓고 중요한 의의를 가진다. (C)에 의존해 'A를 하면 E가 초래된다는 것을 예견한 채로 A를 하며, A를 하지 않을 수 있는데도 불구하고 A를 한다'는 것이 'A를 함으로써 E를 초래하고자 의도한다'는 것의 충분조건이 될 수 없다는 것을 보여줄 수 있을 뿐 아니라, '어떤 것을 의도적으로 한다면, 그것을 하고자 의도한다'는 명제가 거짓임을 (즉, 5.3에서 논의된 단순견해가 그르다는 것을) 보여줄 수 있기 때문이다.

〈논변 2〉

(P1) A를 하면 E가 초래된다는 것을 예견한 채로 A를 하며 A를 하지 않을 수 있는데도 A를 한다면, A를 함으로써 E를 자발적으로 초래한다.

(P2) 어떤 것을 자발적으로 초래한다면, 그것을 의도적으로 초래한다.

그러므로

(P3) A를 하면 E가 초래된다는 것을 예견한 채로 A를 하며 A를 하지 않을 수
있는데도 A를 한다면, A를 함으로써 E를 의도적으로 초래한다.

논의된 바와 같이 〈논변 2〉의 (P1)은 참이다. 또한 〈논변 1〉의 (C)가 참이므
로, 즉 〈논변 2〉의 (P2)가 참이므로, 〈논변 2〉의 (P3) 역시 참이다. 따라서 다음
과 같이 〈논변 2〉에 의존해 'A를 하면 E가 초래된다는 것을 예견한 채로 A를
하며, A를 하지 않을 수 있는데도 불구하고 A를 한다'는 것이 'A를 함으로써 E
를 초래하고자 의도한다'는 것의 충분조건이 될 수 없다는 결론을 얻을 수 있
다.

〈논변 2-1〉

(P4) 'A를 하면 E가 초래된다는 것을 예견한 채로 A를 하며 A를 하지 않을 수
있는데도 불구하고 A를 한다면, A를 함으로써 E를 초래하고자 의도한다'
는 명제가 참이라면, '어떤 것을 의도적으로 한다면, 그것을 하고자 의도
한다'는 명제가 참이다.

(P5) '어떤 것을 의도적으로 한다면, 그것을 하고자 의도한다'는 명제가 참이
아니다.

그러므로

(P6) 'A를 하면 E가 초래된다는 것을 예견한 채로 A를 하며 A를 하지 않을 수
있는데도 불구하고 A를 한다면, A를 함으로써 E를 초래하고자 의도한다'
는 명제가 참이 아니다.

〈논변 2〉의 (P3)이 참이므로, 〈논변 2-1〉의 (P4)는 참이다. 즉, 'A를 하면 E
가 초래된다는 것을 예견한 채로 A를 하며 A를 하지 않을 수 있는데도 불구하

고 A를 한다면 E를 초래하고자 의도했다'는 명제가 참이라면, 단순견해가 참이라야 한다. 하지만 5.3.에서 논의된 바와 같이 단순견해는 거짓이다. (〈논변 2-1〉의 (P5)가 참이다.) 따라서 〈논변 2-1〉의 (P6)이 참이라는, 즉 'A를 하면 E가 초래된다는 것을 예견한 채로 A를 하며, A를 하지 않을 수 있는데도 불구하고 A를 한다'는 것이 'A를 함으로써 E를 초래하고자 의도한다'는 것의 충분조건이 될 수 없다는 결론에 이를 수 있다.

〈핸드 사건〉 등 지금까지 논의된 사건들을 생각하면 〈논변 2-1〉의 (P6)이 참이라는 데 선뜻 동의하기 어려울 수 있다. 'A를 하면 E가 초래된다는 것을 예견한 채로 하며 A를 하지 않을 수 있는데도 불구하고 A를 한다면, E를 초래하고자 의도한다'는 명제가 참이라는 데 의존해 〈핸드 사건〉 등에 대해 상식적인 답변을 내릴 수 있기 때문이다. 〈핸드 사건〉의 핸드는 아내를 살해하지 않을 수 있었는데도 살해했으며, 아내가 사망할 것을 예견한 채 방아쇠를 당겼다. 따라서 위의 명제가 참이라는 데 의존해 핸드가 아내를 살해하고자 의도했다는 답변을 얻을 수 있다. 뿐만 아니라 (1.2.3.에서 설명된 바와 같이 피고인의 주장에 대해 합리적인 의심을 품을 수 있는 경우 주관적인 테스트에 앞서 객관적인 테스트가 전제되어야 한다는 의미에서의 하이브리드 테스트를 적용해야 하므로) 〈스미스 사건〉의 스미스가 경찰관을, 〈몰로니 사건〉의 몰로니가 아버지를, 〈하이엄 사건〉의 하이엄이 상대 여성의 두 아이를 살해하고자 의도했다는 답변도 내릴 수 있다.

하지만 〈방파제 예 1〉을 다시 생각해보자. 방파제 양편에 각기 존과 메리가 익사 직전에 있으나, 스미스에게 구조장비가 하나밖에 없다. 구조장비를 메리에게 던져 존이 익사했다고 해도 스미스에게 존을 살해할 의도가 있었다고 할 수 없다. 즉, 스미스에게 의도적인 살인죄를 적용할 수 없으나, 'A를 하면 E가 초래된다는 것을 예견한 채로 하며 A를 하지 않을 수 있는데도 불구하고 A를 한다면, A를 함으로써 E를 초래하고자 의도했다'는 명제가 참이라면, 스미스에게 의도적인 살인죄를 적용해야 한다. 〈치료방침 예 1〉 역시 위의 명제가 거짓임을 방증하는 좋은 예가 될 수 있다. 새로이 출현한 질병으로 수많은 사람들이 죽어가고 있으나 치료제가 부족해 의사들은 치료가 용이한 환자들만을 선별적으로 치료하기로 결정한다. 따라서 치료를 받지 못해 많은 환자들이 사망했다고 해도 의사들에게 그들을 살해할 의도가 있었다고 할 수 없다. 하지만 위의 명제가 참이라면, 의사들에게 살해의도가 있었다고 보아야 한다. 치료가 어렵다고는 하나 치료를 포기하지 않았다면 생존 가능성이 있었으며, 환자들이 사망할 것을 예견한 채 치료를 포기했기 때문이다.

〈논변 2〉의 (P3)과 〈논변 2-1〉의 (P6)에 의존해 다음과 같이 5.3.에서의 필자의 주장을 뒷받침해줄 논거도 마련할 수 있다.

〈논변 2-2〉

(P4) '어떤 것을 의도적으로 한다면, 그것을 하고자 의도한다'는 명제가 참이라면, 'A를 하면 E가 초래될 것을 예견한 채 A를 하며 A를 하지 않을 수 있는데도 불구하고 A를 한다면, A를 함으로써 E를 초래하고자 의도한다'는 명제가 참이다.

(P5) 'A를 하면 E가 초래될 것을 예견한 채 A를 하며 A를 하지 않을 수 있는데도 불구하고 A를 한다면, A를 함으로써 E를 초래하고자 의도한다'는 명제가 참이 아니다.

그러므로

(P6) '어떤 것을 의도적으로 한다면, 그것을 하고자 의도한다'는 명제가 참이 아니다.

〈논변 2〉의 (P3)이 참이다. 따라서 '어떤 것을 의도적으로 한다면, 그것을 하고자 의도한다'는 명제가 참이라면, 즉 단순견해가 참이라면, 'A를 하면 E가 초래될 것을 예견한 채 A를 하며 A를 하지 않을 수 있는데도 불구하고 A를 한다면, A를 함으로써 E를 초래하고자 의도한다'는 명제가 참이라야 한다. 바꿔 말하면 〈논변 2-2〉의 (P4)는 참이나, 위의 명제가 참이 아니므로 (〈논변 2-1〉의 (P6)이 참이므로), 〈논변 2-2〉의 (P6)이 참이라는, 즉 단순견해가 그르다는 결론에 이를 수 있다.

〈논변 2-1〉로 돌아가보자. (P6)에 따라 'A를 하면 E가 초래된다는 것을 예견한 채로 A를 하며 A를 하지 않을 수 있는데도 불구하고 A를 한다'는 것이 'A를 함으로써 E를 초래하고자 의도한다'는 것의 충분조건이 될 수 없다고 보아야 한다. 그렇다면 전자가 후자의 필요조건은 될 수 있는가? 다시 말해서 다음의 두 조건이 A를 함으로써 E를 초래하고자 의도한다는 것의 필요조건일 수 있는가? 첫째, A를 하면 E가 초래될 것을 예견한 채 A를 한다. 둘째, A를 하지 않을 수 있었는데도 불구하고 A를 한다. 5.4. 등에서 논의된 바와 같이 첫째 조건을 필요조건으로 보아야 한다는 데는 반론의 여지가 없다고 보아야 한다. 둘째 조건은 어떠한가?

갑수 예

갑수는 A, B 두 행위 중 하나를 선택할 수밖에 없는 상황에 놓여 있다. A를 선택하면 E1과 E2가 초래되며, B를 선택하면 E1과 E3이 초래된다. 갑수는 그 사실을 알고도 A를 선택한다. 무고한 사람을 숨지게 하는 것이 갑수가 수립한 계획의 일부가 아니며 A를 선택한 목적도 아니다.

을수 예

을수는 C, D 두 행위 중 하나를 선택할 수밖에 없는 상황에 놓여 있다. C를 선택하면 E1과 E2가 초래되며, D를 선택하면 E1과 E4가 초래된다. 을수는 그 사실을 알고도 D를 선택한다. 무고한 사람을 숨지게 하

> 는 것이 을수가 수립한 계획의 일부가 아니며 D를 선택한 목적도 아니
> 다.

병수 예

병수는 E, F 두 행위 중 하나를 선택할 수밖에 없는 상황에 놓여 있다.
E를 선택하면 E1과 E2가 초래되며, F를 선택하면 E2와 E4가 초래된
다. 병수는 그 사실을 알고도 E를 선택한다. 무고한 사람을 숨지게 하
는 것이 병수가 수립한 계획의 일부가 아니며 E를 선택한 목적도 아니
다.

'E1 ~E4'의 내용이 다음과 같다는 것을 갑수, 을수, 병수 모두 잘 알고 있
다고 해보자. 그렇다면 갑수와 을수에게는 의도적인 살인죄를 적용해야 하는
반면 병수에게는 가능하지 않다고 보아야 한다.[100]

E1 = 10만 원 수익을 올린다.
E2 = 무고한 2명이 목숨을 잃는다.
E3 = 2만원 손해를 본다.
E4 = 무고한 10명이 목숨을 잃는다.

갑수와 을수를 의도적인 살인죄로 처벌하는 것은 가능한 반면 병수에게는
그것이 가능하지 않다는 것이 어떤 의미인가? 병수에게 살해의도가 있었다면
(병수가 2명의 죽음을 초래하고자 의도했다면), 의도적인 살인죄를 적용할 수 있
어야 한다. 즉, 병수에게 의도적인 살인죄를 적용할 수 없다면, 그에게 살해의

도는 없었다고 (병수가 2명의 죽음을 초래하고자 의도하지 않았다고) 보아야 한다. 이렇듯 갑수, 을수와 달리 병수에게 의도적인 살인죄를 적용할 수 없는 이유를 알아봄으로써 의도한다는 것의 필요조건을 파악할 수 있다.

갑수와 을수에게는 의도적인 살인죄를 적용할 수 있는 반면 병수에게는 그것이 가능하지 않은 이유는 무엇인가? 셋 모두 무고한 사람들이 목숨을 잃게 될 것을 예견했으므로, 예견했는지의 여부에 의존해 그들을 차별할 수 없다. 또한 무고한 사람의 생명을 빼앗는 것이 그들의 목적도, 계획의 일부도 아니었다. 목숨을 잃길 바랐는지의 여부 역시 그들을 차별할 수 있는 근거가 될 수 없다. 갑수가 2명의 무고한 사람이 숨지길 바라서 A를 선택한 것은 아니라고 해보자. 하지만 3.2.에서 논의된 바와 같이 '어떤 것을 의도한다면, 그것을 바란다'는 명제가 참이 아니므로 (어떤 것을 바란다는 것이 그것을 의도한다는 것의 필요조건이 아니므로), 그가 2명의 무고한 사람이 숨지길 바라지 않았다는 것이 그에게 살해의도가 없었다는 것을 보여주지는 못한다. 을수는 갑수와 달리 어떤 선택을 하든 10만 원의 수익을 올릴 수 있었다. 그럼에도 불구하고 D를 선택한다는 것은 한 명이라도 더 목숨을 잃길 바랐기 때문이라고 볼 수 있다. 하지만 3.2.에서 논의된 바와 같이 '어떤 것을 바란다면, 그것을 의도한다'는 명제 역시 참이 아니다. 즉, 어떤 것을 바란다는 것이 그것을 의도한다는 것의 충분조건이 아니므로, 한 명이라도 더 숨지길 바랐다는 것이 그에게 살해의도가 있다고 보아야 하는 이유가 될 수 없다.

그렇다면 그들을 차별할 수 있는 근거는 무엇인가? 병수에게는 2명의 죽음을 피해갈 수 있는 선택의 여지가 없었다. 따라서 대안 가능성의 원칙에 따라 그에게 2명의 죽음에 대한 책임을 물을 수 없다. 하지만 갑수는 2명의 죽음을 그리고 을수는 (C를 선택해도 2명은 목숨을 잃을 수밖에 없으므로) 8명이 숨지는 결과를 초래하지 않을 수 있었는데도 불구하고 그와 같은 결과를 초래했다. 따라서 갑수와 을수에게는 각기 2명과 8명을 숨지게 한 데 대한 책임을 물을 수 있는 요건이 충족되었다고 보아야 한다.

이렇듯 의도적인 살인죄를 적용할 수 있는지의 물음을 놓고 2명과 8명이 숨진 결과를 초래하지 않을 수 있었는데도 불구하고 초래했는지의 여부가 갑수, 을수와 병수를 차별할 수 있는 근거가 될 수 있으며, 따라서 위의 세 예에 의존해 다음과 같이 'E를 초래하지 않을 수 있었는데도 불구하고 초래한다'는 것이 'E를 초래하고자 의도한다'는 것의 필요조건이라는 것을 유추할 수 있다.

(P1) 의도적인 살인죄를 적용할 수 없다면, 살해의도가 없었다고 보아야 한다.

(P2) 무고한 사람을 사망케 하지 않을 수 있었는데도 불구하고 사망케 한 것이 아니라면, 그 사람을 사망케 한 데 대해 의도적인 살인죄를 적용할 수 없다.

그러므로

(P3) 무고한 사람을 사망케 하지 않을 수 있었는데도 불구하고 사망케 한 것이 아니라면, 그 사람을 살해할 의도가 없었다고 보아야 한다. (무고한 사람을 살해할 의도가 있었다면, 그 사람의 죽음을 초래하지 않을 수 있었는데도 불구하고 초래했다.)

살해의도가 있었다면 의도적인 살인죄를 적용해야 한다는 것은 개념적으로 참이다. 다시 말해 (P1)이 참임을 부정할 수 없다. 또한 다음의 두 명제로부터 (P2)가 도출되므로, (P2) 역시 참으로 보아야 한다. '병수를 의도적인 살인죄로 처벌할 수 없다'. '갑수, 을수와 병수의 차이는 갑수와 을수의 경우 각기 2명과 8명의 죽음을 초래하지 않을 수 있었는데도 불구하고 초래한 반면 병수는 2명의 죽음을 피해 갈 수 없었다'. 이렇듯 (P1)과 (P2)가 참이므로, (P3)을 참으로 보아야 한다. 즉, 'E를 초래하지 않을 수 있는데도 불구하고 초래한다'는 것을 'E를 초래하고자 의도한다'는 것의 필요조건으로 보아야 한다.

이상 논의된 바와 같이 'A를 함으로써 E를 초래하고자 의도한다면, A를 하면 E가 초래될 것을 예견한 채로 A를 하며 A를 하지 않을 수 있는데도 불구하고 A를 한다'는 것을 알 수 있었다. 즉, 지금까지의 논의를 통해 A를 함으로써 E를 초래하고자 의도한다는 것의 필요조건으로 다음의 두 조건을 밝혀낼 수 있었다.

첫째, A를 하면 E가 초래된다는 것을 예견한 채로 A를 한다.
둘째, A를 하지 않을 수 있는데도 불구하고 A를 한다.

〈논변 2-1〉로 알 수 있었듯이 위의 두 조건 모두를 충족시킨다는 것이 'A를 함으로써 E를 초래하고자 의도한다'는 것의 충분조건이 될 수 없으며, 따라서 충분조건을 규명하기 위해서는 위의 두 조건 이외의 다른 필요조건(들)을 파악해야 한다. 이제 그 다른 필요조건이 어떤 조건(들)이 될 수 있는지에 대한 논의에 들어가기로 하자.

5.6. 어떤 것을 의도한다는 것의 필요충분조건

5.6.1. 계획의 일환으로 초래한다는 것

나치 장애인 학살 사건

제2차 세계대전이 발발한 1939년, 장애인과 병자를 청소하라는 히틀러의 명령으로 'T 4 작전Aktion T 4'란 코드명의 안락사 프로그램이 시작된다. 프로그램 운영자들은 장애가 있거나 장애로 의심되는 신생아와 영아를 첫 제거 대상으로 삼는다. 특수시설에서 치료해주겠다고 속여

부모로부터 데려온 아이들은 산파나 의사가 작성한 보건부 설문지를 읽은 세 명의 판정관으로부터 파란색 '−' 판정을 받으면 죽임을 모면할 수 있었으나, 빨간색 '+' 판정을 받으면 약물이나 굶주림으로 죽임을 당해야 했다. 부모에게 통보된 대부분의 사망원인은 폐렴이었다. 제거 대상은 곧바로 장애를 가진 유아와 성인 그리고 만성질환자로 확대되며, 유대인, 흑인, 집시 등 독일계 혈통이 아닌 사람들까지도 그 대상에 포함된다. 1941년 8월 3일, 뮌스터Münster의 갈렌Clemens von Galen 주교가 'T 4'의 실체를 폭로하고 살인행각이라는 비난을 가하자, 히틀러는 8월 23일 프로그램 중단을 선언하고는 비밀리에 지속시켜 1945년 종전 시까지 27만 5천여 명이 희생된다.

〈방파제 예 1〉을 다시 생각해보자. 스미스가 방파제 양편에서 익사 직전에 있는 존과 메리를 발견했으나 구조장비가 하나밖에 구비되어 있지 않다. 구조장비를 메리에게 던져 존이 익사했다고 했을 때, 존이 숨질 것을 예견한 채 메리에게 구조장비를 던졌을 뿐 아니라 존에게 구조장비를 던질 수도 있었다. 이렇듯 스미스의 행위는 지금까지 밝혀낸 의도한다는 것의 두 필요조건인 'A를 하면 E가 초래된다는 것을 예견한 채로 A를 한다'는 조건과 'A를 하지 않을 수 있는데도 불구하고 A를 한다'는 조건 모두를 충족시킨다. 그렇다고 해도 5.5.2.에서 지적한 바와 같이 스미스에게 의도적인 살인죄를 적용할 수는 없는 일이다. 스미스에게 존을 살해할 의도가 있었다고 할 수 없다면, 〈나치 장애인 학살 사건〉의 경우는 어떠한가?

빨간색으로 '+' 판정을 내린 판정관은 아이들이 죽임을 당할 것을 예견한 채 사인을 했으며, 파란색으로 '−' 판정을 내릴 수 있었는데도 불구하고 빨간색으로 '+' 사인을 했다. 이렇듯 그들의 행위 역시 지금까지 밝혀낸 의도한다는 것의 두 조건 모두를 충족시킨다. 하지만 빨간색으로 '+' 판정을 내린 판정관은 〈방파제 예 1〉에서의 스미스와 달리 아이들을 살해하고자 의도했다고 보아야 한다. 이는 스미스의 행위가 충족시키지 못한 어떤 조건(들)을 판정관의 행위가 충족시켰다는 말과 다르지 않다. 따라서 판정관의 행위와 스미스의 행위의 차이점을 밝혀내는 것이 위의 두 필요조건 이외의 다른 필요조건(들)을 파악할 수 있는 해결책이 될 수 있다.

스미스는 존이 숨지길 바라지 않은 데 반해 빨간색으로 '+' 판정을 내린 판정관은 아이들이 숨지길 바랐다고 보아야 한다. 하지만 3.2.에서 논의된 바와 같이 '어떤 것을 의도한다면, 그것을 바란다'는 명제가 참이 아니므로 (어떤 것을 바란다는 것이 그것을 의도한다는 것의 필요조건이 아니므로) 바랐는지의 여부가 문제의 필요조건을 파악하는 데 도움이 되지 못한다.

상대가 숨지길 바랐는지의 여부 이외에 판정관과 스미스의 가장 두드러진 차이점으로 스미스의 경우 존을 제거하려는 계획이 없었던 반면 판정관은 히틀러에게 충성한다는 등의 계획을 수립하고 그 계획의 일환으로 장애아들을 제거했다는 점을 들 수 있다. 다시 말해 존을 제거하는 것은 (존의 죽음을 초래하는 것은) 스미스가 수립한 계획의 일부가 아니나, 장애아를 제거하는 것은 (장애아의 죽음을 초래하는 것은) 판정관이 수립한 계획의 일부라는 차이점에 근거해 'E를 초래하고자 의도한다'는 것'의 필요조건으로 '계획의 일환으로 E를 초래한다는 것'을 고려할 수 있다.

계획적으로 무고한 사람을 살해한 경우 의도적인 살인죄를 적용해야 한다는 것이 상식일 것이다. 따라서 브랫먼과 도나간은 '의도한다'는 것과 '계획한다'는 것을 불가분의 관계로 파악해 '계획의 일환으로 E를 초래한다'는 것을 'E를 초래하고자 의도한다'는 것의 필요충분조건으로 제시한다.

— 계획의 일환으로 E를 초래한다면 E를 초래하고자 의도하며, E를 초래하고자 의도한다면 계획의 일환으로 E를 초래한다.

그렇다면 구체적으로 어떤 조건(들)이 충족되어야 계획의 일환으로 E를 초래한다고 볼 수 있는가? 브랫먼은 〈테러 폭격가 예 1〉과 곧 소개될 〈전략 폭격가 예 2〉를 비교하는 것으로 위의 물음에 대한 답변을 시작한다. 그는 〈테러 폭격가 예 1〉에서 적에게 공포심을 조장하기 위해 아이들에게 폭탄을 투하한 테러 폭격가는 계획한 것의 일환으로 아이들의 죽음을 초래했다고 보아야 하는 반면, 〈전략 폭격가 예 2〉에서 군수공장 주변의 아이들이 사망했어도 전략 폭격가가 계획의 일환으로 아이들의 죽음을 초래했다고 볼 수 없다고 진단하고, 그와 같이 보아야 하는 이유로 다음의 세 이유를 제시한다.

　첫째, 테러 폭격가는 공격일자, 폭탄의 종류를 결정하는 등의 수단과 목적에 관계된 추론에 관여함으로써 아이들을 살해할 방법을 해결해야 하나, 전략 폭격가는 방법상의 문제에 봉착하지 않는다.[101] 즉, 테러 폭격가는 전략폭격투하자와 달리 '방법 해결 테스트'를 통과한다. 둘째, 테러 폭격가는 아이들을 살해하려는 의도와 양립 가능하지 않은 추후의도를 가질 수 없으나, 전략 폭격가는 그와 같은 의도를 가질 수 있다. 즉, 테러 폭격가는 전략 폭격가와 달리 다음과 같이 '추후의도 테스트'를 통과한다.

테러 폭격가 예 2

"소규모 전투부대 지휘관인 테러 폭격가가 적에게 공포심을 조장하기 위해 아이들을 살해할 계획을 세운다. 실행에 앞서 군사적 우위를 점하고자 병력이동을 명령할 것을 고려하지만 병력을 이동시킬 경우 적의 경각심을 일깨워 적이 아이들을 피신시킬 수 있다는 것을, 따라서 폭탄투하작전에 차질을 빚을 수 있다는 것을 깨달았다. 즉, 병력을 이동시키는 것이 민간인이 대피하는 예상된 결과를 초래하며 그와 같은 결과는 테러 폭격가가 이미 시행하고자 의도한 폭격작전의 의도된 결과와 양립될 수 없다는 것을 알았다".[102]

브랫먼에 따르면 테러 폭격가의 경우 병력을 이동하면 폭탄투하작전에 차질을 빚을 수 있다는 것을, 또는 작전을 성공리에 수행할 수 없다는 것을 깨달은 이상 병력을 이동시키고자 하는 의도를 가질 수 없다. 즉, "작전을 수행하고자 하는 의도와 병력을 이동시키면 작전에 성공을 거둘 수 없다는 믿음이 병력을 이동시키는 선택의 여지를 차단시킨다".[103] 하지만 그에 따르면 전략 폭격가의 경우 동일한 상황에 처하더라도 아이들이 대피하는 것과 무관하게 폭탄투하작전에 성공을 거둘 수 있으므로, 병력을 이동시키고자 하는 의도를 가질 수 있다.

셋째, 전략 폭격가와 달리 테러 폭격가는 민간인을 살해하려 노력한다. "P를 초래하고자 하는 의도는 일반적으로 P를 초래하고자 하는 노력을 기울이게 하며, 그 노력은 P를 초래하기에 적합한 행위를 하게끔 인도한다. …출격 도중 아이들이 다른 학교로 이동했다는 보고를 받았다면 목표를 수정해 그 다른 학교에 폭격을 가할 것이며, 아이들이 있는 학교가 육중한 콘크리트 벽으로 보강된 사실을 알았다면 그를 파괴하기에 적합한 특수폭탄을 사용할 것이다".[104] 이렇듯 브랫먼에 따르면 테러 폭격가는 전략 폭격가와 달리 '노력 테스트'를 통과한다.

도나간 역시 어떤 것을 초래하고자 의도한다는 것은 그것을 초래하는 것을 목적이나 수단으로서 계획의 일부로 채택한다는 의미인 반면, 어떤 것을 초래하고자 의도하지 않는다는 것은 그것을 초래하는 것을 목적이나 수단으로서 계획의 일부로 채택하지 않는다는 의미라고 주장한다. 다시 말해 도나간도 브랫먼과 견해를 함께 하여, 어떤 것을 계획의 일부로 채택한다는 것을 그것을 의도한다는 것의 필요충분조건으로 제시하고, 계획의 일부로 채택했는지의 여부를 판단할 수 있는 구체적인 방법으로 다음의 시험기준을 제안한다. A를 하면 E가 초래될 것을 예견한 채로 A를 했으나, 예기치 못하게 E가 초래되지 않았다고 상상해본다. 그리고 본래 수립했던 계획에 차질을 빚었는지, 이루고자 했던 목적이 달성되었는지를 자문해본다. E가 발생되지 않은 것과 본래 수

립했던 계획에 차질을 빚지 않는 것이 그리고 이루고자 했던 목적을 달성하는 것이 양립 가능하다면, E를 초래하고자 의도하지 않는다고 보아야 한다.[105] 이렇듯 도나간의 견해를 〈테러 폭격가 예 1〉과 〈전략 폭격가 예 2〉에 적용해도 브랫먼의 답변과 동일한 답변을 얻을 수 있다. 학교에 폭탄을 투하했으나 어린이들이 무사하다는 연락을 받았다면 테러 폭격가는 전략 폭격가와 달리 계획에 차질을 빚었다고 생각할 것이며, 목적도 이루지 못했다고 생각할 것이기 때문이다. (전략 폭격가는 '목적달성 테스트'를 통과한다.)

비난 여론에도 불구하고 전략폭격의 명맥이 끊기지 않고 있다는 점에서, 브랫먼과 도나간의 주장이 갖는 의의는 실로 적지 않다.

> ### 무인폭격기 공습 사건
>
> "미국의 무인폭격기가 예멘 남부 아비얀주(州)에서 알-카에다 연계조직의 거처를 대상으로 공습작전을 벌여 50여 명이 숨졌다고 CNN이 15일 보도했다. 예멘 보안당국 관리들에 따르면 이날 무인기의 공습은 알-카에다 연계조직으로 알려진 '안사르 샤리아'가 장악한 아비얀주 알-와티 지역의 경찰서를 표적으로 이뤄졌다. 한 관리는 '무장단체 대원들이 가족들과 함께 거주하고 있어 인명피해 규모가 컸다'고 밝혔고, 다른 현지 주민들은 사망자 중 최소 30명은 민간인들이라고 주장했다"(한국경제, 2011. 07. 15).

미국은 민간인의 거주 사실을 알고도 알-카에다 연계조직의 거처를 목표물로 설정했다. 그런데도 브랫먼의 '방법 해결 테스트', '추후의도 테스트', '노력 테스트' 모두를 통과하지 못하며, 도나간의 '목적 달성 테스트'도 통과하지 못한다. 즉, 브랫먼과 도나간의 견해에 따르면 미군이 계획의 일환으로 민간인의 죽음을 초래한 것은 아니며, 따라서 민간인을 살해하고자 의도했다고 볼 수 없다.[106] 이렇듯 그들의 견해가 설득력이 있다면 전략폭격과 같은 해묵은 문제를 해결할 수 있을 뿐 아니라, 다음과 같은 경우에 피의자에게 살해의도 가 있었다고 보아야 하는 이유도 될 수 있다.

증인살해 경찰관 사건

"서울남부지검 형사1부(부장검사 양재식)는 법정에서 자신에게 불리한 진술을 하려는 증인의 집에 불을 질러 증인을 숨지게 한 혐의(특가법상 보복범죄 살인 등)로 전직 경찰관 배모 씨(47)를 구속기소했다고 28일 밝혔다. …배씨는 당시 서울 모 경찰서에서 팀장급으로 근무하던 중 A씨와 함께 사행성 게임장을 운영한 혐의(게임산업진흥에 관한 법률위반)로 지난해 5월 구속기소됐다. A씨는 실형을 선고받고 지난해 3월부터 7월까지 교도소에서 복역했으며 배씨는 지난해 11월 보석으로 풀려나 재판을 받고 있었다. 이후 A씨가 교도소에 다녀온 대가로 배씨에게 돈을 요구하면서 사이가 벌어졌다. 배씨가 지난달 21일 A씨의 집을 찾아가 둔기로 마구 때리기도 했다. 이에 A씨는 검찰을 찾아가 그동안의 진술을 뒤집고 배씨가 사행성 게임장을 실제로 운영했다고 진술한 것이다. … 배씨는 방화 사실은 인정했으나 살해할 의도는 없었다고 말한 것으로 알려졌다"(경향신문, 2011. 01. 28).

"방화는 했으나 살해의도는 없었다"는 배씨의 주장을 받아들일 수 없다면, 그 이유로 A씨가 사망하길 바랐기 때문이라는 이유를 생각할 수 있을 것이다. 하지만 3.2.1.에서 설명된 바와 같이 '어떤 것이 초래되길 바랐다면, 그것을 초래하고자 의도했다'는 명제가 참이 아니므로, 위의 이유는 배씨에게 살해의도 가 있었다는 데 대한 설명이 될 수 없다. A씨가 숨질 것을 예견했기 때문이라고 해도 다르지 않다. 5.2.에서 설명된 바와 같이 '어떤 것이 초래될 것을 예견했다면, 그것을 의도했다'는 명제가 참이 아니기 때문이다.

하지만 배씨는 거사 일자를 결정해야 했으며, 시너를 사용할지 등의 거사 방법을 결정했어야 하는 등 수단과 목적에 관계된 추론에 관여함으로써 A씨를 제거하는 방법을 해결해야 했다. 또한 A씨를 제거하려는 의도와 양립될 수 없는 추후의도를 가질 수 없었으며, 거사 당일 A씨가 외박을 했다면 그가 있는 곳을 추적해 다른 방법으로 제거하려 하는 등의 노력을 기울였을 것이다. 이렇듯 배씨의 경우는 '방법 해결 테스트', '추후의도 테스트', '노력 테스트' 모두를 통과하며, A씨 집에 불을 질렀으나 A씨가 죽음을 모면한다면 계획에 차질을 빚으므로 도나간의 '목적 달성 테스트'도 통과한다고 보아야 한다. 이렇듯 브랫먼과 도나간의 주장이 옳다면 배씨에게 살해의도가 있었다는 결론을 손쉽게 내릴 수 있다.

지금까지의 논의를 놓고 보면 브랫먼과 도나간의 주장이 갖는 의의는 한층 더해진다. 지금까지 밝혀낸 두 필요조건과 함께 ('A를 하면 E가 초래된다는 것을 예견한 채 A를 한다'는 것 그리고 'A를 하지 않을 수 있는데도 불구하고 A를 한다'는 것과 함께) 'A를 함으로써 계획의 일환으로 E를 초래한다'는 것을 'A를 함으로써 E를 초래하고자 의도한다'는 것의 필요조건으로 보아야 할 뿐 아니라 더 이상의 다른 필요조건은 없다고 보아야 하기 때문이다. 다시 말해 그들의 주장이 설득력이 있다면 문제의 필요조건이 규명되었다고 보아야 한다.

어떤 것을 초래하지 않을 수 있는 선택의 여지가 없는데도 불구하고 (어떤 것을 초래할 수밖에 없는데도 불구하고) 그것을 초래하고자 노력한다는 것은 이치에 닿지 않는다. 즉, '어떤 것을 초래하고자 노력을 기울인다'는 데에는 '그것을 초래하지 않을 수 있는 선택의 여지가 있다'라는 의미가 함축되어 있다. 예컨대 〈나치 장애인 학살 사건〉에서의 판정관이 준비된 빨간색 펜의 잉크가 모두 닳아 궁리 끝에 인주를 사용해 '+' 판정을 내렸다는 데에는 파란색 '−' 판정을 내릴 수 있었는데도 불구하고 '+' 판정을 내렸다는 의미가 함축되어 있다. 이렇듯 브랫먼의 '노력 테스트'에는 'E를 초래케 하지 않을 수 있는 선택의 여지가 있는데도 불구하고 E를 초래했다'는 의미가 담겨있다고 보아야 한다.

'어떤 것을 초래하고자 노력을 기울였다'는 데에는 '그것을 초래하는 것이 가능하다는 것을 예견했다(알았다)'는 의미가 함축되어 있다. 다시 말해 브랫먼의 '노력 테스트'에는 'E가 초래된다는 것을 예견한다'라는 의미가 담겨 있다고 보아야 하며, '방법 해결 테스트', '추후의도 테스트' 그리고 도나간의 '목적 달성 테스트'에 대해서도 동일한 설명이 가능하다. 브랫먼과 도나간의 주장이 설득력이 있는가?

도나간의 '목적 달성 테스트'를 안락사에 적용해보자. 아직까지는 의도한다는 것의 필요충분조건을 밝혀내지 못했으나, 적어도 환자의 수명이 단축될 것을 예견한 채 정량의 모르핀을 주사하는 행위에 대해서는 환자의 수명을 단축시키고자 의도한 경우가 아니라는 상식적인 답변이 가능하다. 어떤 환자에게 통증을 덜어주기 위해 정량의 모르핀을 지속적으로 투약했으나 그 환자의 수명이 단축되지 않았다고 해보자. 그렇다고 해도 의사는 환자의 통증을 덜어준다는 목적을 이룰 수 있었으며, 그의 계획에 차질을 빚지도 않았다. 이렇듯 정량의 모르핀을 투약하는 경우에 도나간의 시험기준을 적용하면 환자를 살해할 의도가 없었다는 상식적인 답변을 얻을 수 있다. 브랫먼의 시험기준을 적용해도 다르지 않다. 환자의 수명이 단축되지 않더라도 수명을 단축시킬 수 있는 다른 방법을 간구하지 않는 등 (수명을 단축시키기 위해 노력하지 않는 등) 그가 제시한 테스트 모두를 통과할 수 없기 때문이다.

통증 치료가 가능하지 않은 환자에게 염화칼륨을 주입하는 경우는 어떠한가? 안락사를 원하는 말기환자에게 염화칼륨을 주입했으나 예기치 않게 환자가 숨을 거두지 않았다고 해보자. 그렇다면 의사는 (환자를 통증으로부터 벗어나게 해준다는) 목적을 이루지 못했으며, 그의 계획에도 차질을 빚었다고 보아야 한다. 이렇듯 도나간의 시험방법을 염화칼륨을 주입하는 경우에 적용하면 의사에게 환자를 살해할 의도가 있었다고 보아야 한다. 브랫먼의 답변을 적용해도 동일한 결론을 얻을 수 있다. 통증 없이 숨을 거두게 하는 방법을 해결해야 하며, 약물을 주입했으나 환자가 숨을 거두지 않았다면 약물의 양을 늘리는 등의 노력을 기울일 것이기 때문이다. 이렇듯 안락사 논의에 참여하고 있는 대다수가 그렇듯이 약물을 주입하는 경우는 정량의 모르핀을 주입하는 경우와 달리 살해의도가 있었다고 보아야 한다는 사람은 브랫먼과 도나간의 주장에 만족할 수 있을 것이다. 하지만 그들의 주장에 설득력이 있는지는 여전히 의문이다.

〈정두영 사건〉을 다시 생각해보자. 정두영이 2층에서 사람들이 외출하기를 기다려 거실로 내려온 사실로 미루어 알 수 있듯이, 집 안에 있는 사람들을 살해하는 것이 도나간이 말하는 의미에서의 정두영이 수립한 계획의 일부는 아니었다. 집 안에 있는 사람들과 마주치지 않았어도, 따라서 그들을 살해하지 않았어도 정두영은 계획에 차질을 빚지 않았으며 목적을 달성할 수 있었다. (오히려 그는 집 안에 있는 사람들과 마주치면 목적을 달성하지 못할 수도 있다고 생각했다.) 이렇듯 정두영의 경우는 도나간의 '목적 달성 테스트'를 통과하지 못한다. 즉, 정두영이 계획의 일환으로 집주인과 가정부를 살해했다고 볼 수 없다. 따라서 도나간의 시험기준을 적용하면 정두영에게 집 안에 있던 사람들을 살해할 의도가 없었다고 보아야 한다. (도나간에 따르면, 'E를 초래하고자 의도했다면, 계획의 일환으로 E를 초래했다'.)

브랫먼의 시험기준을 적용해도 결과는 다르지 않다. 정두영의 입장에서 돈을 훔치려는 의도와 양립될 수 없는 추후의도를 가질 수는 없었다. 예컨대 집주인과 가정부를 살해하지 않으면 돈을 훔칠 수 없다는 판단이 섰다면, 그들을 살해하지 않고자 의도할 수 없었다. 돈을 훔치려는 의도와 집 안에 있는 사람들을 살해하지 않으면 돈을 성공적으로 훔칠 수 없다는 믿음이 집 안에 있는 사람들을 살해하지 않는다는 선택의 여지를 차단시켰을 것이나, 범행에 앞서 집 안에 있는 사람들을 살해할 시점과 범행도구를 결정하는 등의 수단과 목적에 관계된 추론에 관여함으로써 그들을 살해하는 방법을 해결해야 했던 것은 아니다.

뿐만 아니라 정두영이 출타 중인 집주인이 돌아오기를 기다리는 등의 집주인을 살해하려는 노력을 기울이지 않았다. 이렇듯 정두영의 경우는 브랫먼이 제시한 첫째, 셋째 테스트를 통과하지 못하며, 따라서 집 안에 있는 사람들을 살해하는 것이 브랫먼이 말하는 의미에서의 정두영이 수립한 계획의 일부라고 할 수 없다. 즉, 정두영이 계획의 일환으로 집 안에 있던 사람들을 살해했다고 볼 수 없으며, 따라서 브랫먼의 시험기준을 적용하면 정두영에게 집 안에 있던 사람들을 살해할 의도가 없었다고 보아야 한다. 정두영에게 의도적인 살인죄를 적용하지 말아야 하는가? 그에게 의도적인 살인죄를 적용할 수 없다면, 의도적인 살인죄를 적용할 수 있는 대상은 없다고 보아도 무방할 것이며, 따라서 처벌 근거로서의 의도라는 개념 자체가 무의미하다고 보아야 한다.

〈폭탄제거자 예 1〉, 〈폭탄제거자 예 2〉, 〈폭탄제거자 예 3〉 역시 브랫먼과 도나간이 말하는 '계획의 일환으로 E를 초래한다'는 것이 'E를 초래하고자 의도한다'는 것의 필요조건이 될 수 없는 이유를 말해준다. 위의 세 예에서 모두 폭탄이 폭발하지 않았어도 책은 파손되지 않았다. 다시 말해 메리가 사망하지 않았어도 계획에 차질을 빚지 않았으며 목적을 달성할 수 있었다. 이렇듯 위의 세 예 모두 도나간의 '목적 달성 테스트'를 통과하지 못하며, 따라서 메리를 살해할 의도가 없었다는 납득할 수 없는 답변을 내려야 한다.

브랫먼의 시험기준을 적용해도 나아질 것이 없다. 위의 세 예에서 모두 책을 보호하려는 의도와 양립될 수 없는 추후의도는 가질 수 없다. 하지만 메리를 효과적으로 살해할 수 있는 폭탄의 종류를 결정하는 등의 수단과 목적에 관계된 추론에 관여함으로써 메리를 살해하는 방법을 해결해야 했던 것은 아니다. 뿐만 아니라 폭탄이 폭발했음에도 불구하고 메리가 생존했다고 해도 메리를 다시 살해하고자 노력을 기울이지 않았을 것이다. 이렇듯 위의 세 예는 브랫먼의 첫째, 셋째 테스트를 통과하지 못하므로, 메리를 살해하는 것이 브랫먼이 말하는 의미에서의 수립한 계획의 일부라 할 수 없다. 따라서 브랫먼의 시험기준을 적용해도 메리를 살해할 의도가 없었다는 납득할 수 없는 답변을 내릴 수밖에 없다.

〈터스키기 매독연구 사건〉에서 페니실린을 처방하지 않았는데도 환자들이 사망하지 않았다고 해보자. 그렇다고 해도 매독의 진행과정을 규명한다는 연구진들의 계획에 차질을 빚지 않았을 것이며 목적을 달성할 수 있었다. 이렇듯 〈터스키기 매독연구 사건〉 역시 도나간의 '목적 달성 테스트'를 통과하지 못한다. 따라서 도나간의 견해대로라면 연구진에게 페니실린을 처방받지 못해 숨진 환자들을 살해할 의도가 없었다고 보아야 한다. 〈모르모트 예〉에 대해서도 동일한 진단이 가능하다. 치료를 받지 못한 환자들이 사망하지 않았어도 질병에 관한 정보를 얻는다는 의료진의 계획에 차질을 빚지 않으며 목적을 달성할 수 없는 것도 아니다. 이렇듯 〈모르모트 예〉에서의 의료진에게도 치료를 받지 못해 숨진 환자들을 살해할 의도가 없었다고 보아야 한다.

브랫먼의 시험기준을 〈터스키기 매독연구 사건〉과 〈모르모트 예〉에 적용해도 동일한 결론을 내릴 수밖에 없다. 매독의 진행과정을 그리고 질병의 성질을 규명하려는 의도와 양립될 수 없는 추후의도는 가질 수 없으나, 수단과 목적에 관계된 추론에 관여함으로써 환자들을 살해하는 방법을 해결해야 했던 것은 아니며, 페니실린을 처방받지 못했는데도 불구하고, 치료를 받지 못했는데도 불구하고 환자가 사망하지 않았더라도 환자들을 살해하고자 노력하지 않을 것이기 때문이다.

브랫먼과 도나간의 주장이 설득력이 있다면, 지금까지 밝혀낸 두 필요조건과 함께 'A를 함으로써 계획의 일환으로 E를 초래한다'는 것을 'A를 함으로써 E를 초래하고자 의도한다'는 것의 필요조건으로 보아야 할 뿐 아니라 더 이상의 다른 필요조건은 없다고 보아야 하지만, 논의된 바와 같이 그들의 견해는 설득력이 없다고 보아야 한다. 지금까지 밝혀낸 위의 두 필요조건 이외에 어떤 다른 필요조건(들)이 요구되는가?

5.6.2. 자연적인 흐름을 차단시킨다는 것

〈화차 예 1〉을 캄Francis Kamm을 따라 다음과 같이 각색하는 것으로 지금까지 밝혀낸 두 필요조건 이외에 어떤 다른 조건(들)이 요구되는지의 논의에 들어가기로 하자.

화차 예 4

브레이크가 파열된 통제불능의 화차가 선로 A를 질주하고 있다. 선로 A에는 한 명이 작업 중에 있으나 지형이 협소해 대피할 수 없는 상황이다. 이 광경을 목격한 존스는 레버를 당김으로써 화차의 방향을 선로 B로 전환시킬 수 있다. 레버를 당긴다면 선로 B에서 작업 중인 다섯 명이 죽게 된다.

〈화차 예 1〉에서 스미스가 레버를 당겨 선로 B에 있던 한 명이 숨졌다고 해보자. 스미스에게 의도적인 살인죄를 적용해야 하는가? 〈화차 예 4〉에서 존스가 레버를 당겼다면 어떠한가? 〈화차 예 1〉과 〈화차 예 4〉에 5.6.1.에서 논의된 브랫먼과 도나간의 시험기준을 적용하면 스미스와 존스 모두에게 의도적인 살인죄를 적용할 수 없다고 보아야 한다. 하지만 캄은 다른 견해를 보인다. 즉, 그녀는 〈화차 예 1〉에서 선로 B로 화차의 방향을 전환시키는 것이 의무는 아니지만 허용될 수 있다고 진단하고, 〈화차 예 4〉에서는 선로 B로 화차의 방향을 전환시키려 한다면 그를 저지하기 위해 존스에게 총격을 가할 수 있다는 견해를 보인다.[107]

〈화차 예 4〉에서 존스가 레버를 당기려 한다면 캄의 지적대로 모든 방법을 동원해 그를 저지해야 할 것이다. 존스가 레버를 당겼는데도 다섯 명을 살해할 의도가 없었다고 보아야 한다면, 다음의 예에서 스모 선수 역시 다섯 명을 살해할 의도가 없었다고 보아야 하기 때문이다.

화차 예 5

브레이크가 파열된 통제불능의 화차가 한 명의 인부가 작업 중인 선로로 질주하고 있으나, 지형이 협소해 그 인부는 대피할 수 없는 상황이다. 이 광경을 지켜보던 스모 선수가 구경꾼 다섯 명을 바퀴에 던지면 화차가 멈추게 되리라는 것을 알았다.

〈화차 예 5〉에서의 스모 선수가 〈화차 예 4〉에서의 존스보다 부도덕하게 느껴지는 것이 사실이다. 하지만 그들 사이에 다섯 명의 몸에 직접 손을 댔는지의 여부 이외에 다른 유의미한 차이는 없다고 보아야 한다. 해외여행 중인 폭력배 A와 B에게 현지폭력배가 총과 칼을 내놓으며 마음에 드는 하나를 선택해 행인 한 명을 살해하면 코카인을 선물하겠다는 제안을 해왔다. A는 칼로 그리고 B는 덜 끔찍한 총으로 행인을 살해했다. A는 행인의 몸에 직접 손을 댄 반면 B는 손을 대지 않았음에도 불구하고 여전히 그들에게 동일한 도덕적 평가를 내려야 할 것이다. 마찬가지로 다섯 명의 몸에 직접 손을 대지 않았다는 사실이 존스를 스모 선수보다 우월하게 만들지는 못한다. 즉, 〈화차 예 5〉에서의 스모 선수에게 다섯 명을 살해할 의도가 있었다고 보아야 하는 것과 같이, 〈화차 예 4〉에서의 존스에게 역시 다섯 명을 살해할 의도가 있었다고 보아야 한다. 이렇듯 〈화차 예 4〉에 대한 캄의 입장에는 동조할 수 있다. 하지만 〈화차 예 1〉에 대한 그녀의 입장에까지 동조할 수 있을지는 의문이다.

〈정두영 사건〉의 정두영이 동거녀의 장기이식 비용을 마련하기 위해 흉기를 휘둘렀다고 해보자. 그렇다고 해도 그에게 의도적인 살인죄를 적용해야 한다는 데는 변함이 없다. 마찬가지로 〈장기이식 예 1〉에서 감기환자의 장기를 적출한다면 감기환자를 살해할 의도가 있었다고 보아야 한다. 오히려 캄의 표현을 빌리자면, 장기 적출을 막기 위해 의사에게 총격을 가해도 무방할 것이다. 장기를 적출하는 것이 감기환자를 살해하고자 의도하는 것이라면, 〈화차예 1〉에서 선로 B로 화차의 방향을 전환시키는 것은 어떠한가? 제3의 대안인 선로 C가 있다고 해보자. 그리고 선로 C에는 작업자가 없다고 해보자. 그렇다면 스미스는 선로 C로 화차의 방향을 전환시켰을 것이다. 〈장기이식 예 1〉에서의 주치의도 다르지 않다. 주치의 역시 다섯 환자와 동일한 혈액형의 소유자가 뇌사 상태에 빠졌다면 그리고 그 환자가 평소 장기기증 의사를 밝혔다면 감기환자의 장기를 적출하지 않았을 것이다.

뿐만 아니라 〈화차 예 1〉에서 스미스가 선로 A에 있던 다섯 명의 가족에게 레버를 당기지 않은 이유를 다음과 같이 설명한다고 해보자. "화차의 방향을 전환시키는 것은 선로 B에 있던 한 명을 살해하는 것과 다르지 않기에 비통한 마음으로 화차의 방향을 전환시키지 않았습니다". 4.2.2.에서 설명된 바와 같이, 다섯 명의 가족이 슬픔으로 이성을 잃은 상태가 아니라면 스미스를 비난하지 않을 것이다. 화차의 방향을 전환시키지 않았다고 해서 스미스를 비난할 수는 없으나, 화차의 방향을 전환시켰다면 선로 B에 있던 사람의 가족은 선로 A에 있던 사람들을 대신해 죽어야만 했던 합당한 이유를 말해보라고 정당하게 요구할 수 있다.

마찬가지로 〈장기이식 예 1〉에서 감기환자의 장기를 적출하지 않았다고 해서 다섯 환자의 가족이 주치의를 비난할 수 없으나, 장기를 적출했다면 감기환자의 가족은 다섯 환자를 대신해 죽어야만 했던 합당한 이유를 말해보라고 정당하게 요구할 수 있다. 필자가 사건을 배당받은 검사라면 〈화차 예 1〉에서 스미스가 화차의 방향을 전환시키지 않았다고 해도 그리고 〈장기적출 예 1〉에서 주치의가 감기환자의 장기를 적출하지 않았다고 해도 그들을 불기소처분했을 것인 반면, 화차의 방향을 전환시켰다면 그리고 감기환자의 장기를 적출했다면 그들을 불기소처분할 수 없다는 판단을 내렸을 것이다.[108] (〈장기적출 예 1〉에서 주치의가 감기환자의 장기를 적출했다면 그를 기소해야 한다는 데는 동의할 수 있으나, 〈화차 예 1〉에서 스미스가 화차의 방향을 전환시켰더라도 그를 기소해야 한다는 데는 선뜻 동의하기 어려울 것이다. 하지만 스미스를 불기소처분하기 위해서는 스미스와 주치의 사이에 차이가 있어야 하나 설명된 바와 같이 그들 사이의 차이점을 발견할 수 없다.)

이제 문제는 캄의 주장과 달리 〈화차 예 1〉과 〈화차 예 4〉를 차별할 수 없는 이유가 어디에 있는가 하는 것이다. 〈화차 예 1〉에서도 화차의 방향을 전환시켰다면 선로 B에 있는 한 명을 살해하고자 의도했다고 보아야 하는 이유가 문제의 필요조건을 규명할 수 있는 단초가 될 수 있다. 〈방파제 예 1〉에서 스미스가 하나밖에 없는 구조장비를 메리에게 던져 존이 익사했다고 한다면, 스미스는 존에게 구조장비를 던질 수 있었는데도 메리에게 던졌을 뿐 아니라 존이 익사할 것도 예견했다. 〈치료방침 예 1〉에서의 의료진 역시 치료가 어려운 환자들을 치료하기로 결정할 수 있었는데도 치료가 용이한 환자들을 치료했으며, 치료가 어려운 환자들이 사망할 것도 예견했다. 이렇듯 위의 두 경우 모두 지금까지 'A를 하면 E가 초래될 것을 예견한 채로 A를 한다'는 조건과 'A를 하지 않을 수 있는데도 A를 한다'는 조건 모두를 충족시킨다. 하지만 5.5.2.에서 설명된 바와 같이 스미스에게 존을 살해할 의도가 있었다고 볼 수 없으며, 의료진에게 치료가 어려운 환자들을 살해할 의도가 있었다고 할 수 없다. 위의 두 조건을 충족시킴에도 불구하고 살해의도가 있었다고 할 수 없는 이유는 무엇인가?

방파제 예 2

메리에게 청혼할 기회를 엿보던 제이슨은 메리가 방파제에 있다는 말을 듣고 꽃을 들고 방파제로 향한다. 하지만 예기치 않게 메리가 존과 데이트하는 장면을 목격하고는, 그들이 수영을 하지 못한다는 사실을 알고도 그들을 방파제 양편에 각각 빠뜨린다. 하나밖에 없는 구조장비

를 메리에게 던져 존이 익사한다.

치료방침 예 2

치명적인 질병이 새로이 출현했으나 치료 물자가 부족한 상황이다. 병원 당국은 회의를 열어 치료가 용이한 환자들만을 선별적으로 치료하고 치료가 어려운 환자들은 포기하기로 내부 방침을 세웠다. 회의에 참석했던 한 의사가 병의 진행 속도를 밝혀낼 목적으로 병세가 경미한 환자 10명에게 치료제라 속이고 면역 약화제를 주사해 병세를 악화시킨다. 그 10명의 환자는 치료가 어려운 환자로 분류되어 사망한다.

〈방파제 예 2〉에서 제이슨은 존과 메리의 수영 실력을 알고도 물에 빠뜨렸다. 따라서 'A를 하면 E가 초래될 것을 예견한 채로 A를 한다'는 조건을 충족시킨다. 또한 구조장비가 하나밖에 없다는 사실을 안 채로 물에 빠뜨렸으므로, 'A를 하지 않을 수 있는데도 A를 한다'는 조건도 충족시킨다. 하지만 〈방파제 예 1〉에서의 스미스와 달리 제이슨에게는 존을 살해할 의도가 있었다고 보아야 한다. 〈치료방침 예 2〉에 대해서도 동일한 진단이 가능하다. 회의에 참석했던 의사는 10명의 환자가 치료 대상에서 제외될 것을 알고도 면역 약화제를 주사했을 뿐 아니라 면역 약화제를 주사하지 않을 수 있었는데도 주사했다. 이렇듯 〈치료방침 예 2〉 역시 위의 두 필요조건을 충족시킨다. 하지만 〈치료방침 예 1〉에서와 달리 10명의 환자를 살해할 의도가 있었다고 보아야 한다. 〈방파제 예 1〉과 〈치료방침 예 1〉에서와 달리 위의 두 예에서는 존을 그리고 10명의 환자를 살해할 의도가 있었다고 보아야 하는 이유는 무엇인가?

〈방파제 예 2〉에서 제이슨이 존을 물에 빠뜨리지 않았다면 존은 목숨을 잃을 이유가 없었던 반면, 〈방파제 예 1〉에서는 스미스와 무관하게 존은 목숨을 잃을 수밖에 없는 상황이었다. 마찬가지로 〈치료방침 예 2〉에서의 10명의 환자는 〈치료방침 예 1〉에서의 치료를 받지 못해 사망한 환자들과 달리 문제의 의사가 면역 약화제를 주사하지 않았다면 목숨을 잃지 않아도 되는 환자들이었다. (〈치료방침 예 1〉에서 치료를 받지 못해 사망한 환자의 가족이 슬픔으로 이성을 잃지 않은 상태라면 병원 당국을 비난할 수 없을 것이며, 치료를 받은 사람들을 대신해 죽어야만 했던 이유를 말해보라고 요구할 수도 없을 것이다.) 이제 지금까지 밝혀낸 두 필요조건 이외의 다른 필요조건이 드러난 셈이다. 위의 차이점 이외에 〈방파제 예 1〉에서의 스미스와 〈방파제 예 2〉에서의 제이슨 그리고 〈치료방침 예 1〉에서의 병원 당국과 〈치료방침 예 2〉에서의 회의에 참석했던 의사 사이에 유의미한 차이점을 발견할 수 없기 때문이다.

장기이식 예 2

희귀 혈액형의 다섯 환자가 각기 다른 이식받을 장기가 없어 곧 죽을 수밖에 없는 상황에 놓여 있다. 감기 치료차 그들의 주치의를 방문한 환자가 갑자기 심장마비를 일으켜 전뇌사 상태에 빠졌다. 주치의는 그 감기환자가 다섯 환자가 동일한 혈액형을 갖고 있다는 사실을 알고 있었으며, 평소 그가 전뇌사 상태에 빠지면 장기를 기증할 것이라는 의사를 밝혀왔다는 사실도 알고 있다.

전뇌사를 사망 개념으로 인정해야 한다고 해보자. (뇌의 모든 기능이 비가역적으로 소실되는 시점이 결정적인 사망시점이라고 해보자.) 그렇다면 〈장기이식 예 2〉에서 감기환자의 장기를 적출했다고 해도 〈장기이식 예 1〉에서와 달리 의사에게 감기환자를 살해할 의도가 없었다고 보아야 한다. 그리고 그렇게 보아야 하는 이유는 〈장기이식 예 1〉에서와 달리 의사의 행위가 원인이 되어 감기

환자가 사망한 것이 아니기 때문이다. (〈장기이식 예 1〉과 〈장기이식 예 2〉에서의 감기환자가 사망한 사건을 놓고 의사의 행위가 원인이 되어 사망했는지의 여부 이외의 다른 유의미한 차이점을 발견할 수 없다.) 다시 말해, 감기환자가 사망한 데 대해 의사에게 의도적인 살인죄를 적용해야 한다면, 적어도 의사의 행위가 원인이 되어 감기환자가 사망했어야 한다. 이렇듯 'P의 행위가 원인이 되어 Q가 사망했다'는 것이 'P가 Q를 살해하고자 의도했다'는 것의 필요조건으로 보아야 한다. 〈화차 예 1〉에서 역시 스미스가 화차의 방향을 선로 B로 전환시키지 않았어도 그에게 선로 A에 있던 다섯 명을 살해할 의도가 있었다고 할 수 없는 이유는 스미스가 화차의 방향을 선로 B로 전환시키지 않은 것이 원인이 되어 다섯 명이 사망한 것은 아니기 때문이다.[109]

지금까지의 논의 결과 'A를 함으로써 E를 초래하고자 의도한다'는 것의 필요조건으로 'A를 하면 E가 초래된다는 것을 예견한 채로 A를 한다'는 조건과 'A를 하지 않을 수 있는데도 불구하고 A를 한다'는 조건 이외에 'A를 함으로써 자연적인 흐름을 차단한 것이 B에 원인으로 기여한다'는 조건이 필요하다는 결론을 얻을 수 있었다. 따라서 지금까지의 논의에 따르면 의도한다는 것을 다음과 같이 정의할 수 있다.

《정의 1》

P가 행위 A를 함으로써 결과 E를 초래했을 경우, P가 E를 초래하고자 의도했을 때는 다음의 세 조건을 충족시켰을 때이며 오직 그때뿐이다.

첫째, P가 A를 함으로써 E를 초래할 것을 예견했다.
둘째, P에게 E를 초래하지 않을 수 있었던 선택의 여지가 있었다.
셋째, P가 자연적인 흐름을 차단한 것이 E에 원인으로 기여했다.

《정의 1》을 〈정두영 사건〉에 적용해보자. 정두영은 피해자들이 사망할 것을 알고 흉기를 휘둘렀으며, 흉기를 휘두르지 않을 수 있었을 뿐 아니라 흉기를 휘둘러 피해자들이 숨졌다. 이렇듯 정두영의 경우 위의 세 조건 모두를 충족시키므로,《정의 1》에 의존한다면 그에게 살해의도가 있었다는 상식적인 결론을 내릴 수 있다. 〈연쇄살인범 예〉에서 길 가던 여성들을 둔기로 살해한 연쇄살인범이 단지 두개골의 함몰과 죽음 사이에 함수관계가 성립하는지를 알고자 의도했을 뿐 피해자들을 살해할 의도는 없었다고 주장한다. 하지만 연쇄살인범의 경우 역시 위의 세 조건 모두를 충족시키므로 살해의도가 있었다는 결론도 내릴 수 있는 등《정의 1》에 의존한다면 명백히 살해의도가 있었다고 보아야 하는 경우들에 대해 상식적인 답변을 얻을 수 있다.

뿐만 아니라《정의 1》이 지금까지 논의된 대다수의 사건들에 대한 해결책도 될 수 있을 것이다. 예컨대 〈토마스 사건〉에서 토마스가 목을 조르지 않았다면 토마스의 아내는 사망하지 않았을 것이다. 즉, 토마스의 행위는 셋째 조건을 충족시키나, 목을 조를 당시 그 대상이 아내인 줄 알지 못했을 뿐 아니라 의지가 억압당한 상태에서 목을 졸랐으므로 첫째 조건과 둘째 조건을 충족시키지 못한다. 이렇듯《정의 1》에 의존한다면 토마스에게 아내를 살해할 의도가 없었다는 상식적인 답변도 내릴 수 있다.

하지만 〈살인기계 예 1〉의 (b)를 다시 생각해보자. 아이를 압사케 하는 기계가 장착된 방에 우연히 들어간 존이 작동 중인 기계에 한 아이가 갇혀 있는 것을 목격한다. 버튼을 눌러 기계를 멈추게 할 수 있음에도 불구하고 인간이 얼마나 납작하게 되는지가 궁금해 버튼을 누르지 않는다. 따라서 아이가 압사했다고 해도 존이 자연적인 흐름을 차단한 것이 원인으로 기여한 경우는 아니므로《정의 1》의 셋째 조건을 충족시키지 못한다. 즉,《정의 1》을 위의 예에 적용하면 존에게 아이를 살해할 의도가 없었다는 비상식적인 결론을 내려야 한다.

철로 위에서 잠든 취객을 철로변으로 옮기지 않고 지나친 〈유도선수 예〉의 유도선수와 철로변에서 잠든 취객을 철로 위로 옮겨놓고 가던 길을 재촉한

〈스모 선수 예〉의 스모 선수를 놓고도《정의 1》은 문제점을 드러낸다. 설명된 바와 같이 유도선수와 스모 선수를 도덕적으로 차별해야 한다는 것은 괴변에 불과하다고 보아야 한다. 하지만 유도선수는 스모 선수와 달리 자연적인 흐름을 차단하지는 않았다. 따라서《정의 1》을 위의 두 예에 적용하면 스모 선수에게만 취객을 살해할 의도가 있었다는 답변을 내려야 한다. 이렇듯《정의 1》에 의존해서는 부작위의 경우를 해결할 수 없으므로,《정의 1》에 다음과 같이 부작위 조건을 추가해보자.

《정의 2》

P가 행위 A를 하거나 하지 않음으로써 결과 E를 초래했을 경우, P가 E를 초래하고자 의도했을 때는 다음의 세 조건을 충족시켰을 때이며 오직 그때뿐이다.

첫째, P가 A를 하거나 하지 않음으로써 E를 초래할 것을 예견했다.
둘째, P에게 E를 초래하지 않을 수 있었던 선택의 여지가 있었다.
셋째, P가 자연적인 흐름을 차단하거나 차단하지 않은 것이 E에 원인으로 기여했다.

〈살인기계 예 1〉 (b)의 존은 버튼을 누르면 아이가 무사할 것이라 예견했을 뿐 아니라, 버튼을 누를 수 있었음에도 불구하고 누르지 않았다. 또한 버튼을 눌렀다면, 즉 자연적인 흐름을 차단했다면, 아이는 목숨을 건질 수 있었다. 따라서《정의 2》를 적용하면《정의 1》을 적용했을 때와 달리 존에게 아이를 살해할 의도가 있었다는 답변을 내릴 수 있으며, 동일한 이유에서 〈유도선수 예〉에서의 유도선수에게도 취객을 살해할 의도가 있었다는 상식적인 답변도 내릴 수 있다. 그렇다면 다음의 경우는 어떠한가?

살인기계 예 3

아이를 압사케 하는 기계가 장착된 방에 존이 우연히 들어갔다. 그 기계에 한 아이가 갇혀 있으며, 기계가 막 작동을 시작한 상태이다. 기계의 작동을 멈추게 할 버튼을 존이 누르려는 순간 '버튼에 300V의 전류가 흐르고 있다'는 경고문을 발견한다. 수영복 차림이었기에 맨손으로 버튼을 누를 수밖에 없는 상황에서 몇 번을 망설이다 결국 누르지 못한다.

〈살인기계 예 1〉 (b)의 존에게 내렸던 평가와 동일한 평가를 〈살인기계 예 3〉의 존에게 내릴 수는 없다. 〈살인기계 예 3〉의 존에게 아이를 살해할 의도가 있었다는 평가가 부담스럽다면, 〈살인기계 예 3〉에서 300V가 아닌 30V의 전류가 흐르고 있다는 경고문이 부착되어 있었다면 어떠한가? 그런데도 존에게 아이를 살해할 의도가 없었다고 할 수 있는가? 바꿔 말하면 《정의 2》를 부작위의 경우에 적용하기 위해서는 첫째 조건과 셋째 조건에 포함된 부작위 조건의 충족 여부를 가릴 수 있는 구체적인 기준이 제시되어야 한다. 문제의 특성상 그에 대한 정확한 기준을 제시하는 것이 어려운 것이 사실이나, 적극적인 의무의 범주에 대한 달시Eric D'Arch의 견해에서 나름의 해결점을 찾을 수 있다.

제2장에서 설명된 바와 같이 선행원칙을 구성하는 네 규칙 중 적극적인 의무를 말하는 다음의 세 규칙을 따라야 할 의무에는 한계가 있다고 보아야 한다. '타인에게 발생될 피해를 예방하라', '타인에게 발생된 피해를 제거하라', '타인의 이익을 증진시켜라'. 예컨대 이웃 여성들의 귀가길을 지키기 위해 매일 밤 방범 순찰을 돌아야 하는 것이 의무의 범주에 들지 않는다면, 적극적인 의무의 외연을 어디까지로 설정해야 하는가? 달시가 제시하는 다음의 조건들

이 적극적인 의무의 범주를 설득력 있게 설정해주고 있으며, 따라서 그 조건들을 충족시킴에도 불구하고 행위를 하지 않은 경우가 《정의 2》의 첫째 조건과 셋째 조건에 포함된 부작위 조건을 충족시키는 경우라고 해도 무방할 것이다. 달시에 따르면 "다음의 다섯 조건 모두가 충족되는 경우에 한해 Y를 위해 A를 해야 할 의무가 X에게 있다.

a. Y가 목숨을 잃거나 상해를 입을 위험에 처해 있다. 또는 자유, 행복, 명성, 건강, 일자리, 재산에 중대한 손실을 입을 위험에 처해 있다.
b. 위의 손실을 막기 위해서는 X가 A를 하는 것이 반드시 요구된다.
c. Y가 입게 될 손실을 X가 A를 함으로써 막을 수 있는 가능성이 실제로 매우 높다.
d. A를 함으로써 X가 입게 될 손실이나 상해가 무시해도 좋을 정도의 것이다.
e. A를 하지 않음으로써 Y가 입게 될 손실이 A를 함으로써 X가 입게 될 손실보다 크다".[110]

인적도 없고 차도 끊긴 곳에서 다리가 골절된 히치하이커를 태워주지 않았다면 의무를 저버렸다는 비난을 받아 마땅하다. 하지만 여행배낭을 맨 건장한 히치하이커를 태워주지 않았거나 정형외과 30m 전방에서 손가락이 골절된 히치하이커를 태워주지 않았어도 (매정한 사람이라는 평가는 감수해야 할 것이나) 비난의 대상은 될 수 없다. 즉, 적극적인 의무의 한계를 설정하며 a와 b를 거론하지 않을 수 없다. 또한 익사 위험에 처한 사람을 구할 가능성이 희박하거나 수영을 하지 못한다면 물에 뛰어들 의무는 없지만, 달시가 지적하는 바와 같이 새로 산 수영복에 소금기가 배는 것이 싫어 구하지 않았다면 의무를 저버렸다고 보아야 한다. 다시 말해 c와 d의 필요성 역시 부정할 수 없으며, e의 경우도 다르지 않다. e의 필요성을 부정하는 것은 개인의 안녕과 행복에 무관한 가치를 추구하는 것이 도덕이라고 주장하는 것과 다르지 않기 때문이다.

이제 〈살인기계 예 1〉 (b)에서의 존의 부작위와 〈살인기계 3〉에서의 존의 부작위를 해결할 수 있다. 두 경우 모두 위의 다섯 조건을 충족시키기 때문이다. (〈살인기계 3〉에서의 존의 부작위의 경우 d의 충족 여부를 놓고는 이견을 보일 수도 있을 것이나, 아이의 목숨이 달려 있는 상황에서 30v의 전류에 감전되는 것은 무시해도 좋을 정도의 상해로 보아야 할 것이다.) 다음의 경우는 어떠한가?

재생불량성 빈혈 환자 X에게 골수를 이식하면 1년 이상 생존할 가능성을 25~60% 높일 수 있다는 진단이 내려져 사촌동생 Y의 조직검사를 해본 결과 적합 판정이 나왔다. 하지만 골반뼈를 150회 정도 찌르는 데 따르는 통증으로 마취가 불가피하다는 설명을 들은 Y는 마취로 인한 사망 확률인 1/10000의 확률이 두려워 그리고 (의사의 소견과 무관하게) 불구가 될 수도 있다는 두려움으로 유전적 적합성 검사를 거절했다. 1/10000의 사망 확률이 무시할 정도의 확률인가? 1년 이상 생존할 가능성을 25~60% 높이지 못하는 손실이 1/10000의 사망 확률을 감수하는 손실보다 크다고 할 수 있는가? Y가 유전적 적합성 검사를 거절한 것은 〈살인기계 3〉에서의 존의 부작위와 달리 d와 e를 충족시키지 못한다고 해도 큰 이견은 없을 것이다. (Y가 유전적 적합성 검사를 거절해도 비난의 대상은 될 수 없고, 거절하지 않는다면 칭찬 대상이 된다고 보아도 직관에 크게 위배되지 않는다.)

달시가 제시한 기준을 근거로 (d와 e의 충족 여부는 사례별로 직관에 의존해야 한다는 한계를 안고 있으나)《정의 2》의 첫째 조건과 셋째 조건에 포함된 부작위 조건의 충족 여부를 가림으로써 〈살인기계 예 1〉의 (b)와 같은 예를 해결할 수 있다면, 다음의 경우는 어떠한가?

화차 예 6

브레이크가 파열된 통제불능의 화차가 선로 A를 질주하고 있다. 선로 A에서 다섯 명이 작업 중에 있으나 지형이 협소해 대피할 수 없는 상

황이다. 마침 근처 채석장으로 다이너마이트를 옮기던 채석공이 그 광경을 목격했다. 기차를 탈선시키려 다이너마이트에 불을 붙이려는 순간 채석공은 폭파하려던 지점 가까운 곳에 있는 한 여성을 발견한다. 다이너마이트 파편에 여성이 목숨을 잃게 될 것을 알고도 다이너마이트를 던졌으나 운 좋게도 모든 파편이 여성을 빗겨갔다. 여성은 무사했으며 작업 중이던 다섯 명도 목숨을 건질 수 있었다.

채석공의 행위로 인해 피해자가 발생하지 않았으므로, 채석공에게 의도적인 살인죄를 적용할 수 없다. 《정의 2》를 적용해도 동일한 답변을 얻을 수 있다. 여성이 목숨을 잃게 될 것을 예견했으므로 첫째 조건을 충족시키나, 여성이 목숨을 잃지 않았으므로 둘째 조건과 셋째 조건을 충족시키지 못하기 때문이다. 이렇듯 예견된 결과가 실제로 발생하지 않았을 경우에 대해서도 《정의 2》에 의존해 상식적인 답변을 내릴 수 있다. 그렇다면 《정의 2》를 최종 정의로 수용할 수 있는가?

화차 예 7

브레이크가 파열된 통제불능의 화차가 선로 A를 질주하고 있다. 선로 A에서 다섯 명이 작업 중에 있으나 지형이 협소해 대피할 수 없는 상황이다. 마침 근처 채석장으로 다이너마이트를 옮기던 채석공이 그 광경을 목격했다. 기차를 탈선시키려 다이너마이트에 불을 붙이려는 순간 채석공은 폭파하려던 지점 가까운 곳에 있는 한 여성을 발견한다. 다이너마이트 파편에 여성이 목숨을 잃게 될 것을 알고도 다이너마이트를 던졌으나 운 좋게도 모든 파편이 여성을 빗겨갔다. 작업 중이던 다섯 인부뿐 아니라 여성도 무사했으나, 파편 하나가 50m 떨어진 곳에서 휴식을 취하고 있던 여성의 남편의 관자놀이를 스치고 지나갔다. 여성의 남편이 의식을 잃고 2시간 후 의식을 되찾았으나 정신이상 증세를 보여 곁에서 간호를 하고 있던 여성을 칼로 찔러 여성이 사망한다.[111]

여성이 목숨을 잃게 될 것을 알고도 채석공은 다이너마이트를 터뜨렸으며, 다이너마이트를 터뜨리지 않을 수도 있었다. 뿐만 아니라 다이너마이트를 터뜨리지 않았다면 여성은 목숨을 잃을 이유가 없었다. 즉, 채석공이 자연적인 흐름을 차단한 것이 (다이너마이트를 터뜨린 것이) 여성이 목숨을 잃는 데 원인으로 기여했다. 이렇듯 〈화차 예 7〉은 《정의 1》의 세 조건 모두를 충족시킨다. 따라서 《정의 2》를 적용하면 채석공에게 여성을 살해할 의도가 있었다고 보아야 한다. 채석공에게 의도적인 살인죄를 적용할 수 있는가? 《정의 2》에 의존해서는 여성이 사망한 결과와 같이 '예상 밖의 인과사슬'에 의한 결과를 해결할 수 없다고 보아야 한다. 이렇듯 〈화차 예 7〉로부터 《정의 2》의 셋째 조건을 다음과 같이 보완해야 한다는 것을 알 수 있다. '자연적인 흐름을 차단한 것이 어떤 식으로 E에 원인으로 기여할 것이라고 P가 예견한 것이 적중했다'.

《정의 3》

P가 행위 A를 하거나 하지 않음으로써 결과 E를 초래했을 경우, P가 E를 초래하고자 의도했을 때는 다음의 세 조건을 충족시켰을 때이며 오직 그때뿐이다.[112]

첫째, P가 A를 하거나 하지 않음으로써 E를 초래할 것을 예견했다.
둘째, P에게 E를 초래하지 않을 수 있었던 선택의 여지가 있었다.

셋째, 자연적인 흐름을 차단하거나 차단하지 않은 것이 어떤 식으로 E에 원인으로 기여할 것이라고 P가 예견한 것이 적중했다.

이제 《정의 2》의 문제점은 해결되었다고 보아야 한다. 〈화차 예 7〉에서 채석공이 예견한 인과사슬로 여성이 목숨을 잃은 경우가 아니므로 셋째 조건을 충족시키지 못한다. 따라서 《정의 2》를 적용했을 때와 달리 여성이 숨진 사건을 놓고 채석공에게 의도적인 살인죄를 적용할 수 없다는 상식적인 답변을 얻을 수 있기 때문이다. 뿐만 아니라 《정의 3》에 의존해 다음과 같이 살인사건 이외의 사건을 해결할 수 있는 단초도 마련할 수 있다.

독극물 무단 방류 사건

"청산가리 등 독성물질을 하천에 무단 방류한 귀금속 제조업체 대표들이 구속됐습니다. 서울중앙지검 형사2부는 인체에 치명적인 청산가리 등 유해성분이 들어 있는 폐수를 하천에 흘려 보낸 혐의로 귀금속 제조 가공업체인 F사 대표 최모 씨와 L사 대표 이모 씨 등 2명을 구속했다고 밝혔습니다. 최씨는 지난해 1월부터 최근까지 금이 함유된 폐수는 폐수방지시설로 배출해 금을 회수했지만 금이 함유되지 않은 폐수는 처리 비용이 든다는 이유로 인근 하천에 방류했습니다. 이씨 역시 지난 2003년부터 최근까지 장기간에 걸쳐 청산가리와 카드뮴 등이 함유된 폐수를 무단 방류하면서 단속된 이후에도 흘려 보낸 혐의를 받고 있습니다"(세상뉴스, 2008. 05. 03).

F사 대표 최모 씨와 L사 대표 이모 씨가 하천이 오염되길 바란 것은 아니다. 따라서 '어떤 것을 의도했다면, 그것을 바랐다'는 〈스틴 사건〉의 데닝 대법관과 〈하이엄 사건〉의 헤일샴 대법관의 견해 그리고 모범형법전 '2·02조 2

항 a'를 적용하면 그들에게 하천을 오염시킬 의도가 없었다는 판결을 내릴 수밖에 없다. 또한 하천을 오염시킬 목적으로 폐수를 무단 방류한 것이 아니므로, '어떤 것을 의도했다면, 그것을 목적으로 삼았다'는 〈스틴 사건〉의 데닝 대법관의 견해를 적용해도 그들에게 하천을 오염시킬 의도가 없었다는 판결을 내려야 한다. 또한 '어떤 것을 바랐고 예견했다면, 그것을 의도했다'는 앤스콤, 케니, 보일의 견해 그리고 모범형법전 '2·02조 2항 a'를 적용하거나, '어떤 것을 목적으로 삼았다면, 그것을 의도했다'는 잉글랜드와 웨일스 법위원회 1989년 형법안과 1993년 보고서, 살인과 종신형에 관한 상원 특별위원회 1989년 보고서의 내용을 적용해도 그들에게 하천을 오염시킬 의도가 있었다는 답변을 얻을 수 없다.

하지만 《정의 3》을 적용하면 문제는 달라진다. 그들이 하천이 오염될 것을 예견한 채 폐수를 방류했을 뿐 아니라 폐수방지시설을 가동할 수 있었음에도 불구하고 무단 방류했으므로, 《정의 3》의 첫째 조건과 둘째 조건을 충족시킨다. 또한 그들이 폐수를 방류하지 않았다면 하천은 오염되지 않았을 것이며, 그들이 예견한 인과사슬로 하천이 오염되었으므로 셋째 조건 역시 충족시킨다. 이렇듯 《정의 3》을 적용하면 그들에게 하천을 오염시킬 의도가 있었다는 답변을 내릴 수 있는 등 살인사건 이외의 사건을 해결할 수 있는 단초도 마련할 수 있다.

지금까지의 긴 논의를 통해 의도한다는 것의 최종 정의로 《정의 3》을 마련할 수 있었다. 그리고 《정의 3》에 의존할 경우 기존에 제시된 정의가 안고 있는 문제점에서 자유로울 수 있다는 것을 알 수 있었다. 이제 마지막으로 《정의 3》을 지금까지 소개된 사건들에 적용해보기로 하자.

5.7. 적용

▷ 〈몰로니 사건〉, 〈스미스 사건〉, 〈옴진리교 가스 테러 사건〉, 〈증인살해 경찰관 사건〉

〈몰로니 사건〉의 몰로니는 맥노튼 룰에 따른 정신이상자도 한정책임능력자도 아니었다. 그리고 보통의 합리적인 사람이라면 2m도 안 되는 거리에서 발사된 총탄에 얼굴을 맞으면 즉사할 것이라고 생각할 것이다. 즉, 아버지가 숨진 것은 몰로니가 자발적으로 방아쇠를 당긴 행위의 자연스럽고 당연한 결과로 보아야 하므로, 1.2.3.에서 제시된 (ㄱ)~(ㄹ) 중 (ㄴ)에 따라《정의 3》의 첫째 조건을 충족시킨다고 보아야 한다. 또한 방아쇠를 당기지 않을 수 있었음에도 불구하고 당겼고, 방아쇠를 당기지 않았다면 아버지가 문제의 시점에 사망하지 않았을 것이며, 예상했던 인과사슬로 아버지가 숨졌다고 보아야 하므로 둘째 조건과 셋째 조건 역시 충족시킨다. 이렇듯 몰로니에게 의도적인 살인죄를 적용한 1심재판부의 판단이 (판결 이유에는 동의할 수 없으나) 옳았다고 보아야 한다.

같은 이유에서 〈옴진리교 가스 테러 사건〉의 교주 아사하라와 간부 및 신자를 살인 및 살인미수 혐의로 기소한 검찰의 결정이 옳았다는 그리고 〈증인살해 경찰관 사건〉에서의 피고인 배씨에게 A씨를 살해할 의도가 있었다는 결론도 내릴 수 있다.

〈스미스 사건〉의 스미스는 경찰관이 차에서 떨어지고 나서야 차에 매달린 사실을 알았으며, 뒷좌석에 실은 금속의 무게로 똑바로 운전을 할 수 없었다고 주장한다. 객관적인 정황상 스미스의 진술에 신빙성이 없다는 쪽에 무게를 두어야 할 것이나 문제는 그것을 입증할 방도가 없다는 데 있다. 다시 말해 경찰관이 차에 매달린 것은 알았으나 지그재그로 운전했다고 해서 그리고 다른 차와 추돌하고 충돌했다고 해서 경찰관이 차에서 떨어질 줄 몰랐다고 주장한다면 1.2.3.에서 제시된 (ㄱ)~(ㄹ) 중 (ㄴ)에 따라 《정의 3》의 첫째 조건을 충족시킨다고 보아야 한다. 하지만 경찰관이 차에 매달린 것 자체를 몰랐다는 것이 스미스의 주장이므로 (ㄱ)~(ㄹ) 중 (ㄹ)에 따라 모든 증거를 종합해 첫째 조건을 충족시키는지의 여부를 판단해야 한다. 그리고 경찰관을 차에서 떨어뜨릴 목적이 아니었다면 네 대의 차와 추돌하고 충돌하면서까지 90m 이상을 지그재그로 질주할 것이 아니라 적어도 가속 페달은 밟지 말았어야 했다는 점에서 경찰관이 차에 매달린 사실을 알았다고 보는 것이 합리적이며, 따라서 살인을 인식한 상태에서 차를 몰았다고 보아야 한다. 이렇듯 《정의 3》의 첫째 조건을 충족시키며, 가속 페달을 밟지 않을 수 있었으므로 둘째 조건도 충족시킬뿐 아니라, 가속 페달을 밟지 않았다면 경찰관은 사망하지 않았을 것이고, 스미스가 예견했던 인과사슬로 경찰관이 숨졌다고 보아야 하므로 셋째 조건 역시 충족시킨다. 이렇듯 스미스에게 의도적인 살인죄를 적용한 1심재판부와 상원의 판단이 (판결 이유에는 동의할 수 없으나) 옳았다고 보아야 한다.

▷ 〈윌리스 사건〉, 〈해리슨 사건〉, 〈브랜드 사건〉, 〈스톤 사건〉

〈윌리스 사건〉의 윌리스가 문 뒤에 숙부도 있다는 사실을 알고도 숙모를 살해하기 위해 문에 대고 총구를 움직이며 총을 세 발을 발사했으나, 총탄이 빗겨가 숙모와 숙부 모두 화를 면할 수 있었다. 숙모 건을 놓고는 1심재판부와 항소심 재판부가 그랬듯이 마땅히 살인미수죄를 적용해야 한다. 《정의 3》을 적용해도 동일한 결론에 이를 수 있다. 윌리스가 쏜 총탄에 숙모가 사망했다고 해보자. 숙모가 사망할 수 있다는 것을 인식하고도 방아쇠를 당겼을 뿐 아니라 방아쇠를 당기지 않을 수도 있었다. 또한 윌리스가 쏜 총탄이 아니었다면 사망하지 않았을 것이며, 윌리스가 예견한 인과사슬로 사망했다고 보아야 한다. 즉, 윌리스가 쏜 총탄에 숙모가 사망했다면, 윌리스의 숙모를 숨지게 한 행위는 《정의 3》의 세 조건 모두를 충족시킨다. 이렇듯 숙모가 사망했다면 의도적인 살인죄를 적용해야 하므로, 숙모를 명중시키지 못한 데 대해 살인미수죄를 적용할 수 있다.

하지만 숙부 건에 대해 1심재판부가 살인미수죄를 적용한 것은 설명을 요한다. 영미 형사법의 전통대로 P를 살해한 데 대해 살인죄를 적용하기 위해서는 피고인에게 P를 살해할 '특정의도'가 있었어야 하지만, 적어도 외형적으로는 월리스에게 숙부를 살해할 특정의도는 없었기 때문이다. 하지만 5.2.1.에서 설명된 바와 같이 "문에 대고 총구를 움직이며 마구잡이로 세 발을 발사함으로써 살해구획을 설정했다"는 그리고 "문 뒤에 있는 사람이 누구건 간에 그가 사망한다는 또는 중대한 신체 상해를 입는다는 자연스럽고 당연한 결과에 대해 책임이 있다"는 항소심 재판부의 설명대로 '살해구획론', 즉 동시발생 의도 독트린에 근거해 숙부 건을 놓고도 살인미수죄를 적용할 수 있다.

《정의 3》을 숙부 건에 적용해도 살인미수죄를 적용해야 한다는 결론을 얻을 수 있다. 월리스가 쏜 총탄에 숙부가 사망했다고 해보자. 그리고 월리스가 숙부를 염두에 두고 총을 쏜 것은 아니라고 해보자. 그렇다고 해도 동시발생 의도 독트린을 수용해야 하므로 살해구획을 설정하며 살해구획 내의 누군가가 숨질 수 있다는 것을 알고도 방아쇠를 당겼다고 보아야 하며, 방아쇠를 당기지 않을 수 있었을 뿐 아니라 월리스가 쏜 총탄만 아니었어도 숙부는 사망하지 않았을 것이고, 월리스가 예견한 인과사슬로 숙부가 숨졌을 것이기 때문이다.

같은 이유에서 〈해리슨 사건〉의 1심재판부와 메릴랜드주 특별항소법원이 그랬듯이 해리슨에게 살인미수죄를 적용할 수 있으며, 〈브랜드 사건〉의 1심재판부가 그랬듯이 윌슨과 동승했던 사이먼과 모건에게 중상을 입힌 데 대해 브랜드에게 살인미수죄를 적용할 수 있을 뿐 아니라 〈스톤 사건〉의 스톤에게도 1심재판부와 캘리포니아 대법원이 그랬듯이 살인미수죄를 적용할 수 있다.

▷ 〈포우 사건〉, 〈글래든 사건〉, 〈사운더즈 사건〉

〈포우 사건〉의 제임스는 아이들 문제를 놓고 별거 중인 카렌과 언쟁을 벌인다. 카렌이 경찰에 신고하겠다며 집 안으로 들어가자 차 트렁크에서 12번 산탄총을 꺼내 현관을 향해 발사한다. 방충문을 뚫고 날아든 50구경 납 탄환에 카렌은 팔을 맞아 죽음을 면했으나 카렌 남자친구의 여섯 살 난 딸 킴벌리가 머리를 맞고 즉사한다. 카렌에게 총상을 입힌 데 대해 콜 판사가 그랬듯이 마땅히 살인미수죄를 적용해야 할 것이다. 《정의 3》을 적용해도 동일한 답변을 얻을 수 있다. 제임스가 쏜 총탄에 맞아 카렌이 사망했다고 해보자. 카렌이 사망할 수 있다는 것을 알고도 방아쇠를 당겼을 뿐 아니라 방아쇠를 당기지 않을 수도 있었다. 또한 제임스가 쏜 총탄이 아니었다면 사망하지 않았을 것이며, 제임스가 예견한 인과사슬로 숨졌다고 보아야 한다. 즉, 제임스가 쏜 총탄에 카렌이 숨졌다면, 제임스의 행위는 《정의 3》의 세 조건 모두를 충족시킨다. 이렇듯 카렌이 사망했다면 의도적인 살인죄를 적용해야 하므로, 카렌에게 총상을 입힌 데 대해 살인미수죄를 적용할 수 있다.

하지만 킴벌리를 사망케 한 데 대해 콜 판사가 1급살인죄를 적용한 것은 설명을 요한다. 영미 형사법의 전통대로 P를 살해한 데 대해 살인죄를 적용하기 위해서는 피고인에게 P를 살해할 '특정의도'가 있었어야 한다. 하지만 제임스는 누군가가 거실에 있다는 사실을 알고 있었으나 구체적으로 킴벌리가 거실에 있다는 사실을 알지 못했으므로, 적어도 외형적으로는 포우에게 킴벌리를 살해할 특정의도는 없었다고 보아야 하기 때문이다. 하지만 5.2.2.에서 설명된 바와 같이 '의도는 총탄을 따라 옮겨간다'고 보아야 하므로, 즉 '전이된 의도 독트린'을 수용해야 하므로 킴벌리를 사망케 한 데 대해 살인죄를 적용할 수 있다.

킴벌리 건을 놓고 《정의 3》을 적용해도 동일한 결론을 얻을 수 있다. 제임스가 킴벌리를 염두에 두고 방아쇠를 당긴 것은 아니다. 그렇다고 해도 전이된 의도 독트린을 적용해야 하므로 실제로는 킴벌리가 숨질 수도 있다고 예견한 채 방아쇠를 당겼다고 보아야 한다. (5.2. 이후의 논의로 알 수 있었듯이 '어떤 것을 의도했다면, 그것을 예견했다'는 명제가 참이다.) 또한 방아쇠를 당기지 않을 수 있었을 뿐 아니라 제임스가 쏜 총탄만 아니었어도 킴벌리는 사망하지 않았을 것이며, 제임스가 예견한 인과사슬로 숨졌다고 보아야 한다. 이렇듯 킴벌리 건을 놓고 《정의 3》을 적용해도 콜 판사가 그랬듯이 의도적인 살인죄를 적용할 수 있다. 같은 이유에서 〈사운더즈 사건〉의 재판부가 그랬듯이 사운더즈에게 딸을 숨지게 한 데 대해 의도적인 살인죄를 적용할 수 있으며, 〈글래든 사건〉의 재판부와 같이 글래든에게도 아이를 숨지게 한 데 대해 살인죄를 적용할 수 있다.

▷ 〈비정한 엄마 사건 2〉, 〈라모스 사건〉, 〈마우타우젠 수용소 학살 사건〉, 〈제노비스 사건〉

이라크 시민 4명이 손이 묶이고 눈이 가려진 채 살해당할 당시 망을 보았던 〈라모스 사건〉의 라모스는 그 4명의 죽음을 유발한 직접적인 행위를 하지는 않았다. 또한 그가 망을 볼 당시 4명이 살해당할 위기에 처한 사실을 가해자들 이외에는 아는 사람이 없었다. 즉, 4명을 살해하는 장면을 목격하고 저지하려는 사람이 없었으므로, 그 저지하려는 사람들을 재차 저지하는 등의 어떤 행위도 하지 않았다. 이렇듯 라모스에게 살해의도가 있었는지를 판별하기 위해서는 그의 부작위에 《정의 3》을 적용해야 한다.

라모스는 4명이 살해될 것을 예견한 채 망을 보았다. 하지만 라모스와 〈살인기계 예 1〉 (b)의 존을 동일선상에 놓을 수는 없다. 존이 버튼을 눌렀다면 아이는 목숨을 건질 수 있었던 것과 같이, 라모스가 망을 보지 않고 동료들의 살인 행각을 저지했다면 이라크인들은 살해되지 않았을 것이다. 또한 존이 예견했던 인과사슬로 아이가 숨진 것과 같이 라모스가 예견한 인과사슬로 4명이 숨졌다. 이렇듯 《정의 3》의 첫째 조건과 셋째 조건을 놓고는 존의 부작위와 라모스의 부작위를 차별할 수 없다고 보아야 한다. 하지만 존의 경우는 버튼을 누를 수 있었음에도 불구하고 누르지 않은 경우로 보아야 하는 반면, 라모스의 경우는 그가 무기를 소지한 동료 군인들을 저지할 수 있었는지가 문제가 된다. 동료들이 상관이었다면, 또는 상관이 아니었더라도 이성을 잃은 상태였다면, 그들을 저지하기 위해서는 위험을 감수해야 했을 것이다. 따라서 5.6.에서 소개된 달시가 제시한 'a~e' 중 'c', 'd', 'e'를 충족시키지 못한다고 보아야 할 것이며, 따라서 《정의 3》의 둘째 조건을 충족시키지 못한다고 보아야 한다. 반면, 동료들이 상관도 아니었고 이성도 잃지 않은 상태였다면, 'a~e' 모두를 충족시킨다고 보아 라모스에게 살해의도가 있었다는 결론을 내릴 수 있다.

하지만 〈비정한 엄마 사건 2〉에서의 워드의 부작위를 〈라모스 사건〉의 라모스의 부작위와 동일선상에서 이해할 수는 없다고 보아야 한다. 워드는 아이들을 굶기면 사망할 것이라고 예견한 채 음식을 제공하지 않았다. 이렇듯 워드의 부작위는 《정의 3》의 첫째 조건을 충족시키며, "일부러 굶겨 죽였다"고 자백했듯이 음식물을 제공할 수 있었음에도 불구하고 제공하지 않았으므로 둘째 조건도 충족시킨다. 또한 그녀가 음식물을 제공했다면 아이들은 문제의 시점에 사망하지 않았을 것이다. 뿐만 아니라 그녀가 예견했던 대로 음식을 제공하지 않은 것이 영양실조를 유발해 아이들이 숨졌다. 이렇듯 셋째 조건 역시 충족시키므로, 워드에게는 의도적인 살인죄를 적용할 수 있다. 같은 이유에서 아파서 일을 할 수 없게 된 재소자들을 굶겨 죽인 그리고 한겨울에 재소자의 옷을 벗긴 후 물을 뿌려 얼어 죽게 한 〈마우타우젠 수용소 학살 사건〉의 감시병들에게도 재소자를 살해할 의도가 있었다고 보아야 한다.

〈제노비스 사건〉의 경우 제노비스의 죽음을 방관한 38명의 이웃은 기온이 낮아 창문을 닫고 있었기에 상황을 인식하지 못했다고 증언한 바 있다. 그들의 증언대로 상황을 정확히 인식하지 못했다면, 《정의 3》의 예견 조건을 충족시키지 못하므로 그들에게 살해의도가 없었다고 보아야 한다. 또한 목격자가 많아 책임감이 분산되는 심리현상인 제노비스 신드롬Genovese syndrome으로 신고를 하지 않았다고 해도 그들에게 살해의도가 있었다고 할 수 없다. 하지만 그들의 증언과 달리 상황을 인식하고도 신고를 하지 않았다면, 그리고 제노비스 신드롬 심리현상으로 신고를 하지 않은 것도 아니라면, 예견 조건을 충족시킬 뿐 아니라 신고를 할 수 있었으므로 (5.6.에서 소개된 'a~e' 모두를 충족시킨다) 그들의 부작위는《정의 3》의 첫째 조건과 둘째 조건을 충족시킨다. 또한 신고했다면 제노비스는 생존할 수 있었으며, 그들이 예견했던 인과사슬로 제노비스가 숨을 거두었다고 보아야 하므로 셋째 조건도 충족시킨다. 즉, 상황을 정확히 인식하고도 신고를 하지 않았다면, 그리고 제노비스 신드롬 심리현상으로 신고를 하지 않은 경우가 아니라면, 제노비스를 살해할 의도가 있었다고 보아야 한다.

▷ 〈커보키언 사건〉, 〈무어 사건〉, 〈부비아 사건〉, 〈콕스 사건〉, 〈터스키기 매독 연구 사건〉, 〈포템파 사건〉

자살기계를 제공함으로써 130명이 넘는 환자의 자살을 도왔던 〈커보키언 사건〉의 커보키언 박사는 1998년 11월 22일, 루게릭병 환자 유크에게 직접 염화칼륨을 주입해 심장박동을 멈추게 한 장면을 녹화하고 CBS 시사 프로그램 '60분'을 통해 공개한다. 커보키언 박사는 유크의 심장박동이 멈출 것을 예견한 채 유크의 혈관에 염화칼륨을 주입했다. 따라서 박사의 행위는《정의 3》의 첫째 조건을 충족시키며, 유크의 요청을 거절할 수 있었으므로 둘째 조건도 충족시킨다. 뿐만 아니라 약물을 주입하지 않았다면 유크는 1998년 11월 22일 이후의 어떤 시점에 사망했을 것이고, 예견했던 대로 약물이 심작박동을 멈추게 해 유크가 사망했다. 즉, 박사의 행위는 셋째 조건 역시 충족시키므로, 박사에게 유크를 살해할 의도가 있었다고 보아야 한다. 같은 이유로 환자의 혈관에 약물을 주입한 〈무어 사건〉의 무어 박사와 〈콕스 사건〉의 콕스 박사에게도 환자를 살해할 의도가 있었다고 보아야 한다.

앳킨스 등 130명이 넘는 환자에게 자살기계를 제공한 커보키언 박사의 행위를 놓고도 동일한 진단을 내릴 수 있다. 앳킨스가 숨질 것을 예견한 채 자살기계를 제공했을 뿐 아니라 앳킨스의 요청을 거절할 수도 있었으므로《정의 3》의 첫째 조건과 둘째 조건을 충족킨다. 또한 박사가 자살기계를 제공하지 않았다면 앳킨스는 문제의 시점에 사망하지 않았을 것이며 예견했던 대로 기계의 내용물인 염화칼륨이 앳킨스의 심장 박동을 멈추게 해 그녀가 숨졌으므로 셋째 조건도 충족시키기 때문이다. 이렇듯《정의 3》에 의존해 의사조력자살physician—assisted suicide에 연루된 의사에게 환자를 살해할 의도가 있었다는 답변을 얻을 수 있다.

〈부비아 사건〉의 부비아에게 병원 당국이 급식을 강해하지 않았다면 어떠한가? 급식을 중단하면 부비아가 숨질 것을 예견한 채 중단한 경우이므로《정의 3》의 첫째 조건을 충족시킨다. 또한 급식을 강행할 수 있었음에도 불구하고 강행하지 않았다는 점에서 둘째 조건도 충족시킨다. 뿐만 아니라 급식을 강행했다면 적어도 문제의 시점에 부비아가 사망하지 않았을 것이며, 예견한 바와 같이 급식을 중단한 것이 탈수와 영양실조 그리고 그에 따른 합병증을 유발해 숨졌을 것이므로 셋째 조건 역시 충족시킨다. 이렇듯 급식을 중단해 부비아가 숨졌다면,《정의 3》에 따라 병원 당국에게 부비아를 살해할 의도가 있었다는 결론을 내릴 수 있다.

〈터스키기 매독연구 사건〉에 대해서도 동일한 진단이 가능하다. 연구진은 환자들이 숨질 것을 예견하고도 매독의 진행과정을 밝히고자 페니실린 치료를 하지 않았다. 즉, 연구진의 부작위는《정의 3》의 첫째 조건을 충족시키며, 페니실린이 발견됐음에도 불구하고 치료를 하지 않았으므로 둘째 조건도 충족시킨다. 뿐만 아니라 연구진이 예견했던 바와 같이 환자들은 매독의 합병증으로 숨졌으므로 셋째 조건 역시 충족시킨다. 이렇듯 터스키기에서 매독연구를 자행한 연구진에게 환자들을 살해할 의도가 있었다고 보아야 한다.[113]

이상에서 알아본 바와 같이 〈무어 사건〉의 무어 박사에게, 〈커보키언 사건〉의 커보키언 박사에게, 〈콕스 사건〉의 콕스 박사에게, 그리고 〈부비아 사건〉의 병원 당국에게 (부비아에게 급식을 강행하지 않아 부비아가 숨졌다고 했을 경우) 살해의도가 있었다고 보아야 한다. 하지만 다행스러운 점은 안락사의 경우 반전을 기대할 수 있다는 점이다. 즉, 현행법은 생명권을 포기나 양도 가능하지 않은 권리로 규정하고 있으나, 현행법이 생명권의 성격을 잘못 해석하고 있다고 해보자. 즉, 생명권이 포기나 양도 가능한 권리라고 해보자. 그렇다면 환자가 원해서 약물을 주입한 경우나(자의적인 안락사voluntary euthanasia나) 환자가 자살기계를 원한 경우에는(의사조력자살physician-assisted suicide의 경우에는) 환자를 살해할 의도가 없었다는 결론에 이를 수 있다.

(P1) 환자가 원해서 안락사를 사행하거나 자살기계를 제공하는 것이 환자의 생명을 해치고자 의도하는 것이라면, 생명권이 포기나 양도 가능하지 않은 권리라야 한다.

(P2) 생명권은 포기나 양도 가능한 권리이다.

  그러므로

(C) 환자가 원해서 안락사를 사행하거나 자살기계를 제공하는 것은 환자의 생명을 해치고자 의도하는 것이 아니다.

(P1)은 참이다. 따라서 (P2)가 참이라면, (C) 역시 참이다. 즉, 생명권이 포기나 양도 가능한 권리라면, 환자가 원해서 안락사를 시술했거나 자살기계를 제공한 의사에게 환자를 살해할 의도가 없었다고 보아야 한다. (P2)가 참인지, 즉 현행법이 생명권을 잘못 해석하고 있는 것은 아닌지 생각해보자.

타인의 물건에 손을 대지 말아야 하는 이유는 타인에게 자신의 물건에 대한 소유권이 있기 때문이며, 강제로 성관계를 갖지 말아야 하는 이유 역시 상대에게 성관계를 거부할 권리가 있기 때문이다. 하지만 상대가 자신의 권리를 침해해도 좋다고 의사를 밝혔다면 문제가 달라진다. 그렇다면 타인의 물건을 가질 수 있을 뿐 아니라 성관계를 갖는 것까지도 문제가 되지 않는다. 뿐만 아니라 영장을 소지하지 않은 경찰관에게 가택 수색할 수 있도록 허락했다면 경찰관의 영장 없이 가택을 수색하지 말아야 할 의무는 면제되었다고 보아야 한다. 생명권도 동일선상에서 이해해야 하는 것은 아닌가?

자신은 살인을 저지르지 않았다는 〈포템파 사건〉의 윌리엄스의 주장을 재판부가 수용하지 않은 이유는 동의하에 포템파를 숨지게 한 것은 사실이나, 생명권은 포기나 양도 가능하지 않은 권리라는 이유에서였다. 러시안룰렛 게임을 불법으로 규정하고 있는 이유, 자의적인 안락사를 금지하는 근본적인 이유 역시 생명권을 그와 같은 성격의 권리로 규정하고 있기 때문이다. 하지만 UFC 경기 중 선수가 숨지는 사건이 발생해도 상대 선수에게 책임을 묻지 않는다. 그 이유는 아이러니하게도 '동의한 사람에게는 해를 입히지 않는다 Volenti non fit iniuria'는 볼엔티 독트린volenti doctrine을 수용하고 있기 때문이다. (로마법에서 연원한 볼엔티 독트린에 따르면 동의는 권리침해를 조각阻却한다.)

이제 생명권을 포기나 양도 가능하지 않은 권리로 이해하는 데 따르는 어려움이 드러난 셈이다. 〈포템파 사건〉의 판결 이유를 UFC 경기 중 상대 선수를 사망케 한 선수에게 적용하면 살인죄를 적용해야 하는 반면, 〈포템파 사건〉에 볼엔티 독트린을 적용하면 윌리엄스는 살인을 저지른 것이 아니기 때문이다. 생명권은 포기나 양도 가능하지 않은 권리라는 입장을 취하는 것과 볼엔티 독트린을 수용하는 것은 양립 가능하지 않다면, 볼엔티 독트린을 포기해야 하는가? 그렇다면 전신마취를 요하는 수술은 물론, 심지어 사망사고 위험이 있는 택시 운행도 금지해야 한다. 볼엔티 독트린을 포기할 수 없으므로 생명권이 포기나 양도 가능하지 않은 권리라는 입장을 포기해야 한다는 말이다.

〈볼엔티 독트린 논변〉

(P1) 생명권을 포기나 양도 가능하지 않은 권리로 보는 것과 볼엔티 독트린을 수용하는 것은 양립 가능하지 않다.

(P2) 볼엔티 독트린을 수용하지 않을 수 없다.

그러므로

(C) 생명권은 포기나 양도 가능하지 않은 권리라는 입장을 포기해야 한다.

생명권이 포기나 양도 가능한 권리라는 말은 포기나 양도 가능하지 않은 권리는 없다는 말과 다르지 않으며, 볼엔티 독트린 논변에 의존해야만 모든 권리가 포기나 양도 가능하다는 결론을 얻을 수 있는 것은 아니다. 맥코넬이 소개하는 다음의 논변을 생각해보자.

〈논변 1〉

(P1) 어떤 권리 R이 포기나 양도 가능하지 않은 권리라면, R의 소유자는 R로 인해 자신에 대한 의무를 지게 된다.
(P2) 자신에 대한 의무를 질 수 없다.
　그러므로
(C) 포기나 양도 가능하지 않은 권리는 없다.[114]

위의 논변은 타당하다. 즉, (P1)과 (P2)가 참이라면, 생명권을 포함한 모든 권리를 포기나 양도 가능한 권리로 보아야 한다. 먼저 (P1)을 참으로 보아야 하는 이유를 생각해보기로 하자.

〈논변 2〉

(P1) 어떤 권리 R이 포기나 양도 가능하지 않은 권리라면, R의 소유자가 R을 침해하는 데 동의했더라도 그 동의가 R을 침해할 수 있는 권리를 타인에게 부여하지 못한다.
(P2) R의 소유자가 R을 침해하는 데 동의했더라도 그 동의가 R을 침해할 수 있는 권리를 타인에게 부여하지 못한다면, R의 소유자는 동의하에 타인이 자신의 R을 침해하는 상황에 연루되지 말아야 한다.
(P3) R의 소유자는 동의하에 타인이 자신의 R을 침해하는 상황에 연루되지 말아야 한다면, R의 소유자에게 부과된 그 금지가 R의 소유자에게는 자신에

대한 의무가 된다.

그러므로

(C) 권리 R이 포기나 양도 가능하지 않은 권리라면, R의 소유자에게 부과된
금지가 (R의 소유자는 동의하에 타인이 자신의 R을 침해하는 상황에 연루되지 말아
야 한다는 금지가) R의 소유자에게는 자신에 대한 의무가 된다. (〈논변 1〉의
(P1))

〈포템파 사건〉의 윌리엄스는 포템파의 동의하에 그녀를 숨지게 했다. 그런
데도 법원은 생명권을 포기나 양도 가능하지 않은 권리로 보아, 포템파가 동
의했다는 사실이 포템파의 생명권을 침해할 수 있는 권리를 윌리엄스에게 부
여하지 못했다고 보았다. 생명권이 포기나 양도 가능한 권리가 아니라면, 재
판부의 판단대로 포템파의 동의와 무관하게 포템파를 살해하지 말아야 할 윌
리엄스의 의무는 유지되었다고 보아야 한다. 즉, 〈논변 2〉의 (P1)이 참임을 부
정할 수 없다. 또한 포템파가 동의를 했다는 사실이 포템파의 생명권을 침해
할 수 있는 권리를 윌리엄스에게 부여하지 못했다면, 마땅히 포템파는 윌리
엄스에게 자신의 생명권을 침해해도 좋다는 의사를 표명하지 말았어야 했다.
즉, 포템파의 동의를 구해 윌리엄스가 그녀를 숨지게 한 그와 같은 상황에 포
템파가 연루되지 말았어야 했다. 이렇듯 (P2)가 참이라는 것도 부정할 수 없으
며, (P3) 역시 부정할 수 없다. 포템파의 동의를 구해 윌리엄스가 그녀를 숨지
게 한 그와 같은 상황에 포템파가 연루되지 말았어야 했다는 것은 포템파에게
그와 같은 상황에 연루되지 말아야 할 의무가 있었다는 말과 다르지 않기 때
문이다. 따라서 생명권이 포기나 양도 가능한 권리가 아니라면, 포템파의 동
의를 구해 윌리엄스가 그녀를 숨지게 한 상황에 포템파가 연루되지 말았어야
한다는 그 금지가 포템파에게는 의무가 된다. 이렇듯 〈논변 2〉의 결론인 (C),
즉 '어떤 권리 R이 포기나 양도 가능하지 않은 권리라면, R의 소유자는 R로
인해 자신에 대한 의무를 지게 된다'는 〈논변 1〉의 (P1)은 참이다. 〈논변 1〉의

(P2)는 어떠한가?

〈논변 3〉

(P1) 자신에 대한 의무 D가 있다면, D에 상응하는 자신에 대한 권리 R이 있다.

(P2) D에 상응하는 자신에 대한 권리 R이 있다면, D로부터 스스로 자신을 면제시킬 수 있다.

(P3) 자신에 대한 의무 D가 있다면, D로부터 스스로 자신을 면제시킬 수 있다. ((P1)과 (P2)로부터)

(P4) D로부터 스스로 자신을 면제시킬 수 없다.

　　그러므로

(C) 자신에 대한 의무 D가 있을 수 없다. ((P3)과 (P4)로부터) (〈논변 1〉의 (P2))

　"선택된 강자는 인류를 위해 사회의 도덕률을 넘어설 권리를 가질 수 있다. 한 마리의 이에 불과한 저 전당포 노파를 죽여도 된다". 『죄와 벌』의 라스콜리니코프는 사회의 도덕률을 넘어설 권리를 자신에게 스스로 부여한다. 라스콜리니코프에게 실제로 그와 같은 권리가 있었는가? 자신에게 스스로 권리를 부여할 수 없듯이, 자신의 의무로부터 스스로 자신을 면제시킬 수 없다고 보아야 한다. 즉, 자신의 의무로부터 스스로 자신을 면제시킬 수 없다는 것은 개념적으로 참이므로, 〈논변 3〉의 (P4)는 참이다. 마찬가지로 (P2) 역시 개념적으로 참이며, (P1)과 (P2)로부터 (P3)가 도출되므로, 〈논변 3〉의 성패는 (P1)에 달렸다고 보아야 한다.

　제1장에서 설명된 바와 같이 강한 형태의 권리와 의무 상관관계 입론에 따르면 모든 권리는 의무를 그리고 모든 의무는 권리를 함축한다(X에 대한 권리가 지켜졌다는 것은 X에 대한 의무가 이행되었다는 것을 의미하며, X에 대한 의무가 이행되었다는 것은 X에 대한 권리가 지켜졌다는 것을 의미한다). 반면, 약한 형태의 권리와 의무 상관관계 입론에 따르면 권리가 의무를 함축할 수 있으나 의

무가 권리를 함축하지 않을 수 있으며, 의무가 권리를 함축할 수 있으나 권리가 의무를 함축하지 않을 수 있다(X에 대한 권리가 지켜졌다는 것은 X에 대한 의무가 이행되었다는 것을 의미하나 X에 대한 의무가 이행되었다는 것이 X에 대한 권리가 지켜졌다는 것을 의미하지 않을 수 있으며, X에 대한 의무가 이행되었다는 것이 X에 대한 권리가 지켜졌다는 것을 의미하나 X에 대한 권리가 지켜졌다는 것은 X에 대한 의무가 이행되었다는 것을 의미하지 않을 수 있다). 〈제노비스 사건〉을 생각해보자. 38명이 지켜보는 가운데 괴한의 흉기에 숨진 제노비스에게 타인의 신체를 사용할 권리는 없었다. 하지만 그녀의 죽음을 지켜보던 38명에게는 제노비스를 위해 수화기를 들고 경찰에 신고할 의무가 있었다고 보아야 한다. 이렇듯 타인에 대한 권리와 의무의 상관관계에는 약한 형태로 이해해야 한다. 자신에 대한 권리와 의무의 상관관계는 어떠한가?

스스로 목숨을 끊지 말아야 할 의무가 있다면, 목숨을 지킬 권리도 있다고 보아야 한다. 즉, 타인이 자신의 목숨을 빼앗으려 할 경우 그것을 저지할 권리가 없음에도 불구하고(그것을 저지하는 것이 정당화될 수 없음에도 불구하고) 스스로 목숨을 끊지 말아야 할 의무가 있다고 할 수 없다. 다시 말해 스스로 목숨을 끊지 말아야 할 의무가 있다면 그 의무는 목숨을 지킬 권리로부터 생성된다고도 보아야 한다. 목숨을 지킬 권리가 없음에도 불구하고 스스로 목숨을 끊지 말아야 할 의무가 있다고 볼 수 없다는 점에서, 의무와 권리가 자신에 관계된 것일 때는 그들의 상관관계를 강한 형태로 이해해야 한다. 즉, 〈논변 3〉의 (P1)을 참으로 보아야 한다. 따라서 결론인 (C), 즉 〈논변 1〉의 (P2) 역시 참으로 보아야 한다.

이렇듯 〈논변 1〉의 (P1)과 (P2) 모두 참이므로, 포기나 양도 가능하지 않은 권리는 없다고 보아야 한다. 즉, 현행법의 해석과 달리 생명권을 포기나 양도 가능한 권리로 보아야 하므로, 그리고 안락사 요건에 충족하는 환자에게 안락사를 시술한 〈무어 사건〉의 무어 박사, 〈콕스 사건〉의 콕스 박사, 〈커보키언 사건〉의 커보키언 박사에게 살해의도가 없었다고 보아야 할 뿐 아니라, 환자가 안락사 요건에 충족된다면 의사조력자살에 연루된 의사에게 역시 환자를 살해할 의도가 없었다고 보아야 한다. (〈포템파 사건〉을 놓고는 해석을 달리해야 한다. 포템파의 경우 안락사 요건을 충족시키지 못했을 뿐 아니라, 마치 낙태를 원하는 여성과 진공청소기 업자 사이의 동의가 진정한 동의일 수 없듯이 그녀와 윌리엄스 사이의 동의를 진정한 의미의 동의였다고 할 수 없기 때문이다.)

▷ 〈울산계모 사건〉, 〈칠곡계모 사건〉, 〈커닝햄 사건〉, 〈하이엄 사건〉

키 167cm에 몸무게 57kg의 성인이 키 130cm에 불과한 8세 아이의 유연성이 있는 갈비뼈가 16개나 부러질 정도로 구타한 결과, 그리고 아이가 비명을 지르며 주저앉고 얼굴이 창백해진 상황에서도 폭행을 멈추지 않아 아이가 숨진 것은 보통의 합리적인 사람이라면 자연스럽고 당연한 결과라고 생각할 것이다. 즉, 〈울산계모 사건〉의 계모 박씨의 경우 객관적인 테스트를 명백히 통과하지 못한다고 보아야 하며, 따라서 1.2.3.에서 제시된 (ㄱ)~(ㄹ) 중 (ㄴ)을 적용해 박씨가 미필적으로나마 살인을 인식한 상태에서 폭력을 행사했다고 보아야 한다. 이렇듯《정의 3》의 첫째 조건을 충족시키며, 폭력을 행사하지 않을 수 있었고, 폭력을 행사하지 않았다면 이양이 숨을 거두지 않았을 뿐 아니라 예견했던 인과사슬로 이양이 숨을 거뒀다고 보아야 하므로, 둘째 조건과 셋째 조건도 충족시킨다. 따라서 박씨를 미필적 고의에 의한 살인 혐의로 기소한 검찰의 판단이 옳았다고 보아야 한다.

〈칠곡계모 사건〉계모 임씨의 경우는 1.2.3.에서 제시된 (ㄱ)~(ㄹ) 중 (ㄹ)을 적용해야 하는 경우이다. 따라서 모든 증거를 종합해《정의 3》의 첫째 조건을 충족시키는지의 여부를 판단해야 한다. 하지만 보험금을 노리고 자신의 집에 불을 질렀으나 불길이 옆집으로 번져 이웃이 숨졌을 경우 미필적 고의에 의한 살인죄를 적용하고 있으므로, 임씨의 경우 역시 미필적으로나마 살인을 인식한 상태에서 폭력을 행사했다고 보아야 한다. 1.2.3.에서 설명된 바와 같이 8세 아이가 어른에게 배를 밟히고 걷어 차여 숨질 개연성이 자신의 집에 불을 질러 이웃이 숨질 개연성보다 떨어지지 않기 때문이다. 다시 말해 보험금을 노리고 자신의 집에 불을 질러 이웃을 숨지게 한 경우에 미필적 고의에 의한 살인죄를 적용해야 한다면, 임씨의 경우 《정의 3》의 첫째 조건을 충족시킨다고 보아야 한다. 또한 둘째 조건과 셋째 조건도 충족시키므로, 보험금을 노리고 자신의 집에 불을 질러 이웃을 숨지게 한 경우에 미필적 고의에 의한 살인죄를 적용해야 한다면 임씨에게도 동일한 죄목을 적용해야 한다.

〈커닝햄 사건〉과 〈하이엄 사건〉에 대해서도 유사한 진단이 가능하다. 《정의 3》의 둘째 조건을 충족시키며, 첫째 조건을 충족시킨다면 셋째 조건을 충족시킨다고 보아야 하므로, 첫째 조건을 충족시키는지가 관건이다. 첫째 조건을 충족시킨다고 보는 것이 법집행의 중립성과 공정성을 유지하는 방법일 것이다. 그리고 구체적으로 1.2.3.에서 제시된 (ㄱ)~(ㄹ) 중 (ㄴ)을 적용해야 하는 경우라면 커닝햄이 악의적으로, 즉 의도적으로 유독물질에 웨이드 여사를 노출시켜 웨이드 여사의 목숨을 위태롭게 했다는 검찰과,[115] 하이엄에게 부스의 두 딸을 살해할 의도가 있었다고 보아야 한다는 1심과 항소심 재판부 그리고 상원의 판단이 옳았다고 보아야 한다. 반면 (ㄱ)~(ㄹ) 중 (ㄹ)을 적용해야 한다고 해도 커닝햄과 하이엄에게 미필적 고의가 있었다고 보아야 한다.

▷ 〈가자지구 공습 사건〉, 〈무인폭격기 공습 사건〉

2008년 12월 29일, 이스라엘이 하마스가 무기류를 반입해 온 것으로 알려진 이집트와의 국경 인근 터널과 교도소, 금속공장, 이슬람 대학에 전략 폭격을 단행해 다수의 민간인 사상자가 발생했다. "전략 폭격가에게 묻고 싶다. 자신에게 솔직해져도 과연 민간인을 살해할 의도가 없었다고 말하겠는가?"[116] 신학자 포드가 반문하듯이, 민간인 사상자를 놓고 전략 폭격가를 테러 폭격가와 차별할 수 없다는 것이 중론이다. 《정의 3》을 〈가자지구 공습 사건〉에 적용해도 이스라엘에게 민간인을 살해할 의도가 있었다는 답변을 내릴 수 있다. 이스라엘은 다수의 민간인 사상자가 발생할 것을 예견한 채 폭격을 단행했다.

즉, 이스라엘의 폭격 행위는 《정의 3》의 첫째 조건을 충족시킨다. 또한 폭격을 가하지 않을 수 있었음에도 불구하고 폭격을 단행했을 뿐 아니라, 북부 자발리야에서 숨진 어린이 4명, 남부 라파에서 숨진 어린이 2명, 그리고 부상을 당한 800명은 이스라엘이 폭격을 가하지 않았다면 숨지거나 부상을 당하지 않을 사람들이었으며, 이스라엘이 예견한 인과사슬로 그들이 사망하거나 부상을 당했다. 이렇듯 셋째 조건 역시 충족시키므로, 이스라엘에게 민간인을 살해하거나 부상을 입힐 의도가 있었다고 보아야 한다. 같은 이유에서 알-카에다 연계조직의 거처를 대상으로 무인폭격기 공습 작전을 펼쳐 다수의 민간인 사상자를 낸 〈무인폭격기 공습 사건〉의 미국에게도 민간인을 살해하거나 부상을 입힐 의도가 있었다고 보아야 한다.

▷ 〈토마스 사건〉, 〈북한동포 살해 사건〉, 〈최면을 악용한 사건〉

〈토마스 사건〉의 토마스에게 몽유 상태에서 아내를 살해한 데 대해 책임을 물을 수 없다는 이유로 불기소 결정을 내린 검찰이 옳았다고 보아야 하며, 《정의 3》을 적용해도 토마스에게 아내를 살해할 의도가 없었다는 상식적인 답변을 얻을 수 있다. 목을 조를 당시 그 대상이 아내인 줄 몰랐을 뿐 아니라 의지가 억압당한 상태에서 목을 졸랐으므로 첫째 조건과 둘째 조건을 충족시키지 못하며, 토마스가 예견했던 인과사슬로 아내가 숨진 경우가 아니므로 셋째 조건도 충족시키지 못하기 때문이다. 같은 이유에서 〈최면을 악용한 사건〉의 여성이 최면술사의 주문대로 남편을 숨지게 했어도 《정의 3》을 적용하면 그녀에게 남편을 살해할 의도가 없었다는 상식적인 답변을 얻을 수 있다.

〈북한동포 살해 사건〉의 피고인 홍씨 역시 발작 상태에서 장씨의 복부를 칼로 찔렀다고 주장한다. 하지만 《정의 3》을 적용하면 그를 〈토마스 사건〉의 토마스 그리고 〈최면을 악용한 사건〉의 여성과 동일선상에서 이해할 수 없다는 답변을 얻을 수 있다. 급료에 대해 불평하는 직원은 가만두지 않겠다고 협박했고 밀린 급료를 얘기하던 장씨에게 계속 불평하면 죽이겠다고 위협을 가했다는 점에서 장씨가 사망한 것이 홍성 씨의 저혈당 상태의 발작으로 인한 것이라고 볼 수 없으며, 1.2.3.에서 제시된 (ㄱ)~(ㄹ) 중 (ㄴ)을 적용해야 하는 경우이므로 첫째 조건을 충족시킨다. 또한 장씨를 칼로 찌르지 않을 수 있었을 뿐 아니라, 칼로 찌르지 않았다면 장씨는 문제의 시점에 사망하지 않았을 것이며, 홍씨가 예견한 인과사슬로 장씨가 사망했다고 보아야 한다. 이렇듯 둘째 조건과 셋째 조건도 충족시키므로, 홍씨에게 살해의도가 있었다고 보아야 한다.

▷ 〈스틴 사건〉, 〈폭력남편 살해 사건〉

제2차 세계대전 중 나치의 선전 방송에 동참한 〈스틴 사건〉의 스틴은 종전 후 적을 도우려는 의도로 적을 도왔다는 혐의로 영국의 검찰에 의해 기소되어 3년 징역형을 언도받는다. 나치에게 도움이 된다는 사실을 알고도 나치의 선전을 방송했으므로, 스틴의 행위는《정의 3》의 첫째 조건을 충족시킨다. 또한 스틴이 방송에 동참해 나치에게 도움이 된 것이 사실이며, 스틴이 예견한 인과사슬로 나치에게 도움이 되었다. 따라서 그의 행위는 셋째 조건도 충족시킨다. 하지만 나치에게 끌려가 감금된 상태에서 심한 구타로 중상을 입었을 뿐 아니라 아내와 두 아들을 강제수용소에 보내겠다는 협박을 받았으므로, 둘째 조건을 충족시킨다고 볼 수는 없다. 즉, 스틴이 나치를 도우려는 의도로 선전 방송에 동참했다고 볼 수 없다는 항소심 재판부 그리고 항소심 재판부의 손을 들어준 상원의 판단이 옳았다고 보아야 한다.

제초제를 탄 박카스를 남편에게 먹인 〈폭력남편 살해 사건〉의 피고인 박씨는 남편이 숨질 것을 예견한 채 제초제 박카스를 먹였다. 따라서 그녀의 행위는《정의 3》의 첫째 조건을 충족시킨다. 또한 그녀가 제초제 박카스를 먹이지 않았다면 남편은 문제의 시점에 사망하지 않았을 것이며, 그녀가 예견한 인과사슬로 남편이 숨졌다. 즉, 그녀의 행위는 셋째 조건도 충족시킨다. 하지만 결혼 26년 동안 거의 매일 술을 마시고 집기를 부쉈으며, 유리병을 던지거나 주먹과 발로 구타하고 칼로 위협했을 뿐 아니라 집을 나가면 친정 부모를 죽이겠다는 협박 때문에 남편을 떠날 수도 없는 상황이었다. 다시 말해 선택의 여지가 극도로 제한된 상황이었으므로 둘째 조건을 충족시키지 못한다고 보아야 한다. 이렇듯 박씨에게 남편을 살해할 의도가 없었다는 답변을 내릴 수 있다.

▷ 〈마이클 잭슨 사건〉, 〈잭슨 사건〉, 〈캠벨 사건〉, 〈청산가리 막걸리 사건〉, 〈파인골드 사건〉, 〈페놀 박피 사건〉, 〈헨리 사건〉

마이클 잭슨의 주치의 콘래드 박사는 적절히 모니터 감시를 할 수 있었고 소생장비도 갖출 수 있었다. 따라서 《정의 3》의 둘째 조건을 충족시킨다. 또한 적절히 모니터 감시를 했다면 그리고 소생장비를 갖추었다면 마이클 잭슨은 사망하지 않았을 것이다. 뿐만 아니라 심폐소생술을 완전하게 실시했다면, 911에 빨리 알렸다면, 응급요원에게 프로포폴 투약 사실을 알렸다면 마이클 잭슨이 소생할 수도 있었다. 이렇듯 콘래드 박사의 행위는 셋째 조건의 '자연적인 흐름을 차단한 것이 문제의 결과를 초래한 데 원인으로 기여했어야 한다'는 조건을 충족시킨다. 하지만 머리 박사로서는 자신이 주사한 프로포폴로 마이클 잭슨이 사망해서 취할 수 있는 이익이 전무했을 뿐 아니라, 오히려 숨진다면 의사로서의 커리어에 치명타가 될 것을 알고 있었다. 따라서 마이클 잭슨이 숨질 것을 예견하지 못했다고 보아야 한다. 즉, 첫째 조건을 충족시키지 못하며, 셋째 조건의 '예견했던 인과사슬로 문제의 결과를 초래했어야 한다'는 조건 역시 충족시키지 못한다. 하지만 예견하지 못한 것이 부주의나 태만 때문이었으므로, 1.2.3.에서 제시된 (ㄱ)~(ㄹ) 중 (ㄷ)의 경우로서 그를 과실치사 혐으로 기소한 월그렌 검사가 옳았다고 보아야 한다.

같은 이유로 헤로인 중독 치료제, 진통제, 정신안정제를 혼합 과다 처방함으로써 3명의 환자를 죽음에 이르게 한 〈헨리 사건〉의 헨리 박사를 의도적인 살인 혐의가 아닌 과실치사 혐으로 기소한 검찰의 결정, 싸움을 말릴 목적으로 허공에 9mm 권총을 발사한 〈잭슨 사건〉의 인디애나 페이서스 주전 가드 잭슨에게 살인 미수죄가 아닌 형사상의 무모한 행위죄를 적용한 재판부, 페놀 성분을 이용해 심부피부재생술을 시술한 〈페놀 박피 사건〉의 피부과 의사 2 명을 살인 혐의가 아닌 의사로서 주의의무를 다하지 않은 혐의로 기소한 검찰 역시 옳았다고 보아야 한다.

한편 신경안정제를 복용하고 가스에 질식될 목적으로 부엌의 가스 밸브를 열어놓아 8명에게 상해를 입힌 〈파인골드 사건〉의 파인골드의 경우, 다른 방법으로 자살을 기도할 수 있었음에도 불구하고 가스 밸브를 여는 방법을 택했다. 따라서 그의 행위는 《정의 3》의 둘째 조건을 충족시킨다. 또한 그가 가스 밸브를 열어놓지 않았다면 문제의 8명은 부상을 당할 사람들이 아니었다. 이렇듯 그의 행위는 셋째 조건의 '자연적인 흐름을 차단한 것이 문제의 결과를 초래한 데 원인으로 기여했어야 한다'는 조건도 충족시킨다. 하지만 문제는 그가 가스가 폭발할 줄 몰랐다고 진술했다는 점이다.

그는 맥노튼 룰에 따른 정신이상자도 한정책임능력자도 아니었다. 따라서 보통의 합리적인 사람은 질식사할 목적으로 가스 밸브를 열어놓으면서도 전자기기에서 발생한 불꽃에 가스가 폭발할 가능성까지도 생각할 수 있다고 해보자. 그렇다면 1.2.3.에서 제시된 '(ㄱ) ~ (ㄹ)' 중 (ㄴ)을 적용해야 하는 경우로서 《정의 3》의 첫째 조건을 충족시킨다고 보아야 한다. 또한 그가 가스 밸브를 열어놓지 않았다면 8명은 부상을 입지 않았을 것이며, (ㄴ)을 적용해야 하는 경우이므로 셋째 조건의 '예견했던 인과사슬로 문제의 결과를 초래했어야 한다'는 조건 역시 충족시킨다고 보아야 한다. 즉, 그에게 상해를 입힐 의도가 있었다고 보아야 한다.

하지만 보통의 합리적인 사람이라도 자살을 실행하려는 상황에서 밸브에서 유출된 가스가 전자기기에서 발생한 불꽃으로 폭발할 것을 생각하기는 어렵다고 보아야 할 것이다. 즉, 1.2.3.에서 제시된 '(ㄱ) ~ (ㄹ)' 중 (ㄴ)을 적용해야 하는 경우로서 첫째 조건 및 셋째 조건의 '예견했던 인과사슬로 문제의 결과를 초래했어야 한다'는 조건을 충족시키기 어렵다고 보아야 한다. 즉, 상해를 입힐 의도가 있었다고 보기 어려우며, 첫째 조건을 충족시키지 못한다는 점에서 그에게 무모recklessness에 기한 치상죄를 적용하기도 어렵다고 보아야 한다. 즉, 그를 (무모에 기한) 1급 중과실치상first-degree reckless endangerment 혐의로 기소한 검찰이 아닌, 과실 negligence 판결을 내린 맨해튼 대리연방법원의 판단이 옳았다고 보아야 한다.

〈캠벨 사건〉의 캠벨 역시 배스노에게 권총을 건네지 않을 수 있었음에도 불구하고 권총을 건넸다. 따라서 《정의 3》의 둘째 조건을 충족시킨다. 또한 그가 권총을 건네지 않았다면 배스노는 문제의 시점에 사망하지 않았을 것이므로 셋째 조건의 '자연적인 흐름을 차단한 것이 문제의 결과를 초래한 데 원인으로 기여했어야 한다'는 조건도 충족시킨다. 하지만 배스노가 실제로 총기를 사용할지 예견했다고 단정할 수 없으므로 첫째 조건을 충족시킨다고 볼 수 없으며, 셋째 조건의 '예견했던 인과사슬로 문제의 결과를 초래했어야 한다'는 조건을 충족시킨다고도 할 수 없다. 이렇듯 《정의 3》에 따라 그에게 의도적인 살인죄를 적용할 수 없다는 항소심 재판부의 판결이 (판결 이유에는 동의할 수 없으나) 옳았다고 보아야 한다.

〈청산가리 막걸리 사건〉에서 B씨를 숨지게 한 A씨와 A씨 딸의 행위는 《정의 3》의 세 조건 모두를 충족시킨다. B씨가 숨질 것을 예견한 채 B씨에게 청산가리 막걸리를 건넸으며, 막걸리를 건네지 않을 수 있었을 뿐 아니라 예견했던 인과사슬로 B씨가 숨졌기 때문이다. 즉, A씨와 딸에게 B씨를 살해할 의도가 있었다는 결론을 내릴 수 있다. 같은 이유에서 《정의 3》에 의존해 〈독극물 테러 사건〉에서의 범인에게 할머니들을 살해할 의도가 있었다는 결론도 내릴 수 있다.

하지만 〈청산가리 막걸리 사건〉에서 A씨와 A씨 딸에게 B씨 동료를 숨지게 할 의도가 있었는지에 대해서는 두 가지 가능성을 열어놓아야 한다. B씨가 평소 혼자서는 술을 마시는 일이 없었다고 해보자. 그렇다면 B씨 동료를 숨지게 한 데 대해서도 B씨를 숨지게 한 데 대한 평가와 동일한 평가를 내려야 한다. 즉, A씨와 딸에게 B씨 동료들을 살해할 의도가 있었다는 답변을 내릴 수 있다. 하지만 B씨가 평소 누군가와 함께 술을 마시는 일이 없었다고 한다면,《정의 3》의 (둘째 조건은 충족시키나) 첫째 조건과 셋째 조건의 '예견했던 인과사슬로 문제의 결과를 초래했어야 한다'는 조건을 충족시키지 못한다고 보아야 한다. 따라서 의도적인 살인죄가 아닌 과실치사죄를 적용해, 누군가와 함께 마실 가능성을 마땅히 예견했어야 했으나 예견하지 못한 데 대한 형사책임을 물어야 할 것이다. (첫째 조건을 충족시키지 못한다는 점에서 그에게 무모에 기한 치사죄를 적용할 수는 없다고 보아야 한다.)

▷〈핸드 사건〉, 〈나치 장애인 학살 사건〉, 〈독극물 무단 방류 사건〉, 〈동반자살 사건〉, 〈비정한 엄마 사건 ㄱ〉〈성병 생체실험 사건〉, 〈아프간 미군 만행 사건〉, 〈정두영 사건〉, 〈제노비스 사건〉

〈핸드 사건〉의 핸드는 질과 웰치가 사망할 것을 알고도 그들을 향해 방아쇠를 당겼을 뿐 아니라 방아쇠를 당기지 않을 수도 있었다. 이렇듯 핸드의 방아쇠를 당긴 행위는《정의 3》의 첫째 조건과 둘째 조건을 충족시킨다. 또한 질과 웰치는 핸드가 방아쇠를 당기지 않았다면 문제의 시점에 사망할 사람들이 아니었으며, 핸드가 예견했던 인과사슬로 그들이 숨졌으므로 셋째 조건도 충족시킨다. 이렇듯 〈핸드 사건〉에《정의 3》을 적용하면 핸드에게 질과 웰치를 살해할 의도가 있었다는 상식적인 답변을 얻을 수 있다.

같은 이유에서 1999년 6월부터 10개월 동안 9명을 살해하고 8명에게 중상을 입힌 〈정두영 사건〉의 정두영에게, 비무장의 민간인을 살해하고 시신을 훼손한 〈아프간 미군 만행 사건〉의 몰록 상병 등에게, 아들에게 농약을 먹인 후 자신도 농약을 먹고 자살을 기도한 〈동반자살 사건〉의 A씨에게, 1,600명을 성병에 감염시켜 83명을 숨지게 한 〈성병 생체실험 사건〉의 미국 당국에게, 2살 된 아들이 대소변을 가리지 못한다는 이유로 폭행해 사망에 이르게 한 〈비정한 엄마 사건 1〉의 A씨에게, 제노비스를 흉기로 17차례나 찔러 살해한 〈제노비스 사건〉의 모슬리에게, 제2차 세계대전 당시 안락사란 미명하에 24만 5천여 명을 학살한 〈나치 장애인 학살 사건〉의 나치에게 피해자들을 살해할 의도가 있었다고 보아야 하며, 하천에 독극물을 무단 방류한 〈독극물 무단 방류 사건〉의 F사 대표 최모 씨와 L사 대표 이모 씨에게 하천을 오염시킬 의도가 있었다고 보아야 한다.

▷ 〈양로원 집단 사망 사건〉, 〈주부 코카인 운반 사건〉, 〈도요타 사건〉

〈양로원 집단 사망 사건〉에서 요양소 원장 부부가 강제 철수 명령을 이행치 않아 입원 환자 34명이 숨졌다. 하지만 원장 부부가 "발전기도 갖췄고 간호사도 있으며 환자 가족들도 그냥 머물도록 승낙했다"고 진술한 점으로 미루어 그들이 허리케인 카트리나의 위력을 예견하지 못했다고 보아야 할 것이다. 이렇듯 환자들을 이송치 않은 원장 부부의 경우는 《정의 3》의 첫째 조건과 셋째 조건을 충족시키지 못한다. 따라서 그들을 살인 혐의로 기소하지 않은 루이지애나주 검찰의 결정이 옳았다고 보아야 한다. (그들에게 과실치사죄를 적용해야 한다는, 즉 입원 환자들이 사망할 수 있다는 것을 마땅히 인식해야 했으나 인식하지 못한 데 대한 책임을 물어야 한다는 검찰과 과실치사 혐의에 대해 무죄 평결을 내린 배심원단 중 어느 쪽의 손을 들어주어야 할지는 환자들이 사망한 것이 원장 부부가 내린 결정이 자연스럽고 당연한 결과인지 그리고 보통의 합리적인 사람이라면 그와 같은 결정을 내리지 않았을 것인지에 달렸다.)

〈도요타 사건〉의 운전자 역시 가속 페달에 문제가 생길 것을 예견하지 못한 채 가속 페달을 밟았다. 따라서 《정의 3》의 첫째 조건과 셋째 조건을 충족시키지 못한다. 이렇듯 《정의 3》을 〈도요타 사건〉에 적용하면 책임의 소재를 운전자에게서 찾을 수 없다는 상식적인 답변을 얻을 수 있다.

〈주부 코카인 운반 사건〉에서의 주부와 대학생이 무사히 공항을 통과했다고 해보자. 그리고 그들이 운반한 코카인을 복용하고 사망자가 발생했다고 해보자. 그렇다고 해도 그들에게 의도적인 살인죄를 적용할 수는 없는 일이며, 《정의 3》을 적용해도 동일한 답변을 얻을 수 있다. 그들이 마약상에게 속아 코카인을 운반했으므로 예견 조건을 충족시키지 못하기 때문이다.

1 Coke, Edward, 영국법 제요 *Institutes of the Laws of England* 1797 ed., part III, chapter 1, folio 10.

2 다시 말해 범죄가 성립하기 위해서는 금지된 해악을 초래했어야 할 뿐 아니라, 범죄심리상태에서 그 금지된 해악을 초래했어야 한다는 것이 영미 형사법의 오랜 전통이었다.

3 예컨대 '남의 재물을 훔쳤다'는 절도죄의 구성요건에 해당하는 행위 없이는 절도죄로 처벌할 수 없다.

4 The Law Reform Commission of Ireland, Consultation Paper on Homicide: The Mental Element of Murder, 2001, 8-9면.

5 Offences against the Person Act, 1861 s.23.

6 *Regina v. Cunningham*, Court of Criminal Appeal, 41 Crim. App. 155, <1957> 3 *Weekly L.R.* 76 (국가가 피고 또는 원고인 소송에 여왕을 뜻하는 라틴어 'Regina'가 쓰인다). 커닝햄은 절도죄로 6개월 금고형을 받았으나 항소하지 않는다. 이렇듯 그에게 절도죄를 적용한 데 대해서는 이견의 소지가 없었다. 하지만 악의적으로 웨이드 여사의 생명을 위태롭게 한 죄목을 놓고 변호인은 다음의 세 주장을 개진한다. 첫째, 범죄가 성립되기 위해서는 '범죄심리상태mens rea' 요건이 충족되어야 한다. 둘째, 범죄심리상태에 있었다고 보기 위해서는 특정한 해악을 의도했거나 어떤 행위를 하면 해악이 발생될 것임을 예견했음에도 불구하고 무모하게recklessly 그 행위를 했어야 한다. 셋째, 판사가 배심원단에게 '악의적으로'의 의미를 잘못 지시했다.

7 강한 형태의 권리와 의무 상관관계 입론에 따르면 모든 권리는 의무를 그리고 모든 의무는 권리를 함축한다. 즉, X에 대한 권리가 지켜졌다는 것은 X에 대한 의무가 이행되었다는 것을 의미하며, X에 대한 의무가 이행되었다는 것은 X에 대한 권리가 지켜졌다는 것을 의미한다. 반면, 약한 형태의 권리와 의무 상관관계 입론에 따르면 권리가 의무를 함축할 수 있으나 의무가 권리를 함축하지 않을 수 있으며, 의무가 권리를 함축할 수 있으나 권리가 의무를 함축하지 않을 수 있다. 즉, X에 대한 권리가 지켜졌다는 것은 X에 대한 의무가 이행되었다는 것을 의미하나 X에 대한 의무가 이행되었다는 것이 X에 대한 권리가 지켜졌다는 것을 의미하지 않을 수 있으며, X에 대한 의무가 이행되었다는 것이 X에 대한 권리가 지켜졌다는 것을 의미하나 X에 대한 권리가 지켜졌다는 것은 X에 대한 의무가 이행되었다는 것을 의미하지 않을 수 있다. 앞으로 소개될 〈제노비스 사건〉 등을 놓고는 권리와 의무의 관계를 약한 형태로 이해해야 하나(38명이 지켜보는 가운데 괴한의 흉기에 숨진 제노비스에게 타인의 신체를 사용할 권리가 있다고 할 수는 없으나, 그녀의 죽음을 지켜보던 38명에게는 제노비스를 위해 수화기를 들고 경찰에 신고할 의무가 있었다고 보아야 한다), 의사와 환자의 관계에서 발생되는 권리와 의무의 관계는 강한 형태로 이해해야 한다.

8 The Law Reform Commission of Ireland, Consultation Paper on Homicide: The Mental Element of Murder, 2001, 8면.

9 Criminal Law Commissioners, 183.

10 Seigel, 8면.

11 영국의 경우 일부 고위 공무원 직함에 쓰이는 호칭인 '경Lord'을 최고 법원인 상원의 법관에게 사용하고 있다. 하지만 편의상 '대법관'이라는 호칭을 사용하기로 하자.

12 Seigel, 1564면.

13 Offences against the Person Act, 1961 s.18.

14 Criminal Justice Act, 1964 s.4.

15 Seigel, 1566면.

16 Seigel, 1569면.

17 Homicide Act, 1957.

18 Seigel, 1564면.

19 Seigel, 1571면. 시겔Michael L. Seigell이 인용하고 있는 바와 같이(Seigel, 1571면) "연방법에서의 일반의도는 크게 보아 모범형법전에서 인식하고 있는 바와 동일하다"(Julie R. O'Sullivan, Federal White Collar Crime: Cases and Materials 111 (2d ed. 2003)).

20 Seigel, 1564-1565면.

21 토트로tort law에서도 의도는 중요한 개념이나 앞으로 형법에 국한해 논의하고자 한다.

22 Lord Goddard CJ, House of Lords, Regina v. Steane (1947) KB 997.

23 Lord Denning, *Regina v. Steane* <1947> 1 All ER 813.

24 만일 도덕이 목숨을 걸고서라도 흉기를 소지한 소매치기를 붙잡을 것을 일반 시민에게 요구한다면, 또는 나라가 위험에 처했을 경우 전 재산을 희사하거나 가족을 희생시켜서라도 적에게 도움이 되는 행위를 하지 말 것을 요구한다면, 그 도덕은 개인의 안녕과 행복과 무관한 가치를 추구하고 있다고 보아야 할 것이다. 즉, 흉기를 소지한 소매치기단과 격투를 벌이지 않았어도, 국가에 전 재산을 희사하지 않았어도, 국가를 위해 가족을 희생시키지 않았어도 (칭찬의 대상은 될 수 없으나) 도덕적 비난의 대상은 될 수 없다고 보아야 하며, 더욱이 법적 처벌 대상은 아니라고 보아야 한다.

25 '필요조건', '충분조건'이라는 용어에 익숙치 않을 수 있다. 영국과 미국의 경우 그것을 즐겨 사용하는 법학자보다는 그렇지 않은 법학자가 많은 것이 사실이나, 지면을 절약할 수 있을 뿐 아니라 복잡한 내용을 한눈에 이해하는 데 도움이 되므로 필요할 때에는 그들 용어를 사용하고자 한다. 'p가 q의 필요조건이다'는 것은 'q라면, p이다'는 (q가 참이고 p가 거짓인 경우가 있을 수 없다는) 의미이며, 'p가 q의 충분조건이다'는 것은 'p라면, q이다'는 (p가 참이고 q가 거짓인 경우가 있을 수 없다는) 의미이다.

26 *Regina v Moloney* <1985> 1 All ER 1025.

27 본문에 직역했듯이 〈몰로니 사건〉 1심 판사는 의도하는 경우를 다음과 같이 정의한다. "〈A〉 man intends the consequence of his voluntary act (a) when he desires it to happen, whether

or not he foresees that it probably will happen and (b) when he foresees that it will probably happen, whether he desires it or not". 위의 정의에 따르면 (a)일 때 자발적인 행위의 결과를 의도하며, (b)일 때 자발적인 행위의 결과를 의도한다. 즉, 〈몰로니 사건〉1심 판사의 정의는 다음의 구조를 띠고 있다.

C: P의 자발적인 행위의 결과 the consequence of P's voluntary act
X: C가 발생되길 바랐다 desires C to happen
Y: C가 필시 발생될 것이라 예견했다 foresees that C will probably happen

- P는 X일 때 C를 의도한다 P intends C when X.
- P는 Y일 때 C를 의도한다 P intends C when Y.

이렇듯 〈몰로니 사건〉1심 판사는 (a)와 (b)를 각기 의도한다는 것의 충분조건으로 제시하고 있다고 보아야 한다.

28 Criminal Law Revision Committee of England and Wales, *Offences against the Person*(Cmnd 7844, 14th Report, 1980), para.10("(i)...wants the particular result to follow from his act or (ii)...though he may not want the result to follow, knows that in the ordinary course of things it will do so").

29 〈몰로니 사건〉1심 판사의 경우 '바란다'는 것과 '예견한다'는 것을 각기 '의도한다'는 것의 충분조건으로 제시한 반면, 〈하이엄 사건〉상원의 딜혼, 크로스, 디플록 대법관은 '예견한다'는 것만을 충분조건으로 제시하고 있다. 〈하이엄 사건〉이 〈몰로니 사건〉에 앞서 발생했으므로, 〈몰로니 사건〉1심 판사가 딜혼, 크로스, 디플록 대법관의 견해에 '바란다'는 것을 충분조건으로 보충해 이중장벽론을 채택했다고 이해해도 무방할 것이다.

30 Kenny, 644면.

31 필자 역시 여타 철학자들과 같이 숙취 예가 '어떤 것을 예견했다면, 그것을 의도했다'는 명제에 대한 반례가 될 수 있다는 데 대해 의문을 가져본 적이 없으나, 김미리 사법연수생이 학창시절 제기했던 반문을 계기로 위의 의문을 갖게 되었음을 밝혀둔다. 김미리 연수생의 반문은 숙취 예가 위의 명제에 대한 반례가 될 수 있다면 본문의 원수 예에서 원수 가족을 살해할 의도가 없었다고 보아야 하지만, 살해의도가 있었다고 보아야 하므로 숙취 예가 위의 명제에 대한 반례가 될 수 없지 않느냐는 반문이었다. 이 반문에 대한 답변은 5.2.1.에서 제시되고 있다.

32 Section 18.(b)(ii),Draft Criminal Code, The Law Commission of England and Wales, A Criminal Code for England and Wales(Law Com. No. 177, Vol. 1, 1989), 51("...when he acts either in order to bring it about or being aware that it will occur in the ordinary course of events").

33 House of Lords Select Committee on Murder and Life Imprisonment, Report of the Select Committee on Murder and Life Imprisonment(HL Paper 78–1, 1989).

34 The English Law Reform Commission, Legislating the Criminal Code: Offences against the Person and General Principles(Law Com. No. 218, 1993), para. 7.1(("〈자신의 행위가 야기하는〉결과를 의도적으로 초래할 때는 "(i) 동 결과를 초래하는 것이 목적일 때 또는

(ii) 동 결과를 초래하는 것이 목적이 아니더라도 다른 결과를 초래하고자 하는 목적을 성 공적으로 달성할 경우 통례적으로 동 결과가 야기될 것을 알고 있을 때이다 〈A〉 person acts....'intentionally' with respect to a result when (i) it is his purpose to cause it; or (ii) although it is not his purpose to cause that result, he knows that it would occur in the ordinary course of events if he were to succeed in his purpose of causing some other result")). The Law Reform Commissionof Ireland, Consultation Paper 2001, 89-90면 ("(i) 어떤 결과를 초래하는 것이 피고인의 의식적인 목적이었다면, 또는 (ii) 피고인이 자신의 행위가 동 결과를 야기할 것 이 거의 확실하다는 것을 알고 있었거나 다른 결과를 초래하고자 하는 목적을 성공적으로 이룰 경우 동 결과를 야기할 것이 거의 확실하다는 것을 알고 있었다면, 동 결과를 의도했 다 A result is intended if: (i) It is the accused's conscious object or purpose to cause it; or (ii) He is aware that it is virtually certain that his conduct will cause it, or would be virtually certain to cause it if he were to succeed in his purpose of causing some other result").

35 Lord Hailsham, *Hyam v. D.D.P.* <1974> 2.All-English Law Report, 43.

36 Lord Hailsham, *Hyam v. D.D.P.*<1974> 2 All ER 52.

37 Lord Hailsham, *Hyam v. D.D.P.*<1974> 2.All ER 54.

38 Rome Statute of the International Criminal Courts. 30.

39 Johan D. van der Vyver, 307면

40 Johan D. van der Vyver, 307면

41 Homicide Act, 1957 s.5

42 Donovan J. (D.P.P. v. Smith<1961> A.C. 290).

43 Lord Denning (D.P.P. v. Smith <1961> A.C. 290). 〈스미스 사건〉 판결 이후 (주관적/객관 적 테스트 문제와 별개로) 살인 심리상태의 의미를 보다 명확히 해야 한다는 요구가 한 층 더해진다. 그에 따라 '1964년 형사사법법령 4조Criminal Justice Act, 1964 s.4'에서 살 인이 성립되기 위한 정신적인 요건을 살해의도라고 규정한다. '잉글랜드와 웨일스 법위원 회Law Commission of England and Wales'에서 살해의도를 어떻게 정의해야 하는지를 규 명하는 작업을 착수하며, '잉글랜드와 웨일스 형사법개정위원회Criminal Law Revision Committee of England and Wales'와 '살인과 종신형에 관한 상원 특별위원회House of Lords Select Committee on Murder and Life Imprisonment, Nathan Committee' 역시 동일한 작업 을 수행한다. 잉글랜드와 웨일스 법위원회의 경우 1967년 보고서에서 살해의도를 '살해 의지willingness to kill'로 결론 짓고 그것을 다음과 같이 정의한다. "자신의 행위로 죽이려 는 마음을 품는 자 또는 〈비록 죽이는 자체가 목적은 아니더라도〉 다른 목적을 이루고자 자 신의 행위로 기꺼이 죽이려는 자는 살해의도가 있는 자이다(A person has an 'intent to kill' if he means his actions to kill, or if he is willing for his actions, though meant for another purpose, to kill in accomplishing that purpose)" (The Law Commission of England and Wales, Imputed Criminal Intent (Director of Public Prosecutions v. Smith) 1967, Appendix, Draft Clause 2(2). 그리고 1978년 보고서에서는 다음과 같이 1967년 보고서의 정의를 수정한다. "오직 자신의 행위로 야기될 특정 결과를 실제로 의도하는 자 또는 자신의 행위로 특정 결과가 야기될 것

을 실제로 의심하지 않는 자만을 동 결과를 의도하는 자로 간주해야 한다("a person should be regarded as intending a particular result of his conduct if, but only if, either he actually intends that result or he has no substantial doubt that the conduct will have that result)" (The Law Commission of England and Wales, Report on the Mental Element in Crime (Law Com. No. 89, 1978), para. 44). 하지만 의도를 살해의지와 관련된 의미로 보고자 한 시도는 그 명맥을 유지하지 못한다.

44 (〈몰로니 사건〉의 브리지 대법관Lord Bridge은 '자신의 행위로 인해 문제의 결과가 발생할 것을 피고인이 예견했어야 한다'는 조건뿐 아니라 '문제의 결과가 피고인이 행한 행위의 자연스런 결과natural consequence라야 한다'는 조건도 충족시켜야 한다는 견해를 보이며, 브리지 대법관의 견해는 이후 〈네드릭 사건〉(Regina v. Nedrick〈1986〉 1 WLR 1025)의 항소심 재판부, 〈울린 사건〉(Regina v. Woollin 〈1999〉 AC 82)의 상원이 수용하는 등 널리 인정된다. 하지만 '자연스럽다'는 표현이 문제시되어 〈네드릭 사건〉의 항소심 재판부는 '사실상 확실해야 한다virtual certainty'는 표현을 사용하며 〈울린 사건〉의 상원 역시 동일한 표현을 사용한다.)

45 '1957년 살인죄법 제1조' 난외의 주marginal note는 제1조의 취지가 추정적 악의 독트린을 폐지하는 데 있다고 밝히고 있다. 추정적 악의 독트린에 따르면, 강도, 절도와 같은 다른 중죄를 저지르며 사망케 한 경우에도 살인심리상태가 있었다고 보아야 한다.

46 Criminal Justice Act, 1964 s.4 (2).

47 "A court or jury, in determining whether a person has committed an offence –
(a) shall not be bound in law to infer that he intended or foresaw a result of his actions by reason only of its being a natural and probable consequence of those actions; but
(b) shall decide whether he did intend or foresee that result by reference to all the evidence, drawing such inferences from the evidence as appear proper in the circumstances"(Criminal Justice Act, 1967 s.8').

48 Robinson, P. H. & Dubber, M. D., 1면.

49 일리노이주Illinois가 1962년에, 미네소타Minnesota와 뉴멕시코New Mexico가 1963년에, 뉴욕New York이 1967년에, 조지아Georgia가 1969년에, 캔자스Kansas가 1970년에, 코네티컷Connecticut이 1971년에, 콜로라도 Colorado와 오리건Oregon이 1972년에, 델라웨어 Delaware, 하와이Hawaii, 뉴햄프셔NewHampshire, 펜실베이니아Pennsylvania, 유타Utah가 1973년에, 몬태나Montana, 오하이오Ohio, 텍사스Texas가 1974년에, 플로리다Florida, 켄터키Kentucky, 노스다코타North Dakota, 버지니아Virginia가 1975년에, 아칸소Arkansas, 메인Maine, 워싱턴Washington이 1976년에, 사우스다코타South Dakota와 인디애나Indiana가 1977년에, 애리조나Arizona, 아이오와Iowa가 1978년에, 미주리Missouri, 네브래스카Nebraska, 뉴저지New Jersey가 1979년에, 앨라배마Alabama, 알래스카Alaska가 1980년에, 와이오밍Wyoming이 1983년에 모범형법전의 영향으로 형사법을 개정하는 등 모범형법전으로 미국의 형사법은 새로운 전기를 맞게 된다.

50 미국의 형사법이 모범형법전의 영향권 아래 있는 것이 사실이나, 일각에서는 모범형법전의 영향권에서 벗어나야 할 시점에 이르렀다는 주장을 개진하고 있는 것 또한 사실이다.

51 박상진, 413면.

52 "현대의 입안자들은 '사악한 마음depraved heart'으로 해석하는 것을 고대 보통법common law의 감상적이고 모호한 잔재라는 이유로 거부한다"(Nourse, *supra note* 14, at 371).

53 '계획적 범행의사malice aforethought'를 가지고 살해한 경우를 살인으로 본 보통법의 전통은 범죄행위를 종교에서의 죄의 개념이 아닌 합리성에 의존해 파악하고자 한 계몽시대에 절정을 이룬다.

54 Oliver Wendell Holmes, Jr., *The Common Law 3*, 1881.

55 Model Penal Codeand Commentaries § 2.02 cmt. 3-4.

56 "A person acts recklessly with respect to a material element of an offense when he consciously disregards a substantial and unjustifiable risk that the material element exists or will result from his conduct. The risk must be of such a nature and degree that, considering the nature and purpose of the actor's conduct and the circumstances known to him, its disregard involves a gross deviation from the standard of conduct that a law-abiding person would observe in the actor's situation"(Model Penal Code§ 2.02(2) (c)). 법무자료는 위의 원문을 다음과 같이 번역하고 있다. "누구든지 죄의 중대요소가 존재한다거나 그의 행위로부터 초래되리라는 실질적이고 위법한 위험을 의식적으로 무시하는 경우에는 당해 중대요소에 관하여 '無謀히' 행위를 하는 자이다. 당해 '危險'은 행위자의 행위의 본질 및 목적과 그에게 인식된 상황을 고려할 때, 그 위험을 무시한다면, 필연적으로, '행위자의 입장에 처한 일반준수자의 행위기준을 현저히 일탈하게 된다'는 그러한 정도의 본질을 갖추고 있어야 한다"(미국모범형법·형사소송규칙, 법무자료 제50집(1983), 법무부, 23-24면). 법무자료는 'substantial and unjustifiable risk'를 '실질적이고 위법한 위험'으로 번역하고 있으나 그것을 '중대하고 정당화될 수 없는 위험'으로 번역하는 것이 자연스럽다는 박상진 교수의 견해를 따라 '중대하고 정당화될 수 없는 위험'으로 번역하였다(박상진, 417면). 박상진 교수는 무모하게 행위를 하는 경우를 다음과 같이 설명한다. "무모한 심리상태란 행위자가 위험을 인식하면서 굳이 이를 무시하는 행위자의 심리상태를 말한다. 즉 결과의 예견만 있으면, 가령 그 발생을 의욕(desire)하지는 않았다 하더라도 의도는 존재하는 것으로 본다. 그리고 의욕은 없지만 예견이 있는 경우로는 결과의 발생이 확실(certainly)하다고 인식한 경우(예컨대, 사람의 살해까지는 목표로 삼지 않았지만, 열차에 폭탄을 장착한 행위)와 결과발생에 대한 개연성(likely 또는 probably)에 머무는 경우도 포함된다. 특히 전자와 같이 결과발생에 대한 인식이 확실한 경우에는 그 고의가 당연히 인정된다. 이에 대하여 결과발생의 '개연성에 대한 인식'밖에 없는 경우에 대해 이를 고의로서 인정할 수 있을지 여부에 대한 논의가 있으나 Denning을 비롯하여 많은 실무가 및 종래 판례의 대세는 결과발생에 대한 '가능성에 대한 인식'으로도 고의를 인정하였다"(박상진, 423면).

57 "A person acts negligently with respect to a material element of an offense when he should be aware of a substantial and unjustifiable risk that the material element exists or will result from his conduct. The risk must be of such a nature and degree that the actor's failure to perceive it, considering the nature and purpose of his conduct and the circumstances known to him, involves a gross deviation from the standard of care that a reasonable person would observe in the actor's

situation"(Model Penal Code§ 2.02(2)(d)). 법무자료는 위의 원문을 다음과 같이 번역하고 있다. "누구든지 죄의 중대요소가 존재한다거나 그의 행위로부터 초래되리라는 실질적이고 위법한 위험을 인식하고 있었어야 할 경우에는 당해 중대요소에 관하여 '過失'로 행위를 하는 자이다. 당해 '危險'은 행위자의 행위의 본질 및 목적과 그에게 인지된 상황을 고려할 때, 행위자가 그 위험을 감지하지 못한다면, 필연적으로 '행위자의 입장에 처한 합리적 인간의 주의기준을 현저히 일탈하게 된다'는 그러한 정도와 본질을 갖추고 있어야 한다"(미국모범형법 · 형사소송규칙, 법무자료 제50집(1983), 법무부, 24-25면).

58 Johan D. van der Vyver, 307면.

59 Johan D. van der Vyver, 307면.

60 Johan D. van der Vyver, 307면. 박상진 교수 역시 과실을 다음과 같이 정의한다. "과실이라함은 행위의 결과로 인하여 '중대하고 정당화될 수 없는substantial and unjustifiable' 위험이 발생될 것을 예견할 수 있었음에도 불구하고 이를 예견하지 못하고 행동함을 지칭한다"(박상진, 418-419면).

61 'recklessness'를 과실이 아닌 무모로 번역했으나, 'recklessness'가 과실인 'negligence'보다 중죄라는 의미에서 'reckless endangerment'를 '중과실 치상'으로 번역했다.

62 "A person acts purposely with respect to a material element of an offense when: (i) If the element involves the nature of his conduct or a result thereof, it is his conscious object to engage in conduct of that nature or to cause such a result; and (ii) If the element involves the attendant circumstances, he is aware of the existence of such circumstances or he believes or hopes that they exist" (Model Penal Code§ 2.02(2)(a)). 법무자료는 위의 조항을 다음과 같이 번역한다. "다음의 경우에 해당하는 자는 죄의 중대요소에 관하여 故意로 행위를 하는 자이다. (i) 당해 요소가 그의 행위의 본질 또는 행위 결과를 포함할 때에는 동 본질적 행위에 종사하거나 그러한 결과를 초래함을 의식적으로 目的하는 경우 및 (ii) 당해 요소가 부대상황을 포함할 때에는 그가 동 상황의 존재를 인식하고 있거나 존재한다고 믿거나 희망(hope)하는 경우-"(미국모범형법 · 형사소송규칙, 법무자료 제50집(1983), 법무부, 22면). 하지만 박상진 교수가 지적하는 바와 같이 같이 'purposely'를 고의로 번역하는 것은 적절치 않다고 보아야 할 것이다. "법무자료는 위와 같이 'purposely'를 故意로 번역하고 있다. 그러나 여기서 purposely를 단순히 '고의'로 번역하는 것은 옳지 않다고 생각된다. 현재 우리가 사용하는 고의 개념은 모범형법전에서 말하는 purposely보다는 넓다. 즉 일반적으로 거론되는 의도적 고의, 지정고의, 미필적 고의 등을 모두 통칭해서 고의라고 부른다. 이에 반해 모범형법전은 행위자의 심리상태를 4단계로 세분하고 있기 때문에 보다 좀 더 구체적인 표현이 적확할 것이다"(박상진, 414-415면). 박상진 교수의 지적대로 'purposely'를 '고의'로 번역하는 것은 적절치 않다고 보아야 할 것이나, 박상진 교수의 제안대로 그것을 '의도'로 번역하는 것이 최선일지는 의문이다. "만약 법무자료처럼 'purposely'를 '故意'로 번역하면 … knowingly, … recklessly의 개념도 고의 안에 포섭되어 버릴 수가 있기 때문이다. 따라서 자료의 purposely는 행위자의 심리상태에 있어 최강도의 의욕적 의사를 지칭하는 것으로 '의도(意圖)'나 '의도적으로'로 번역하는 것이 더 적합할 것으로 생각된다. 결국 purposely는 최강도의 고의인 의도적 고의가 될 것이다. 한편 모범형법전 이전의 성문법에서는 purposely보다는 intentionally를 일반적으로 사용하였다. 따라서 모범형법전 1 · 13조 (12)항의 'intentionally'나 'with intent'

도 'purposely'와 같은 의미로 파악할 수 있다"(박상진, 414-415면). 물론 모범형법전 주석서가 설명하고 있듯이, 모범형법전은 목적하고 행위를 한 경우를 의도한 경우로 보고 있다. 따라서 목적하고 행위를 한 경우만을 놓고 본다면 그것을 의도적으로 행위를 한 경우라고 번역해도 무방할 것이다. 하지만 문제는 모범형법전이 '2·02조 2항 b'의 인식하고 행위를 한 경우 역시 의도한 경우로 보고 있다는 데 있다. '2·02조 2항 a'의 'purposely'를 '의도'로 번역할 경우 '2·02조 2항 b'의 'knowingly'를 모범형법전이 의도적으로 한 경우가 아니라고 보고 있다는 오해의 소지를 남길 수 있으므로, '2·02조 2항 a'의 'purposely'를 '의도'가 아닌 '목적'으로 번역하고자 한다.

63 Fletcher, 6면.

64 Seigel, 1571면.

65 본문에서의 'P'는 명제를 의미한다는 것을, 즉 지식론theory of knowledge에서 다루는 앎(지식)의 대상과 현재의 논의에서의 앎의 대상은 명제에 국한된다는 것을 지적해둔다. 바꿔 말하면 현재의 논의에서의 그리고 지식론에서 다루는 앎(지식)이란 '명제 지식propositional knowledge'을 말하며, '박 검사는 수뢰혐의 피의자를 다룰 줄 안다', '박 검사는 정약용을 안다'에서의 앎과 같이 분석이 가능하지 않은 앎은 논의 대상에서 제외된다.

66 첫째 조건의 경우 (실제로 그에 대한 뚜렷한 반론이 없듯이) 이견의 소지를 남기지 않는다 고 해도 무방할 것이다. '1965년 한일수교로 1910년 한일합방이 도래했다'는 것을 알 수 있는 가? 그것을 알 수 없다는 데 이견을 보이기 어려운 이유는 위의 명제가 거짓이기 때문이다. 바꿔 말하면 어떤 명제가 거짓이라면 그것은 알 수 있는 성질이 것이 아니며, 따라서 어떤 명제가 알 수 있는 성질의 것이라면 그것이 참이라야 한다는 데 이견을 보이기 어렵다. 위의 전통을 부정하고자 한다면 셋째 조건을 공략하는 것이 가장 효과적일 수 있다. 게티어의 반례를 계기로 셋째 조건을 놓고 찬반 양 진영이 치열한 공방을 벌여 그 결과 위의 조건을 보완하거나 다른 조건을 추가하지 않으면 생존하기 어렵다는 쪽으로 크게 가닥이 잡힌다. 이는 여기서 다루기에는 부담스러운 주제이나 다행스러운 점은 현재의 논의가 위의 문제를 비껴갈 수 있다는 점이다. 즉, 셋째 조건을 어떻게 보완해야 하는지 또는 어떤 조건을 추가해야 하는지에 무관하게 둘째 조건이 설득력이 있다면 (c)~(f)를 (c)와 (d)로 줄여 표현할 수 있기 때문이다.

67 대표적으로 우즐리Woozley, A. D. ("Knowing and Not Knowing," Proceedings of the Aristotelian Society, 53 (1953), 151-172), 블랙Black, C. ("Knowledge without Belief," Analysis, 31 (1971), 152-158), 마골리스Margolis, J. (Knowledge and Existence. New York: Oxford University Press(1973)), 애니스Annis, D. ("A Note on Lehrer's Proof That Knowledge Entails Belief," Analysis, 29 (1969), 207-208), 링Ring, M. ("Knowledge: The Cessation of Belief," American Philosophical Quarterly, 14 (1977), 51-59), 하커Harker, J. E. ("A Note on Believing That One Knows and Lehrer's Proof That Knowledge Entails Belief," Philosophical Studies, 37 (1980), 321-324), 루이스 Lewis, D. ("Elusive Knowledge," Australasian Journal of Philosophy, 74(4) (1996), 549-67), 쇼프Shope, R. K. ("Conditions and Analyses of Knowing," In P.K. Moser (Ed.), The Oxford Handbook of Epistemology (25-70). Oxford: Oxford University Press (2002)) 등을 들 수 있다.

68 Radford 1966. 그리고 이후 몇 편의 논문을 통해 동일한 주장을 개진한다. (Radford, C. (1967). "Knowing but Not Believing," *Analysis*, 27, 139-140. Radford, C. (1970). "Does Unwitting Knowledge Entail Unconscious Belief?," *Analysis*, 30, 103-107.)

69 엘리자베스 여왕의 사망년도가 1603년임을 진이 알았다고 보아야 한다는 래드포드의 주장을 부정하기 위해 셋째 조건에 의존하는 것은 의미가 없다고 보아야 한다. 즉, 래드포드가 진에게 엘리자베스 여왕이 1603년에 사망했다는 믿음이 없었다고 진단하고 있으므로, 진의 믿음이 정당성을 가지지 못한다는 이유로 진이 위의 사실을 알지 못했다고 보아야 한다는 것은 진의 예를 놓고는 의의를 가지지 못한다고 보아야 한다.

70 Armstrong 1969, 35-36 암스트롱은 이 후 또 한 편의 논문을 통해 믿음 없는 앎을 보여주는 반례가 가능하다는 데 대한 의문을 제기한다(Armstrong, D.M. (1973). *Belief, Truth and Knowledge*. Cambridge: Cambridge University Press).

71 Radford 1988, 499 면.

72 Blake Myers-Schulz, Eric Schwitzgebel, 7-8 면.

73 Model Penal Codeand Commentaries § 2.02 cmt. 2. 데살보는 개와 고양이를 상자에 가두고 화살을 쐈다. (데살보 사건은 앞으로 소개될 것이다.) 화살이 빗겨갔다면 재차 시도했을 것이며, 화살에 맞고도 고통스러워하지 않았다면 고통을 줄 수 있는 다른 방법을 간구했을 것이다. 따라서 동물들이 고통스러워하길 바랐다고 보아야 한다. 하지만 동물에게 고통을 주는 것이 그의 궁극적인 목적ultimate purpose은 아니었다. 동물들이 고통스러워하길 바란 이유는 동물들이 고통스러워하지 않으면 쾌감을 맛보고자 하는 등의 궁극적인 목적ultimate purpose을 달성할 수 없었기 때문이다. 이렇듯 목적을 (궁극적인 목적을) 동기motive의 의미로 이해할 수 있으나, 3.1.에서 설명될 바와 같이 동기와 의도를 동일시할 수는 없다. 따라서 모범형법전과 같이 목적하고 행위를 하는 경우와 인식하고 행위를 하는 경우의 차이를 동기요소의 유무에 두는 동시에 위의 두 경우 모두 죄의 중대요소를 의도하는 경우라는 입장을 취하는 데 문제가 따르지 않는다.

74 '동기'의 보다 구체적인 의미는 3.1.을 참조하기 바란다.

75 블랙법률사전Black's Law Dictionary.

76 "A person acts knowingly with respect to a material element of an offense when: (i) If the element involves the nature of his conduct or the attendant circumstances, he is aware that his conduct is of that nature or that such circumstances exist; and (ii) If the element involves a result of his conduct, he is aware that it is practically certain that his conduct will cause such a result" (Model Penal Code§ 2.02(2)(b)). 법무자료에는 'knowingly'가 '정을 알면서'로 번역되어 있다. "다음의 경우에 해당하는 자는 죄의 重大要素에 관하여 情을 알면서 행위를 하는 자이다. (i) 당해 요소가 그의 행위의 본질 또는 부대상황을 포함할 때에는 그의 행위가 동 본질에 속한다는 것 또는 동 부대상황이 존재한다는 것을 행위자가 認識하는 경우 및 (ii) 당해 요소가 그의 행위의 결과를 포함할 때에는 그의 행위가 동 결과를 초래할 것이 확실함을 행위자가 認識하고 있을 경우"(미국모범형법·형사소송규칙, 법무자료 제50집(1983), 법무부, 22-23면). 하지만 박상진 교수를 따라 그를 '인식하고'로 번역하기로 하자.

77 물론 죄의 중대요소를 포함한 결과가 발생될 것을 인식(예견)했어야 한다고 할 때, 그 의미는 (ii)에서 규정하고 있듯이 동 결과가 발생될 것을 사실상 확실하게 인식했어야 한다는 의미이다. 박상진 교수에 따르면 위의 조항이 규정하고 있는 것은 "이른바 '지정고의(知情故意)'라 일컬어지는 것으로 행위자가 일정한 사정의 존재나 결과발생이 확실할 것으로 간주한 최고도의 인식 상태를 내용으로 한다. 즉 이 경우 고의라 하더라도 미필적 고의는 포함되지 않고 확정적 고의만을 의미한다"(박상진, 415~416면).

78 Johan D. van der Vyver, 307 면.

79 〈몰로니 사건〉, 〈핸드 사건〉, 〈정두영 사건〉을 놓고도 동일한 문제에 직면할 수밖에 없다. 몰로니, 핸드, 정두영 피해자들이 사망하길 바란 것은 아니다. 단지 피해자들이 사망할 것이라 예견했으므로, '2·02조 2항 a'와 '2·02조 2항 b' 모두를 적용할 수 있다. 즉, 위의 사건들을 놓고도 피해자를 살해할 의도가 강한 경우인 목적하고 행위를 한 경우인 동시에 피해자를 살해할 의도가 약한 경우인 인식하고 행위를 한 경우라는 모순된 입장을 취할 수밖에 없다.

80 3.2.에서 논의될 바와 같이 바란다는 것과 의도한다는 것은 별개의 개념으로 보아야 한다. 하지만 '2·02조 2항 a'가 전자를 후자의 충분조건으로 제시하고 있으므로, 여기서는 바란다는 것과 의도한다는 것의 상관관계를 인정하고 '2·02조 2항 a'의 의미와 맥락을 파악해보자.

제2장

1 여기에서의 무고함이란 정당방위와 관련된 의미의 무고함을 말한다. 밀즈가 방아쇠를 당겼다면 규칙 A를 어겼다고 보아야 하는 이유는 도우가 비무장 상태로 밀즈의 생명을 위협하는 상황이 아니었기 때문이다.

2 McConnell, 6면, 13면.

3 Feinberg, 225면.

4 선행원칙은 프랜키나William Frankena가 지적하는 바와 같이 소극적인 의무negative duty인 '타인에게 피해를 입히지 말라'는 규칙을 따라야 할 의무와 적극적인 의무인 '타인에게 발생될 피해를 예방하라', '타인에게 발생된 피해를 제거하라', '타인의 이익을 증진시켜라'는 규칙을 따라야 할 의무로 이해될 수 있다(Frankena, 47면).

5 타인의 권리를 존중해야 하는 이유는 그렇게 하는 것이 타인의 이익에 부합되기 때문이라는, 따라서 타인의 권리를 존중해야 한다는 것은 넷째 규칙을 따라야 한다는 말과 다르지 않다는 해석이 가능하다. (타인의 권리를 존중해야 할 의무가 있다는 것은 첫째 규칙을 따라야 할 의무가 있다는 의미로도 파악될 수 있다.)

6 태아가 어느 시점부터 생명권을 갖게 되는지의 물음을 놓고 수정란 시점을 지목하는 보수주

의 견해conservative view와 출생 시점을 지목하는 자유주의 견해liberal view 그리고 수정란 시
점과 출생 시점 사이의 어느 시점을 지목하는 절충주의 견해moderate view가 대립하고 있으
나, 보수주의 견해가 옳다고 해보자. 암세포에 공격당한 자궁 내의 태아는 어차피 생존할 수
없으므로 자궁을 절제하는 행위가 규칙 A에 위배되지 않는다고 생각할 수 있을 것이다. 하지
만 말기 환자를 숨지게 한 경우도 규칙 A를 어긴 경우로 보아야 하듯이, 태아에게 초점을 맞
출 경우 자궁을 절제하는 행위 역시 규칙A를 어긴 경우로 보아야 한다. (자궁을 절제한 결과 t
시점에 태아가 숨졌다고 했을 경우, 자궁을 절제하지 않았다면 태아는 적어도 t 시점 이후의 시점에
숨졌을 것이다.)

7 Frankfurt, 167면. 프랑크퍼트는 A 이외의 다른 행위를 할 수 있는 선택의 여지가 없었을 경우
   에도 A를 한 데 대한 도덕적 책임이 있을 수 있다고 주장함으로써 대안 가능성의 원칙을 부정
   한다. 하지만 프랑크퍼트의 반론이 성공적일지 의문이며(프랑크퍼트의 반론에 대한 재반론은
   지넷 Carl Ginet과 위더커David Wideker를 참조하기 바란다), 그의 반론에 의존해 〈소방대원 A〉
   에게 주민이 숨진 데 대한 도덕적 책임을 물을 수 있다는 결론을 얻을 수는 없다.

8 "무인항공기를 이용한 알 카에다 공격에 무고한 민간인이 희생되고 있다. 지난 5일(현지시
   간)에는 예멘의 수도 사나에서 동남쪽으로 130km 떨어진 중부 라다 마을에서 알 카에다의 압
   둘라우프 알 다하브를 노린 무인항공기의 공습이 있었다. 그런데 이 공습으로 알 다하브가 아
   닌 민간인 14명이 숨졌다"(프레시안, 2012.09.12.). 민간인 희생이 예상되는데도 테러범 사살
   작전을 감행해야 하는가? 친구 애인에게 마음을 빼앗겼어도 데이트 신청을 하지 말아야 하는
   가? 너무 사모한 나머지 건강까지 해칠 지경에 이르렀다면 어떠한가? 분쟁지역에 전투병을
   파병하는 것이 옳은가? 사형제도를 유지해야 하는가? 말기 환자의 안락사 요청을 들어주어
   야 하는가? 낙태를 허용해야 하는가? 감기몸살에 걸렸는데도 노인에게 자리를 양보해야 하
   는가? 안락사 요청을 들어주어야 하는지 (친구 애인에게 데이트 신청을 해야 하는지 …) 선뜻
   판단이 서지 않는 이유는 요청을 들어주면 (데이트 신청을 하면) 환자가 고통으로부터 벗어날
   수 있으나 (내 정신건강에는 도움이 되지만) 환자가 목숨을 잃기 때문이다 (친구의 건강을 해치
   기 때문이다). 위의 경우들뿐 아니라 도덕적 판단이 서지 않는 모든 경우는 문제의 행위가 좋
   고 나쁜 두 결과를 초래하기 때문이라는 것이 이중결과원리가 도덕철학자들의 주목을 받는
   또 다른 이유이다.

9 Thomas Aquinas, *Summa Theoloigca*, II-II. Q. 64, art. 7.

10 Mangan, 43면. 이중결과원리를 이와 같이 이해할 수 있다는 것은 범죄심리상태를 의도의 의
    미로 이해해야 한다는 그리고 범죄심리상태 요건이 충족되지 않고는 범죄가 성립되지 않는
    다는 영미 형사법의 전통과 이중결과원리의 해법에 차이가 나지 않는다는 것을 의미한다. 그
    렇다면 모범형법전 '2 · 02조 2항 C'에서 말하는 무모하게 행위를 한 경우 그리고 '2 · 02조
    2항 d'에서 말하는 과실로 행위를 한 경우와 같이 죄의 중대요소를 (나쁜 결과를) 의도하지
    는 않았으나 처벌하지 않을 수 없는 경우는 어떠한가? 과실로 초래된 죄의 중대요소는 의도
    된 결과는 아니지만 예견된 결과도 아니므로 부수적인 결과의 범주에 넣을 수 없다. 다시 말
    해 이중결과원리를 적용해도 과실로 죄의 중대요소를 초래한 데 대한 책임을 물을 수 없다는
    비상식적인 결론에 이르지 않는다. 죄의 중대요소를 무모하게 초래한 경우는 어떠한가? 무
    모하게 초래된 결과는 의도된 결과가 아닐 뿐 아니라 객관적인 테스트를 적용해 예견된 결과
    로 분류해야 하므로 부수적인 결과의 범주에 넣을 수 있다. 도나간과 브로디Brauch Brody 등

이 해석하고 있는 바와 같이 이중결과원리를 부수적인 결과에 대해서는 책임을 물을 수 없고 단지 의도된 결과에 대해서만 책임을 물을 수 있다는 입론으로 이해해야 한다고 해보자 (Donagan 1977, 122, 164면. Brody 25면). 그렇다면 이중결과원리를 적용할 경우 무모하게 죄의 중대요소를 초래한 데 대한 책임을 물을 수 없다는 비상식적인 결론을 내릴 수밖에 없다. 하지만 앤스콤과 보일이 해석하는 바와 같이 이중결과원리에 유해한 부수적인 결과를 허용한다는 내용이 담겨 있지 않다고 해석해야 한다면(Anscombe 1982, 2면. Boyle 1991, 478면), 위의 비상식적인 결론에 이르지 않는다. 하지만 앤스콤과 보일의 해석에 의존하지 않더라도 넷째 조건을 생각해보면 도나간 등이 이중결과원리를 지나치게 엄격하게 해석하고 있다는 것을 알 수 있다. 다시 말해 나쁜 결과를 (죄의 중대요소를) 부수적인 결과로 초래했다고 하더라도 좋은 결과가 차지하는 비중보다 크다면 허용될 수 없으며, 무모하게 행위를 한 경우 중 처벌을 받아야 하는 대부분의 경우는 이중결과원리에 의존해서도 책임을 물을 수 있을 수 있기 때문이다. 물론 이중결과원리가 설득력을 얻기 위해서는 예외를 인정하지 않는 도덕규칙을 내세우는 절대주의 전통에서의 정당화 문제와 어떤 조건(들)이 충족되어야 의도했다고 볼 수 있는지의 물음인 적용 문제를 해결해야 한다.

11　첫째 조건의 충족 여부를 판단하기 위해서는 둘째 조건에 의존해야 하지만, 첫째 조건이 행위 개별화individuation of actions 문제를 놓고는 나름의 의의를 갖는다. 로마 교황청은 이중결과원리에 의존해 〈자궁절제술 예〉에서의 자궁을 절제하는 행위는 〈쇄두술 예〉에서의 태아의 머리를 부수는 행위와 달리 태아를 숨지게 하고자 의도하는 행위가 아니라는 입장을 취한다. 이는 자궁을 절제하는 행위가 첫째 조건도 충족시킨다는 말과 다르지 않다. 즉, 자궁을 절제하는 행위는 도덕적으로 중립적인 행위라는 말과 다르지 않으나, 자궁을 절제하는 행위와 그 결과인 태아를 숨지게 하는 행위가 개체상numerically 동일한 행위라면 그리고 태아를 숨지게 하는 행위가 도덕적으로 악한 행위라면 자궁을 절제하는 행위가 도덕적으로 중립적일 수 없다. 이렇듯 첫째 조건을 놓고 볼 때 이중결과원리는 5.1.1.에서 논의될 합일론unifiers' approach과 분리론multipliers' approach 중 후자의 입장을 취하고 있다고 보아야 한다. 둘째 조건에는 '나쁜 결과를 초래할 것을 예견하고도 그것을 초래하고자 의도하지 않을 수 있다'는 것과 '나쁜 결과를 자발적으로 초래하면서 그것을 초래하고자 의도하지 않을 수 있다'는 것이 전제가 되고 있다. 즉, 다음의 두 명제가 참임이 전제가 되고 있다. 첫째, 어떤 것을 예견한다는 것이 그것을 의도한다는 것의 충분조건이 아니다. 둘째, 어떤 것을 자발적으로 한다는 것이 그것을 의도한다는 것의 충분조건이 아니다. '예견한다'는 것과 '의도한다'는 것 그리고 '자발적으로 한다'는 것과 '의도한다'는 것의 상관관계에 대한 논의는 제5장으로 미루고, 셋째 조건을 생각해보자.

12　Bentham, 8장.

13　Anscombe 1961, 5면. 앤스콤이 말하는 바울의 가르침은 로마서 3:8에서의 가르침을 말한다..

14　Donagan 1991, 496면.

15　Fried, 22면.

16　Boyle 1991 479면.

17　Fried, 40면.

18 Boyle 1980, 536면. 보일은 수단을 의도한다고 보아야 하는 이유로 "달성하려는 것의 일부가
    되기 때문이다"는 설명과 함께 "행위자가 희망한다"는 이유도 제시한다(Boyle 1980, 531
    면). 하지만 3.2.에서 논의될 바와 같이 "행위자가 희망한다"는 것이 이유가 될 수는 없다고
    보아야 한다.

19 균형proportionality 조건으로도 불리는 둘째 조건(즉, 맹건이 제시한 버전의 넷째 조건)에는
    흥미롭게도 결과주의 이념이 제시되고 있다. 하지만 위의 조건을 이해하기 위해서는 '비례
    적으로 중대한 이유 있어야 한다'는 것이 정확하게 어떤 의미인지를 파악할 수 있어야 한다.
    일반적인 해석을 따라 좋은 결과가 차지하는 비중이 나쁜 결과가 차지하는 비중보다 크거나
    적어도 그들 사이에 차이가 없어야 한다는 의미로 이해해야 한다고 해보자. 그리고 좋고 나
    쁜 결과의 간접적인 그리고 장기적인 결과를 축적된 경험으로 산정할 수 있다고 해보자. 그
    렇다면 좋은 결과와 나쁜 결과 중 후자가 차지하는 비중이 큰 경우에는 나쁜 결과를 의도했
    는지에 무관하게, 즉 나쁜 결과를 의도하지 않고 부수적인 결과로서 초래해도 허용될 수 없
    다. 이렇듯 넷째 조건이 이중결과원리가 나쁜 결과를 부수적인 결과로서 초래하는 것을 때
    로는 허용하는 입론으로 이해되고 있는 이유에 대한 설명이 될 수 있다. 하지만 풋Philippa
    Foot 그리고 할먼Harman의 예를 각색한 다음의 예를 생각해보자.

화차 예 1

브레이크가 파열된 통제불능의 화차가 선로 A를 질주하고 있다. 선로 A에는 다섯 명이 작업
중에 있으나 지형이 협소해 대피할 수 없는 상황이다. 이 광경을 목격한 스미스는 레버를 당
김으로써 화차의 방향을 선로 B로 전환시킬 수 있다. 스미스가 레버를 당긴다면 선로 B에서
작업 중인 한 명이 죽게 된다.

장기이식 예

희귀 혈액형의 다섯 환자가 각기 다른 이식받을 장기가 없어 생존이 가능하지 않은 상황에 놓
여 있다. 그들의 주치의는 진찰실을 방문한 감기환자가 다섯 환자와 동일한 혈액형을 갖고 있
다는 사실을 알게 되었으며, 감기환자에게 영양제라 속이고 마취제를 주사해 서둘러 장기들
을 적출하면 다섯 환자를 살릴 수 있다는 생각에 이르렀다.

〈화차 예 1〉에서 레버를 당겨 화차의 방향을 선로 B로 전환시키는 행위는 한 명을 숨지게 하
고자 의도하는 행위인 반면 화차의 방향을 전환시키지 않는 행위는 다섯 명을 숨지게 하고
자 의도하는 행위가 아니라고 (화차의 방향을 선로 B로 전환시켜 한 명이 사망한 결과는 의도
된 수단인 반면 방향을 전환시키지 않아 다섯 명이 사망한 결과는 부수적인 결과라고) 해보자. 따
라서 화차의 방향을 선로 B로 전환시킨다면 첫째 조건에 (맹건이 제시한 버전의 둘째 조건에)
위배된다고 해보자. 그렇다면 스미스로서는 화차의 방향을 전환시키지 말아야 하나 이 역시
둘째 조건을 (맹건이 제시한 버전의 넷째 조건을) 충족시키지 못한다. 이렇듯 첫째 조건과 둘
째 조건을 〈화차 예 1〉에 적용하면 화차의 방향을 전환시키는 것도 전환시키지 않는 것도 허
용할 수 없다. 〈장기이식 예〉의 경우도 다르지 않다. 감기환자의 장기를 적출하는 것은 감기
환자를 숨지게 하고자 의도하는 행위인 반면 장기를 적출하지 않는 행위는 다섯 환자를 숨
지게 하는 행위가 아니라고 해보자. 따라서 장기를 적출하는 것은 첫째 조건에 위배된다고
한다면, 의사로서는 장기를 적출하지 말아야 한다. 하지만 이 역시 둘째 조건을 충족시키지
못한다. 즉, 첫째 조건과 둘째 조건을 〈장기이식 예〉에 적용하면 장기를 적출하는 것도 적출

하지 않는 것도 허용할 수 없다. 따라서 첫째 조건이 둘째 조건에 우선시된다고 보아야 하며, 둘째 조건은 〈자궁절제술 예〉와 〈쇄두술 예〉에서 상황을 방치하지 말아야 하는 이유를 설명할 수 있는 정도의 의미만을 가진다고 보아야 한다.

20 타인에게 해를 끼치지 말아야 할 의무가 절대적인 성격의 의무라고 할 때 그 금지 내용이 의도적으로 해를 끼치는 경우에 국한된다는 것이 이중결과원리가 예외를 인정하는 길을 터주고 있다는 말은 아니다. 핵폐기물을 운송하던 트럭이 도난당한 사건이 발생했다. 얼마 후 범인들로부터 K씨가 소장하고 있는 도자기를 건네주지 않으면 세슘 폭탄을 도심 한복판에 터뜨리겠다는 협박전화가 걸려왔다. 도자기를 건네주면 범인들이 약속을 지킬 것이라는 정보를 입수한 당국이 K씨에게 부탁을 했으나 도자기를 건네주거나 팔 생각이 없다고 단호히 거절한다. 당국은 강제로라도 도자기를 빼앗아 건네주려 했으나 K씨를 고문해야만 도자기의 소재를 파악할 수 있는 상황이다. 이와 같은 경우 이중결과원리에 의존한다면 예외를 인정하지 않고도 K씨를 고문하는 행위가 K씨에게 고통을 주고자 의도하는 행위가 아니라면 허용될 수 있다는 해법을 제시할 수 있다.

21 규칙 A의 본래의 의미가 규칙 A'에 있다고 보아야 한다. 하지만 안락사, 낙태 등의 논쟁을 놓고 볼 때 하나의 의문점이 생긴다. 안락사 논쟁 등을 본문과 같이 정리할 수 있다는 것은 안락사 논쟁에 제1장 말미에 나열한 ⓐ∼ⓖ 중 ⓕ, 즉 〈몰로니 사건〉의 1심 판사 등의 견해인 '어떤 것을 예견한다면, 그것을 의도한다'는 명제가 거짓임이 전제가 되고 있다는 것을 의미한다. 다시 말해 안락사를 시술한 의사 모두 환자가 숨질 것을 예견했으므로, '무고한 사람의 생명을 의도적으로 해치는 경우에 해당되는 안락사는 금지해야 한다'는 주장과 '무고한 사람의 생명을 의도적으로 해치는 경우에 해당되지 않는 안락사는 허용해야 한다'는 주장에는 '어떤 것을 예견하고도 그것을 의도하지 않을 수 있다'는 것이 전제가 되고 있다고 보아야 한다. ⓐ∼ⓖ 중 ⓕ를 제외한 나머지 입장에서 말하는 예견된 하지만 의도되지는 않은 결과는 어떤 결과인가? 안락사를 시술한 결과 환자가 숨졌어도 환자가 숨진 것이 의도된 결과가 아니라면 그것이 어떤 결과인가? 그리고 그들 결과와 의도된 결과 사이에 차별을 두어야 하는 이유는 무엇인가? 이들 물음에 대해 그들 결과는 수단이 아닌 부수적인 결과라는 답변이 가능하며, 수단과 부수적인 결과를 차별해야 하는 이유로 수단은 "계획한 것의 일부이므로 거기에는 행위자의 인격이 배어 있기 때문이다"는, "달성하는 것의 입부가 되기 때문이다"는 등의 설명이 가능할 것이다.

제3장

1 Lord Goddard CJ, House of Lords, *Regina v. Steane* (1947) KB 997.

2 앤스콤은 동기를 세 의미('forward-looking motive', 'backward-looking motive', 'motive-in-general')로 분류하고, 의도의 적용범위가 동기의 그것보다 폭 넓다고 지적한다(Anscombe 1963, 19면). 하지만 그들 세 의미가 복합된 의미의 동기가 있을 수 있을 뿐 아니라, 라일Gilbert Ryle이 말하는 성향적 동기에 대한 앤스콤의 반론은 동기가 가진 중요한 의미를 놓

치고 있다(Wilkins 1963, 110-112면을 참조하기 바란다). 따라서 윌킨스가 분류한 세 의미의 동기를 중심으로 논의를 진행하기로 하자.

3 Ryle, 83-115면.

4 Wilkins 1971, 140면.

5 Wilkins 1971, 141면.

6 Bratman, 1면.

7 Finnis, 32면.

8 Kenny 1968, 160면. 케니는 '바란다hoping'는 것을 '의도한다'는 의미로 사용해 – 어떤 것을 의도한다는 것을 그것을 바란다는 것의 필요조건으로 이해하고 바란다는 표현을 쓰고 있다 – 〈간호사 예 1〉이 예견된 결과와 의도된 결과 사이의 도덕적 차이를 보여주며, 따라서 법적으로도 그들 두 결과를 동일시하지 말 것을 권유한다. 하지만 곧 설명될 바와 같이 어떤 것을 바란다는 것이 그것을 의도한다는 것의 필요조건이 될 수 없다. 따라서 케니가 〈간호사 예 1〉을 제시한 목적과는 무관하게 그가 말하는 바란다는 것의 의미를 (의도한다는 의미가 아닌) 자구대로 이해하고 〈간호사 예 1〉을 바란다는 것과 의도한다는 것의 상관관계를 밝히는 데 활용하기로 하자. 곧 논의될 오베르디에크Hans Oberdiek 역시 케니를 따라 바란다는 것의 의미를 의도한다는 의미로 이해하고 〈간호사 예 1〉에 대한 반례로 곧 소개 될 〈간호사 예 2〉를 제시한다. 따라서 〈간호사 예 2〉에서 역시 바란다는 것의 의미를 (의도한다는 의미가 아닌) 자구대로 이해하고 논의를 진행하기로 하자.

9 Kenny 1968, 160면.

10 Kenny 1968, 160면.

11 Oberdiek, 400면.

12 Lyons, 86면.

13 Lyons, 87-88면.

14 Smart and Williams, 108면.

15 Marquis 1991, 526면.

16 Peoplev.Campbell Court of Appeals of Michigan, 1983124 Mich. App. 333, 335 N.W.2d 27.

17 이 예는 풋Philippa foot이 이중결과원리를 평가하기 위해 제시한 예를 각색한 것임을 밝혀둔다.

18 이 예는 풋Philippa foot이 이중결과원리를 평가하기 위해 제시한 예를 각색한 것임을 밝혀둔다.

19 공원묘지 관리인은 소비자가 사망하길 바라는 반면, 콩나물공장 사장은 소비자가 사망하길 바라지 않는다. 따라서 위의 두 예가 수단을 바라지 않을 수 있다는 것을 보여주며, 따라서 3.2.2.에서의 필자의 논의를 뒷받침해주는 또 하나의 예도 될 수 있다.

20 Bratman, 156면.

21 Bratman, 156면.

22 Quinn, 334면.

23 Quinn, 335면.

24 Quinn, 335면.

25 Quinn, 336면.

26 Fisher, Ravizza, Copp, 711면.

27 Fisher, Ravizza, Copp, 712면.

28 Fisher, Ravizza, Copp, 712-713면.

29 Fisher, Ravizza, Copp, 712-713면.

30 Fisher, Ravizza, Copp, 718면.

31 Fisher, Ravizza, Copp, 719면.

32 Fisher, Ravizza, Copp, 719-720면.

제4장

1 Geddes, 94-95면.

2 Marquis, 31면.

3 Fischer, Ravizza, Copp, 708면.

4 Quinn, 337면.

5 Hart, 123-124면.

6 Hart, 123면.

7 Duff 1973, 19면.

8 Duff 1973, 17면.

9 Davis, 112면.

10 Foot, 21면.

11 생명을 연장/단축시키는 일반/특수수단에 의존해 의도했는지의 여부를 판별하기 어려운

이유는 어떤 경우를 일반/특수수단을 사용하는 경우로 보아야 하는지가 명확하지 않기 때문이다. 약물을 주입하는 경우를 생명을 단축시키는 특수수단을 사용하는 경우로, 그리고 음식물을 제공하지 않는 경우를 생명을 연장시키는 일반수단을 사용하지 않는 경우로 볼 수 있을 것이다. 예컨대 〈부비아 사건〉의 부비아가 강제급식을 중단할 것을 요구하나, 병원 측이 튜브 급식을 강행한다. 음식물의 경우는 생명을 연장시키는 일반수단으로 해석될 여지가 있었으며, 따라서 강제급식을 하지 않을 경우 적극적인 안락사를 시술한 것으로 (부비아를 살해하고자 의도했다고) 간주될 위험이 있었기 때문이다. 반면 생명을 연장시키는 특수수단을 사용하지 않는 경우로 뇌의 일부가 없이 태어난 무뇌아에게 생명보조장치를 장착하지 않는 경우를 들 수 있을 것이며, 장기 투여할 경우 생명을 단축시킬 수 있는 진통제를 투여하는 경우는 생명을 단축시키는 일반수단을 사용하는 예가 될 수 있을 것이다. 하지만 일반/특수수단의 구분에 의존해 의도했는지의 여부를 가릴 수는 없다고 보아야 한다. 오랜 기간 인슐린 자가 투여를 해오던 당뇨병 환자에게 말기 암 진단이 내려졌다고 해보자. 혹은 말기 암 환자에게 갑작스레 당뇨병이 발병했다고 해보자. 그들이 당뇨병성 혼수상태에 빠져 일찍 생을 마감하길 원함에도 불구하고 인슐린 치료를 강행해야 하는가? 강제로 인슐린 치료를 하지 않았다고 해도 환자를 살해하고자 의도했다고 보기는 어렵다. 즉, 위의 경우는 생명을 연장시키는 특수수단을 사용하지 않는 경우로 보아야 할 것이다. 하지만 암에 걸리지 않은 일반 당뇨병 환자가 인슐린 치료를 거부하고 당뇨병성 혼수상태에 빠져 일찍 생을 마감하길 원한다고 해보자. 환자의 의사를 존중해 인슐린 치료를 강행하지 않았다면, 이 경우는 생명을 연장시키는 일반수단을 사용하지 않는 경우로 보아야 할 것이다. 폐렴 증세를 보이고 있는 말기 암 환자와 일반 폐렴 환자에게 항생제를 투여하지 않는 경우를 비교해 보아도 동일한 답변을 얻을 수 있다. 즉, 전자의 경우를 생명을 연장시키는 일반수단을 사용하지 않는 경우로 보기는 어려운 반면, 후자의 경우는 그와 같은 경우로 보아야 할 것이다. 이렇듯 일반/특수수단에 의존해 환자를 살해하고자 의도했는지를 판별하기 위해서는 일반/특수수단에 대한 보다 구체적인 정의를 마련해야 한다. 하지만 문제는 그것들을 구체적으로 정의하는 일이 가능한가 하는 데 있다. 윤리신학자 램지Paul Ramsey는 심한 고통을 안겨주는 동시에 지나치게 비용이 들고, 환자에게 큰 부담을 안겨줄 뿐 아니라 유익하리라는 보장이 없는 등의 치료법을 생명을 연장시키는 특수수단의 예로 제시한다(Ramsy, 122-123면). 하지만 위의 정의는 도움이 되지 못한다. 환자에게 유익한 경우가 어떤 경우인가? 그것을 일률적으로 판단할 수 있는 근거를 마련하는 것이 가능한가? 비용은 많이 들지만 위험이나 고통이 따르지 않는 비교적 안전한 수술을 통해 치유될 수 있는 질병을 재벌 2세와 소녀 가장이 동시에 앓고 있다고 해보자. 이 경우 재벌 2세에게는 수술이 일반수단인 반면 소녀 가장에게는 비용이 많이 든다는 점에서 특수수단일 수밖에 없다. 한편 사회보장제도가 발달해 수술비의 대부분을 국가가 지불해준다면, 소녀 가장에게도 수술은 일반수단이 될 것이다. 이렇듯 위의 기준을 일반화시키는 데는 어려움이 따르며, 따라서 일반/특수수단에 의존해 환자를 살해하고자 의도했는지를 판별하기 어렵다고 보아야 한다.

12 우리의 형법도 '착한 사마리아인 법'을 기본 형식으로 취하지 않고 있다.

13 Connell, 1021면.

14 모리오Carolyn R. Morillo가 지적하는 바와 같이 일반적으로 죽음을 유발한 신체동작을 취하지 않은 경우가 죽게 방치한 경우로 이해되고 있다(Morillo, 32면).

15 Dinello, 85면.

16 Wright, 45면.

17 Green, 196면. 그린은 디네로와 라이트의 정의가 안고 있는 문제점을 지적하고, 곧 소개될 바와 같이 그 대안으로 새로운 정의를 제시한다.

18 Malm, 254-255면.

19 Malm, 255면.

20 Green, 198면.

21 Green, 198면.

22 Rachels, 292면.

23 Rachels, 292면.

24 Malm, 240면.

25 Malm, 242면.

26 여기서 하나의 의문을 해소할 필요가 있다. 지금까지 죽이는 것이 죽게 방치하는 것보다 부도덕하다는 데 대해 한 번도 의심을 하지 않은 이유가 무엇인가 하는 것이다. 레이첼스가 그에 대해 흥미로운 해석을 내놓는다. 대중매체를 통해 끔찍한 살인사건을 매일 접하나 죽게 방치한 경우를 접할 수 있는 기회는 인간적인 동기에서 환자를 죽게 방치한 의사의 이야기 정도이다. 이러한 이유에서 흔히들 죽이는 것이 죽게 방치하는 것보다 나쁘다고 생각한다. 하지만 실제로 살인자와 의사가 도덕적으로 차이가 있는 이유는 죽이는 것과 죽게 방치하는 것이 도덕적으로 차이가 있어서가 아닌, 예컨대 사리사욕을 위한 살인자의 살인동기와 의사의 인간적인 동기가 차이가 있어서이다(Rachels, 292-293면). 아직까지 〈비정한 엄마 사건 2〉에서의 워드가 〈비정한 엄마 사건 1〉에서의 A씨보다 그리고 〈유도선수 예〉에서의 유도선수가 〈스모 선수 예〉에서의 스모 선수보다는 덜 부도덕하다는 생각을 버리지 못했다면, 이제 그 이유를 알 수 있을 것이다.

27 Tooley, 60면. Malm, 238면.

28 Malm, 238면.

29 Malm, 242-243면.

30 〈살인기계 예 2〉와 〈화차 예 3〉을 맘이 이해하고 있는 단순 사례의 구조로 볼 수 있는지에 대해, 예컨대 한쪽의 희생이 다른 쪽을 살리는 데 수단으로 쓰여졌는가 하는 등의 문제에 기인하는 복잡성이 결여된 예로 볼 수 있는지에 대해 의문을 제기할 수 있다. 〈살인기계 예 2〉가 단순 사례라고 한다면, 버튼을 눌러 존이 죽었을 경우 목격자가 존을 살해하고자 의도하지 않았다고 보아야 하며, 따라서 존의 죽음이 메리를 살리기 위한 수단으로 쓰여지지 않았다고 보아야 한다. 존의 죽음이 메리를 살리는 수단으로 쓰여지지 않았다면 존의 죽음을 어떻게 보아야 하는가? 수단이 아니라면 메리를 살리는 행위의 의도되지 않은 단지 예견된 부수적인 결과로 보아야 한다. 과연 존의 죽음을 부수적인 결과로 볼 수 있는가? 〈화차 예 3〉의

경우를 생각해보면 위의 의문은 한층 더해진다. 레버를 당겨 선로 B로 방향을 전환할 경우 존이 죽을 수밖에 없다는 것을 스미스는 알고 있다. 뿐만 아니라 선로 B로 방향을 전환한다는 것은 자연적인 흐름을 차단했다는 것을 의미하며, 그 자연적인 흐름을 차단한 것이 존이 사망한 데 원인으로서 기여한다는 것도 의미한다. 그럼에도 불구하고 존과 메리를 살해할 의도가 없었다고 하기에는 분명 무리가 따른다..

31 Tooly, 60면. 툴리와 같이 단순히 의도적으로 버튼을 눌렀고 버튼을 누르지 않았다는 데 의존해 문제를 해결할 수는 없다고 보아야 한다. 어떤 것을 의도적으로 하지만 그것을 의도하지 않을 수 있으므로, 위의 두 행위를 평가하기 위해서는 버튼을 의도적으로 눌렀는지가 아닌 그 결과를 의도했는지에 초점을 맞춰야 한다. (어떤 것을 의도적으로 한다는 것이 그것을 의도한다는 것의 충분조건이 될 수 없는 이유는 5.4.에서 설명될 것이다.) 즉, 버튼을 누르는 행위를 존을 살해하고자 의도하는 행위로 보아야 하는지, 그리고 버튼을 누르지 않는 행위를 존을 살해하고자 의도하는 행위로 보아야 하는지를 파악해야 한다. 따라서 툴리의 입장에서 버튼을 누르는 것과 누르지 않는 것이 도덕적으로 차이가 없다는 입장을 고수하기 위해서는 그들 두 행위가 아이를 숨지게 하고자 의도하는 행위가 아니라는 것을 (또는 그들 두 행위 모두 아이를 숨지게 하고자 의도하는 행위라는 것을) 입증하는 험난한 여정을 밟아야 한다.

32 Malm, 243면.

33 맘에 따르면위의 경우에는 두 행위를 서로에 비추어 접근해야 하며, 따라서 그는 스미스가 어떤 행위를 하던 그들은 '의존적으로 동등dependently equivalent'하다고 (그들에 대해 동등한 도덕적 평가를 내려야 한다고) 진단한다(Malm, 242면).

34 Malm, 246면.

제5장

1 행위의 단일화와 개별화 문제는 별도의 논의를 요하는 주제이나, 그에 대한 논의를 의도한다는 것의 필요충분조건을 제시하기 위한 교두보를 마련하는 차원으로 국한시키고자 한다.

2 Thalberg 1971, 781면.

3 Anscombe 1963, 46면.

4 Anscombe 1963, 37면.

5 Anscombe 1963, 46면.

6 Davidson 1963, 686면.

7 Davidson 1963, 84면.

8 Davidson 1971, 59면.

9 Anscombe 1963, 46면.

10 Anscombe 1963, 46, 47면. 앤스콤의 주장이 옳더라도 그녀의 주장은 단지 예견된 결과에만 적용될 수 있다. 따라서 데이빗슨의 좀도둑 예와 같이 예견하지 못한 결과를 놓고 앤스콤의 입장을 옹호하고자 한다면, 좀도둑을 놀라게 하고자 의도하지 않은 이유는 좀도둑이 있었다는 것을 예견하지 못했기 때문이라는 설명이 가능할 것이다.

11 Davidson 1969, 179면.

12 Goldman 1971, 765면.

13 Goldman, 1970, 10면.

14 Goldman, 1970, 10면.

15 Goldman 1970, 11면. 다음의 설명이 골드먼의 동일한 행위 기준을 이해하는 데 도움이 될 수 있다. "방아쇠를 당기는 존의 행위를 생각해보자. 방아쇠를 당기는 존의 행위가 문제의 사건의 원인이 되었다는 것은, 즉 총탄이 발사되는 사건의 원인이 되었다는 것은 의심할 여지 없이 참이다. 이렇듯 존의 방아쇠를 당기는 행위는 총이 발사되게 하는 속성을 가지고 있다. 반면 스미스를 죽이는 존의 행위는 총이 발사되게 하는 속성을 가지고 있지 않다. 한 행위에는 있으나 나머지 행위에는 결여된 속성이 있으므로, 그것들은 하나의 동일한 행위가 될 수 없다"(Goldman 1970, 10).

16 동일자 구별 불가능성의 원칙에 의존해 합일론 그 자체에도 의문을 제기할 수 있다. 비원초적인 행위에 결여된 속성이 원초적인 행위에 있을 수 있거나 원초적인 행위에 결여된 속성이 비원초적인 행위에 있을 수 있다면, 원초적인 행위와 비원초적인 행위를 동일한 행위로 볼 수 없기 때문이다. 앞으로 설명될 바와 같이 골드먼의 반론은 원초적인 행위에 결여된 속성들이 비원초적인 행위에 있을 수 있다는 데 초점이 맞춰진다.

17 Goldman 1970, 5면.

18 Davidson 1971, 58.

19 탈버그 Irving Thalberg Jr.는 골드먼에 동조해 "행위 B를 함으로써 행위 A를 할 때, A와 B는 동일한 행위가 아니다"는 입장을 취함으로써 합일론을 부정하는 한편, 분리론을 부정해 A와 B가 동일한 행위가 아니더라도 그들이 "개체상 별개인 행위는 아니다"는 입장을 취함으로써 합일론과 분리론의 절충을 시도한다(Thalberg 1975, 589면) (탈버그의 분리론에 대한 반론이 안고 있는 문제점은 폴리Richard Foley를(Foley, 87-101면을) 참조하기 바란다.) 탈버그에 따르면 데이빗슨은 왕의 죽음이 발생하기 이전에 왕비가 손을 움직인 것이 왕의 죽음을 야기했다는 것을 간과하고 있다. 데이빗슨의 해석을 따른다면, '물약병의 내용물이 왕의 귀에 들어가는 것을 야기하는 것', '독약이 왕의 신체에 들어가는 것을 야기하는 것', '왕이 죽음을 야기하는 것'과 같이 왕비가 그녀의 손을 움직이는 것을 마치기 이전에 발생하지 않은 비원초적인 행위들을 왕비의 손을 움직이는 행위와 동일한 행위로 보아야 한다. 하지만 "어떤 사건을 살인으로 기술하는 것은 그것을 죽음을 야기한 사건으로 (여기서는 행위로) 기술하는 것이다. '야기한?' 아직 왕이 해를 입지 않은 상태에서 왕비가 손을 움직인 것이 이미 왕의 죽음을 야기시켰다고 할 수 있는가? 독약이 중이中耳에 있는 상태에서 독약이 귀에 채워진

것을 그리고 왕의 생명을 유지하는 기능이 손상된 것을 야기했다고 할 수 있는가?"(Thalberg 1975, 587). 탈버그의 주장이 옳다면 데이빗슨의 입장은 설득력을 잃게 된다. 왕비가 손을 움직이는 것을 마친 시점에 그녀가 손을 움직인 것이 왕의 죽음을 야기했다고 할 수 없으며, 따라서 왕비가 손을 움직인 행위를 (왕비가 손을 움직인 시점에 발생되지 않은) 위의 비원초적인 행위들과 동일한 행위로 볼 수 없기 때문이다. 하지만 엘리엇Robert Elliot과 스미스Michael Smith가 지적하고 있는 바와 같이 탈버그는 원인과 결과가 별개임을 간과하고 있다고 보아야 한다. "원인과 그 결과는 다르므로 왕이 사망한 원인은 왕이 죽기 이전에 끝난다"(Elliot and Smith, 210). 엘리엇과 스미스의 주장대로 탈버그는 '죽음이 야기되었다'는 진술과 '죽음이 발생했다'난 진술을 별개라는 사실을 간과하고 있다고 보아야 할 것이다. 즉, '왕비가 그녀의 손 동작을 마친 시점에 왕의 죽음의 원인이 발생했다'는 진술과 '왕비가 그녀의 손 동작을 마친 시점에 왕의 죽음이 발생했다'는 진술을 혼동하고 있다고 보아야 할 것이다. (다음의 주장으로부터도 탈버그가 원인과 결과가 별개임을 간과하고 있다는 지적이 가능할 것이다. "백신을 맞고 하루 정도를 기다려야 면역 반응이 일어난다. 단지 반응이 분명해질 때 백신의 효과가 난다"(Thalberg 1975, 587). 데이빗슨 역시 여왕이 자신의 손을 움직이는 것은 왕의 죽음을 야기하는 것과 같다고 말하고 있으며 따라서 왕비가 손 동작을 마친 시점에 왕의 죽음을 야기했다고 말하고 있다. 따라서 왕비가 그녀의 손 동작을 마친 시점에 왕의 죽음이 발생했다고 하지는 않을 것이다. 하지만 엘리엇과 스미스의 반론이 분리론에 대한 반론은 될 수 없다. 즉, 그들의 주장이 왕비가 손을 움직인 것과 왕의 죽음을 야기한 것과 같은 비원초적인 행위가 동일한 행위라는 데이빗슨의 주장에는 도움이 될 수는 있으나, 골드먼의 반론에 대한 답변은 될 수는 없다.

20 데이비스와 탐슨의 반론은 골드먼에 의해 정리되고 있다(Goldman 1971, 767면).

21 Beardsley, 263면.

22 앤스콤의 해석을 데이빗슨의 좀도둑 예에 적용해보자. 일련의 기술구가 각기 이전의 기술구와 수단/목적 관계에 놓여 있다고 했으므로, '스위치를 툭 친다', '불을 켠다', '방을 환히 밝힌다'는 세 기술구가 수단/목적 관계에 놓여 있다, 따라서 그들 모두를 의도한다는 상식적인 답변을 내릴 수 있다. '좀도둑을 놀라게 한다'는 기술구는 어떠한가? '방을 환히 밝힌다'는 마지막 기술구에 대한 의도가 '좀도둑을 놀라게 한다'는 기술구에 대한 '왜?'라는 물음에 대한 답변이 될 수 없다. 따라서 마지막 기술구가 '좀도둑을 놀라게 한다'는 기술구에 대한 의도를 삼킨다고 할 수 없다. 이는 '좀도둑을 놀라게 한다'는 기술구와 '방을 환히 밝힌다'는 기술구가 수단/목적 관계에 놓여 있지 않다는 말과 다르지 않으며, 이는 다시 좀도둑을 놀라게 하고자 의도하지 않는다는 말과 다르지 않다. 앤스콤의 입장에서 방을 훤히 밝히려는 의도가 '좀도둑을 놀라게 한다'는 기술구에 대한 의도를 삼키지 않는다는(좀도둑을 놀라게 할 의도가 없었다는) 상식적인 답변을 내리고자 한다면 좀도둑을 놀라게 하는 것과 방을 환히 밝히고자 하는 것은 수단/목적 관계에 놓여 있지 않다는 입장을 취해야 하며, 그와 같은 입장을 취하기 위해서는 좀도둑이 놀랄 것을 예견하지 못했기 때문이라는 답변을 제시할 수밖에 없다. 이렇듯 '좀도둑을 놀라게 한다'는 기술구에 대해 의도가 없었다는 이유로 좀도둑이 놀랄 것을 예견하지 못했기 때문이라는 설명이 가능하므로, 의도한다는 것의 필요조건에 대한 물음을 놓고는 앤스콤에 동의할 수 있다. (전자를 후자의 필요조건으로 보아야 하는 이유는 앞으로의 논의를 통해 밝혀질 것이다.)

23 제2장에서 설명된 바와 같이 '살인하지 말라'는 계명은 로마서 3장 8절과 아퀴나스의 해석을 따라 '의도적으로 살인하지 말라'는 의미로 이해해야 한다. 따라서 상대가 메시아임을 알지 못한 채, 즉 예견하지 못한 채 비방하고, 박해하고, 폭행했으므로 긍휼을 입을 수 있었다는 바울의 고백도 '의도'와 '예견'의 관계에 비추어 해석해볼 수 있다. 즉, 알지 못하고 행하였기에 긍휼을 입을 수 있었다는 그의 고백을 의도적으로 행한 것이 아니었기에 긍휼을 입었다는 의미로 이해할 수 있다.

24 Sidgwick, 202면.

25 Williams 1958, 286면.

26 Shaw, 190면.

27 Irwin, 7면.

28 Kenny, 644면.

29 Boyle and Sullivan, 358면. 보일과 설리번이 제시한 피터 예는 쇼에 의해 인용되고 있다 (Shaw, 190면).

30 Shaw, 190면.

31 제3장에서 설명될 바와 같이 바란다는 것과 의도한다는 것은 별개의 개념으로 보아야 한다. 편의상 여기서는 그들 사이에 상관관계가 성립할 수도 있다는 가능성을 열어두기로 하자.

32 Boyle and Sullivan, 359면.

33 3.2에서의 논의에 의존해도 ㉠을 부정할 수 있으나, 〈철수 예〉에 의존해 ㉠을 평가해보자.

34 3.2에서의 논의에 의존해도 ㉡을 부정할 수 있으나, 〈철수 예〉에 의존해 ㉡을 평가해보자.

35 *United States v. Willis*, 36 M.J. 258at 261 (1997).

36 *United States v. Willis*, 36 M.J. 258at 262 (1997).

37 동시발생 의도 독트린에 의존해 살인미수죄를 적용한 대표적인 사건으로 〈브랜드 사건〉을 들 수 있다.

브랜드 사건

케보Kebo라는 별명을 가진 20스Rolling 20's Crips 갱단 멤버 윌슨Wilson은 1999년 3월 6일 캘리포니아 롱비치에서 두 명의 동승자와 함께 이동하던 중 인세인Insand Crips 갱단 멤버 브랜드Jomo Bland를 발견하고 차를 세운다. 브랜드가 윌슨에게 할 말이 있으니 차에서 내리라고 하자 윌슨은 동승한 사람들은 갱단이 아니니 그들을 내려주고 다시 오겠다며 차를 돌린다. 하지만 브랜드가 운전석으로 다가가 "네가 20스의 케보란 말이지"라는 말과 함께 38구경 캘리버 권총을 꺼내 윌슨을 향해 발사한다. 윌슨이 도주하려 하자 브랜드와 그와 함께 있던 자도 가세해 무차별적으로 차량에 총격을 가해 윌슨은 가슴에 총탄을 맞고 즉사하며, 동승했던 사이먼Simon과 보건Morgan은 각각 간과 어깨에 총탄을 맞고 중상을 입는다.

"피고인이 본래 동승객이 아닌 운전자를 살해하길 원했다는 것이 배심원단의 판단이다. 하지만 도주하는 차에 피고인과 그의 동료가 총탄 세례를 퍼부어 살해구획을 설정했을 때는 동승객을 살해할 동시발생 의도가 있었다는 것 또한 합리적인 판단이다. 이러한 점이 동승객에 대해 살인미수죄를 적용할 수 있다는 것을 보여주기에 충분하다"(People v. Bland, supra, 28 Cal.4th at pp. 330-331). "특정 대상을 살해할 본래의 의도가 다른 사람들을 살해할 동시발생 의도를 배제시키지 못한다"(People v. Bland, supra, 28 Cal.4th at p. 331, fn. 6). 동승자를 살해할 의도가 없었다는 브랜드의 주장에도 불구하고 재판부는 동시발생 의도 독트린에 의존해 그에게 살인미수죄를 적용한다.

38 Ford v. State(1993), 330 Md.682, 625 A.2d 984.

39 Ford v. State(Md. 1993) 625 A.2d 984.

40 Harrison v. State(2003), 151 Md. App. 658, 828 A.2d 254-255.

41 Ford v. State(1993), 330 Md.682, 625 A.2d 984.

42 Supreme Court of California in People v. Stone, S162675. 이들 사건 이외에도 〈러핀 사건〉(Ruffin v. United States(1994), 642 A.2d 1288, 1298)등 많은 사건의 재판부가 동시발생 의도 독트린에 의존해 판결을 내린다.

43 동시발생 의도 독트린뿐 아니라 앞으로 논의될 '전이된 의도 독트린' 역시 외견상으로는 특정의도가 없었지만 책임을 물어야 하는 경우를 위해 고안되었다. 하지만 후자의 경우는 문제의 결과가 예기치 않게 발생된 경우에 적용할 수 있는 반면 전자의 경우는 문제의 결과가 발생될 것을 예견한 경우에 적용할 수 있다는 차이가 있다.

44 어떤 것을 우연히 한다는 것과 의도한다는 것의 상관관계는 5.4.에서 설명될 것이다. 여기서는 해리슨이 우연히 쿡에게 상해를 입혔는지의 여부만을 그리고 우연히 상해를 입혔다는 것이 동시발생 의도 독트린을 부정할 수 있는 이유가 될 수 있는지 만을 생각해보기로 하자.

45 Lord Denning (D.P.P. v. Smith <1961> A.C. 290).

46 의도한다는 것과 시도한다는 것의 차이는 5.3.에서 설명될 것이다.

47 Hart, 117면.

48 〈청산가리 막걸리 사건〉에서 A씨 부녀는 B씨가 청산가리 막걸리를 마시면 숨질 것을 알았고 숨지길 바라는 마음에서 막걸리에 청산가리를 넣었다. 따라서 모범형법전의 범죄심리조항을 적용하면 죄의 중대요소를 의도한 경우인 '2 · 02조 2항 a'의 목적하고 행위를 한 경우에 해당된다고 보아야 한다. 하지만 A씨 부녀에게는 B씨만이 사망하고 사건이 조용히 마무리되는 것이 최상의 시나리오였을 것이다. 즉, A씨 부녀가 B씨 동료까지 숨지길 바랐다고는 볼 수 없다. 따라서 B씨 동료를 숨지게 한 데 대해서는 목적하고 행위를 한 경우를 정의하고 있는 '2 · 02조 2항 a'을 적용할 수는 없다. 하지만 여전히 B씨 동료들의 숨지게 한 데 대해서도 책임을 물어야 하므로, 모범형법전의 범죄심리조항을 적용하면 위의 경우는 인식하고 행위를 한 경우, 무모하게 행위를 한 경우, 과실로 행위를 한 경우 세 경우 중 하나의 경우에 해당된다고 보아야 한다. B씨가 평소 혼자서 술을 마시는 일이 없었다고 해보자. 그렇다면 B씨 동료를 숨지게 한 것은 '2 · 02조 2항 b'의 인식하고 행위를 한 경우에 해당된다고 보아야 한

다. 따라서 B씨 동료를 숨지게 한 데 대해 의도적인 살인죄를 적용할 수 있다. 하지만 B씨가 가끔 누군가와 함께 술을 마시곤 했다면 '2·02조 2항 c'의 무모하게 행위를 한 경우에 해당된다고 보아야 할 것이며, 평소 혼자서 술을 마시는 일이 없었으나 유독 사건 당일에만 동료들과 함께 술을 마셨다고 해도 (평소와 달리 누군가와 함께 술을 마실 가능성을 인지했어야 했으므로) '2·02조 2항 d'의 과실로 행위를 한 경우로 보아야 할 것이다. B씨 동료를 숨지게 한 것이 무모하게 행위를 한 경우 또는 과실로 행위를 한 경우에 해당된다면 B씨 동료를 숨지게 한 데 대해 의도적인 살인죄를 적용할 수 없다. 하지만 여전히 B씨 동료가 숨지게 한 데 대한 책임을 묻지 않을 수 없으므로, 〈청산가리 막걸리 사건〉으로부터도 'P에게 E를 초래한 데 대한 책임을 물어야 한다면, P가 E를 초래하고자 의도했어야 한다'는 명제가 거짓임을 유추할 수 있다.

49 도덕적 책임을 놓고도 동일한 결론에 이를 수 있다. 즉, '어떠한 경우에도 무고한 사람의 생명을 해치지 말라'는 도덕규칙을 따라야 할 의무가 모든 사람에게 구속력이 있다는 것을 부정하지 않고는 무고한 사람의 생명을 해치고자 의도한 경우에 한해 도덕책 책임을 물어야 한다는 것을 부정할 수 없다. 제2장에서 설명된 바와 같이 어떤 선택을 해도 무고한 사람의 생명을 해칠 수밖에 없는 경우가 있을 수 있으며, 따라서 무고한 사람의 생명을 해치고자 의도한 경우에 한해 도덕적 책임을 물어야 한다는 입장을 취하지 않고는 위의 규칙에 도덕규칙으로서의 생명력을 부여할 수 없기 때문이다. 마찬가지로 어떤 선택을 내려도 도덕적으로 나쁜 결과를 초래할 수밖에 없는 경우가 있을 수 있으므로, 나쁜 결과를 초래한 데 대해 도덕적 책임을 물어야 한다는 입장을 취하고자 한다면, 그 나쁜 결과를 초래하고자 의도한 경우 도덕적 책임을 물어야 한다는 입장을 취하지 않을 수 없다.

50 〈자궁절제술 예〉를 놓고도 동일한 진단을 내릴 수 있다.

51 모범형법전 '2·02조 2항 c'의 무모하게 행위를 한 경우와 '2·02조 2항 d'의 과실로 행위를 한 경우를 생각해보자. 무모하게 행위를 한 경우는 자신의 행위로부터 초래될 중대하고 정당화될 수 없는 위험이 초래될 가능성을 알았는데도 그것을 무시한 경우이며, 과실로 행위를 한 경우는 위의 위험을 실제로는 예견하지 못했으나 마땅히 예견했어야 한 경우이다. 이렇듯 위의 두 경우는 예견하지 못했음에도 불구하고 책임을 물을 수 있는 경우가 아니므로, (P2)에 대한 반례는 될 수 없다.

52 〈스미스 사건〉 1심재판부와 상원의 컬뮤어, 데닝, 파커 대법관의 견해를 따라 〈포우 사건〉의 제임스에게 객관적 테스트를 적용해야 한다고 해보자. (〈스미스 사건〉의 스미스에 대해 1심 재판부와 상원의 패널들은 경찰관이 중대한 신체 상해를 입을 가능성이 크다는 것을 인식해야 했기에 항소법원 판사와 달리 비의도적인 살인manslaughter이 아닌 의도적인 살인murder죄를 적용해야 한다는 견해를 보인다.) 제임스는 카렌 외에 다른 사람이 집 안에 있다는 것을 인식한 채 방충문만 닫혀 있는 현관을 향해 산탄총을 발사했다. 따라서 카렌 이외의 누군가가 총탄에 맞을 수 있다는 것을 예견하지 못했다는 그의 주장이 사실이라고 하더라도 동일한 입장에 처한 합리적인 사람의 주의기준을 현저히 일탈한 경우로 보아야 할 것이다. 하지만 문제는 집 안에 있는 누군가가 총탄에 맞을 수 있다는 것을 예견했다고 보아야 하더라도 특정인 킴벌리가 사망할 것을 예견했다고는 볼 수 없다는 데 있다. 이렇듯 객관적 테스트를 적용한다고 해도 〈포우 사건〉이 (P2)에 대한 반례가 될 수 없다고는 할 수 없다. 〈스미스 사건〉 항소법원 판사의 견해를 따라 그리고 '1957년 영국 살인죄법', '1964년 형사사법법령 4조 2

항', '1967년 형사사법법령 8조'를 따라 〈포우 사건〉의 제임스에게 주관적 테스트를 적용해야 한다면 어떠한가? 주관적 테스트를 적용했으나 제임스가 거짓을 말하고 있다는 것을, 즉 그가 킴벌리가 사망할 것을 예견했다는 것을 입증하지 못했다고 해보자. 그럼에도 불구하고 그에게 킴벌리를 숨지게 한 데 대한 책임을 묻지 않을 수 없다. 따라서 주관적인 테스트를 적용해야 한다면 적어도 외형상으로는 〈포우 사건〉이 (P2)에 대한 반례가 될 수 있다. 하지만 1.2.3.에서 논의된 바와 같이, 피고인의 주장에 대해 합리적인 의심을 품을 수 있는 경우에는 주관적인 테스트에 앞서 객관적인 테스트가 전제되어야 한다는 의미에서의 하이브리드 테스트를 적용해야 하며, 피고인의 주장에 대해 합리적인 의심을 품을 수 없으나 처벌을 면해 줄 수는 없는 경우 과실치사죄를 적용하기 위해서는 주관적인 테스트에 앞서 객관적인 테스트가 전제되어야 한다는 의미에서의 하이브리드 테스트를 적용해야 하므로, 주관적/객관적 테스트 문제에 의존해서는 〈포우 사건〉이 (P2)에 대한 반례가 될 수 있는지를 판단하기 어렵다고 보아야 한다..

53 Chisholm 1966, 29-30. 치솜의 예를 엔취가 재정리한 것을 옮겼음 (Enç, 116).

54 Davidson 1980, 79면.

55 Bennett, 88면. 베넷의 예를 데이빗슨이 재정리한 것을 옮겼음 (Davidson 1980, 78면).

56 Ginnet, 79면. 지넷의 예를 엔취가 재정리한것을 옮겼음 (Enç, 116면).

57 Enç, 117면.

58 '동기motive', '바람desire', '목적purpose'과 '의도' 사이에 상관관계가 성립한다면, 제임스에게 킴벌리를 숨지게 할 의도가 없었다는 결론을 내릴 수 있다. 예컨대 킴벌리가 숨지는 것이 제임스가 목적을 달성하는 데 도움이 되지 않으며, 시위여성이 사망하는 것 역시 독재자 B가 목적을 달성하는 데 도움이 되지 않는다. (시위여성이 숨지면 군중심리를 자극해 시위가 한층 격해질 수 있다.) 따라서 '어떤 것이 목적을 달성하는 데 도움이 된다면, 그것을 의도했다'고 보아야 한다면, 제임스와 독재자 B에게 살해의도가 없었다고 보아야 한다. 하지만 다음의 경우를 생각해보자.

> ### 멜라민 분유 사건
>
> "6명의 희생자와 30만 명에 달하는 피해자를 낸 멜라민 독분유 사건에 대한 중국 법원의 재판이 시작된 가운데 일부 피의자에게는 법정 최고형인 사형이 선고될 것으로 보인다. 허베이성 스자좡 인민법원은 29일 멜라민이 포함된 단백질첨가제를 제조, 판매책에게 팔아넘긴 가오췬제, 쉐제중 등 피의자 4명에 대한 재판을 실시했다고 신화통신이 30일 보도했다. 이와 별도로 스자좡시 싱탕·루촨·자오현 법원도 이날 싼루분유 사건 피의자 5명에 대한 심리를 벌였다. 가오췬제 등은 멜라민과 맥아당, 전분 추출물 등을 이용해 단백질 첨가제를 제조한 뒤 싼루 등 유제품 생산업자에게 판 혐의를 받고 있다. 이들은 2007년 12월부터 지난 8월까지 멜라민 단백질 첨가제 200여 톤을 생산, 이 가운데 120만 위안어치인 110여 톤을 유통시켰다고 신화통신이 밝혔다"(경향신문, 2008. 12. 30.).

가오췬제 등의 입장에서 볼 때 어린이들이 사망하지 않고 판로가 확대되는 것이 가장 바람직한 시나리오였을 것이다. 희생자가 발생하면 범행이 발각나 더 이상 금전적인 이익을 취할 수 없게 될 수 있기 때문이다. 이렇듯 희생자가 발생하는 것이 그들의 목적을 달성하는 데 도움이 되지 않는다. 하지만 실제로 주범 2명이 사형선고를 받았듯이 그들에게 희생자들을 살해할 의도가 있었다고 보아야 한다. 살해의도가 없었다고 보아야 한다면, 〈스미스 사건〉에서 스미스에게 경찰관을 살해할 의도가 없었다고 보아야 하며, 『죄와 벌』에서 라스콜리니코프에게도 전당포 노파 동생을 살해할 의도가 없었다고 보아야 한다. (라스콜리니코프는 노파를 살해하는 장면을 우연히 목격한 노파의 동생에게도 도끼를 휘두른다.) 이렇듯 목적을 달성하는 데 도움이 되지 않는다는 것이 제임스에게 킴벌리를 살해할 의도가 없었다고 보아야 하는 그리고 독재자 B에게 시위여성을 살해할 의도가 없었다고 보아야 하는 이유가 될 수 없다. (제3장에서 논의된 바와 같이, 동기, 바람, 목적은 의도와 무관한 개념으로 보아야 한다.)

59 *James Allen Poe v. State of Maryland* - No. 52, 1995 Term Court of Appeals of Maryland No. 52 September Term, 1995.

60 제1장에서 설명된 바와 같이 초기 입법부와 법정은 범죄심리상태를 설명하기 위해 '악의적인malicious', '사악한wicked', '의지의 타락depravity of the will과 같은 용어를 사용한다. 하지만 영국의 경우 1957년 살인죄법에서 '악의적인malice'이란 표현을 폐지한 이래 범죄심리상태를 '의도적인'의 의미로 파악하려는 움직임이 본격화되며, 미국의 경우 미국법률협회가 1962년 공포한 모범형법전으로 범죄심리상태를 '의도적인'의 의미로 파악하고자 한 노력이 결실을 맺는다. '전이된 의도 독트린', '전이된 악의 독트린', 두 표현을 혼용하는 이유가 여기에 있다. 〈사운더즈 사건〉과 같이 범죄심리상태를 '의도적인'의 의미로 파악하기 이전에 발생된 사건에는 '전이된 악의 독트린'이라는 표현을 사용하는 것이 적절하나, 앞으로 '전이된 의도 독트린'으로 통일해 사용하고자 한다

61 Bohlander, 145면.

62 Horder Jeremy, 'Transferred Malice and the Remoteness of Unexpected Outcomes fromIntentions'(2006) Crim LR 383. (홀더Jeremy Horder는 전이된 의도 독트린을 '비특정인 원칙impersonality principle'이라고 부른다.)

63 Gladden v. State(1974), 273 Md. 383, 330 A.2d 176 (1974). 글래든Gladden이 시걸Seigel을 살해하기 위해 총을 발사했으나 총탄이 시걸을 빗겨가 12살 아이에 맞는다. 그래든은 1급살인 혐의로 기소되어 유죄 판결을 받는다. 재판부에 따르면, "인정하건대 비록 전이된 의도 독트린이 오래된 것이지만, 현대의 법체계로 볼 때 시대에 뒤진 법이 생존한 것은 이상한 일이라는 따라서 그것을 버려야 한다는 주장에는 동의할 수 없다. 지난 수세기를 거쳐 현대에 이르기까지 그것을 적용하며 갖게 된 고색창연함을 잃지 않고 있다. 지금도 그것을 수용하고 적용함으로써 그 생존력이 인정되었다"(Gladden v. State, 273 Md. at 392, 330 A.2d at 181). 설명된 바와 같이 P를 숨지게 한 데 대해 살인죄를 적용하기 위해서는 피고인에게 P를 살해하고자 한 특정의도specific intention가 있었어야 한다. 〈포드 사건〉의 채사노Chasanow 판사가 지적하고 있는 바와 같이 동시발생 의도 독트린뿐 아니라 전이된 의도 독트린도 "옆에 있던 사람을 살해할 특정의도가 있었다는 것을 입증하는 데 사용할 수 있다"(Ford v. State(1993), 330 Md. at 716, 625 A.2d at 1000). 이들 사건 이외에도 〈해로드 사건〉(Harrod v. State(1985), 65 Md. App. 128, 499 A.2d 959), 〈윌슨 사건〉(State v. Wilson(1988), 313 Md. 600, 546 A.2d 1041), 〈포드 사건〉(Ford v. State(1993), 330 Md. 682, 625 A.2d 984), 〈하베이 사건〉(Harvey

v. State(1996), 111 Md. App. 401, 681 A.2d 628), 〈윌리엄스 사건〉(Williams v. State(1997), 117 Md. App. 55, 699 A.2d 473) 등 전이된 의도 독트린을 적용한 사례는 어렵지 않게 찾을 수 있다. 하지만 전이된 의도 독트린에 의존해 살인미수죄를 적용할 수 있는지의 문제에 대해서는 〈해리슨 사건〉의 메릴랜드주 특별항소법원의 입장과 같이 그리고 〈쉔리 사건〉(State v. Shanley(1905), 104 N.W. 522), 〈윌리엄슨 사건〉(State v. Williamson(1907), 102 S.W. 519), 〈존스 사건〉(Jones v. State(1923), 251 S.W. 690), 〈힌톤 사건〉State v. Hinton(1993), 630 A.2d 593), 〈페르난데스 사건〉(People v. Fernandez(1996),673 N.E.2d 910), 〈브래디 사건〉(State v. Brady(1999), 745So.2d 954), 〈램지 사건〉(Ramsey v. State(2002), 56 P.3d 675), 〈브랜드 사건〉(People v. Bland(2002), 48 P.3d 1107), 〈포드 사건〉(Ford v. State(1993), 330 Md. 682, 625 A.2d 984) 재판부의 입장처럼 부정적인 견해이 지배적이다. 예컨대 〈포드 사건〉의 맥컬리프 McAuliffe 판사가 지적하고 로다우스키Rodowsky 판사와 칼왝키Karwacki 판사가 동의한 바와 같이 전이된 의도 독트린에 의존해 살인미수죄를 적용할 수 있다는 데 대해 다음과 같은 의문을 제기할 수 있다. "피고인이 A를 살해할 의도로 총기를 발사했으나 총탄이 A를 스쳐 A는 부상만 당하고 B가 맞아 사망했다고 해보자. 법원에서 적용한 이론에 〈전이된 의도 독트린을〉 근거해 판결을 내린다면, 피고인에게 A에게 부상을 입힌 데 대해 살인미수죄를 적용하거나 A를 살해할 의도로 폭행assult을 가했다는 죄목으로 처벌할 것이나 B를 살해한 데 대해서는 살인죄를 적용할 것이다. 한편 A 역시 사망했다면 B에게 살인죄를 적용할 수 없을 것이며 단지 폭행battery죄나 아마도 비의도적인 살인manslaughter죄를 적용할 것이다. A가 사망하지 않아 피고인에게 B를 살해한 데 대해 살인죄를 적용했으나, A가 피고인이 발사한 총기로 인해 입은 상처로 일년 내에 사망했다거나 〈즉사하지 않고〉 당일날 일정 시간이 지난 후 사망했다면 어떤 판단을 내려야 하는가?"(Ford v. State(1993), 330 Md. at 716, 625 A.2d at 1005). 뿐만 아니라 〈포드 사건〉의 채사노 판가가 지적한 바와 같이 "누구에게로 살해의도가 전이되었는지를 판단하는 것이 실제적으로 가능하지 않다"는 문제도 안고 있다 (Ford v. State(1993), 330 Md. at 716, 625 A.2d at 1000). 위의 독트린에 의존하여 살인미수죄를 적용할 수 있는지의 여부는 현재의 논의에 영향을 끼치지 못하므로 위의 물음에 대한 논의는 생략하고자 한다.

64 〈교사범 예〉는 볼랜더가 제시한 다음의 예를 각색한 예임을 밝혀둔다. "D는 P에게 V1의 생김새를 묘사하며 V1을 살해하라고 청탁한다. … P가 V1을 정확히 식별하고 방아쇠를 당겼으나 총탄이 빗겨가 V2가 맞아 사망했다"(Bohlander, 146면). 볼랜더의 예에서 예컨대 V1이 인적이 드문 곳을 간 적이 없는 사람임에도 불구하고 D가 P에게 V1을 살해하라고 교사했다면, 그리고 총탄이 빗겨가 V2가 사망했다면, D가 V1 이외의 누군가가 사망할 수 있다고 예견한 경우로 보아야 하므로 (P2)에 대한 반례가 될 수 없다. 같은 이유에서 볼랜더가 제시한 다음의 예 역시 (P2)에 대한 반례가 될 수 없다. "데이빗은 범죄와 관련된 어떤 결과를 성취하기 위해 무능력자인 A를 이용하려 한다. A는 예컨대 열 살도 채 되지 않은 아이이거나 사물을 변별할 수 있는 능력이 없는 사람 또는 변별능력은 있어도 어떤 이유에서 책임능력이 없는 사람이다. 데이빗은 A에게 어떤 약을 주며 V1에게 건네라고 한다. A는 V2를 V1으로 착각해 그 약을 V2에게 건넸다. 그 약은 실제로는 치명적인 독극물이다"(Bohlander, 150-151면). 볼랜더가 진단하고 있는 바와 같이 '전이된 의도 독트린'을 적용해 데이빗에게 의도적인 살인intentional homicide 판결을 내려야 한다고 해도(Bohlander, 151면), A가 어떤 대상인지를 데이빗이 알고 있었으므로, A가 실수할 가능성이 크다는 것을 알았다고 보아야 하기 때문이다.

65 Williams 1983, 357면.

66 Bohlander, 148면.

67 *Regina v Latif*, <1996> 1 All ER 353 at 364.

68 Bohlander, 148면.

69 *The Queen v. Saunders and Archer*, 2 Plowden 473, 474 (1575, 1816 Edition).

70 2 Plowden 473 at 475 인용한 것을(Bohlander, 149면) 재인용한 것임.(Michael Bohlander2010 "Problems of Transferred Malicein Multiple-actor Scenarios", *The Journal of Criminal Law*74 JCL.).

71 Bohlander, 149면.

72 볼랜더가 제시한 다음의 예를 생각해보자. "데이빗은 범죄와 관련된 어떤 결과를 성취하기 위해 무능력자라고 생각한(10살도 채 되지 않았다고, 변별능력이 없다고, 또는 변별능력은 있어도 책임능력이 없다고 생각한) A를 이용하려 한다. 데이빗은 A에게 어떤 약을 주며 V1에게 건네라고 한다. 그 약은 실제로는 치명적인 독극물이다. 하지만 데이빗은 모르고 있었으나 실제로는 A는 무능력자가 아니었다. A는 처음부터 사적인 이유에서 V2에게 독극물을 건네려는 목적을 갖고 데이빗으로부터 독극물을 받아 V2에게 건넸다"(Bohlander, 151면). A에 대한 데이빗의 생각에 초점을 맞춘다면 A가 실수할 가능성이 크다는 것을 알았다고 보아야 하며, A가 상황을 이용하려 했다는 데 초점을 맞춘다면 "첫째 사람과 협력하지 않고 그가 마련한 상황을 이용하고자 의도한 둘째 사람의 자유로운, 고의적인 그리고 모든 상황을 인식하고 개입한 행위가 첫째 사람의 형사상의 책임을 면제시킨다"는 원칙을 적용할 수 있다. 이렇듯 위의 예 역시 (P2)에 대한 반례가 될 수 없다고 보아야 한다.

73 Bratman, 113면.

74 Bratman, 115면. 브랫먼의 경우 단순견해를 부정하기 위해 자신이 제시한 반례를 분석한 후 본문의 논변을 제시한다. 브랫먼이 제시한 반례 분석은 113-115면을 참조하기 바란다.

75 Harman 1976, 432-433면.

76 Harman 1976, 433면.

77 Bratman, 115면.

78 Bratman, 113면.

79 Bratman, 113면.

80 Harman 1976, 434면.

81 Harman 1976, 434면.

82 Garcia, 201면.

83 Garcia, 201, 202면.

84 Garcia, 201면.

85 Garcia, 201면.

86 Garcia, 199, 200면.

87 Garcia, 200면.

88 저격병이 적을 놀래키고자 의도하지 않았다는 데 의존해 가르시아를 옹호할 수는 없다. 즉, 저격병이 적을 놀래키고자 의도하지 않았으므로 적을 의도적으로 놀래킨 것은 아니라는 입장을 취할 수 없다. 그와 같은 입장을 취하는 것은 단순견해에 의존해 적을 의도적으로 놀래킨 것이 아니라는 입장을 취하는 것과 (논점절취의 오류를 범하는 것과) 다르지 않기 때문이다.

89 가르시아의 입장에서 위의 반론에 대해 다음과 같이 타당한 논변으로 대응한다면 어떠한가?

〈논변 2-2〉

(P1) 저격병이 어떤 목적을 달성하기 위해 적을 놀래킨 것이 아니다.

(P2) 어떤 목적을 달성하기 위해 무엇을 한다는 것이 그것을 의도적으로 한다는 것의 필요조건이다.

(P3) 저격병이 의도적으로 적을 놀래킨 것이 아니다.

(P4) A를 하고자 의도했다면, A를 의도적으로 했다.

그러므로

(C) 저격병이 적을 놀래키고자 의도하지 않았다.

〈논변 2-2〉의 전제 모두가 참이라면, 필자의 반론으로부터 가르시아를 손쉽게 변론할 수 있으나, 그것이 가능하지 않다고 보아야 한다. 결론인 (C)가 참인지의 여부는 (P3)과 (P4)가 참인지에 달렸으며, 가르시아는 (P3)이 참이라는 근거로 (P2)를 제시하고 있으나 논의된 바와 같이 (P2)가 거짓이기 때문이다.

90 Harman 1986a, 89면.

91 Harman 1986b, 364면.

92 Harman 1986b, 364-365면.

93 Garcia, 199면.

94 5.5.에서 논의될 바와 같이 A를 하면 E가 초래된다고 했을 때, A를 하지 않을 선택의 여지가 있는데도 A를 한다는 것이 A를 함으로써 E를 자발적으로 초래한다는 것의 필요조건이다. 다시 말해 'A를 함으로써 E를 자발적으로 초래한다면, A를 하지 않을 선택의 여지가 있는데도 A를 한다'는 명제가 참이다. 뿐만 아니라 'A를 하지 않을 선택의 여지가 있는데도 A를 한다면, A를 하면 E가 초래될 것을 예견한 채 A를 한다'는 명제를 참으로 보아야 한다. 또한 5.4.에서 논의될 바와 같이 '어떤 것을 예견한 채 한다는 것이 그것을 의도적으로 한다는 것의 필요충분조건이므로, 다음과 같이 'A를 함으로써 E를 자발적으로 초래한다면, A를 함으로써 E를 의도적으로 초래한다'는 명제가 참이라는 결론을 얻을 수 있다. 그리고 본문에서 설명된

바와 같이 단순견해가 옳다면, 즉 '어떤 것을 의도적으로 한다면, 그것을 의도한다'는 명제
가 참이라면, (P4)가 참이므로, 'A를 함으로써 E를 자발적으로 초래한다면, A를 함으로써 E
를 초래하고자 의도한다'는 명제가 참이라야 한다. 하지만 5.6.에서 논의될 바와 같이 어떤
것을 자발적으로 한다는 것이 그것을 의도한다는 것의 충분조건이 될 수 없다. 즉, 'A를 함
으로써 E를 자발적으로 초래한다면, E를 초래하고자 의도한다'는 명제는 거짓이다. 따라서
다음과 같이 '어떤 것을 의도적으로 한다면, 그것을 의도한다'는 명제가 거짓이라는 결론
을, 즉 단순견해가 그르다는 결론을 얻을 수 있다.

(P1) A를 함으로써 E를 자발적으로 초래한다면, A를 하지 않을 선택의 여지가 있는데도 A
를 한다.

(P2) A를 하지 않을 선택의 여지가 있는데도 A를 한다면, A를 하면 E가 초래될 것을 예견한
채 A를 한다

(P3) A를 하면 E가 초래될 것을 예견한 채 A를 한다면, A를 함으로써 E를 의도적으로 초래
한다.

(P4) A를 함으로써 E를 자발적으로 초래한다면, A를 함으로써 E를 의도적으로 초래한다.
((P1), (P2), (P3)으로부터)

(P5) 단순견해가 옳다면, 'A를 함으로써 E를 자발적으로 초래한다면, E를 초래하고자 의도
한다'는 명제가 참이다. ((P4)로부터)

(P6) 'A를 함으로써 E를 자발적으로 초래한다면, E를 초래하고자 의도한다'는 명제는 거짓
이다.

그러므로

(C) 단순견해는 그르다. ((P5)와 (P6)으로부터)

95 〈콕스 사건〉의 콕스 박사가 환자를 우연히 숨지게 했다고 볼 수 없는, 〈핸드 사건〉의 핸드가
그의 처를 우연히 숨지게 했다고 볼 수 없는, 그리고 (〈스미스 사건〉의 1심 판사와 컬머어, 데
닝, 파커 대법관의 견해를 따라 객관적 테스트를 적용해야 하므로) 〈몰로니 사건〉의 몰로니가
아버지를 우연히 숨지게 했다고 볼 수 없는, 〈스미스 사건〉의 스미스가 경찰관을 우연히 숨
지게 했다고 볼 수 없는, 〈하이엄 사건〉의 하이엄이 상대 여성의 두 아이를 우연히 숨지게 했
다고 볼 수 없는 이유에 대해서도 동일한 설명이 가능하다

96 단순견해를 수용할 수 없다는 말은, 즉 '어떤 것을 의도적으로 한다면, 그것을 의도한다'는
명제가 거짓이라는 말은 '예견한다'는 것과 '의도한다'는 것의 상관관계에 대한 물음을 놓
고 (ㄱ), (ㄴ), (ㄷ) 이외에 다음의 세 가능성을 더 열어두어야 한다는 말과 다르지 않다. (ㄹ)
어떤 것을 예견한 채로 한다면, 그것을 의도적으로 한다. (어떤 것을 예견한다는 것이 그것을
의도적으로 한다는 것의 충분조건이다.) (ㅁ) 어떤 것을 의도적으로 한다면, 그것을 예견한 채
로 한다. (어떤 것을 예견한다는 것이 그것을 의도적으로 한다는 것의 필요조건이다.) (ㅂ) 어떤
것을 예견한 채로 한다면 그것을 의도적으로 하며, 어떤 것을 의도적으로 한다면 그것을 예
견한 채로 한다. (어떤 것을 예견한다는 것이 그것을 의도적으로 한다는 것의 필요충분조건이
다.) 그리고 설명된 바와 같이 이들 중 (ㅂ)을 참이라고 보아야 한다.

97 어떤 논증이 타당하지만 적어도 전제들 중 하나가 거짓이라고 해보자. (타당한 논증이란 전제
들 모두가 참이라면 결론도 필연적으로 참인 논증을 말한다.) 그렇다면 그 논증은 타당해야 한
다는 조건은 충족시켰으나 전제 모두가 참이라야 한다는 조건을 충족시키지 못하므로(필요

한 것이 갖추어지지 않아 모자람이나 흠이 있다는 의미로서의) 불완전한 논증 또는 온전치 못한 논증이라 할 수 있다. 반면 어떤 논증이 타당하기도 하고 전제 모두가 참이라면, 그 논증은 위의 두 조건 모두를 충족시켰으므로 (필요한 것이 모두 갖추어져 모자람이나 흠이 없다는 의미로서의) 안전한 또는 온전한 논증이라 할 수 있다. 이와 같은 이유로 타당하고 모든 전제가 참인 논증인 'sound argument'를 온전한 논증이라는 의미의 건전한 논증으로 번역하고 있다.

98 적을 돕기를 바라지 않았다면 적을 돕고자 의도했다는 판결을 내릴 수 없다는 데닝 대법관의 견해는 3.2.2.에서 부정한 바 있다. 여기서는 게슈타포의 협박을 이기지 못해 동참한 것이라는 견해만을 생각하기로 하자.

99 어떤 것을 바란다는 것이 그것을 자발적으로 초래한다는 것의 필요조건이라면 (모범형법전의 '2·01조 2항'이 자발적인 행위가 없는 경우는 범죄행위 구성요건을 충족시키지 못한다고 규정하고 있으므로) 모범형법전을 적용할 경우 철수에게 원수 가족을 살해한 데 대해 처벌을 가할 수 없다.

100 갑수와 을수를 의도적인 살인죄로 처벌하는 것이 옳을 것이다. (필자가 앞으로 제시할 의도의 정의를 적용해도 동일한 결론을 내릴 수 있다.) 하지만 여기서는 그 가능성만을 열어두기로 하자.

101 Bratman, 141면.

102 Bratman, 141면.

103 Bratman, 141면.

104 Bratman, 141-142면.

105 Donagan 1991, 496면.

106 '어떤 것이 초래될 것을 예견했다면, 그것을 의도했다'는 명제가 참이라면, 브랫먼과 도나간의 주장은 설득력이 없다고 보아야 한다. 하지만 논의된 바와 같이 위의 명제가 참이 아니므로, 민간인의 죽음을 예견했다는 데 의존해 그들의 주장을 부정할 수 없다..

107 Kamm, 576면.

108 〈화차 예 1〉과 〈화차 예 4〉가 5.6.1.에서 논의된 브랫먼과 도나간의 주장에 대한 반례도 될 수 있다.

109 〈화차 예 1〉에서 한 명이 작업 중이던 선로 B로 기차의 방향을 전환시켜야 한다는 생각을 버리지 못했다면 그 이유는 (〈화차 예 4〉에서 다섯 명이 작업 중인 선로 B로 방향을 바꾸지 말아야 하는 이유와 동일한 이유인) 희생될 사람 수 때문일 것이다. 하지만 〈화차 예 1〉과 풋이 제시한 다음의 예를 비교해보면 희생될 사람의 수가 관건일 수 없는 이유를 알 수 있다.

〈폭동 예〉, 〈혈청 예〉와 〈장기이식 예 1〉 사이에 구조적이 차이점이 존재하지 않는다. 단지 희생될 사람의 수가 문제라면 〈폭동 예〉에서 한 명의 무고한 사람을 희생양으로 처형하는 것과 〈혈청 예〉에서 특정인을 죽여 사체로부터 혈청을 만드는 것이 허용될 수 있다고 보아야 한다. 하지만 《화차 예 1〉에서 한 명이 작업 중인 선로 B로 화차의 방향을 전환시켜야 한다는 사람 역시 그를 허용해야 한다고 말하지 않을 것이며, 심지어 〈폭동 예〉에서 시한부 환자를 희생양으로 삼거나 〈혈청 예〉에서 그 특정인이 시한부 환자라 해도 달라지지 않을 것이다. 〈화차 예 1〉과 〈장기이식 예 1〉 사이에 구조적인 차이점을 발견할 수 없으므로, 〈장기이식 예 1〉과 구조가 동일한 〈폭동 예〉와 〈혈청 예〉에서 희생될 사람을 수가 관건일 수 없듯이 〈화차 예 1〉에서 역시 희생될 사람의 수를 줄여야 한다는 이유로 선로 B로 기차의 방향을 전환시켜야 한다는 입장을 취할 수는 없다고 보아야 한다.

110 D'Arcy, 56-57면.

111 위의 예는 필자의 주장을 놓고 엔춰Berent Enç 교수가 제시한 반례임을 밝혀둔다.

112 본문의 "P가 E를 초래하고자 의도했을 때는 다음의 세 조건을 충족시켰을 때이며 오직 그 때뿐이다"는 말은 'P가 E를 의도적으로 초래했을 뿐 아니라 E를 초래하고자 의도했을 때는 다음의 세 조건을 충족시켰을 때이며 오직 그때뿐이다'는 말과 다르지 않다. 논의된 바와 같이 어떤 것을 의도적으로 한다는 것이 그것을 의도한다는 것의 필요조건이므로, P가 E를 초래하고자 의도했다면 P가 E를 의도적으로 초래했다고 보아야 하기 때문이다.

113 〈부비아 사건〉과 〈터스키기 매독연구 사건〉에서의 부작위와 달리 말기 폐렴환자에게 항생제를 투여하지 않아 환자가 숨진 경우나 인공호흡기를 부착하지 않아 환자가 숨진 경우에서의 부작위가 《정의 3》을 충족시키는지의 여부는 5.6.2.에서 소개된 달시가 제시한 조건인 'X가 A를 함으로써 Y를 살릴 가능성이 실제로 매우 높다'는 조건의 충족 여부에 달렸다고 보아야 한다. 즉, 항생제를 투여하거나 인공호흡기를 부착해도 살 가능성이 크지 않았다면 의사가 자연적인 흐름을 차단한 것이 환자의 죽음에 원인으로 기여했다고 볼 수 없으므로 《정의 3》의 셋째 조건을 충족시키지 못한다고 보아야 하는 반면, 항생제를 투여하거나 인공호흡기를 부착했을 경우 환자의 생존 가능성이 커질 수 있었다면 위의 조건을 충족시킨다고 보아야 한다.

114 McConnell, 27면. 맥코넬이 정리하고 있는 바와 같이 (McConnell, 26-31면), 〈논변 1〉에 의존하지 않고도 다음과 같이 포기나 양도 가능하지 않은 권리는 없다는 주장을 개진할 수 있

다. (앞서 정리한 볼엔티 독트린 논변 역시 맥코넬에 의해 소개되고 있다.)

〈이익 논변〉

(P1) 소유자에게 규범적인 이익을 안겨준다는 것이 권리의 기본 개념이다.

(P2) 어떤 권리가 포기나 양도 가능하지 않은 권리라면, 그 권리는 소유자에게 짐이 될 수 있다.

그러므로

(C) 포기나 양도 가능하지 않은 권리는 없다(뷰케넌Allen Buchanan, 브로디Baruch Brody).

〈선의의 간섭주의 논변〉

(P1) 어떤 권리 R이 포기나 양도 가능하지 않은 권리라면, R의 소유자가 R을 침해해도 좋다고 동의를 했어도 그 동의가 R을 침해할 수 있는 권리를 타인에게 부여하지 못한다.

(P2) R의 소유자가 R을 침해해도 좋다고 동의를 했어도 그 동의가 R을 침해할 수 있는 권리를 타인에게 부여하지 못한다면, 판단 능력이 있는 사람의 선택이 그 자신을 위해 제한될 수 있다.

(P3) 판단능력이 있는 사람의 선택이 그 자신을 위해 제한될 수 있다면, 자신의 선택이 제한을 받는 데 연루된 판단능력이 있는 사람은 선의의 간섭주의paternalism에 연루될 수 있어야 한다.

(P4) 어떤 권리 R이 포기나 양도 가능하지 않은 성격의 권리라면, 자신의 선택이 제한을 받는 데 연루된 판단능력이 있는 사람은 선의의 간섭주의에 연루될 수 있어야 한다 ((P1), (P2), (P3)으로부터).

(P5) 판단 능력이 있는 사람은 선의의 간섭주의에 연루될 수 있는 대상이 아니다.

그러므로

(C) 포기나 양도 가능하지 않은 권리는 없다((P4), (P5)로부터) (노직Robert Nozick, 니켈James Nickel, 뷰케넌Allen Buchanan).

115 제1장에서 설명된 바와 같이 〈커닝햄 사건〉이 발생한 1957년 당시에는 범죄심리상태를 악의적인의 의미로 이해한 전통이 명맥을 유지한다. 하지만 '1964년 형사사법법령 4조'에서 살인이 성립되기 위한 범죄심리상태를 의도로 규정한 이후 위의 전통은 힘을 잃는다.

116 Ford, 31면.

찾아보기

| 사건 |

| 예 |

| 인명 / 사항 |

| 논의된 문헌 |

A

Anscombe, G. E. M. 1961. 'War and Murder', in Walter Stein (ed.), *Nuclear Weapons: A Catholic Response* (New York: Sheed and Ward Inc.). 이 논문은 Richard Wasserstrom이 편집한*War and Morality*. (Belmont, CA: Wadworth, 1970)에(42-53) 재수록되었으며, 본문의 페이지 수는 재수록된 책의 것임.

　　　 1963. *Intention* (Ithaca, N.Y.: Cornell University Press).

　　　 1968. 'Modern Moral Philosophy', in Thomson and Dworkin (eds.), *Ethics* (New York: Harper & Row).

　　　 1982. Action, Intention and 'Double Effect', *Proceedings of the American Catholic Association* 54, 12-25.

Armstrong, D.M. 1969. 'Does Knowledge Entail Belief?', *Proceedings of the Aristotelian Society*, 70, 21-36.

B

Beardsley, Monroe 1975. 'Actions and Events: The Problem of Individuation', *American Philosophical Quarterly*, 12 (4), 263-276.

Bennett, Daniel 1965. 'Action, Reason and Purpose', *The Journal of Philosophy* 62 (4), 85-96.

Bentham, Jeremy 1781. *The Principles of Moral and Legislation* (London).

Blake Myers-Schulz, Eric Schwitzgebel 2010, 'Knowing That P Without Believing That P', http://www.faculty.ucr.edu/~eschwitz/SchwitzPapers/KB-110715.pdf.

Bohlander, Michael 2010. 'Problems of Transferred Malice in Multiple-actor Scenarios', *The Journal of Criminal Law* 74 JCL, 145-162.

Bratman, Michael E. 1987. *Intention, Plan, and Practical Reason* (Cambridge, MA: Harvard University Press).

Boyle, M. Joseph and Sullivan, D. Sullivan 1977. 'The Diffusiveness of Intention Principle: A Counter Example', *Philosophical Studies* 31 (5), 357-360.

Boyle, Joseph M. 1980. 'Toward Understanding the Principle of Double Effect', *Ethics* 90, 527-538.

　　　 1991. 'Who Is Entitled to Double Effect', *The Journal of Medicine and Philosophy* 16, 475-494.

Brody, Brauch 1988. *Life and Death Decision Making* (Oxford: Oxford University Press).

C

Chisholm, Roderick 1966. 'Freedom and Action', in Keith Lehrer (ed.), *Freedom and Determinism* (New York: Random House). 본문의 페이지 수는 1976년 판(Humanities Press)의 것임.

    1970. 'The Structure of Intention', *The Journal of Philosophy* 67, 633-647.

Connell, F.J. 1967. 'Double Effect, Principle of', in W. J. Mcdonald (ed.), *New Catholic Encyclopedia*, 4 (New York: McGrew-Hill Book Germany).

D

D'Arcy, Eric 1963. Human Acts: *An Essay in Their Moral Evaluation* (Oxford: Clarendon Press).

Davidson, Donald. 1963. 'Actions, Reasons, and Causes', *The Journal of Philosophy 60*, 685-700.

    1969. 'The Individuation of Events', in N. Rescher (ed.) *Essays In Honour of Carl. G. Hempel* (Dordrecht: R. Reidel), 216-234. 이 논문은 Davidson 1980 책(163-180)에 재수록되었으며, 본문의 페이지 수는 재수록 책의 것임.

    1971. 'Agency', in R. Binkley, R. Bronaugh, and A. Marras (eds.) *Agent, Action and Reason* (Toronto: University of Toronto Press), 3-37. 이 논문은 1980 책(43-61)에 재수록되었으며, 본문의 페이지 수는 재수록 책의 것임.)

    1980. *Essays on Actions and Events* (Oxford: Oxford University Press).

Davis, Nancy 1984. 'The Doctrine of Double Effect: Problems of Interpretation', *Pacific Philosophical Quarterly*, 65 (2), 107-123.

Dinello, Daniel 1971. 'On Killing and Letting Die', *Analysis* 31, 83-86.

Donagan, Alan 1977. *The Theory of Morality* (Chicago: University of Chicago Press).

    1991. 'Moral Absolutism and the double effect exception: Reflections on Joseph Boyle's "Who Is Entitled to Double Effect?"' *The Journal of Medicine and Philosophy* 16, 495-509.

Duff, R. A. 1973. 'Intentionally Killing the Innocent', *Analysis* 34 (1), 16-19.

E

Elliot, Robert and Smith, Michael 1977, 'Individuating Actions: Reply To McCullagh and Thalberg', *Australasian Journal of Philosophy* 55 (3), 209-212.

Enç, Berent 2006. *How We Act Causes, Reasons, and Intentions* (Oxford: Oxford University Press).

F

Feinberg, Joel 1980. *Rights, Justice, and the Bound of Liberty* (Princeton, NJ: Princeton University Press).

Finnis, John 1991. 'Intention and Side-Effect', in R.G. Frey and Christopher W. Morris (eds.) *Liability and Responsibility Essays in Law and Morals* (Cambridge University Press: Cambridge).

Fisher, John, Martin, Ravizza, Mark, and Copp, David. 1993. 'Quinn on Double Effect: The Problem of "Closeness"', *Ethics* 103, 707-25.

Fletcher, George P. 1998. 'Dogmas of the Model Penal Code', *Buffalo Criminal Law Review*, 2 (3), 3-24.

Foley, Richard 1980. 'Thalberg and Thomson in the Individuation of Actions,' *New Scholasticism* 54 (1), 87-101.

Foot, Philippa. 1967. 'The Problem of Abortion and the Doctrine of Double Effect'. *The Oxford Review* 5, 28-41. 이 논문은 그녀의 *Virtues and Vices* (Berkeley and Los Angeles: University of California Press, 1978)에(19-32) 재 수록 되었으며 본문의 페이지 수는 재수록 책의 것임.

Frankena, William 1973, Ehics 2nd edition (Englewood Cliffs, N.J.: Prentice-Hall).

Frankfurt, Harry 2003. 'Alternative Possibilities and Moral Responsibility', in Gary Watson (ed.) *Free Will* (Oxford: Oxford Univerity Press).

Fried, Charles 1978. Right and Wrong (Cambridge, MA: Harvard University Press).

G

Garcia, J. L. A. 1990. 'The Intentional and the Intended', *Erkenntnis* 33: 191-209.

Geddes, Leonard 1973, 'On the Intrinsic Wrongness of Killing Innocent People', *Analysis* 33 (3), 93-97.

Ginet, Carl 1990, *On Action* (Cambridge: Cambridge University Press).

Goldman, Alvin 1970, *A Theory of Human Action* (Princeton NJ: Princeton University Press).

    1971, 'The Individuation of Action', *The Journal of Philosophy* 68, 761-774.

Green, O. H. 1980, 'Killing and Letting Die', *American Philosophical Quarterly* 17 (3), 195-204.

H

Harman, Gilbert 1976, 'Practical Reasoning', *Review of Metaphysics* 29, 431-63.

      1986a. *Change in View* (Cambridge, Mass.: MIT Press).

      1986b. 'Willing and Intending', in Richard Grandy and Richard Warner (eds.), *Philosophical Grounds of Rationality* (Oxford: Clarendon Press).

Hart, H.L.A. 2008, 'Intention and Punishment', in *Punishment and Responsibility: Essays in the Philosophy of Law* (2nd Edition, Oxford University Press).

I

Irwin, William 1998. 'Intention and Foresight in the British Law of Murder', *Sorites Issue #09*, 1135-1349.

K

Kamm, Frances M. 1991. 'The Doctrine of Double Effect: Reflections on Theoretical and Practical Issues', *Journal of Medicine and Philosophy* 16, 571-85.

Kenny, Anthony 1968. 'Intention and Purpose in Law', in Robert S. Summers (ed.) *Essays in Legal Philosophy* (Oxford: Basil Blackwell).

L

Lyons, Raymond 1976, 'Intention and Foresight in Law', *Mind*, 85 (337), 84-89.

M

Mangan, Joseph T. 1949. 'An Historical Analysis of the Principle of Double Effect', *Theological Studies* 10: 41-61.

Malm, H. M. 1989. 'Killing, Letting Die, and Simple Conflict', *Philosophy and Public Affairs* 18 (3), 238-258.

Marquis, Donald B. 1991. 'Four versions of Double Effect', *The Journal of Medicine and Philosophy* 16, 515-44.

McConnell, Terrence 2000. *Inalienable Rights The Limits of Consent in Medicine and the Law* (New York: Oxford Press).

Morillo, Carolyn. R. 1977. 'Doing, Refraining, and the Strenuousess of Morality', *American Philosophical Quarterly* 14 (1), 29-39.

N

Narverson, Jan 1986. 'At Arms' Length: Violence and War', in Tom Reagan (ed.) *Matters of Life and Death* (New York: Random House), 125-174.

O

Oberdiek, Hans 1972. 'Intention and Foresight in Criminal Law', *Mind* 81 (323), 389-400.

P

박상진 2007, '영미형법에 있어 주관적 범죄요건(Mens Rea)에 관한 연구', 비교형사법연구 제

9권 제2호 통권 제17호, 409-428.

Q

Quinn, Warren S. 1989. 'Action, Intention, and Consequences: The Doctrine of Double Effect', *Philosophy and Public Affairs* 18, 334-51.

R

Rachels, James. 1975. 'Active and Passive Euthanasia', *The New England Journal of Medicine* 292, 78-80.

Radford, Colin. 1966. 'Knowledge – By Examples', *Analysis*, 27, 1-11.

　　　　　1988. 'Radford Revisiting', *The Philosophical Quarterly*, 38, 496-499.

Ramsy, Paul 1970. *The Patient as Person* (New Heaven, Conn.: Yale University Press), 122-123.

Robinson, P. H. and Dubber, M. D. 2007. An introduction to the Model Penal Code. (http://www.law.upenn.edu/fac/phrobins/intromodpencode.pdf.)

Gilbert Ryle 1949, *The Concept of Mind* (Chicago: The University of Chicago Press).

S

Seigel, Michael L. 2006. 'Bringing Coherence to Mens Rea Analysis for Securities-Related Offenses', *Wisconsin Law Review* 6, 1563-1624.

Shaw, Joseph 2006. 'Intention in Ethics', *Canadian Journal of Philosophy* 36 (2), 187-223.

Sidgwick, Henry. 1962. *The Method of Ethics* (7th edition) (London: Macmillan).

Singer, Marcus 1971. *Generalization in Ethics* (New York: Atheneum).

T

Thalberg, Irving 1971, 'Singling Out Actions, Their Properties, and Components', *The Journal of*

Philosophy 68, 781-786.

1975. 'When Do Causes Take Effect', *Mind* 84, 583-89.

Tooley, Michael 1980. 'An Irrelevant Consideration: *Killing vs. Letting Die*', in Bonnie Steinbock (ed.) Killing and Letting Die (Englewood Cliffs, N.J.: Prentice-Hall).

V

Johan D. van der Vyver 1999. 'Prosecution and Punishment of the Crime of Genocide', *Fordham International Law Journal* 23 (2), 286-356.

W

Widerker, David 1995. 'Libertarianism and Frankfurt's Attack or the Principle of Alternative Possibilities', *Philosophical Review* 104, 247-61.

Wilkins, Burleigh T. 1963. 'He Boasted from Vanity', *Analysis* 23 (5), 110-112.

1971. 'Concerning 'Motive' and 'Intention'', *Analysis* 31 (4), 139-142.

Williams, Bernard 1973. 'A Critique of Utilitarianism', in J.J.C. Smart and Bernard Williams (eds.), *Utilitarianism: For and Against* (Cambridge: Cambridge University Press).

Williams, Glanville 1958. *The Sanctity of Life and the Criminal Law* (London: Faber and Faber).

1983, *Textbook of Criminal Law* (London: Steven & Sons).

Wright, G. H. von 1963. *Norm and Action: A Logica Enquiry* (London: Routledge and Kegan Paul).

Z

Zaibert, L. A. 2001, "Philosophical Analysis and the Criminal Law", *Buffalo Criminal Law Review*, 4 (1), 100-139.

형사법과 살해의도

초판 1쇄 인쇄 2014년 8월 25일
초판 1쇄 발행 2014년 8월 29일

지 은 이 임종식
펴 낸 이 김준영
펴 낸 곳 성균관대학교 출판부
출 판 부 장 박광민
편   집 신철호·현상철·구남희
외주디자인 최세진
마 케 팅 박인붕·박정수
관   리 박종상·김지현

등   록 1975년 5월 21일 제 1975-9호
주   소 110-745 서울시 종로구 성균관로 25-2
대 표 전 화 02)760-1252~4
팩 시 밀 리 02)760-7452
홈 페 이 지 press.skku.edu

ISBN 979-11-5550-067-5 93360